何光倫 主編
何芳 副主編

李一氓捐贈四川省圖書館藏書書目

ⓒ 何光倫　何芳　2020

圖書在版編目(CIP)數據

李一氓捐贈四川省圖書館藏書書目／何光倫主編 . —成都：巴蜀書社，2020.1
 ISBN 978-7-5531-1124-7

Ⅰ.①李… Ⅱ.①何… Ⅲ.①圖書館目録—四川 Ⅳ.①Z82

中國版本圖書館 CIP 數據核字(2019)第 048467 號

李一氓捐贈四川省圖書館藏書書目
LIYIMENG JUANZENG SICHUANSHENG TUSHUGUAN CANGSHU SHUMU

何光倫　主編　　何芳　副主編

策劃編輯	施　維
責任編輯	張照華　馮征霞　張琳婉
封面設計	劉　俊　石曉雲
出　　版	巴蜀書社
	成都市槐樹街 2 號　郵編　610031
	總編室電話：(028)86259397
網　　址	www.bsbook.com
發　　行	巴蜀書社
	發行科電話：(028)86259422　86259423
經　　銷	新華書店
印　　刷	成都東江印務有限公司
版　　次	2020 年 1 月第 1 版
印　　次	2020 年 1 月第 1 次印刷
成品尺寸	170mm×240mm
印　　張	30
字　　數	460 千字
書　　號	ISBN 978-7-5531-1124-7
定　　價	198.00 元

本書如有印裝質量問題，請與工廠調換

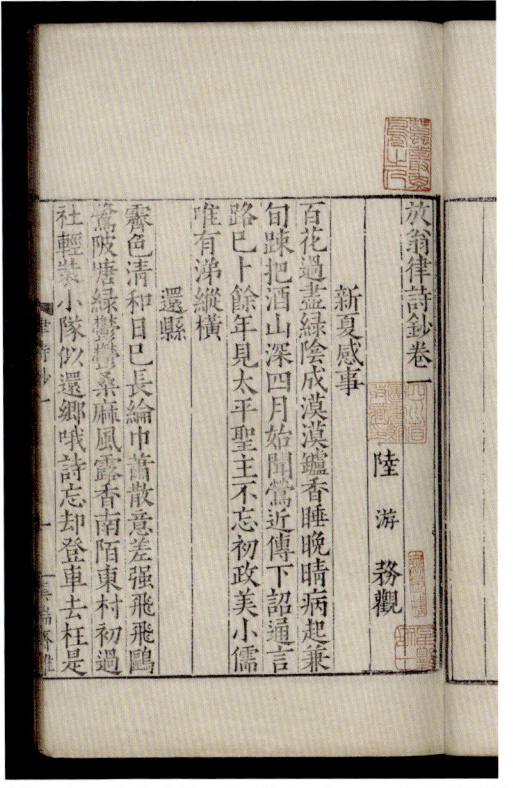

放翁律詩鈔四卷　(宋)陸游著　明正德十五年(1520)朱承爵集瑞齋刻本

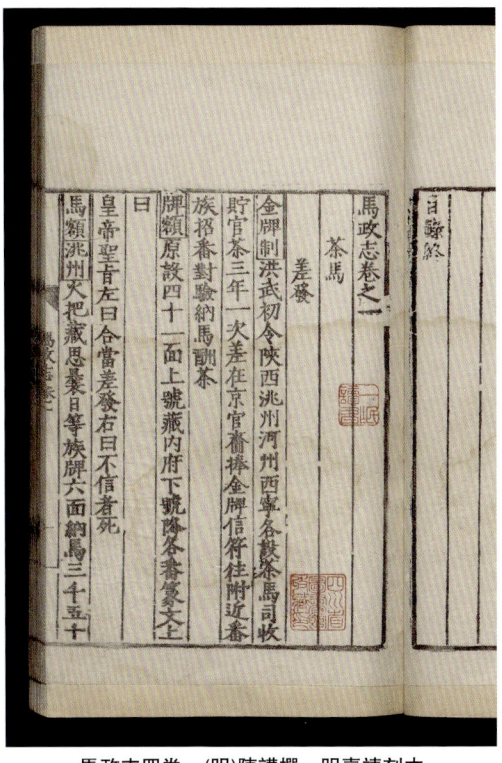

馬政志四卷　(明)陳講撰　明嘉靖刻本

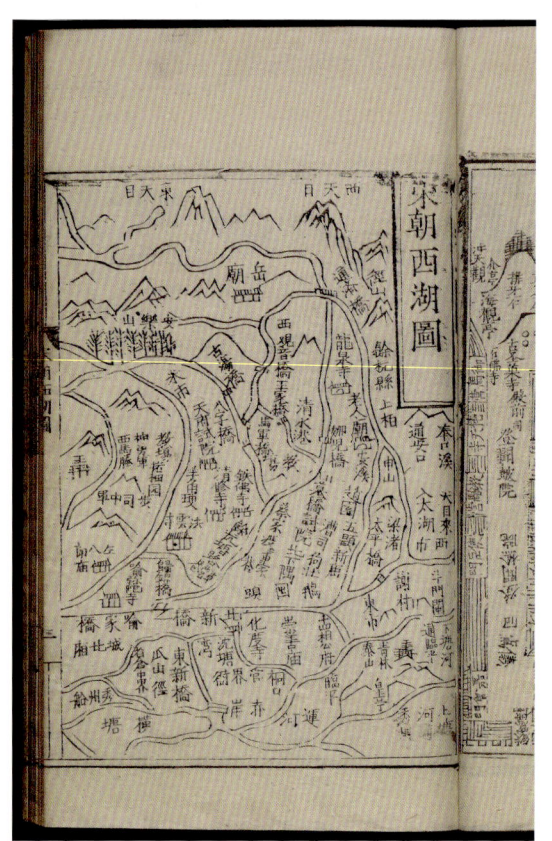

西湖遊覽志二十四卷志餘二十六卷　(明)田汝成撰
明嘉靖二十六年(1547)嚴寬刻本

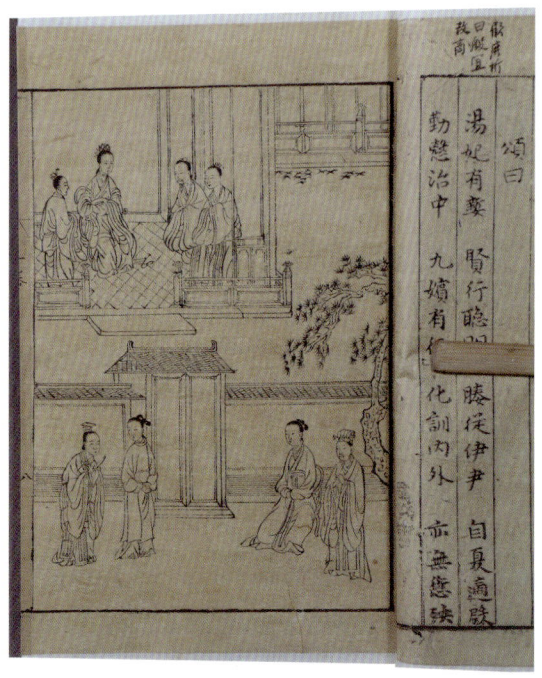

劉向古列女傳七卷續列女傳一卷　(漢)劉向撰　明萬曆
三十四年(1606)新都黃嘉育刻本(李一氓抄配、潘絜茲補圖)

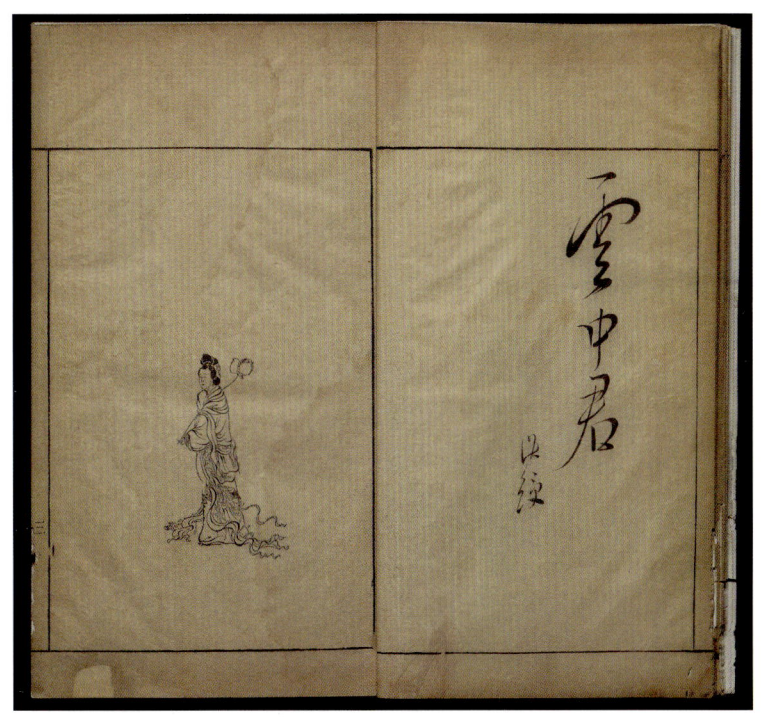

楚辭五卷　(漢)王逸章句　(宋)朱熹集註　(明)王萼校定
(明)來欽之述註　(明)陳洪綬繪圖　明崇禎十一年(1638)刻本

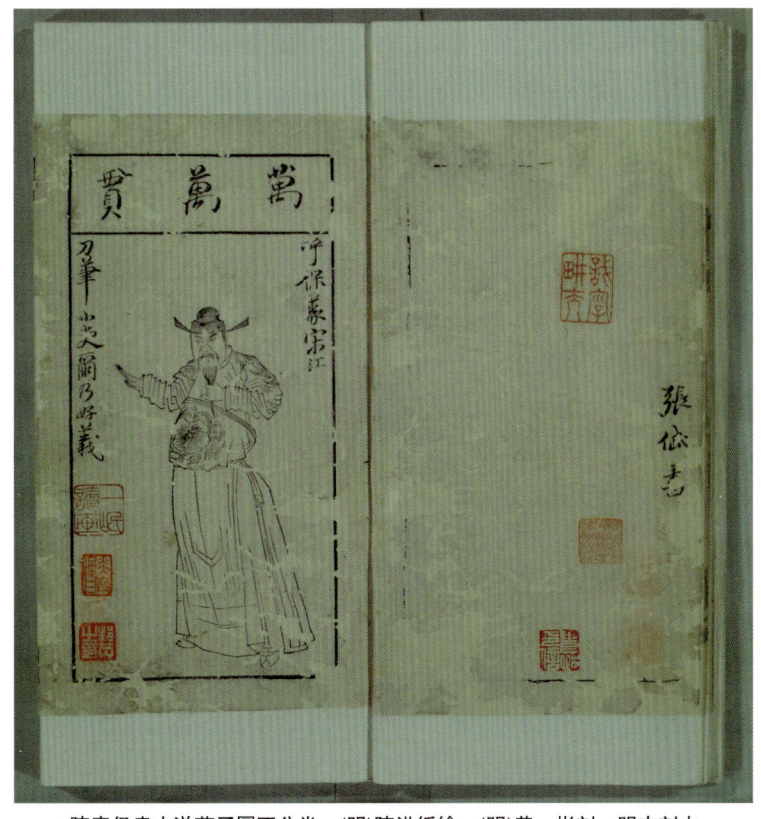

陳章侯畫水滸葉子圖不分卷　(明)陳洪綬繪　(明)黃一彬刻　明末刻本

紅樓夢圖詠不分卷　(清)改琦繪　清光緒五年(1879)刻本

東谿畫譜二卷附錄一卷　(日本)龜載繪　日本天明七年(1787)刻本

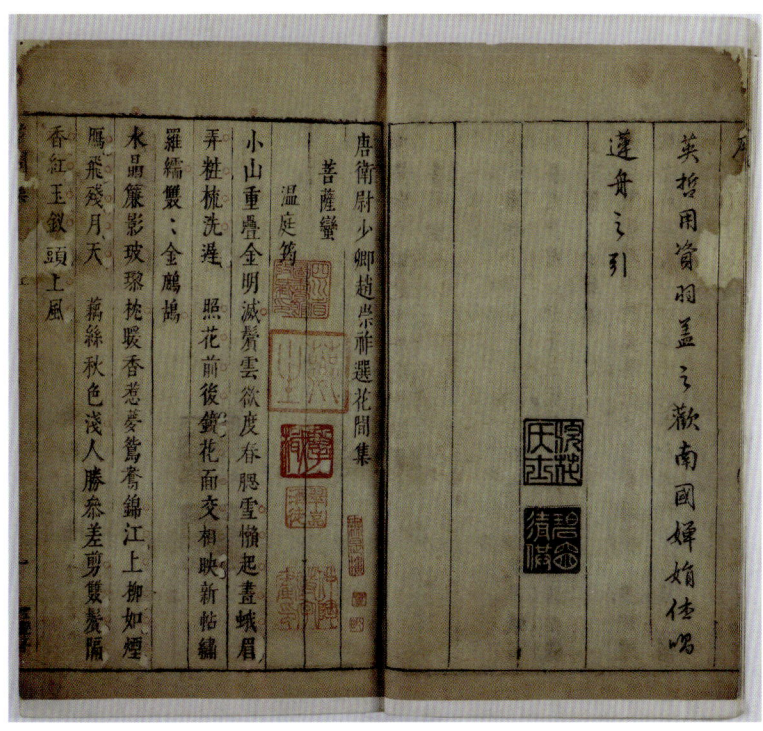

唐衛尉少卿趙崇祚選花間集二卷　(五代)趙崇祚集　明末翁孺安雪艷亭木活字印本(李一氓抄補)

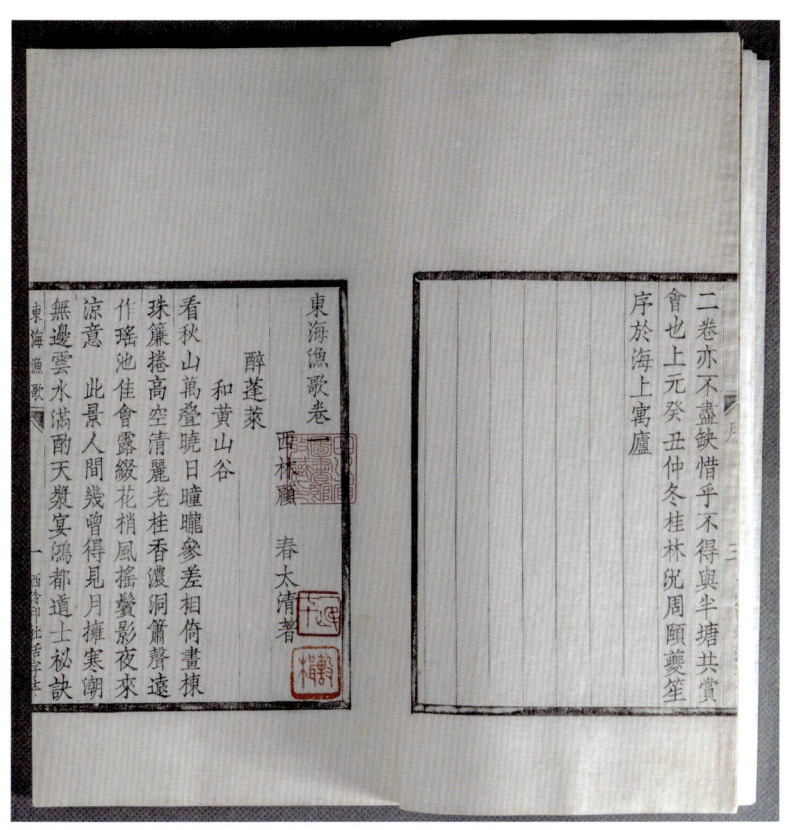

東海漁歌四卷　(清)顧春著　民國三年(1914)西泠印社木活字印本(李一氓抄補)

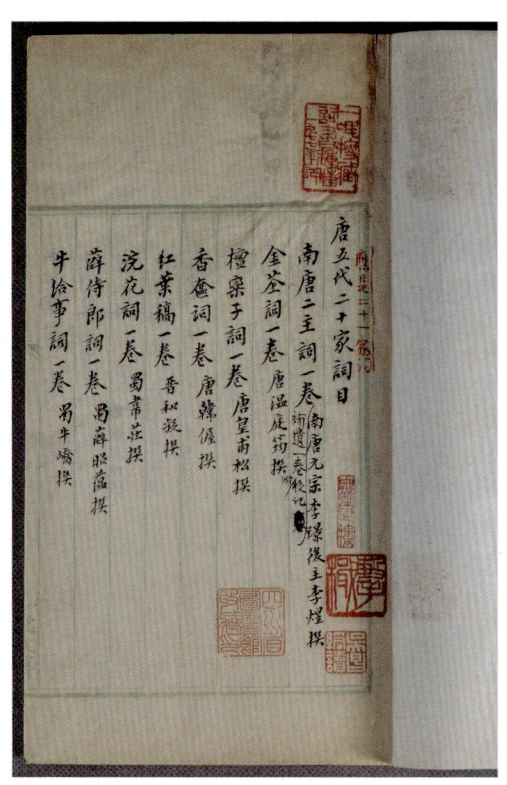

唐五代二十家詞不分卷　王國維輯　稿本

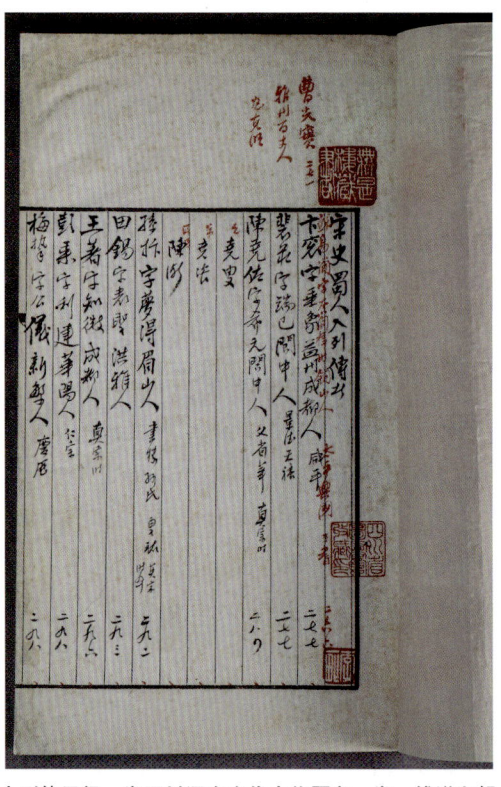

宋史蜀人列傳目録一卷四川通志宋代人物題名一卷　傅增湘輯　稿本

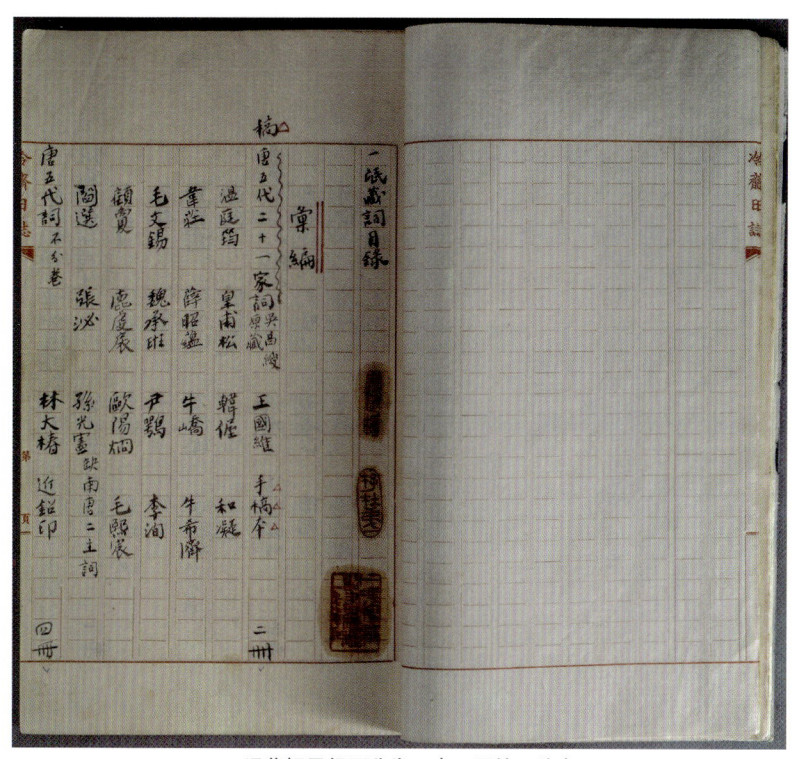

一氓藏詞目錄不分卷　李一氓編　稿本

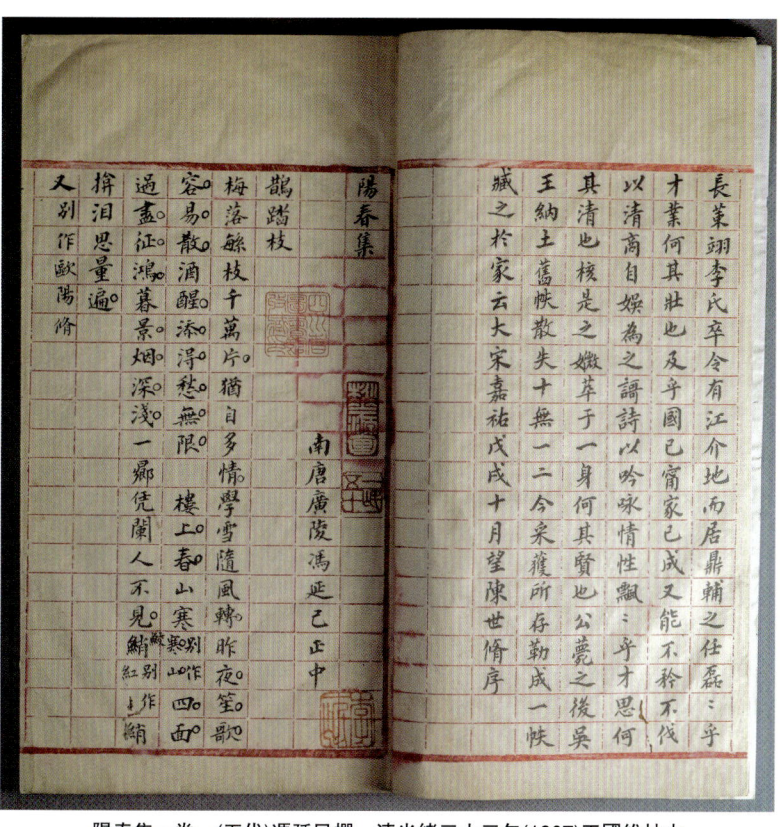

陽春集一卷　(五代)馮延巳撰　清光緒三十三年(1907)王國維抄本

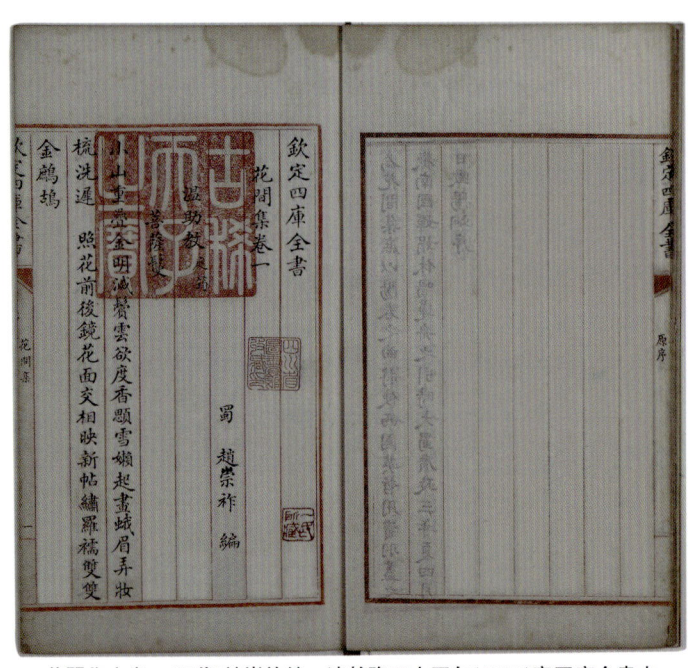

花間集十卷　（五代）趙崇祚編　清乾隆五十四年(1789)寫四庫全書本

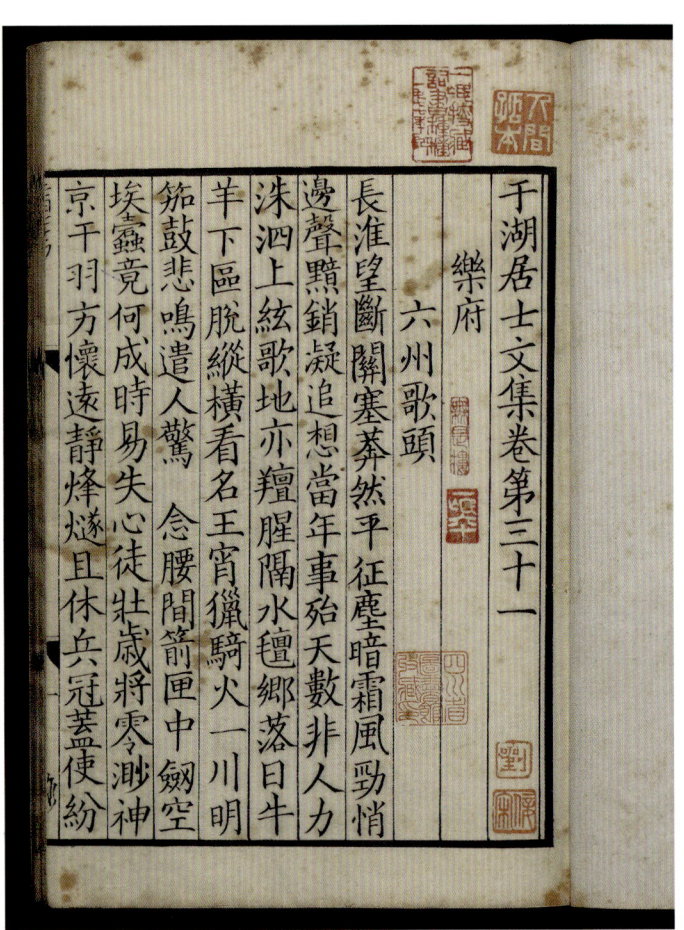

于湖居士文集四卷　（宋）張孝祥撰　民國四年(1915)劉梅真影抄宋嘉泰刻本

序

王嘉陵

提到現代的四川藏書家，李一氓一定是一位不可忽略的人物。雖然大部分時間并没有生活在四川，可他是地道的川籍人士，而且將其半生收藏的大部分重要古籍和文物都捐贈給了四川的圖書館和博物館。

李一氓（1903—1990），原名李國治，又名李民治，四川彭縣（今彭州市）人，革命家、藏書家、學者，擅詩詞書法。早年加入中國共產黨，之後幾乎親歷了新民主主義革命時期所有的重大歷史事件。到北京後，從事外交事務，歷任中聯部常務副部長、中紀委副書記、中顧委常委等職。晚年擔任國務院古籍整理出版規劃小組組長，領導過《中華大藏經》《肇域志》《全遼文》《全元詩》《全明詞》《臺灣府志》《古逸叢書三編》等重大項目的出版，推動古籍整理出版3500餘種，這些都是十分重要的古籍整理成果。

清光緒末出生的李一氓，并非生於書香世家，發蒙時已屆民國，後到成都、上海求學，接受的基本是新學教育。前期譯介馬克思主義，不曾中斷過寫譯著述。晚年出版過一部《李一氓回憶録》，他的身世及革命履歷都寫在裏面，自出生之年寫到1949年，但到此爲止，之後只寫古籍收藏。他其實在五十歲之後才開始收藏和研究古籍。他講，戰争年代部隊駐扎在大户人家，初識字畫，有意無意間收藏了一點，後來給了博物館，進京後却因此有了興趣跑琉璃廠，最初搜羅一些古字畫，後來轉而搜集古書。他所藏古籍多購於北京琉璃廠古舊書店，或購於出差、旅行時，也有部分藏書爲朋友、同好所贈。李一氓晚年任古籍整理出版規劃小組組長一職，應和他本也是此行的愛家有關。

李一氓搜集古籍，既藏亦用，以研究提升藏書的品質。他所涉獵學術領域較廣，除目錄版本之學，於史學、文學皆有問津，所著《存在集》《存在集續編》收文章和讀書雜記若干，於中外古今歷史、讀詩、讀詞、讀印、讀志書、讀畫、評價人物等皆有心得。《一氓題跋》一書，則收錄序、跋、題詩、題記等計94篇，多爲所藏或整理出版的古籍文獻的考叙性文字，論者評其跋中有物，考證精當（見沈津《李一氓與古籍整理》）。李一氓收藏《花間集》歷代版本，作《〈花間集〉校》，頗受贊譽，爲詞學研究佳作。後蜀趙崇祚編《花間集》爲史上首部文人詞總集，歷代均有傳刻，版本繁多，各有異同，李一氓在博覽宋以來諸善本的基礎上爲之校勘，書後《校記》述《花間集》版本源流，附錄又彙集諸本題跋，對研究唐五代詞足資參考。

去年春天，因建李一氓文庫，我專程去廣東和湖南，拜訪藏書家王貴忱和作家鍾叔河，二人均爲李一氓生前友好，了解李一氓與藏書有關事宜。李一氓和王貴忱相識在前。王貴忱是南下幹部，曾任廣東省中山圖書館副館長、廣州市地方志編委會副主任等職，好收古書，私藏頗豐。他與李一氓因淘書相識，雖然地分南北，相隔千里，但距離却沒能阻隔兩個藏書家的互通聲息和密切往來。每當李一氓南下廣州，必去探望王貴忱，而王貴忱進京，也定會拜訪李一氓，二人以書會友。李一氓所藏古籍中不乏一些鈐有王貴忱藏印的善本。

大約十年前，四川省古籍保護中心做古籍再造，搶救一些珍稀版本，選了李一氓捐贈的《陳章侯畫水滸葉子圖》（又名《陳老蓮繪水滸葉子》）作底本。此書在申報《第一批國家珍貴古籍名錄》時入選，定爲明末初刻本。此前鄭振鐸、潘景鄭所藏同名書都曾被當作該書的初版，而此版本的出現使得對鄭、潘兩書的鑒定需要重新認識，因此這一版本很受重視。陳章侯即明末著名畫家陳洪綬（1598—1652），章侯爲其字，老蓮爲其號，以號行世。在此版本中陳老蓮手繪水滸人物四十圖，畫中并無背景，僅以白描綫條勾勒人物，筆意縱橫，抑揚隨意，又由名工黃君蒨執刻，匯刀工筆意於畫幅，刀刀傳神，筆筆存真，人物髮細如絲、目炯如電，栩栩如生，審美價值極高。此書再造之時，以上等徽宣輔以全色製作，幾乎完全重現了古書的原貌。因原書是王貴忱贈送李一氓，李一氓後來又轉贈四川省圖書館的，王貴忱得知書成後托人擬索要一部，當時我正要去中山大學參加國際版本目錄學和古籍整理的研討會，就給貴忱先生順帶了一部過去。老先生年事已高，行走不便，坐在輪椅上，相見時甚爲歡洽，對再造的《水滸葉子》愛不釋手。

貴忱先生那時已經年屆九旬，身體狀況大不如前，交流有些困難，但從斷斷續續的交談中，終於得知當初老人把《水滸葉子》贈送李一氓的初衷。我讀過李致忠的文章，他見證了王貴忱攜書抵京準備贈送李一氓的情形。當時還在計劃經濟時代，沒有商品大潮的影響，古籍的商業價值尚未凸顯，王貴忱到北京參會，就把此書作爲一個普通禮物送給李一氓。但這畢竟是陳老蓮人物代表作的明代版畫真迹，在藏書家心裏應該還是很看重的。老人講，正是因爲很珍視這部書，非常喜愛這些水滸人物版畫，希望與更多的人分享，自己又沒有能力把它製版印出，而李一氓能夠做到，所以決定送給李一氓。他當時送書給李一氓的目的就是想出版此書，使其化身千百，嘉惠後世。他和李一氓本來就在藏書上互通有無，這麼做也是順理成章的事情。李一氓不負王貴忱的美意，1979年在上海美術出版社把《水滸葉子》影印出版了，還專門做了考據，用心寫了一篇跋，介紹陳老蓮其人、酒牌葉子、古代版畫和相關的知識。王貴忱之後保存了此書的多個版本，同樣加以珍藏。他還向我展示了數封與李一氓的通信，這些書信都用專門的函夾保護着，保存得好好的。這些應該是研究李一氓和王貴忱藏書的很好的資料，可惜當時我滯留時間有限，不能一一展讀。

到長沙拜望鍾叔河，也和《水滸葉子》有點關係。鍾先生也接近九十歲了，曾因被錯劃右派坐牢。"文化大革命"時在獄中搞宣傳，借到一部《水滸全傳》，書中印有陳洪綬所繪的水滸葉子四十幀，遂與兩位獄友（也是受迫害的文化人）用蠟紙鐵筆仿刻出水滸四十人物。鍾叔河因刻印《水滸葉子》而讀了李一氓的《陳老蓮水滸葉子跋》，後來又把這個刻印的本子贈送李一氓。李一氓把油印本《水滸葉子》和明版《水滸葉子》置放一處，裏面還有鍾叔河致李一氓的一封書信，後來一起送給了圖書館。我曾撰文介紹這部《水滸葉子》的遞藏，順便提到了鍾先生的油印本。文章在《藏書報》發表時，編輯王性昌先生提議我和鍾先生各寫一篇文章記述此事，後來鍾先生和我各占一個版面，文章分兩期刊載了。因此，我和鍾先生此前雖未謀面，却也有過交往，通過電話，并且我曾把李一氓送給圖书馆的那封信複製給他。

我順便詢問了鍾先生關於他與李一氓認識的過程，鍾先生一一道來。"文化大革命"結束，右派平反，鍾先生到出版社上班，主編了《走向世界叢書》。李一氓因讀了這部叢書和鍾叔河的文章，遂邀請鍾叔河參加在北京召開的全國古籍整理出版工作會議，兩人從此成爲很好的朋友。"那次參會，我沒有主動去見李老。"鍾先生説，"會上會下能見到，點點頭打個招呼。我是不願意主動接近領導的，人不熟，怕有攀附之嫌。但在會議結束時李老主動找了我，和我談書籍出版的事情。"那次會議結束後一個多月，因工作關係，李一氓派他的秘書到長沙，鍾叔河便將油印本《水滸葉子》交秘書帶給了李一氓。他們之間也有通信聯繫。

在鍾先生的記憶中，李一氓是個可親近的老人，特別尊重知識分子、讀書人。鍾先生講，其實自己研究古籍僅限於內容，不長於文獻版本之學，而李一氓則不然，懂得文獻版本，而且還對書籍的內容充滿興趣，對歷史、文學乃至時政都很關心。他們暢談各自的身世、遭遇，當然更多的是聊書籍，很多涉及古今文獻記載中傳統中國走向現代化的話題。

李一氓同王貴忱和鍾叔河的交往，可以讓我們從側面看到他與古籍收藏的不解之緣。李一氓愛書、嗜書，不僅僅局限於搜集私藏，也表現在他幫助成都杜甫草堂等單位搜集"杜集"等古籍版本之類的事情上。

杜甫草堂是李一氓在成都讀中學時常去遊玩的地方，以後多有牽掛，縷縷鄉情縈懷，因此持續幫助杜甫草堂收書。20世紀60年代前期，他曾爲草堂代購"杜集"及相關典籍三十五六種，各代刻、抄、稿本俱備，多屬孤本、善本。草堂現藏一部宋刻《草堂先生杜工部詩集》，殘本，曾爲羅振玉所藏，李一氓從中國書店購得。此書當時有學者驚爲異本，斷其爲海內孤本，當時有人想促其入藏北京圖書館（今國家圖書館，下同），甚至報告到文化部，李一氓爲不負草堂所托，遂請朱德、陳毅、何香凝、郭沫若、陳叔通、齊燕銘、阿英、李初梨、徐平羽等人題識，請康生題寫跋語，他本人也題寫了文字，最終促成此書順利收進成都杜甫草堂。杜甫草堂所藏另一部宋版《杜工部草堂詩箋》，也是李一氓從山東濟南代爲購買的。李一氓本人也收藏"杜集"各種版本，在歐洲工作期間甚至在維也納、倫敦、萊比錫、巴黎等地舊書店購有杜詩外文版本。最終，他還是將這些私人藏書陸續捐給了成都杜甫草堂。

李一氓還爲眉山三蘇祠搜集東坡字帖，爲楊升庵紀念館搜集楊氏著作。當時新都楊升庵紀念館久久未能建立，楊升庵的舊版本就給了四川省圖書館。另有《蘇東坡集》日本刻本及蘇轍《欒城集》抄本，則給了眉山三蘇祠紀念館。現今成都杜甫草堂萬卷樓應爲海内外收藏杜集最全的圖書館，全藏逾22000冊，含善本6000餘冊，各代杜集及相關研究書籍萬餘冊，堪稱收藏杜集及相關文獻最集中和最成體系的藏館。這一規模的實現，與李一氓傾注其中的情誼和努力應該説是分不開的。

李一氓一生所藏各類書籍，統而言之，有逾萬冊之數，古籍約占到十之六，自成體系。他於入藏古籍有一些獨特的見解，專收明清版本，他認爲之前宋版書已被藏家收得差不多了，再收很難成體系，事倍功半，不如着力於明版和清初版本的收藏。他説今人之收藏明版書即如明清人之收藏宋版書，同樣隔着幾百年時間，假以時日，現在收藏的明清版本，會像宋版書一樣變得珍貴起來。另外，李一氓基本不收經史著作，他説那都是一些大部頭書，不便收藏。我却度量，應是一氓老人的志趣不在經史更爲可信，他喜歡有趣味的書籍，他的興趣主要在於詩詞、曲文、小説、戲劇等文學作品和繪畫（版畫）、山水志、野史以及有價值的雜著。

殊爲難能的是李一氓半生不遺餘力地收藏古籍，極盡珍愛，却不將所藏據爲己有，年事漸高之時，問學之餘，毅然將畢生所藏典籍字畫等分次贈送北京和四川的圖書館和博物館公藏。就古籍而言，很多藏書家即使捐出，也是立下遺囑，在其身後執行，而李一氓生前就將書籍捐贈一空。他最後一次把書籍捐給四川省圖書館，運書之時，據親歷現場的工作人員所述，他表露出依依不捨的神情，但他還是完成了心願。李一氓的藏書最初從家中拿出去是遇上"文化大革命"抄家，他被囚禁起來，他的一部分藏書進了北京圖書館，北京圖書館篩選了一陣，珍稀版本和館内缺藏的留下，其他部分則交給首都圖書館。後來他平反了，從首都圖書館把大部分書取了回來，由於缺少目録清單，一直不知道還有多少留在首都圖書館。北京圖書館所收部分，版本較好，除了把詞集、帶版畫的典籍和與四川相關的書籍取了回來，後來分兩次捐贈給四川省圖書館，其他的就直接留在北京圖書館，辦理了捐贈手續。

得到李一氓贈送古籍和文物的單位有很多，這裏僅將贈書的單位做一個概略的統計，有北京圖書館、四川省圖書館、成都杜甫草堂博物館、彭縣圖書館、眉山三蘇祠博物館等。各圖書館和博物館所得捐贈書的數量如下：

北京圖書館（今國家圖書館）：582種1558冊（1975年正式辦理捐贈）

四川省圖書館：總1497種3404冊（1975年、1988年兩次捐贈）

成都杜甫草堂博物館：約70種（另代購30餘種，包括外文版）

彭縣圖書館（今彭州市圖書館）：3702種4116冊（爲平裝書）

眉山三蘇祠博物館：日本刻本《蘇東坡集》、蘇轍《欒城集》抄本各1部，字帖若干

關於捐書的數量，往往捐贈時清點的和編目後統計的并不一致。圖書館編目經過專業整理和統計，數字應是準確的。原據李一氓的捐贈記錄，1974年捐四川省圖書館72種243冊，1987年捐2383冊，另有善本692冊。現今四川省圖書館建設李一氓文庫，經整理編目，清點出的數量略大於李一氓贈書時所寫的數字。彭州市圖書館"一氓書屋"的平裝書經過編目，統計數字已經確定了，其他各藏館所收數量，還只能暫以李一氓自己所記的數字爲據。就在三四周前，李世培先生（李一氓的長子）通過彭州高華先生聯繫我，希望能委托我將李一氓捐贈北京圖書館、北京故宮博物院、四川省內圖書館和博物館等所有單位的文獻和文物彙編一總目，他可以負責北京圖書館和故宮捐贈目錄的提供。我很願意爲此盡力，但因經費問題，此事尚待定。如果這個總目能夠編成，那麼李一氓先生所捐贈的全部文獻和文物應該就都能清點清楚了。

目前，我尚未見到李一氓捐藏北京圖書館的專門目錄，我想國家圖書館館藏典籍浩瀚，大約很難爲這一點書及時編制一個專目。有資料表明，李一氓當時從北京圖書館取回"抄家沒收"的古籍時，不太滿意工作人員的態度，他後來執意要把自己的大部分古籍收回轉而捐贈四川省圖書館，與不可排解的鄉情相關，但也不排除和這種心情有關。

序

四川省圖書館所藏李一氓捐贈的古籍，是上個世紀七八十年代分兩次接收的。大約在90年代初，退休的特藏部老主任沙銘璞先生返聘後負責給這批古籍編目。沙老諳熟版本目錄之學，嗜酒，每天隨身帶一壺酒，借著酒勁編目，循序漸進，成目指日可待，給人印象頗爲深刻。可惜不久之後，因商業大潮襲來，圖書館遭遇置換事件，頻頻遷館移庫，沙老又在這一期間駕鶴西去，這個即將完成的目錄後來竟不知所終。今圖書館建李一氓文庫，重新將其捐藏整理編目，終於使得一氓捐贈四川省圖書館古籍有一全目，可完整呈現給讀者。

《李一氓捐贈四川省圖書館藏書書目》由何光倫館長主持、何芳副研究館員執編，著錄詳盡而完備，按經、史、子、集、類叢部分類至三級類目。書目的各部類之下以實際收錄的藏書列目，而由其列目和書目的數量分析，可見李一氓藏書的重點與特色。典籍一經分類，條分縷析，源流立現。

一氓舊藏，經部僅有6部。1部爲明刊朱熹所作《詩經集傳》，另外5部則皆爲小學類的文字音韻學著作，其中有1部法國人金尼閣所撰《西儒耳目資》，爲明刻本。

史部書含紀傳、雜史、史鈔、史評、傳記、政書、職官、地理、金石、目錄等各類典籍，計98部。這一部類中地理類典籍就有60部，爲《黃山志》《武夷山志》《西岳華山志》等明代或清初刊刻的專志，此等書籍又多附有精美版畫插圖，具有多重的文獻價值和審美價值。

子部含儒家、道家、兵家、法家、農家農學、醫家、雜家、雜著、小說家、藝術、工藝類等，計43部。藝術類多書法繪畫等典籍，《陳章侯畫水滸葉子圖》等版畫書即置於此類。

集部含楚辭、別集、總集、詩文評、詞、曲、戲劇、小說各類，總計1345部。集部以韻文爲主，幾乎涵蓋古今各種韻文形式，又以詞類最富（以清詞爲主），僅詞一類就有1114部2313冊。此外史部傳記類、目錄類下專錄一屬，集部別集、總集和評論類，皆收錄含有詞這一體裁的相關內容。

四部之外，另有類叢部，收類書、叢書5部。

根據以上文獻分類和著錄的情況，可以看出李一氓捐贈四川省圖書館的藏書有以下幾個特徵：一是珍善本多。其中宋版 1 種，元版 2 種，明版 182 種，清乾隆及以前版本 160 餘種。《四川省圖書館珍貴古籍名錄》係在善本中又加以精選之書，收錄有其中 27 種。二是藏書中多名家批校題跋。三是稿、抄本較豐富。有稿本 48 種、抄本百餘種，多爲名人稿、抄本。四是詞集數量大、品種多。加上詞人傳記和有關詞的專題書目等，可占到全藏的十之六七。尤爲突出的是歷代《花間集》版本多達 27 種，迄今未聞海內外的同類收藏有出其右者。五是藏書中版畫較豐者達 60 餘種。或爲專門的畫集，或爲地理、專志等附錄的精緻的版畫插圖，多爲明清版畫佳作。可以説，"一氓藏書"對豐富四川省圖書館古籍收藏和提升館藏品質的作用是很大的！

　　此書目的另一特色是對序跋、批校題跋和歷代藏家的鈐印著録甚詳，尤其是李一氓本人的印。這批藏書在整理過程中，輯得李一氓藏書印印蜕 84 枚，印文內容豐富，既有反映藏書歸屬的名號、堂號印，又有展現作者眼力的鑒賞印，還有反映人生意趣的閒章。從中可以探究李一氓的藏書活動及思想，亦可了解其個人際遇與心路歷程。如印文"靠邊站"，似有對"文化大革命"中的一種人生際遇的調侃。又如，"渡江擊楫""一氓讀書""一氓八十""濯錦江邊"等，都有所指。一氓在自己的每種藏書上都留有鈐印，印與書同存，所謂"雖書不必仍爲我有，而我與書俱存矣"。且鈐印數量與對該書的重視程度基本成正比關係。這些藏書印既多且精，帶有濃鬱的個人色彩，鈐於書中朱墨燦然，給人以美好的藝術享受。爲了避免有損古籍原貌，他大多選擇雅致的朱文印，而且鈐印的位置也精心考量過，表現出對藏書的尊重和愛護。這些藏書印風格多樣，藝術水準很高，既暗含藏主的人生意趣，又使藏品多了一道可供賞玩的風景。李一氓藏印多爲名家篆刻，流派及風格迥異，争奇鬥艷，盡顯刀石相激之美、刀筆相生之韻。藏書印中隱藏的藏書故實，亦可爲閱者增添愉悦感和遐思。

　　何光倫館長乙未年長館以來，重視傳統目録學的應用，主持了《川渝圖書館抗戰版圖書聯合目録》《四川省古籍科技文獻聯合目録》等書目的編纂，今與何芳女士在此書目完稿之際，又囑我寫一序言。我剛好完成李一氓文庫項目和《李一氓舊藏〈花間集〉彙刊》的整理出版，遂以崇敬之心，恭謹爲之。同時，應二位之請，對參與書目前期編輯工作的同事表示感謝，他們是：杜桂英、杜鵑、樊迪、李明偉、李婷、羅涵丌、宋瑞、王娟、吳濤、熊柯嘉、鍾文。

　　李一氓把藏書捐出後，曾謙虛地寫道："我的這一點東西，對於我真是過眼雲煙了。"然而，我們知道，他捐贈的書籍實實在在就在那裏，是一筆豐厚的文化遺產，也蘊含了他的鄉情和文化情懷，可謂"雲煙不曾過眼去，留得書香繞鄉邦"。

己亥歲初人日寫於成都净居寺聽雨軒

目　　錄

凡例 ·· 1

經部

詩類 ·· 3
　　傳説之屬 ·· 3
小學類 ·· 3
　　文字之屬 ·· 3
　　音韻之屬 ·· 4

史部

紀傳類 ·· 9
　　正史之屬 ·· 9
雜史類 ·· 9
　　斷代之屬 ·· 9
史鈔類 ·· 10
史評類 ·· 11
　　詠史之屬 ·· 11
傳記類 ·· 11
　　總傳之屬 ·· 11
　　別傳之屬 ·· 13
　　日記之屬 ·· 14
　　科舉録之屬 ··· 14
政書類 ·· 15
　　軍政之屬 ·· 15

1

律令之屬 …………………………………………… 15
職官類 …………………………………………………… 16
　　官制之屬 …………………………………………… 16
地理類 …………………………………………………… 16
　　總志之屬 …………………………………………… 16
　　方志之屬 …………………………………………… 17
　　專志之屬 …………………………………………… 18
　　雜志之屬 …………………………………………… 20
　　山川之屬 …………………………………………… 22
　　游記之屬 …………………………………………… 29
　　防務之屬 …………………………………………… 33
　　外紀之屬 …………………………………………… 34
金石類 …………………………………………………… 34
　　總志之屬 …………………………………………… 34
　　錢幣之屬 …………………………………………… 35
目錄類 …………………………………………………… 35
　　通論之屬 …………………………………………… 35
　　書志之屬 …………………………………………… 35
　　專錄之屬 …………………………………………… 36

子部

儒家類 …………………………………………………… 41
　　儒學之屬 …………………………………………… 41
道家類 …………………………………………………… 41
兵家類 …………………………………………………… 42
　　武術技巧之屬 ……………………………………… 42
法家類 …………………………………………………… 42
農家農學類 ……………………………………………… 43
　　園藝之屬 …………………………………………… 43
醫家類 …………………………………………………… 43
　　養生之屬 …………………………………………… 43

雜著類 ……………………………………………………… 43
  雜考之屬 ……………………………………………… 43
  雜纂之屬 ……………………………………………… 44
小説家類 …………………………………………………… 46
  異聞之屬 ……………………………………………… 46
藝術類 ……………………………………………………… 47
  書畫之屬 ……………………………………………… 47
  篆刻之屬 ……………………………………………… 52
工藝類 ……………………………………………………… 53
  文房四寶之屬 ………………………………………… 53

集部

楚辭類 ……………………………………………………… 57
別集類 ……………………………………………………… 59
  漢魏六朝別集 ………………………………………… 59
  唐五代別集 …………………………………………… 59
  宋別集 ………………………………………………… 62
  金別集 ………………………………………………… 67
  元別集 ………………………………………………… 67
  明別集 ………………………………………………… 68
  清以下別集 …………………………………………… 72
總集類 ……………………………………………………… 101
  類編之屬 ……………………………………………… 101
  選集之屬 ……………………………………………… 105
  郡邑之屬 ……………………………………………… 108
  題詠之屬 ……………………………………………… 109
  尺牘之屬 ……………………………………………… 110
詩文評類 …………………………………………………… 111
  詩評之屬 ……………………………………………… 111
  文評之屬 ……………………………………………… 112
詞類 ………………………………………………………… 114

類編之屬 ………………………………………………… 114
　　別集之屬 ………………………………………………… 155
　　總集之屬 ………………………………………………… 347
　　詞話之屬 ………………………………………………… 401
　　詞譜之屬 ………………………………………………… 413
　　詞韻之屬 ………………………………………………… 417
曲類 …………………………………………………………… 419
　　散曲之屬 ………………………………………………… 419
　　曲選之屬 ………………………………………………… 419
　　曲韻曲譜曲律之屬 ……………………………………… 420
　　曲評曲話曲目之屬 ……………………………………… 421
戲劇類 ………………………………………………………… 421
　　雜劇之屬 ………………………………………………… 421
　　傳奇之屬 ………………………………………………… 422
小説類 ………………………………………………………… 426
　　短篇之屬 ………………………………………………… 426
　　長篇之屬 ………………………………………………… 426

類叢部

類書類 ………………………………………………………… 429
　　專類之屬 ………………………………………………… 429
叢書類 ………………………………………………………… 429
　　彙編之屬 ………………………………………………… 429
　　自著之屬 ………………………………………………… 430

書名索引 …………………………………………………… 433

凡 例

一、本書目收録李一氓1975年、1988年捐贈四川省圖書館的全部藏書，共計1497種、3404册。

二、漢文古籍基本按照國家古籍保護中心《全國古籍普查登記手册》中的《漢文古籍著録規則》進行著録，非古籍類漢文藏書酌情參照該規則進行著録。著録項包括：題名、卷數、著者、版本、册數、存缺卷、子目、版式（稿、抄本酌情保留）、内封、牌記、刊語、刻工、序跋、批校題跋、藏書印等。力求真實準確地反映藏書的主要内容及基本特征。

三、漢文古籍基本按照《全國古籍普查登記手册》中的《漢文古籍分類表》分爲經、史、子、集、類叢五部，并在各部之下再分類、屬；基本按照該手册中的《漢文古籍目録分類款目組織規則》安排各書順序。非古籍類漢文藏書按内容酌情歸入相應的部、類、屬，并酌情參照上述規則安排順序。

四、爲保留古籍文字原貌，本書目中各著録項（題名、著者、著作方式、鈐印等）原則上按原文字（除舊字形字統改爲新字形字之外，異體字、通假字等一仍其舊）進行著録。鑒於某些題名項中的生僻文字會影響讀者檢索，統一將這些題名項改用當代的規範繁體字著録并在其後加括號注明原字。

五、爲節省版面和美觀起見，各書子目之間用雙豎綫（‖）進行分隔，子目列舉完畢之後末尾處統一不加句號，題跋、鈐印等文字内容用分隔號（/）斷句或指明分行處。

六、考慮到藏書實際情況，集部別集類"清別集"之屬以及詞類別集之屬下屬的"清別集"小類均改爲"清以下別集"，以便容納民國及之後成書的別集，順序則統一按作者生卒年通排。

七、每一條目基本信息欄末尾保留四川省圖書館原索書號，如"李0285""李0585"。

詩　類

● 傳說之屬

詩經集傳八卷　（宋）朱熹集傳　（明）岑用賓校正　明池郡秋浦邑象山杜氏刻本　六册　李1245

　　開本29.9厘米×17.8厘米，版框19.8厘米×14.3厘米；左右雙邊，單白魚尾；半葉九行，行十七字，小字雙行同。牌記：南畿戶科給事中小谷岑用賓校正/池郡秋浦邑象山杜氏尊重刊。版心下方鐫刻工：山、文、川、守、信、奇、易、思、高、李、洪、桂、余、羅、溫志、陳奇、國方、付三、劉奇、陳六、陳太、張文憲刊等。序跋：朱熹序。批校題跋：□□批、李一氓題簽（詩經集傳/明鐫八卷本）、李一氓題記。鈐印：李一氓、無是樓、一氓五十、一氓所藏、一氓讀書、無是樓藏書、成都李一氓、成都李氏收藏故籍、北京圖書館藏。

小學類

● 文字之屬

六書索隱五卷　（明）楊慎著　明嘉靖刻本　四册　李1448

　　開本26.9厘米×16.7厘米，版框20.3厘米×14.4厘米；四周雙邊，上下黑口，單黑魚尾；半葉四行，行字不等，小字三行，行十八字。序跋：楊慎序。鈐印：稷香館、瀨陽程氏少峰家藏印、無是樓、一氓六十、一氓讀書、成都李一氓、蠹叢魚鳧之人。

篆林肆考（篆林肆攷）十五卷　（明）鄭大郁輯　（明）徐廣訂　（明）葉樞較　（明）劉肇麟梓　明崇禎十五年（1642）潭陽劉肇麟刻本　二册　存四卷（一至四）　李1251

開本26.5厘米×15.5厘米，版框20厘米×12.2厘米；四周單邊；行、字不等。鈐印：李一氓、無是樓、無是樓藏書、成都李一氓、蠹叢魚鼃之人、成都李氏收藏故籍、李一氓五十後所得。

篆書正四卷　（清）戴明説纂著　（清）劉夢參定　（清）馬鳴蕭編　（清）戴王綸等較　清順治十四年（1657）胡正言刻本（永魁齋藏板）　四册　李1244

開本23.8厘米×15厘米，版框20厘米×13.6厘米；四周單邊，單黑魚尾；半葉八行，行字不等。内封鐫：戴巖犖先生纂著/篆書正/永魁齋藏板。序跋：胡正言跋。批校題跋：李一氓題簽（篆書正/順治鐫）、李一氓題記。鈐印：青圃、劍矦、元焕、□官大夫、緑萼金粟書龕秘藏、直瀆草堂、無是樓、一氓所藏、一氓精鑒、成都李一氓、無是樓藏書、成都李氏收藏故籍、李一氓五十後所得。按：書中附王貴忱、王大文《胡正言所刻圖書簡述》一文。

● **音韻之屬**

古音叢目五卷古音餘四卷古音獵要五卷古音略例一卷古音附録一卷奇字韻四卷　（明）楊慎等著　（明）李元陽校　明嘉靖刻本（李一氓抄補）　四册　李1463

開本26.3厘米×16.8厘米，版框18.6厘米×13.2厘米；左右雙邊，單白魚尾；半葉九行，行二十字，小字雙行同。版心下方鐫刻工：余員、余農、江盛、天禄、施肥、陸八、劉俊、黄大富、吳天育、葉文輝等。序跋：楊慎序。批校題跋：李一氓題記。鈐印：秦曼青、天麟所藏、□莫棠所藏、曾在秦嬰闇處、獨山莫氏銅井文房之印、無是樓、一氓六十、成都李一氓、無是樓藏書、成都李氏收藏故籍。

西儒耳目資三卷 （法國）金尼閣撰 （明）韓雲詮訂 （明）王徵校梓
明天啓六年（1626）王徵刻本 三册 李1261

子目：譯引首譜一卷‖列音韻譜一卷‖列邊正譜一卷

開本27.3厘米×17.9厘米，版框23.6厘米×15.2厘米；四周雙邊，單黑魚尾；半葉十二行，行二十字。序跋：張問達、王徵、金尼閣序。批校題跋：藍玉崧題簽（西儒耳目資/共三册/一氓善本/玉崧署簽）、李一氓題跋。鈐印：藍（肖形印）、李一氓、一氓五十、一氓讀書、擊楫詞翰、無是樓藏書、成都李氏收藏故籍、李一氓五十後所得。

紀傳類

● 正史之屬

陳書三十六卷　（唐）姚思廉撰　宋蜀刻本　一册　存一卷（一）　李1480

　　開本26.7厘米×19.8厘米，版框21厘米×18.1厘米；左右雙邊，順黑魚尾；半葉九行，行十八字。版心下方鐫刻工：陶、王、陳壽、單侶、李憲等。批校題跋：李一氓題記。鈐印：台山雲浦、劉泉藏書、銕城劉泉家藏、一氓讀書、一氓六十、成都李一氓、鹽叢魚凫之人。

雜史類

● 斷代之屬

茂邊紀事一卷　（明）朱紈撰　明嘉靖刻本　一册　李1329

　　開本30.1厘米×19.3厘米，版框17.9厘米×12.9厘米；左右雙邊，單白魚尾；半葉十行，行二十字，小字雙行同。鈐印：養和堂印、無是樓、一氓六十、成都李一氓、鹽叢魚凫之人。

司空平蠻餘錄二卷　（明）曾省吾著　（明）吳兑校閲　（明）顧爾行校梓　李一氓抄本　二册　李0740

　　開本31厘米×20.7厘米；半葉八行，行十八字。序跋：邢侗、趙慎修序。批校題跋：李一氓跋。鈐印：李（押）、無是樓、一氓五十、擎楫詞翰、無是樓藏書。

蜀事紀略一卷　（明）朱燮元撰　1964年李一氓抄明天啓刻本　一册　李1331

　　開本29.5厘米×20.4厘米。序跋：朱燮元序。批校題跋：李一氓題

（種松園李氏鈔本）、李一氓題記。鈐印：無是樓、一氓六十、一氓讀書、成都李一氓、蟫叢魚鳧之人。按：書中附北京市中國書店定價簽。

蜀龜鑑七卷首一卷　（清）劉景伯輯　清宣統三年（1911）裴氏刻本　四冊　李1254

開本24.8厘米×15.2厘米，版框18.9厘米×13.4厘米；四周雙邊，單黑魚尾，無界行；半葉九行，行二十五字。牌記：宣統辛亥三年裴氏家藏。序跋：劉景伯序。

蜀燹述略六卷　（清）余鴻觀編輯　清光緒二十七年（1901）成都昌福公司鉛印本　二冊　李1255

開本19.4厘米×13.2厘米，版框15.8厘米×11.3厘米；四周雙邊，單黑魚尾，無界行；半葉十二行，行三十二字。牌記：成都昌福公司刷印。序跋：吳樹棻、王明德、申轔、王德忠、余鴻觀序。批校題跋：李一氓題記。鈐印：無是樓、一氓所藏、蟫叢魚鳧之人。

史鈔類

四川史地材料三種　（□）□□輯　抄本　三冊　李1256

開本24.8厘米×16.7厘米；半葉九行，行二十字。鈐印：無是樓、一氓所藏。

四川史地鈔三種　李一氓抄本　一冊　李1303

子目：使蜀日記一卷　（清）方象瑛著‖游峨眉山記（游峩眉山記）一卷　（清）寶綗著‖木耳占記一卷　（清）王昶著

開本24.9厘米×15.5厘米；半葉八行，行二十二字。鈐印：無是樓、一氓六十、成都李一氓、蟫叢魚鳧之人、北京圖書館藏。

史部

史評類

● 詠史之屬

前後蜀雜事詩二卷 （清）張祥齡著　清光緒刻本　一册　李0973

　　開本27.6厘米×19厘米，版框18厘米×13.8厘米；左右雙邊，上下黑口，單黑魚尾；半葉十行，行二十字，小字雙行同。版心卷次處爲墨釘，卷末鐫有"卷上""卷下"。鈐印：無是樓、一氓所藏、蠹叢魚凫之人、北京圖書館藏。

傳記類

● 總傳之屬（通代、姓名、技藝、列女）

書史會要十卷補遺一卷　（明）陶宗儀著　（明）朱謀垔較　續編一卷　（明）朱謀垔著　明崇禎二年（1629）豫章朱氏寒玉館刻清初印本　四册　李1277

　　開本27.2厘米×17.7厘米，版框19.4厘米×13.6厘米；左右雙邊，上黑口，單黑魚尾；半葉十行，行二十字。牌記：崇禎己巳豫章朱氏寒玉館鋟梓。重印時卷二、卷三、卷七至卷十卷端增鐫：男朱統鈏發若重較。卷四卷端增鐫：男朱統鏵通一重較。卷五、卷六卷端增鐫：男朱國元體善重較。《續編》目次題"續"，卷端作"卷之十"。序跋：朱謀垔、朱統鈏序。另附胡繼謙《隱之先生懿行紀略》、孫作《南村先生傳》。批校題跋：李一氓題簽（書史會要/朱謀垔十卷本/一氓）、李一氓批。鈐印：葉元鼎、長沙陶澍、賜書樓陶氏之記、資江陶氏雲汀藏書、陶澍肖形印（印心石屋主人/而眉龐/而髯長/仙心儒素而佛腸/手此一卷/烏奕書香）、無是樓、一氓讀書、一氓六十、無是樓藏書、成都李一氓、蠹叢魚凫之人、無所住齋鑒藏、成都李氏收藏故籍。

11

歷代兩浙詞人小傳十六卷　周慶雲纂　民國十一年（1922）烏程周氏夢坡室刻本　四冊　李0147

　　開本25.7厘米×15厘米，版框17.5厘米×12厘米；四周雙邊，單黑魚尾；半葉十行，行二十三字，小字雙行同。牌記：夢坡室藏板。序跋：況周頤、周慶雲序。鈐印：擊楖、李一氓、李一氓印、一氓所藏、無是樓藏書、一氓搜藏詞書種種/一九七七年記。

詞人姓氏不分卷　（□）□□輯　清抄本　一冊　李0146

　　開本21.8厘米×14厘米；半葉十行，行二十四字。版心上方印：酒邊人倚紅樓詞絮。批校題跋：李一氓題簽（詞人姓氏/唐五代宋元明/鈔本/一氓所藏）。鈐印：食舊德堂藏書、壹氓、擊楖、李一氓、無是樓藏書。

杭州西溪奉祀歷代兩浙詞人姓氏錄（杭州西溪奉祀歷代兩淛詞人姓氏錄）一卷　王秋瑰輯　民國鉛印本　一冊　李0148

　　開本25.8厘米×15厘米，版框16.3厘米×11.3厘米；左右雙邊，上下黑口，單黑魚尾；半葉十行，行二十三字，小字雙行同。批校題跋：李一氓批。鈐印：擊楖、李一氓、無是樓藏書、一氓搜藏詞書種種/一九七七年記。

賴古堂別集印人傳三卷　（清）周亮工撰　（清）周在浚等編次　清康熙十二年（1673）賴古堂刻本　一冊　李1249

　　開本25.4厘米×16.3厘米，版框17厘米×13.5厘米；四周單邊，單黑魚尾；半葉九行，行十八字。序跋：錢陸燦序。鈐印：嘉業堂、王氏家藏、幔亭珍翫、曾在平湖葛昌楣詠莪處、無是樓、一氓所藏、一氓六十、成都李一氓、蠹叢魚鳧之人。

劉向古列女傳七卷續列女傳一卷 （漢）劉向撰　明萬曆三十四年（1606）新都黃嘉育刻本（李一氓抄配、潘絜茲補圖）　八冊　李1239

開本28.4厘米×17.8厘米，版框19.7厘米×14.2厘米；四周單邊，單白魚尾；半葉十行，行二十字。序跋：王回、曾鞏、黃嘉育序。批校題跋：李一氓題記。鈐印：李（押）、李一氓、無是樓、李氏一氓、一氓七十、一氓讀畫、桃花源裏、成都李一氓、無是樓藏書、蠹叢魚兒之人、踏遍青山人未老、成都李氏收藏故籍、李一氓五十後所得。

婦人集一卷　（清）陳維崧譔　（清）王士禄參　補一卷　（清）冒丹書譔　續婦人集二卷　（清）蔣景祁撰　清抄本　一冊　李1384

開本31厘米×19.2厘米；半葉九行，行二十字，小字雙行同。批校題跋：黃子湘批并跋。鈐印：黃子湘、夢笛所藏、無是樓、李一氓、李一氓印、無所著齋、無是樓藏書、成都李氏收藏故籍。

群芳外譜（羣芳外譜）二卷　題壺隱癡人手輯　清嘉慶二年（1797）問花軒刻本　一冊　李0857

開本23.5厘米×14.6厘米，版框16.9厘米×12.7厘米；四周雙邊，單黑魚尾；半葉九行，行二十字。鈐印：龍泉馮氏藏書、游戲三昧、拈花微笑、一氓所藏、無是樓、一氓搜藏詞書種種／一九七七年記。

● **別傳之屬（事狀、年譜）**

聖蹟圖不分卷　（明）孔胤植　（明）呂兆祥輯注　明崇禎刻本　一冊　李1494

開本29.4厘米×18.7厘米。存圖三十四幅，缺圖兩幅（子貢廬墓圖、漢高帝祀太牢圖）。序跋：韓爌序。批校題跋：李一氓跋。鈐印：無是樓、一氓六十、無所著齋、擊楫詞翰、一氓所藏、一氓精鑑、一氓讀畫、成都李一氓、蠹叢魚兒之人。

東坡先生年譜一卷　（宋）王宗稷編　（清）邵長蘅重訂　清康熙三十八年（1699）刻本（有圖）　一冊　李1304

開本24.9厘米×16.6厘米，版框18.1厘米×14.4厘米；四周單邊，上下黑口，單黑魚尾；半葉十行，行二十一字。卷前有"東坡先生笠屐圖"，宋犖題圖。鈐印：無是樓、一氓所藏。

唐宋詞人年譜不分卷　夏承燾著　1956年上海古典文學出版社鉛印本　一冊　李0149

開本20.3厘米×14厘米。鈐印：擎檄、一氓所藏、無是樓藏書、一氓搜藏詞書種種／一九七七年記。

● 日記之屬

三台日記不分卷　潘重規撰　1978年影印本　一冊　李1194

開本26.1厘米×15.8厘米。批校題跋：李一氓題記。按：此爲潘重規之女潘錦贈李一氓之書。

● 科舉錄之屬

崇禎陸年四川鄉試錄一卷　（明）□□編　明崇禎刻本　二冊　李1482

開本30.5厘米×19.9厘米，版框23厘米×15.6厘米；四周雙邊，上下黑口，單黑魚尾；半葉九行，行十九字。序跋：鄒毓祚序。鈐印：李一氓、李一氓印、無是樓藏書、成都李氏收藏故籍。

政書類

● **軍政之屬**

馬政志四卷 （明）陳講撰　明嘉靖刻本　二册　存二卷（一、四）
李1481

開本28.5厘米×18.3厘米，版框19厘米×14.6厘米；四周單邊，單黑魚尾；半葉十行，行二十一字，小字雙行同。序跋：劉崙、唐龍、賈啓序。批校題跋：李一氓題記。鈐印：一氓讀書、無是樓藏書、成都李一氓、成都李氏收藏故籍、李一氓五十後所得。

● **律令之屬**

律十二卷　（□）□□撰　音義一卷　（宋）孫奭撰　1979年上海古籍出版社影印宋刻本　二册　李1252

開本29厘米×18.5厘米，版框19.1厘米×14.5厘米；左右雙邊，單黑魚尾；半葉九行，行十八字。序跋：冀淑英序。

新鍥京傳詞林金鏡便録四卷　（□）□□編　明刻本（有圖）　一册　李1246

開本25厘米×16.1厘米，版框21.1厘米×12.6厘米；四周雙邊，順黑魚尾，上中下三欄。批校題跋：藍玉崧題簽（詞林金鏡便録/明刊本/玉崧書籤），李一氓跋。鈐印：無是樓、李一氓印、一氓所藏、一氓五十、一氓讀畫、擊楫詞翰、無是樓藏書、成都李氏收藏故籍、李一氓五十後所得。

15

職官類

● 官制之屬

大明一統文武諸司衙門官制五卷　（明）陶承慶校正　（明）葉時用增補
明萬曆二十六年（1598）寶善堂刻本（有圖）　一冊　存一卷（一）
李1253

　　開本25.5厘米×16.8厘米，版框22厘米×14.5厘米；四周雙邊，單黑魚尾；半葉十二行，行字不等。內封鐫：重刻增補京板/萬曆戊戌寶善堂刊/大明官制大全。凡例末鐫：江西臨江府新喻縣縣丞陶承慶校正/吉安府廬陵縣末李葉時用增補。批校題跋：李一氓題記。鈐印：李一氓、無是樓、一氓五十、一氓讀書、擊楫詞翰、李一氓五十後所得、成都李氏收藏故籍。

地理類

● 總志之屬

新編方輿勝覽七十卷　（宋）祝穆編　元刻本　一冊　存一卷（五十二）
李1489

　　開本29厘米×16.3厘米，版框16.7厘米×11.8厘米；四周單邊，上下黑口，三黑魚尾間雙黑魚尾；半葉十四行，行二十三字。版心上方鐫：方五二。版心下方鐫葉次（陰刻、陽刻間有）。批校題跋：封面題（方輿勝覽/殘宋本）、李一氓跋。鈐印：雍正宸賞、無是樓、一氓讀書、擊楫詞翰、李一氓五十後所得、北京圖書館藏。

● 方志之屬

［康熙］揚州府志四十卷　（清）崔華等修　清康熙二十四年（1685）刻本（有圖）　一册　存一卷（一）　李1332

開本26厘米×17.4厘米，版框21.4厘米×14.9厘米；左右雙邊，單黑魚尾；半葉十行，行二十一字。序跋：汪懋麟、楊洵、金鎮、雷應元序。批校題跋：桑愉題簽（揚州府志殘卷/康熙刊本/存風景版畫五幀/桑愉爲一氓題於揚州）、李一氓題記。鈐印：無是樓、一氓讀畫、一氓六十、成都李一氓、鹽叢魚鳧之人。按：書中附卞孝萱致李一氓短箋。

［康熙］西江志二百六卷圖一卷　（清）白潢等修　清康熙五十九年（1720）刻本　一册　存一卷（圖）　李1288

開本28厘米×18厘米，版框20.4厘米×14.6厘米。批校題跋：李一氓題簽（西江志圖/康熙鐫本/後風景圖拾幅/繪刻俱精/爲方志坿圖之上品）。鈐印：李一氓、無是樓、一氓所藏、一氓讀畫、無所著齋、桃花源裏、無是樓藏書、李一氓五十後所得、成都李氏收藏故籍。

華陽國志十二卷　（晉）常璩撰　補三州郡縣目録一卷　（清）廖寅撰　清嘉慶十九年（1814）廖寅題襟館刻本　八册　李1365

開本28.5厘米×16.9厘米，版框17.7厘米×11.1厘米；左右雙邊，上下黑口，對黑魚尾；半葉十行，行二十字。内封鐫：嘉慶十九年歲在甲戌刊成/華陽國志/題襟館藏。廖寅序末鐫：金陵劉文奎弟文楷模鐫。序跋：廖寅、吕大防等序。批校題跋：雨窗漫士、澗賓題記，張其鍠録顧廣圻、何焯批校内容，張其鍠跋。鈐印：無竟先生獨志堂物、無是樓、一氓所藏、一氓讀書。按：書中附北京市中國書店定價簽。

17

蜀故二十七卷　（清）彭遵泗纂輯　（清）彭端淑　（清）彭肇洙校　（清）彭照等監刻　清光緒刻本　六册　李1370

開本 26.3 厘米×16.3 厘米，版框 18.7 厘米×12.9 厘米；四周雙邊，單黑魚尾，無界行；半葉九行，行二十二字。内封鐫：丹棱彭氏原本/全蜀典故/白鶴堂家藏。鈐印：成都李一氓、蠹叢魚鼠之人、無是樓藏書、北京圖書館藏。

● **專志之屬**（古迹、寺觀）

江南名勝圖不分卷　題（清）江浙畫士繪　清乾隆十六年（1751）刻本　一册　李1312

開本 18.9 厘米×18.9 厘米。序跋：王麟超跋。鈐印：衡山王麟超仁趾氏圖書印、槐屋圖書、阿英珍藏。

廣陵名勝圖説不分卷　（清）阮亨編　清乾隆刻本（有圖）　一册　李1324

開本 28.3 厘米×17.7 厘米。缺圖兩幅（豐市層樓、來春園）。序跋：阮亨序（卞孝萱抄）。批校題跋：李一氓題簽（廣陵名勝圖説/計圖四拾六幅/一氓藏），李一氓、齊燕銘題記。鈐印：卞孝萱印、孝萱所得、燕銘過眼、氓、李一氓、李氏一氓、一氓讀畫、擊楫詞翰、無所著齋、桃花源裏、一氓六十、一氓七十又七、無所住齋鑒藏、鶯歌燕舞之齋、踏遍青山人未老、成都李氏收藏故籍。

平山堂圖志十卷附宸翰一卷名勝全圖一卷　（清）趙之壁編纂　清乾隆三十年（1765）刻本　六册　李1347

開本 26.2 厘米×16.2 厘米，版框 18.5 厘米×14.1 厘米；左右雙邊，單黑魚尾；半葉十行，行二十一字。序跋：趙之壁序。批校題跋：于立群題簽。鈐印：臣宗疇、沈氏十二子、沈氏第十二子臣宗疇、所居在珠江梅嶺之間、白雲知我青山笑人、杏花嘗雨江南、無是樓、李一氓、李氏一氓、一氓所藏、一氓讀畫、一氓六十、成都李一氓、長征戰士之一、無所住齋鑒藏、成都李氏收藏故籍。

四川名勝志三十五卷　（明）曹學佺撰　明崇禎三年（1630）刻本（李一氓抄補目錄）　十二冊　李1369

開本26厘米×16.6厘米，版框20.1厘米×14厘米；左右雙邊，單黑魚尾；半葉十行，行十九字。版心下方鐫刻工：利、士、力、魯、鄭西、周廷、魏憲、張翼刊。卷三卷端及版心題名均爲"蜀中名勝志"。批校題跋：李一氓題簽（四川名勝志/無是樓藏）、李一氓題記。鈐印：兔（肖形印）、一氓、一氓讀書、無是樓藏書、成都李一氓、李一氓五十後所得、成都李氏收藏故籍。

常熟縣破山興福寺志四卷　（明）程嘉燧輯　明崇禎十五年（1642）刻本　一冊　李1430

開本23.3厘米×15厘米，版框19.2厘米×11.7厘米；四周單邊；半葉八行，行二十字。序跋：錢謙益序。批校題跋：李一氓跋。鈐印：泉鏡、南關沈氏圖記、無是樓、一氓所藏、一氓讀書、一氓六十、擊楫詞翰、踏遍青山人未老、李一氓五十後所得。

常熟縣破山興福志四卷　（明）程嘉燧輯　釋顯親重梓　釋密林較閱　民國八年（1919）常熟開文社鉛印本　一冊　李1428

開本26厘米×14.7厘米，版框17.1厘米×10.7厘米；四周雙邊，單黑魚尾；半葉十行，行二十九字。版心上方印：常熟興福寺志。版心下方印：常熟開文社代印。序跋：錢謙益序。批校題跋：李一氓題記。鈐印：李一氓、無是樓、一氓所藏、一氓六十、踏遍青山人未老。按：書中附趙寶煦手錄近作《三律》。

四明延慶天臺講寺志八卷　（明）釋傳燈纂修　（明）聞龍　（明）釋圓復校正　明天啓刻本　二册　缺一卷（八）　李1243

　　開本29.2厘米×17.5厘米，版框23.8厘米×14.3厘米；四周雙邊，單黑魚尾；半葉十行，行二十字。序跋：陳繼儒、周應賓、吳用先序。批校題跋：李一氓跋。鈐印：無是樓、一氓讀書、一氓五十、一氓八十、桃花源裏、擊楫詞翰、成都李一氓、踏遍青山人未老、李一氓五十後所得、成都李氏收藏故籍。

武林靈隱寺誌八卷　（清）孫治輯　（清）徐增重修　（清）釋戒顯較訂　清康熙十一年（1672）刻雍正印本（有圖）　四册　李1432

　　開本26.9厘米×17.9厘米，版框21厘米×15.5厘米；四周雙邊；半葉九行，行二十字。版心下方有墨釘。序跋：徐增、戒顯、孫治序。批校題跋：李一氓題簽（靈隱寺誌/康熙本/雍正印）、李一氓題記。鈐印：無是樓、李一氓印、一氓所藏、一氓讀畫、桃花源裏、成都李一氓、無是樓藏書、鶯歌燕舞之齋、蠶叢魚鳧之人、踏遍青山人未老、李一氓五十後所得、成都李氏收藏故籍。

● 雜志之屬

帝京景物略八卷　（明）劉侗　（明）于奕正修　明崇禎刻本　十六册　李1280

　　開本27.2厘米×17厘米，版框19.5厘米×14.1厘米；四周單邊；半葉八行，行十九字。序跋：方逢年、劉侗叙。批校題跋：祝嘉題簽、李一氓批校并跋。鈐印：世德堂、伯宣所藏、閬山書屋、李一氓、李一甿、一氓讀書、一氓五十、無是樓藏書、成都李一氓、成都李氏收藏故籍、踏遍青山人未老、李一氓五十後所得。

龍井記略五卷 （清）李因培輯　清乾隆李因培進呈寫本　二冊　李1446

開本15.4厘米×9.8厘米。批校題跋：李一氓題記。鈐印：李一氓、無是樓、一氓所藏、一氓六十、鹽叢魚髡之人。

龍井見聞錄十卷附宋僧元净外傳二卷　（清）汪孟鋗纂　清乾隆刻本（有圖）　二冊　李1266

開本26.6厘米×17.1厘米，版框17.8厘米×12.9厘米；四周雙邊，單黑魚尾；半葉八行，行二十字，小字雙行同。序跋：汪孟鋗跋。批校題跋：沙孟海題簽（龍井見聞錄／一氓同志□□／鄞沙孟海署檢）、李一氓跋。鈐印：泰和蕭敷政蒲邨氏珍藏書籍之章、無是樓、桃花源裏、一氓讀書、一氓五十、一氓六十、無是樓藏書、成都李一氓、鶯歌燕舞之齋、踏遍青山人未老、李一氓五十後所得。

蜀中廣記一百八卷　（明）曹學佺著　民國二十二年至二十三年（1933—1934）涂鳳書抄本　二十三冊　存九種六十四卷　李1270

子目：蜀中人物記六卷‖蜀郡縣古今通釋四卷‖蜀中詩話記四卷‖蜀中邊防記十卷‖蜀中著作記十卷‖蜀中方物記十二卷‖蜀中宦游記四卷‖蜀中高僧記十卷‖蜀中風俗記四卷

開本27.7厘米×19厘米；半葉十行，行二十字。除《蜀中著作記》所用抄紙印"藏園傅氏寫本"外，其餘抄紙均印"厚盦涂氏寫本"。批校題跋：涂鳳書題記、李一氓跋（《書〈蜀中廣記〉近鈔本后》）。鈐印：瑞芝書屋珍藏、厚盦校過、兔（肖形印）、李一氓、無是樓、一氓讀書、無是樓藏書、成都李一氓、鹽叢魚髡之人、李一氓五十後所得。

● 山川之屬（合志、山志、水志）

新鐫海內奇觀十卷　（明）楊爾曾輯　（明）陳一貫繪　（明）汪忠信鐫　明萬曆三十七年（1609）夷白堂刻本（有圖，李一氓抄補）　十冊　李1458

開本27.7厘米×17.8厘米，版框23.4厘米×15.2厘米；四周單邊，單黑魚尾；半葉十行，行二十四字。版心下方鐫：夷白堂。序跋：陳邦瞻、葛寅亮、楊爾曾序。批校題跋：徐邦達題簽（海內奇觀／一氓鈔配／徐邦達署耑），李一氓題、跋、批、評。鈐印：花萼堂印、李一氓、無是樓、一氓所藏、一氓讀書、一氓讀畫、擊楫詞翰、無所住齋、一氓五十、一氓六十、一氓七十、成都李一氓、蠹叢魚尾之人、長征戰士之一、踏遍青山人未老、李一氓五十後所得。

清涼山新志十卷附御製碑文一卷　（清）老藏丹巴纂修　清康熙四十年（1701）刻本（有圖）　四冊　李1268

開本27.4厘米×16.4厘米，版框20.1厘米×14.2厘米；四周雙邊，單黑魚尾；半葉九行，行二十字。序末鐫：鴻臚寺序班臣朱圭恭鐫。鈐印：無是樓、一氓所藏、一氓六十、一氓讀畫、桃花源裏、成都李一氓、無是樓藏書、蠹叢魚尾之人、成都李氏收藏故籍。

恒山志五卷圖一卷　（清）桂敬順纂修　清乾隆二十八年（1763）刻本　一冊　存二卷（乾集、圖）　李1338

開本27厘米×17厘米，版框18.6厘米×14.3厘米；左右雙邊，單黑魚尾；半葉九行，行二十字。序跋：張崇德、趙開祺、桂敬順等序。批校題跋：李一氓題簽（恒山志／乾隆鐫／殘存山圖及星志／得於蘇州／一氓自署）、李一氓題記。鈐印：一氓所藏、一氓七十、桃花源裏、一氓讀畫、一氓七十又七、踏遍青山人未老。

虎丘山志五卷圖志一卷　（明）文肇祉輯　明萬曆刻本　三冊　存三卷（三、四、圖志）　李1399

開本27.1厘米×16.4厘米，版框19.7厘米×13.5厘米；左右雙邊，下黑口，單黑魚尾；半葉八行，行十九字，小字雙行同。序跋：王寶、文肇祉序。批校題跋：李一氓題簽（虎丘志/萬曆本），黃裳、李一氓題記。鈐印：木雁齋、草草亭藏、黃裳小雁、黃裳藏本、無是樓、李一氓、一氓所藏、一氓讀畫、一氓五十、一氓七十、成都李一氓、鹽叢魚鳧之人、李一氓五十後所得、成都李氏收藏故籍。

虎阜志十卷首一卷　（清）陸肇域　（清）任兆麟編纂　清乾隆五十七年（1792）西溪別墅刻本　一冊　存一卷（首）　李1301

開本26厘米×16.7厘米，版框18.5厘米×13.6厘米；四周雙邊，上下黑口，對黑魚尾；半葉十行，行二十字。批校題跋：李一氓題簽（虎阜志/乾隆鐫本/殘存圖一冊/一氓得於蘇州）。鈐印：無是樓、一氓所藏、一氓讀畫、擊楫詞翰、成都李一氓、踏遍青山人未老。

攝山志八卷首一卷　（清）陳毅纂　清乾隆五十五年（1790）蘇州府署刻本（有圖）　一冊　存二卷（首、一）　李1315

開本25.8厘米×16.7厘米，版框20.4厘米×14.2厘米；左右雙邊，單黑魚尾；半葉十行，行二十二字。序跋：汪志伊、耿光祚、馬士芳、陳毅序。批校題跋：衛聚賢題記，許蘇民、李一氓跋。鈐印：許、蘇民印、賓叔經眼、在家僧、南京古物保存所藏、建築科學研究院圖書館藏書、李一氓、無是樓、一氓所藏、一氓讀畫、一氓六十、一氓七十、擊楫詞翰。

普陀山志六卷　（明）周應賓纂輯　（明）沈泰鴻　（明）邵輔忠校　（明）張隨梓行　明萬曆三十五年（1607）張隨刻本（有圖）　一冊　存一卷（二）　李1276

開本27厘米×17.3厘米，版框20.1厘米×13.8厘米；四周單邊；半葉八行，行十六字。批校題跋：李一氓跋。鈐印：無是樓、一氓精鑑、擘楣詞翰、一氓六十、成都李一氓、蠹叢魚鼠之人。

廬山志十五卷序一卷引用書目一卷圖一卷姓氏考一卷目錄一卷　（清）毛德琦重訂　清康熙五十九年（1720）順德堂刻本　十五冊　李1292

　　開本24.6厘米×15.9厘米，版框19.6厘米×13.8厘米；左右雙邊，單黑魚尾；半葉九行，行二十一字。內封鐫：西河毛心齋重訂/廬山志/順德堂藏板。版心鐫：順德堂。序跋：白潢、王思訓、石文焯、龔嶸、毛德琦、桑喬、吳煒、李瀠序。批校題跋：李一氓題簽（廬山誌/毛德琦本）、李一氓題記。鈐印：李一甿、一氓所藏、一氓讀書、一氓五十、擘楣詞翰、無所著齋、無是樓藏書、成都李一氓、成都李氏收藏故籍、李一氓五十後所得。

黃山圖經不分卷　題（宋）無名氏著　清抄本　一冊　李1265

　　開本26.6厘米×16.3厘米；半葉八行，行十七字。序跋：方成培跋。批校題跋：李一氓題簽（黃山圖經/舊鈔本）。鈐印：合肥李氏佛日樓藏書、李家驊、思貽軒、李家煌印、駿孫、野莽、無是樓、一氓所藏、一氓讀書、一氓七十、踏遍青山人未老、北京圖書館藏。

黃山志十卷　（清）釋弘眉編輯　（清）釋超然等訂　（清）釋傳燈等校　（清）釋普修錄　清康熙六年（1667）刻本（有圖，李一氓抄補）　四冊　存二卷（一、二）　李1282

　　開本26.8厘米×17.2厘米，版框22.8厘米×15厘米；四周雙邊，單黑魚尾；半葉十行，行二十字。版心下方有墨釘。序跋：竇遴奇、陳恭、王國相等序。批校題跋：李一氓批并跋。鈐印：李（押）、李一氓、李一甿、一氓七十、一氓讀畫、一氓讀書、桃花源裏、無所著齋、無是樓藏書、蠹叢魚鼠之人、踏遍青山人未老、李一氓五十後所得、成都李氏收藏故籍。

史部

黃山志定本七卷首一卷　（清）釋弘濟閱定　（清）閔麟嗣纂次　（清）程守等參閱　（清）周長年繡梓　（清）湯能臣等鐫圖　清康熙十八年（1679）刻乾隆三十二年（1767）補刻本（積翠樓藏版，有圖）　七冊　李1333

開本29.6厘米×18.3厘米，版框19.8厘米×13.7厘米；四周雙邊；半葉九行，行二十一字。牌記：黃山志定本／積翠樓藏版。序跋：方祈宣、黃士塤、吳綺、汪鋸、吳苑、閔麟嗣序。批校題跋：李一氓題簽（黃山志定本／康熙本／乾隆補板）、李一氓批并跋。鈐印：聽松樓珍藏金石書畫印、李一氓、一氓所藏、一氓讀書、桃花源裏、無是樓藏書、踏遍青山人未老、李一氓五十後所得、成都李氏收藏故籍。按：書中附黃山賓館食堂伙食費收據一張（1957年8月15日）。

黃山志二卷　（清）張佩芳輯　（清）許文元　（清）方正元校字　（清）黃雲景　（清）黃楷如鐫　清乾隆三十六年（1771）刻本（有圖）　一冊　李1339

開本25.2厘米×16.7厘米，版框20.6厘米×14.8厘米；左右雙邊，單黑魚尾；半葉九行，行二十四字，小字雙行同。批校題跋：李一氓題簽（黃山志簡本／一甿署）、李一氓跋。鈐印：孫氏珍藏、遊心於淡、孫氏棟堂珍玩、客到但知留一醉／盤中只有水精鹽、綠水青山夜／春風明月時／與君相別後／無日不懷思、還有、無是樓、一氓讀畫、一氓七十、成都李一氓。

黃山志續集十二卷圖一卷　（清）汪士鈜等纂　清康熙刻本　五冊　缺五卷（四、五、九至十一）　李0901

開本25.6厘米×17.1厘米，版框19.9厘米×14.1厘米；四周雙邊；半葉九行，行二十一字。序跋：黃宗羲、周金然序。批校題跋：李一氓題簽并跋。鈐印：無是樓、一氓所藏、擊楫詞翰、一氓讀畫、成都李一氓、一氓七十又七、踏遍青山人未老、一氓搜藏詞書種種／一九七七年記。

黃山志略十卷 （清）黃身先輯 清康熙三十一年（1692）刻本（有圖） 四册 李1281

開本 28.8 厘米×16.2 厘米，版框 20.2 厘米×12.2 厘米；四周單邊；半葉九行，行二十五字。序跋：殷曙序。鈐印：李一氓、無是樓、一氓所藏、一氓讀畫、成都李一氓、一氓七十又七、踏遍青山人未老。

齊山巖洞志二十六卷首一卷 （清）陳蔚纂輯 （清）陳壤等校字 （清）釋清勝等募刊 清嘉慶十年（1805）刻本（玩月樓藏板，有圖） 八册 李1274

開本 25.2 厘米×16.3 厘米，版框 17.5 厘米×12.9 厘米；左右雙邊，單黑魚尾；半葉十行，行二十一字。內封鎸：九華陳梅緣輯/齊山岩洞志/玩月樓藏板。各卷卷末鎸：齊山寺僧清勝率徒了惺募刊。序跋：裘世璘叙。鈐印：李一氓、無是樓、一氓所藏。

武夷志略四卷 （明）徐表然纂輯 （明）孫世昌劂梓 明萬曆四十七年（1619）崇安孫世昌刻本（有圖） 四册 李1401

開本 29.3 厘米×18.3 厘米，版框 20.7 厘米×13.7 厘米；四周單邊；半葉九行，行二十字，小字雙行同。版心下方鎸字數。此書分爲"文、行、忠、信"四集，《信》集末牌記：萬曆己未仲冬/崇安孫世昌梓行/晉江陳衡發刻。序跋：陳鳴華序、彭維藩跋。批校題跋：杜重劃題簽（武夷志/萬曆鎸插圖本/爲一氓題/重劃）、李一氓題記。鈐印：野荓、李一氓、桃花源裏、成都李一氓、無是樓藏書、蠹叢魚魘之人、踏遍青山人未老、成都李氏收藏故籍、李一氓五十後所得。

武夷山志十八卷目錄一卷 （明）衷仲孺撰 明崇禎十六年（1643）刻本 八册 李1290

開本 25.2 厘米×16.4 厘米，版框 20.4 厘米×14.7 厘米；四周單邊；半葉九行，行二十字。序跋：孫朝讓、張肯堂等序。批校題跋：李一氓題記。鈐印：當湖何云裳藏書之印、一氓五十、擊楫詞翰、無是樓藏書、成都李一氓、長征戰士之一、李一氓五十後所得、成都李氏收藏故籍。

九疑山志八卷圖一卷　（明）蔣鐄輯　明萬曆刻崇禎印本（有圖）　一册　李1400

開本27.3厘米×17.1厘米，版框22.6厘米×15.1厘米；四周單邊，單白魚尾；半葉九行，行二十字。圖八幅。序跋：林士標、梁應期、周希聖、蔣向榮、蔣鐄序。批校題跋：李一氓跋。鈐印：無是樓、一氓所藏、一氓讀書、一氓讀畫、擊楫詞翰、桃花源裏、一氓六十、踏遍青山人未老、成都李氏收藏故籍。

縉雲山志不分卷　釋塵空編　民國三十一年（1942）漢藏教理院刻本　一册　李1299

開本24.1厘米×15.4厘米，版框17.7厘米×12.9厘米；左右雙邊，上下黑口；半葉十行，行十九字。鈐印：無是樓藏書、蠹叢魚鳧之人。

峨山圖説二卷　（清）黃綬芙編　（清）廖星堂修　（清）譚鍾嶽繪　清光緒十七年（1891）成都蔣會文堂刻本（四川省城兩湖公所藏板）　四册　李1267

開本30.8厘米×18.4厘米，版框25厘米×15厘米；四周單邊，下黑口，單黑魚尾；半葉十行，行二十五字，小字雙行同。内封鐫：光緒辛卯夏/峨山圖説/顧復初潛叟題。《峩山總圖》後鐫：成都梓人蔣會文堂鐫。書尾鐫：板藏四川省城兩湖公所。序跋：譚鍾嶽、黃錫燾序。鈐印：古莘陳氏子子孫孫永寶用、龍山蟄廬藏書之章、一氓讀畫、成都李一氓、無是樓藏書、蠹叢魚鳧之人。

西岳華山志一卷 （金）王處一纂 （明）王民順增補 明萬曆三十四年（1606）王民順刻本（有圖） 一冊 李1242

開本29.2厘米×17.8厘米，版框19厘米×13.5厘米；左右雙邊，單黑魚尾；半葉九行，行十五字。圖四十七幅。序跋：李維楨、王民順序。鈐印：樊梓、千潯、千潯氏、筱塘鑑賞、李一氓、李一甿、無是樓、一氓所藏、一氓讀畫、成都李一氓、鹽叢魚凫之人、踏遍青山人未老、成都李氏收藏故籍。

水經注刪八卷 （明）朱之臣鈔評 明萬曆四十六年（1618）刻本 四冊 李1291

開本27.2厘米×17.2厘米，版框20.7厘米×14.8厘米；四周單邊；半葉九行，行十九字。序跋：朱之臣序。按：書中附北京市中國書店購書單。

西湖志類鈔三卷 （明）俞思冲纂 （明）俞時駕 （明）汪炳訂 首一卷 （明）俞思冲纂 （明）朱祖脩 （明）朱之京訂 明萬曆刻本（有圖） 二冊 存二卷（首、上） 李1323

開本27.1厘米×16.8厘米，版框20.5厘米×13.4厘米；左右雙邊；半葉八行，行十八字，小字雙行同。序跋：黃克謙、吳之鯨序。批校題跋：李一氓跋。鈐印：擊檝、李一甿、無是樓、折釵股、一氓五十、一氓六十、一氓讀畫、無是樓藏書、踏遍青山人未老、李一氓五十後所得、成都李氏收藏故籍。

西湖志纂十五卷 （清）沈德潛等纂 清乾隆二十年（1755）刻本 五冊 缺三卷（十三至十五） 李1289

開本25.9厘米×15.7厘米，版框17.7厘米×12.1厘米；四周雙邊，單白魚尾；半葉九行，行二十一字。批校題跋：李一氓題簽（西湖志纂/乾隆鐫/一氓自署）、李一氓題記。鈐印：江南第一風流公子、懷化劉氏珍藏書籍印、楊繼震印、楊、繼振信印、猗歟又雲、又雲攷藏、二泉山人、石箏館、蘇陸齋、燕南學人、蘭壽廎主、銅雀真研之室、半緣道人、李一氓、一氓六十、一氓七十、桃花源裏、無是樓藏書、鹽叢魚鳧之人、踏遍青山人未老、成都李氏收藏故籍。

西湖志四十八卷 （清）李衛等纂 清雍正十三年（1735）刻本 二十冊 李1314

開本28.1厘米×17.5厘米，版框25.5厘米×14.4厘米；四周雙邊，單黑魚尾；半葉九行，行二十一字。序跋：郝玉麟、王紘、張若震、吳進義等序。批校題跋：李一氓題記。鈐印：光風霽月人家、耕讀人家、藤花館主、再再生、壹畊、無是樓、一氓所藏、桃花源裏、無是樓藏書、成都李氏收藏故籍、踏遍青山人未老、李一氓五十後所得。

北湖小志六卷首一卷 （清）焦循著 清嘉慶十三年（1808）揚州阮元刻本（有圖） 二冊 李1371

開本25.2厘米×16厘米，版框18.5厘米×13.2厘米；左右雙邊，單黑魚尾；半葉十一行，行二十四字。序跋：阮元、焦循序。批校題跋：孫龍父題簽（北湖小志／揚州孫龍父爲一氓題簽）。鈐印：臣植、培之、無是樓、一氓所藏、一氓讀畫、無是樓藏書、成都李氏收藏故籍。

● 游記之屬（紀勝、紀行）

西湖遊覽志二十四卷志餘二十六卷 （明）田汝成撰 明嘉靖二十六年（1547）嚴寬刻本（有圖） 十二冊 李1240

開本26.4厘米×16.6厘米，版框20.2厘米×14厘米；四周雙邊，上下黑口，單黑魚尾；半葉十行，行二十字。圖十四幅。版心下方鎸刻工：葛堂、海、思道、王經、王文、王舜、温厚、傅魁、趙盛刊。序跋：田汝成叙。批校題跋：函套題（千頃堂原藏）、李一氓批并跋。鈐印：朝爽閣藏書記、東莞莫氏五十萬卷樓、沈氏鳴野山房圖籍印、壹甿、李一甿、無是樓、一甿五十、一甿六十、一甿讀書、桃花源裏、成都李一甿、踏遍青山人未老、成都李氏收藏故籍、李一甿五十後所得。

雁山遊覽記一卷　（清）方鼎銳參定　（清）郭鍾岳述　（清）郭煥春刻清同治十年（1871）刻本（溫處道署藏板）　一冊　李1302

開本27厘米×16.4厘米，版框20.3厘米×13.4厘米；四周雙邊，單黑魚尾；半葉九行，行十八字。書尾鐫：東甌郭煥春刻。批校題跋：李一甿題記（雁宕遊艸／一甿藏紀遊書之一）。鈐印：曹毓鈞印、叔衡、穹漢所得、穹漢收藏、無是樓、一甿所藏、一甿五十、成都李一甿、無是樓藏書。

游廬山記不分卷廬遊詠不分卷　（明）王思任著　（明）倪元璐閱　明刻本　一冊　李1297

開本25.4厘米×16厘米，版框20.5厘米×14.2厘米；四周單邊；半葉八行，行十八字。批校題跋：李一甿題記。鈐印：國楨之鉨、壹甿、無是樓、一甿所藏、一甿讀書、一甿五十。

黃海紀遊一卷　（清）曹學詩著　清乾隆刻本　一冊　李1295

開本24.3厘米×16.1厘米，版框17.4厘米×12厘米；左右雙邊，單黑魚尾；半葉九行，行二十一字。序跋：汪如椿序。批校題跋：俞守己題記、李一甿跋。鈐印：守己、俞守己印、守己過目、恒河沙室、曾藏恒河沙室、東吳俞守己家藏印、松聲館、衣萍、壹甿、野荈、無是樓、一甿六十、一甿所藏、一甿讀書、桃花源裏、成都李一甿。

黃山紀游一卷　（清）汪元撰　清道光十九年（1839）汪元稿本　一冊　李1269

開本24.3厘米×15厘米；半葉八行，行二十字。批校題跋：書中第五葉題"道光十九年秋八月二十九日汪元稿"、潘世鏞題記。鈐印：吟古鏡齋、無是樓、一氓六十、一氓所藏。

黃山記遊一卷 （清）沈銓撰 稿本 一冊 李1273

開本27.2厘米×16.4厘米；半葉九行，行字不等。稿紙版心上方印：師橋隨筆。鈐印：六琴十硯齋、直沽漁隱、無是樓藏書、成都李一氓、成都李氏收藏故籍、李一氓五十後所得。

黃山紀游草不分卷 孫玉聲等著 民國二十五年（1936）鉛印本 一冊 李1387

開本19厘米×13.2厘米，版框14.7厘米×9.4厘米；左右雙邊，單黑魚尾；半葉十一行，行十九字，小字雙行同。序跋：鄭永詒、嚴昌堉序。鈐印：李一氓。

黃山紀勝四卷 （清）徐璈輯 民國石印本 二冊 李1366

開本17.3厘米×10厘米，版框12厘米×9厘米；四周雙邊，上下黑口，對黑魚尾；半葉十行，行二十二字。批校題跋：大工山人記。鈐印：無是樓、李一氓、一氓所藏。

黃山遊記彙鈔四種 李一氓輯 李一氓抄本 一冊 李1294

子目：黃山史槩一卷 （清）陳鼎撰‖黃山紀遊草一卷 （清）宋定業稿‖游黃山記一卷 （清）袁枚撰‖黃山紀遊一卷 （清）王灼撰

開本24.9厘米×15.5厘米；半葉八行，行二十二字。抄紙印：榮寶齋製。序跋：沈受宏、計默序。批校題跋：李一氓題（黃山資料四種/一氓鈔本）。鈐印：無是樓、一氓六十、成都李一氓、存在是第一性、踏遍青山人未老。

九華日錄不分卷 （清）周天度撰　清乾隆二十六年（1761）刻本　一冊　李1296

開本27.3厘米×16.5厘米，版框16.7厘米×12.6厘米；左右雙邊，上下黑口，單黑魚尾；半葉九行，行二十字。序跋：金文淳、沈士濂序。鈐印：無是樓、一氓讀書、成都李一氓、李一氓五十後所得。

古今游名山記十七卷總錄三卷　（明）何鏜編輯　（明）吳炳校正　明嘉靖四十四年（1565）吳炳刻本　十二冊　李1470

開本26.5厘米×16.5厘米，版框20.1厘米×14.2厘米；左右雙邊，單白魚尾；半葉十四行，行二十七字。版心下方鐫刻工：鄒科、進賢、蘇州嚴春、熊成七刊、姜俸刊、熊鳳刊等。書尾鐫：嘉靖四十四載/歲在旃蒙赤奮若如月哉生明。序跋：黃佐、吳炳序。批校題跋：李一氓題籤（遊名山記/明嘉靖本/一氓自署）。鈐印：健甫、星垣、相安爲樂、翠微閣記、詩書滋味長、吾亦愛吾廬、翰林博士孟廣珍識、李一氓、無是樓、李氏一氓、一氓所藏、一氓讀書、一氓七十、成都李一氓、矗叢魚鳧之人、成都李氏收藏故籍、李一氓五十後所得。

名山勝概記（名山勝槩記）四十八卷圖一卷目錄一卷　（明）何鏜輯　明崇禎六年（1633）墨繪齋刻本（有圖）　五十冊　李1417

開本25.5厘米×17.1厘米，版框19.2厘米×14.2厘米；左右雙邊，單白魚尾；半葉九行，行二十字。內封鐫：名山圖仿自舊志/黃山白岳出鄭千里吳左千/天台雁宕出趙文度杜士良/匡廬石鐘出陳路若黃長吉/赤壁浮槎出藍田叔孫子真/余皆劉叔憲重摹單繼之補寫/咸一時名士勝流雲/崇禎六年春月墨繪齋新摹墨圖。序跋：王世貞、王穉登、湯顯祖序。批校題跋：謝孝思題籤、李一氓題籤（一氓所藏善本）、李一氓題記。鈐印：爲春室收藏圖書、齊林玉世世子孫永寶用、野莽、李一氓、李一氓、無是樓、一氓六十、一氓七十、李氏一氓、一氓所藏、一氓讀書、擊楖詞人、桃花源裏、成都李一氓、無所住齋鑒藏、矗叢魚鳧之人、鶯歌燕舞之齋、長征戰士之一、成都李氏收藏故籍。

史部

徐霞客遊記十卷　（明）徐宏祖著　（明）李寄輯　（明）季夢良編　（清）楊名時閱　遊記補編一卷　（清）葉廷甲輯　清乾隆四十一年（1776）徐鎮刻嘉慶十三年（1808）葉廷甲水心齋修版增刻本　十冊　李1309

　　開本23.9厘米×15.7厘米，版框17.8厘米×13.5厘米；左右雙邊；半葉十行，行二十三字。内封鐫：嘉慶戊辰校補／徐霞客遊記／水心齋葉氏藏板。序跋：楊名時、陳泓、葉廷甲、奚又溥序。批校題跋：祝嘉題簽、李一氓題簽（《徐霞客遊記》一部十冊／嘉慶葉廷甲刻本），李一氓批并題記。鈐印：無是樓、一氓讀書、無是樓藏書、成都李一氓、鹽叢魚氓之人、李一氓五十後所得。

名山諸勝記不分卷　（□）□□編　明抄本　一冊　李1308

　　開本25.6厘米×14.5厘米。批校題跋：李一氓題記（題名山諸勝記／明鈔本／殘存壹冊／李一氓藏善本殘書之一／自署）。鈐印：還有、李一氓、無是樓、一氓所藏、踏遍青山人未老、李一氓五十後所得。

岷江紀程一卷楹貼偶存一卷　（清）陳鍾祥撰　清咸豐十年（1860）刻本　一冊　李0036

　　開本24.6厘米×14.7厘米，版框17.7厘米×12.1厘米；四周雙邊，單黑魚尾；半葉九行，行二十一字。鈐印：擘榯、成都李一氓、無是樓藏書、一氓搜藏詞書種種／一九七七年記。

● **防務之屬**

偵探記二卷　（清）姚文棟編　清光緒刻本　一冊　李1272

　　開本26.5厘米×15.6厘米，版框18.3厘米×12.8厘米；四周雙邊，單黑魚尾；半葉九行，行二十字，小字雙行同。序跋：姚文棟叙。批校題跋：王世襄題簽（偵探記／滇南四種之一／暢安書尚）、李一氓跋。鈐印：

33

無是樓、一氓五十、一氓讀書、擊楫詞翰、桃花源裏、成都李一氓、鹽叢魚鳧之人、鶯歌燕舞之齋、李一氓五十後所得。

- **外紀之屬**

日本名山圖會不分卷　（日）谷文晁繪　日本文化四年（1807）刻本　三冊　李1285

開本25.7厘米×18.7厘米，版框24厘米×16.5厘米。序跋：柴邦彥、谷文晁、川村博序，元善跋。鈐印：南滿州鐵道株式會社圖書印、無是樓、一氓所藏、一氓讀畫、一氓六十、成都李一氓、無所住齋鑒藏、鹽叢魚鳧之人、成都李氏收藏故籍。

金石類

- **總志之屬**

金石品二卷　（清）李調元撰　何學士題跋一卷　（清）何焯著　清方功惠碧琳瑯館抄本　一冊　李1493

開本30厘米×19厘米；半葉八行，行二十字。版心下方有"碧琳瑯館鈔書"六字。批校題跋：函套題簽（李鶴洲《金石品》/碧琳瑯舘鈔本/何義門題跋）、"蒼茫齋"題記（何義門題跋錄/李鶴洲《金石品》/合冊/蒼茫齋藏記）。鈐印：方家書庫、方功惠印、方功惠藏書印、巴陵方氏碧琳瑯館珍藏秘笈、酒耽、柳橋、蒼茫齋精鑑章、蒼茫齋所藏鈔本、蒼茫齋收藏金石書畫、意在三代兩漢六朝之間、朱樨之印、九丹一字淹頌、渤海疾胄、尚同經眼、磁縣之印、高世異印、華陽高世異印、華陽高氏鑒藏、華陽國士珍祕之印、華陽高氏藏書子孫保之、無是樓、一氓讀書、李一氓五十後所得、成都李氏收藏故籍。

史部

● **錢幣之屬**

咸豐官票寶鈔二十張　清咸豐印　一冊　李1420

開本31厘米×18.7厘米。批校題跋：李一氓題簽、李一氓題記。鈐印：人淡如菊、李一氓、一氓七十、一氓七十又七、無所住齋鑑藏、存在是第一性。

目錄類

● **通論之屬**

蕢園書庫目錄輯略一卷　張森楷學　嚴式誨斠鎸　民國十四年（1925）渭南嚴氏孝義家塾刻本　一冊　李1300

開本29.7厘米×17.3厘米，版框20.3厘米×13.5厘米；左右雙邊，單黑魚尾；半葉十行，行二十四字。牌記：歲在旃蒙赤奮若六月朔／渭南嚴氏孝義家塾斠鎸於成都。版心下方鎸：渭南嚴氏孝義家塾叢書。序跋：嚴式誨跋。另附林思進《嚴處士蕢園書庫記》。鈐印：無是樓、成都李一氓、蠹叢魚凫之人。

● **書志之屬**

詩餘總目提要初稿十二卷　李維撰　民國油印本（藍印）　一冊　存三卷（一至三）　李0145

開本19.6厘米×15.4厘米，版框17厘米×12厘米；半葉十行，行二十字。批校題跋：李一氓題簽（詩餘揔目提要／油印本／十二卷／存一二三卷／餘缺／氓記）。鈐印：無是樓、一氓所藏、一氓七十、一氓搜藏詞書種種／一九七七年記。

35

- 專錄之屬

宋史蜀人列傳目錄一卷四川通志宋代人物題名一卷　傅增湘輯　稿本　一册　李0739

開本30.3厘米×19厘米；半葉十二行。稿紙印：江安傅氏鈔本/仿紹興本通鑑行格。批校題跋：李一氓封面題（四川人物志目/傅沅叔藁/一氓）。鈐印：李一氓、擎梅詞翰、無是樓藏書。

詞畹總目不分卷　（清）陳元鼎原定　抄本　一册　李0222

開本23.8厘米×12.8厘米。批校題跋：李一氓題（詞畹總目/雙照樓舊藏/一九五〇年冬得於京市）、李一氓跋。鈐印：雙照樓夫婦珍翫、仁和吳氏雙照樓藏書、壹氓、擎槐、一氓所藏、擎梅詞翰、無是樓藏書、一氓搜藏詞書種種/一九七七年記。

王靜安手錄詞曲書目不分卷　王國維輯　稿本　一册　李0224

開本27.5厘米×18.1厘米；半葉十一行，行字不等。稿紙欄綫外印：唐風樓校寫。批校題跋：茅盾題簽（詞曲書目/王靜安手寫本/茅盾爲一氓題）、李一氓跋。鈐印：兔（肖形印）、李（押）、李一氓、一氓五十、擎梅詞翰、無是樓藏書、李一氓五十後所得、一氓搜藏詞書種種/一九七七年記、茅盾。

一氓藏詞目錄不分卷　李一氓編　稿本　一册　李1426

開本27.1厘米×17.9厘米；半葉十行，行二十五字。稿紙版心上方印：冷齋日誌。批校題跋：黃苗子題（一氓藏詞/辛酉玉蘭開後/苗子題）。鈐印：無是樓、存在第一、一氓搜藏詞書種種/一九七七年記。

擊檔藏詞目録不分卷　李一氓編　稿本　一册　李0225

　　開本24.9厘米×17.5厘米。批校題跋：李一氓題簽（一氓藏詞書目稿/擊檔藏詞目録/一氓自題籤）、李一氓跋。鈐印：一氓、野莽、還有、擊檔、擊楫、李一甿、李一氓印、成都李一氓。

宋金元詞集見存卷目不分卷　（清）吳昌綬輯　清光緒三十三年（1907）上海鴻文書局石印本　一册　李0144

　　開本19.6厘米×15.3厘米，版框14.6厘米×10.6厘米。序跋：吳昌綬序。批校題跋：李一氓題簽（宋金元詞現存卷目/石印本/雙照樓校寫/一甿）、李一氓批。鈐印：壹甿、一氓所藏、一氓搜藏詞書種種/一九七七年記。

詞名索引不分卷　吳藕汀著　1984年北京中華書局鉛印本　一册　李0143

　　開本20厘米×14厘米。

清詞鈔索引不分卷　（□）□□編　油印本　一册　李0223

　　開本27.2厘米×18.2厘米。批校題跋：李一氓題記。鈐印：李一甿、無是樓、一氓七十、一氓所藏、長征戰士之一、北京圖書館藏。

子部

儒家類

● **儒學之屬**

楊子法言一卷　（漢）楊雄撰　明崇德書院刻本　一冊　李1317

　　開本29.6厘米×17.7厘米，版框22.9厘米×16.1厘米；四周雙邊，單黑魚尾；半葉十一行，行二十二字。批校題跋：李一氓題簽（揚子法言/明崇德書院鐫/一氓藏）。鈐印：壹甿、無是樓、一氓讀書、李一氓五十後所得。

道家類（含道教之屬）

老子道德經二卷　題（漢）河上公章句　明刻本　二冊　李1483

　　開本29.5厘米×18.6厘米，版框19.7厘米×14.2厘米；左右雙邊，單白魚尾；半葉八行，行十七字，小字雙行同。序跋：龔士□、葛玄序。鈐印：君□、名鐵雲字鋕雲、李一氓、李氏一氓、一氓所藏、無所住齋、無是樓藏書、鹽叢魚鳧之人、李一氓五十後所得、成都李氏收藏故籍。

莊子南華真經四卷　（戰國）莊周撰　明烏程閔氏刻朱墨套印本　四冊　李1316

　　開本27.4厘米×17.7厘米，版框21.6厘米×15.2厘米；四周單邊，無界行；半葉九行，行十九字。卷次、葉次位於版心底部，作"×卷×"。序跋：郭象序。批校題跋：李一氓題簽（閔刻莊子/無是樓藏）、李一氓跋。鈐印：曉霞藏本、無是樓、李氏一氓、一氓七十、一氓讀書、無是樓藏書、成都李氏收藏故籍。

▦ 形神俱妙篇（形神俱玅篇）二卷（前卷、後卷） （明）張我續撰　明萬曆三十七年（1609）刻藍印本　二冊　李1479

開本25厘米×14.9厘米，版框18.1厘米×12.8厘米；四周雙邊，上下藍口，對藍魚尾，無界行；半葉七行，行十五字。序跋：潛圃野叟序。批校題跋：孫抱和、畫寢齋批并題。鈐印：山陰孫氏抱和藏書、無是樓、蠹叢魚魷之人、李一氓五十後所得、成都李氏收藏故籍。

兵家類

● 武術技巧之屬

▦ 賜書堂訂正射譜不分卷 　（清）丁洪章等輯　清康熙三十七年（1698）賜書堂刻本（有圖）　一冊　李1467

開本26厘米×15.3厘米，版框20.4厘米×11.6厘米；上下兩欄，上欄小字十八行，行二十字，下欄大字九行，行十七字。圖二十四幅。版心下方鐫：賜書堂。批校題跋：林散之題簽（射譜/清刊本/一氓藏/林散之題簽）。鈐印：無是樓、一氓所藏、一氓六十、成都李一氓。

法家類

▦ 商子五卷　（戰國）商鞅著　（明）馮覲點評　明天啓六年（1626）刻本　二冊　李1465

開本29.7厘米×17.6厘米，版框20.9厘米×14.2厘米；四周單邊，單白魚尾；半葉九行，行二十字。序跋：馮覲、馮贄序。鈐印：李一氓、無是樓藏書、成都李一氓、長征戰士之一、成都李氏收藏故籍。

子部

農家農學類

● 園藝之屬

問秋館菊錄一卷霜圃識餘二卷　（清）臧穀著　清抄本　一冊　李1250

　　開本23.4厘米×13.6厘米；半葉十一行，行二十一字。序跋：臧穀序。批校題跋：李一氓題簽（問穜舘菊錄/鈔本）。鈐印：無是樓、李一氓、李一氓印、一氓所藏、一氓六十。

醫家類

● 養生之屬

飲食須知一卷　（清）朱本中纂　清康熙十五年（1676）貽善堂刻本（李一氓抄補）　二冊　李1422

　　開本22.4厘米×15厘米，版框18厘米×12厘米；四周雙邊，單黑魚尾；半葉八行，行二十字，小字雙行同。內封鐫：沈蓬夫先生鑒定/飲食須知/貽善堂藏板。序跋：陳啓貞序。批校題跋：松嵒題簽（飲食須知/康熙刊本/松嵒題）、李一氓題記。鈐印：松岩、一氓所藏、無是樓、壹氓、一氓六十、一氓讀書、成都李一氓。

雜著類

● 雜考之屬

丹鉛總錄二十七卷　（明）楊慎著集　（明）梁佐校刊　明嘉靖三十三年（1554）梁佐刻本　六冊　李1248

　　開本28.8厘米×18.1厘米，版框22厘米×16.5厘米；四周雙邊，單黑魚尾；半葉十一行，行二十五字。序跋：梁佐、趙文同、楊慎序。批校題跋：李一氓題簽（丹鉛捴錄/嘉靖鐫後印本/張子苾原藏）、李一氓錄鄭叔問悼詞。鈐印：子苾讀過、致齋之記、一氓藏書、一氓讀書、無是樓藏書、成都李一氓、李一氓五十後所得、成都李氏收藏故籍。

丹鉛餘錄十三卷　（明）楊慎著　明萬曆四十三年（1615）刻本　四冊　李1421

開本29.5厘米×17.8厘米，版框22厘米×15.3厘米；四周雙邊，單白魚尾；半葉九行，行二十字。版心有字數。序跋：仝梧序。鈐印：無是樓、一氓六十、一氓讀書、成都李一氓、蠹叢魚鳧之人。

● 雜纂之屬

秋林伐山二十卷　（明）楊慎撰　（明）孫居相　（明）李雲鵠校　明萬曆三十五年（1607）孫居相刻本　六冊　李1247

開本27.4厘米×18.2厘米，版框19.6厘米×15.7厘米；四周雙邊；半葉九行，行十九字，小字雙行同。孫居相序首葉版心下方鐫：戴惟孝刊。書尾版心下方鐫：王奉刻。序跋：孫居相、李雲鵠序，楊逢時跋。鈐印：無是樓、一氓所藏、一氓六十、一氓讀書、成都李一氓、蠹叢魚鳧之人。

新刻四民通用活套雕龍新裁三卷　（明）周家永編纂　（明）白其謨校訂　（明）陳德宗精刻　明萬曆三十九年（1611）存德堂刻本（有圖）　四冊　李1263

開本28.1厘米×15.1厘米，版框20.6厘米×12.2厘米；四周單邊，單黑魚尾；半葉十一行，行二十七字，小字雙行同。牌記：萬曆辛亥歲仲春月/存德堂陳耀吾繡梓。書尾有一行紅色小字：應頤康修訂/紹興寶幢巷57號。序跋：李光縉序。批校題跋：李一氓題簽（雕龍新裁/明人雜書/一氓自署）、李一氓題記。鈐印：李一氓、無是樓、一氓所藏、一氓五十、一氓七十、成都李一氓、蠹叢魚氒之人、成都李氏收藏故籍、李一氓五十後所得。

新鐫勸世醒心諺二卷 （明）程公遠著 （明）王尚達梓 明崇禎刻本（有圖） 一册 李1037

　　開本25.4厘米×15.7厘米，版框19.8厘米×12.1厘米；四周單邊，單白魚尾；半葉九行，行十九字。序跋：黃汝耀、程公遠序。批校題跋：李一氓題記。鈐印：無是樓、一氓所藏、一氓讀書、一氓六十、成都李一氓、一氓搜藏詞書種種／一九七七年記。

湘煙錄十六卷 （明）閔元京 （明）凌義渠輯 （清）凌虞堂重校 清嘉慶六年（1801）凌氏鳳笙閣刻本 二册 李1258

　　開本25.3厘米×16.3厘米，版框20.3厘米×14.5厘米；四周單邊，單黑魚尾；半葉九行，行十九字，小字雙行同。内封鐫：嘉慶辛酉重刊／湘煙錄／凌氏鳳笙閣藏板。序跋：阮元、董斯張序。批校題跋：王世襄題簽（湘煙錄／嘉慶重刊本／暢安題簽）。鈐印：李一甿、無是樓、桃花源裏、一氓讀書、成都李一氓、無是樓藏書、鶯歌燕舞之齋、蠹叢魚氒之人、成都李氏收藏故籍、李一氓五十後所得。

天樂圖一卷快樂原一卷 （清）石成金撰 清乾隆刻本（有圖） 一册 李1259

　　開本25.5厘米×15.6厘米，版框17.7厘米×11.3厘米；四周雙邊，單黑魚尾間單白魚尾；半葉八行，行字不等。批校題跋：卞孝萱題簽（天樂圖／乾隆刊本／揚州卞孝萱題簽）、李一氓題跋。鈐印：壹甿、無是樓、一氓六十、無所著齋、一氓讀畫、一氓所藏、北京圖書館藏。按：書中附王世襄致李一氓函。

小説家類

● **異聞之屬**

山海經十八卷　（晉）郭璞傳　明刻本（有圖）　六册　李1337

　　開本27.9厘米×17.1厘米，版框20.4厘米×14.4厘米；四周單邊，單白魚尾；半葉九行，行二十字，小字雙行同。序跋：楊慎、郭璞序。批校題跋：李一氓題簽（山海經/楊慎校刊本/一氓自署）、李一氓跋。鈐印：李一甿、無是樓、一氓六十、一氓讀書、成都李氏收藏故籍。

録異記八卷　（五代）杜光庭撰　（明）沈士龍　（明）胡震亨校　明刻本　一册　李1262

　　開本27.5厘米×17.3厘米，版框19厘米×11厘米；左右雙邊，單白魚尾；半葉九行，行十八字。序跋：杜光庭序、趙清常跋。批校題跋：李一氓題簽。鈐印：沙、余宗英印、兔（肖形印）、無是樓、一氓讀書、一氓所藏、無是樓藏書、成都李一氓、李一氓五十後所得、成都李氏收藏故籍。

繡像今古奇觀四十卷　題抱甕老人輯　題笑花主人閲　清咸豐文德堂刻本（有圖，李一氓抄補目録）　一册　李0475

　　開本29.3厘米×19厘米，版框20厘米×13.8厘米；半葉十一行。圖四十幅。内封鐫：墨憨齋手定/繡像今古奇觀/文德堂藏板。批校題跋：李一氓題簽（今古奇觀插圖/一氓自署）、李一氓題記。鈐印：江右煥文堂校訂/古今書籍經史時文/於江南省狀元境書坊發兑、李一甿、無是樓、一氓五十、一氓讀畫、成都李一氓、李一氓五十後所得、成都李氏收藏故籍。

子部

藝術類

● **書畫之屬**（書法書品、法帖、畫法畫品、畫譜）

書法鈎玄四卷 （元）蘇霖編撰 明刻本 一冊 李1464

開本26.8厘米×16.8厘米，版框20厘米×14.1厘米；左右雙邊，單黑魚尾；半葉十一行，行二十字。序跋：蘇霖序。批校題跋：李一氓跋、□□批。鈐印：鼎（肖形印）、暫存、許氏家藏、唐氏家藏、無是樓、一氓六十、一氓八十、一氓所藏、一氓讀書、故紙堆中、成都李氏收藏故籍。

字學新書摘抄一卷 （元）劉惟志編集 明刻本 一冊 李1278

開本23.9厘米×16.7厘米，版框18.2厘米×14.6厘米；左右雙邊，單白魚尾；半葉十行，行二十字，小字雙行同。卷末鐫：歲在彊圉協洽二月既望/録於梅花初月樓。批校題跋：李一氓題簽（字學新書摘鈔/中書筆法/無是樓藏）、李一氓跋。鈐印：無是樓、李一氓印、一氓所藏、一氓五十、無是樓藏書、成都李氏收藏故籍、李一氓五十後所得。

墨池璅録四卷 （明）楊慎著 清康熙五十四年(1715)刻本 一冊 李1298

開本26.1厘米×15.8厘米，版框13.6厘米×10.1厘米；左右雙邊，上下黑口，單黑魚尾；半葉八行，行十七字。張舍序後鐫：陳殿陽刊。序跋：張舍、許勉仁序，金介復跋。鈐印：黃福頤印、黃經庚印、宜黃黃福頤真賞印、兜率陀菁舍書畫之章、無是樓、一氓所藏、一氓六十、蠹叢魚鼠之人。

内閣秘傳字府四卷首一卷 （明）黃鰲 （明）黃鉞校刊 明隆慶二年(1568)刻本 二冊 李1279

開本24厘米×16.7厘米，版框19.8厘米×14.5厘米；四周雙邊，單白魚尾；半葉十行，行二十一字，小字雙行同。序跋：陳桐序。批校題跋：李一氓跋。鈐印：無是樓、李一氓、李一氓印、一氓七十、一氓所藏、無是樓藏書、成都李氏收藏故籍。

陳眉公先生手評書法離鉤（陳眉公先生手評書灋離鉤）十卷 （明）潘之淙定 （明）潘之淇等校 明天啓刻本 二册 李1466

開本25.9厘米×16.5厘米，版框20.5厘米×14.4厘米；四周單邊，單白魚尾；半葉九行，行二十字。序跋：葉秉敬、潘之淙序。批校題跋：許榮勳、李一氓跋。鈐印：臥雲、函道人、山間明月、蕺山囨柏、方外學士囨柏、李一氓、無是樓、一氓讀書、一氓五十、無所著齋、無是樓藏書、成都李一氓、成都李氏收藏故籍、李一氓五十後所得。

飛龍草法二卷 （明）黃士俊書 明刻本 二册 李1468

開本26.8厘米×16.4厘米，版框23厘米×12.8厘米；四周單邊。牌記：東粵原板書林陳氏重訂。批校題跋：李一氓題簽（飛龍艸法/筆法全書/明鎸/兩種合一函/□之）。鈐印：李一氓、無是樓、一氓所藏、成都李一氓、無所住齋鑒藏。

筆法全書三卷 （□）□□著 明建陽熊沖宇種德堂刻本 三册 李1469

開本28.5厘米×17厘米，版框20.2厘米×13.2厘米；四周單邊，單黑魚尾；行、字不等。牌記：種德堂/京本真篆隸/筆法全書/書林熊沖宇刊。鈐印：存齋、敦好齋、李一氓、無是樓、一氓讀書、無所著齋、無是樓藏書、成都李一氓、無所住齋鑒藏、成都李氏收藏故籍、李一氓五十後所得。

何紹基正書祝藼平年伯暨德配六旬雙壽序 （清）何紹基書 珂羅版印本 一册 李1319

開本30厘米×22.2厘米。函套題簽：玻瓈版/何子貞藼平年伯壽序。按：此册開本比較方正，原簽條著錄爲日本影印本。

苔亭畫記不分卷　（清）柳公衣撰　清抄本　一冊　李1451

　　開本 28.1 厘米×16.7 厘米；半葉十行，行二十五字。批校題跋：李一氓題簽（苔亭畫記／成都柳公衣撰／舊鈔本／一氓藏；苔亭畫記／成都柳公衣撰／藁本／一氓收藏）。鈐印：劉、問羹、劉蕃錫印、汝梅心賞、少春心賞、肇祥長壽、孫達審定、書癡畫癖、孫汝海印、孫氏藏書印、孫春山審定、孫少春讀書記、大興孫達字少春號再羹／鑒藏金石書畫經史圖籍心賞之印章、大興孫氏小讀雪齋又名樂素軒珍祕印、兔（肖形印）、一氓、無是樓、無是樓藏書、李一氓五十後所得、成都李氏收藏故籍。按：書中有數張浮簽。

黃氏畫譜八種　（明）黃鳳池輯　明萬曆至天啓集雅齋刻本　八冊　缺一種（名公扇譜）　李1286

　　子目：新鐫五言唐詩畫譜‖新鐫六言唐詩畫譜‖新鐫七言唐詩畫譜‖新鐫梅竹蘭菊四譜‖新鐫木本花鳥譜‖新鐫草本花詩譜‖唐解元倣古今畫譜

　　開本 28 厘米×20.9 厘米，版框 26.8 厘米×18 厘米。前六種內封鐫：集雅齋藏板。《唐解元倣古今畫譜》兩冊同，內封鐫：清繪齋。批校題跋：尹瘦石題簽（集雅齋畫譜／瘦石爲一氓同志題）、李一氓跋。鈐印：劉天繡、并門劉氏蔚文圖書印、劉天繡字蔚文號蓮舟、博風齋、讀書樂、墨林、吟風嘯月、業精於勤、凌麗清詩畫印、李一氓、李氏一氓、一氓五十、一氓所藏、一氓讀畫、成都李一氓、無是樓藏書、無所住齋鑒藏、成都李氏收藏故籍、李一氓五十後所得。

陳章侯畫水滸葉子圖不分卷　（明）陳洪綬繪　（明）黃一彬刻　明末刻本　一冊　李1478

　　開本 25.9 厘米×15 厘米，版框 17.7 厘米×9.1 厘米；四周單邊。內封題：大清宣統元年歲序己酉夏五月端陽節日／順德嚴氏書香齋重裝并藏。批校題跋：吳作人、王个簃、嚴邦英題簽，盧子樞、賴少其、王貴忱、常任俠、潘絜茲、金維諾、李一氓跋。鈐印：常任俠、潘、絜兹、金維諾、吳作人、賢、澹明軒、辛□、識字耕夫、炎南過目、炎南珍藏、庚子生、盧子樞、賴少其印、留贈人間、邦英之印、邦英私印、嚴氏家藏、順德嚴邦英印、順德嚴氏崇寶閣藏書印、順德嚴邦英炎南氏收藏歷朝書畫金石文字之印、王貴忱印、貴忱印信、無是樓、一氓所藏、一氓精鑒、一氓讀畫、鄉格里拉、桃花源裏、無所住齋鑒藏、蠹叢魚髡之人、成都李氏收藏故籍。

圖繪宗彝（圖繪宗彝）八卷　（明）楊爾曾輯　（明）蔡元勛繪　（明）黃德寵鐫　明萬曆三十五年（1607）刻本（有圖，卷一、卷三有抄補）　四冊　李1424

開本28.2厘米×17.3厘米，版框22.7厘米×15厘米；四周單邊；半葉十行，行二十四字。批校題跋：徐邦達題簽（圖繪宗彝/徐邦達爲一氓題）、李一氓批校。鈐印：無是樓、李氏一氓、一氓五十、一氓所藏、一氓讀畫、一氓精鑒、無所著齋、無是樓藏書、成都李一氓、蠹叢魚髡之人、無所住齋鑒藏、成都李氏收藏故籍、李一氓五十後所得。

畫譜不分卷　（□）□□輯　明刻本　一冊　李1287

開本26.4厘米×16.3厘米，版框20.5厘米×13.6厘米。批校題跋：李一氓跋。鈐印：一氓六十、一氓七十、一氓所藏、一氓讀畫、成都李一氓、無所住齋鑒藏、蠹叢魚髡之人、北京圖書館藏。按：畫譜以梅蘭竹菊爲主，內附北京市中國書店價簽。

芥子園畫傳初集五卷　（明）李流芳稿　（清）王槩增輯　清康熙十八年（1679）芥子園甥館刻彩色套印本　五冊　李1484

開本29.3厘米×17.5厘米，版框22.9厘米×15.1厘米；四周單邊，單黑魚尾；半葉九行，行二十字。內封鐫：李笠翁先生論定/繡水王安節摹古/芥子園畫傳/本衙藏板。序跋：李漁序。批校題跋：李一氓題簽（芥子園畫傳初集/無是樓珎藏)、李一氓題記。鈐印：工費浩繁每部定價紋銀二兩、蒼檜簃、蒼檜簃藏、澤畣秘玩、陳乾業印、行人可行人、一氓、李一甿、無是樓、李一氓印、一氓精鑒、一氓讀畫、無所住齋、成都李一氓、無是樓藏書、無所住齋鑒藏。

芥子園畫傳二集八卷首一卷　（清）王槩等編繪　清康熙四十年（1701）芥子園甥館刻彩色套印本　四册　李1485

開本29.2厘米×17.4厘米，版框22.2厘米×14.2厘米；四周單邊；半葉九行，行二十字。内封鎸：宇内諸名家合訂/繡水王宓州（安莭/司直）摹古/畫傳二集（蘭譜/菊譜/梅譜/竹譜）/芥子園甥館珍藏。例言末鎸：康熙辛巳桂月芥子園甥舘鎸藏。書尾鎸：康熙辛巳清和月芥子園甥舘鎸藏。序跋：諸昇、王槩序，王臬跋。批校題跋：李一氓題簽（芥子園畫傳二集/無是樓珎藏）。鈐印：芥子園珍藏、一氓、李一甿、李氏一氓、一氓讀畫、無是樓藏書、無所住齋鑒藏、李一氓五十後所得、成都李氏收藏故籍。

東谿畫譜（東磎畫譜）二卷附錄一卷　（日本）龜載繪　日本天明七年（1787）刻本　一册　李1330

開本25.4厘米×17.4厘米，版框21.6厘米×15.5厘米；四周單邊，單黑魚尾。内封鎸：翎毛花卉/東磎畫譜/東溪先生者/風流善丹青/而實爲南海之人物矣/是譜□得意之筆/固請之上之梓云/天明丙午嘉平月/崇高堂主人謹識。序跋：柴邦彥、孔恭、龜載序，藍渠跋。批校題跋：李一氓題簽（東溪畫譜/日本刊）。鈐印：奎運堂記、李一甿、無是樓、一氓所藏、一氓讀畫、無所住齋鑒藏、蠶叢魚鳧之人。

泛槎圖一卷續泛槎圖一卷續泛槎圖三集一卷艤槎圖四集一卷　（清）張寶繪　清嘉慶道光間羊城尚古齋張太占刻本　四册　李1307

開本27.7厘米×18.3厘米，版框21.6厘米×15.4厘米。内封鎸：羊城尚古齋張太占刻。序跋：張寶序。批校題跋：吳作人題簽（泛槎圖/計四集/一氓藏/作人署）。鈐印：張、從吾所好、一氓所藏、無是樓藏書、一氓七十又七、踏遍青山人未老。

列仙酒牌不分卷　（清）任熊繪　（清）蔡照初刻　清咸豐四年（1854）蔡照初刻本（有圖）　一冊　李1283

開本29.9厘米×13.4厘米，版框17.4厘米×7.3厘米。序跋：姚燮、曹峋、丁文蔚、任淇序，蔡照初跋。批校題跋：齊燕銘題記、李一氓跋。鈐印：燕銘得精刻本、壹甿、還有、李一氓、一氓七十、一氓讀畫、濯錦江邊、擘楮詞翰、成都李一氓、無所住齋鑒藏。

紅樓夢圖詠不分卷　（清）改琦繪　清光緒五年（1879）刻本　二冊　李1471

開本32.9厘米×21.9厘米，版框22.4厘米×14.8厘米。序跋：淮浦居士序。批校題跋：□□題記。鈐印：李一甿、無是樓、李一氓印、一氓讀畫、無是樓藏書、無所住齋鑒藏、蠹叢魚鼃之人。

百花詩箋譜不分卷　（清）張兆祥繪　清宣統三年（1911）文美齋刻彩色套印本（有圖）　一冊　李1320

開本29.4厘米×18.1厘米，版框24.3厘米×15.5厘米。牌記：宣統三年歲次/辛亥五月刊成。鈐印：野莽、李一氓、一氓讀畫、桃花源裏、蠹叢魚鼃之人。

● 篆刻之屬

古梅閣仿完白山人印賸一卷續編一卷　（清）王爾度輯刻　清同治十一年（1872）王氏古梅閣鈐印本　二冊　李1340

開本30.7厘米×16.6厘米，版框20.2厘米×12.2厘米。版心下方鐫：古梅閣。序跋：鄧傳密序、王爾度跋。

滿庭芳印拓一卷　曹辛之篆刻　1977年鈐印本　一冊　李1310

開本22.9厘米×13.8厘米，版框14.7厘米×9厘米。批校題跋：茅盾題簽（陳毅滿庭芳/曹辛之篆刻），曹辛之、茅盾題記。鈐印：曲公手拓、一氓搜藏詞書種種/一九七七年記。

工藝類

● 文房四寶之屬

墨法集要一卷　（明）沈繼孫撰　（清）彭紹觀　（清）項家達校　清乾隆四十年（1775）武英殿木活字印武英殿聚珍版書本（有圖）　一冊　李1257

開本27.1厘米×16.7厘米，版框19.1厘米×12.6厘米；四周雙邊，單黑魚尾；半葉九行，行二十一字。"墨法集要目錄"六字下鐫：武英殿聚珍版。版心下方鐫：彭紹觀校、項家達校。序跋：沈繼孫序。鈐印：康生、無是樓、一氓讀畫、成都李氏收藏故籍。

方氏墨譜六卷　（明）方于魯輯　（明）丁云鵬等繪圖　（明）黃守言等刻　明萬曆十七年（1589）方氏美蔭堂刻本　六冊　李1487

開本32.8厘米×19.7厘米，版框24.2厘米×15.2厘米；四周單邊，單白魚尾。各卷目錄首葉、版心下方鐫：美蔭堂集。《方于魯墨譜引》首葉版心下鐫：黃守言刻。《國寶目錄》末鐫：歙黃守言刻。序跋：王敬美、汪伯玉、徐棟評、汪道昆、李維楨、羅文瑞等序。鈐印：方于魯印、方氏建元、丁樹楨印、靜觀堂藏、己卯七品、海隅山館藏書、蔭田少山周遺、明善堂珍藏書畫印記、太玄氏、丁佛言、佛言、邁鈍、黃人、李一氓、無是樓、一氓讀畫、成都李一氓、無是樓藏書、無是樓鑑藏、長征戰士之一、鼉叢魚鳧之人、無所住齋鑑藏、李一氓五十後所得、成都李氏收藏故籍。

鑑古齋墨藪不分卷　（清）汪近聖輯　清嘉慶刻本（有圖）　六冊
李1313

開本29.7厘米×17.9厘米，版框22.8厘米×14厘米。版心鐫：汪氏墨藪。序跋：明晟、趙青黎序。鈐印：無是樓、一氓讀畫、成都李一氓、蠹叢魚鳧之人。

集部

楚辭類

楚辭七卷 （戰國）屈原等撰　明萬曆二十二年（1594）郭惟賢刻本　六册　李1407

　　開本30.5厘米×18.7厘米，版框22.5厘米×15.4厘米；四周雙邊，單黑魚尾；半葉八行，行十八字，小字雙行同。序跋：郭惟賢、郭子章、俞士章、鄒觀光序。批校題跋：李一氓題簽（楚辭/萬曆楚三賢本）。鈐印：大忍十壽、酷嗜詩書不計貧、樂天珍藏金石書畫印、李一氓、無是樓、李一氓印、一氓五十、成都李一氓、無是樓藏書、成都李氏收藏故籍、北京圖書館藏。

楚辭十卷　（漢）劉向輯　（明）吴勉學校　明萬曆吴勉學師古齋刻本　一册　李1392

　　開本26.4厘米×17.2厘米，版框20.3厘米×14.5厘米；左右雙邊，單黑魚尾；半葉九行，行十八字。批校題跋：藍玉松題簽（楚辭/師古齋本/玉崧署）、李一氓題記。鈐印：李一氓、無是樓、一氓所藏、一氓六十、桃花源裏、成都李一氓、鶯歌燕舞之齋。

楚辭十七卷　（漢）劉向編集　（漢）王逸章句　（明）高第　（明）黄省曾校正　明正德十三年（1518）刻本　四册　李1441

　　開本29.6厘米×18.3厘米，版框19.5厘米×14.6厘米；左右雙邊，對黑魚尾；半葉十行，行十八字，小字雙行同。序跋：王鏊序。批校題跋：李一氓題簽（楚辭/正德王序本）、李一氓題記。鈐印：擊楫、李一氓、無是樓、李一氓印、一氓五十、無是樓藏書、長征戰士之一、成都李氏收藏故籍。

楚辭十七卷 （漢）劉向編集 （漢）王逸章句 （明）錢世傑寫 （明）章芝刻 明萬曆刻本 六冊 李1436

開本28.7厘米×17.8厘米，版框20.8厘米×14.4厘米；四周雙邊，單白魚尾；半葉八行，行十七字，小字雙行同。牌記：隆慶辛未歲豫章夫容館宋板重雕。卷一首葉版心下鐫：章芝刻。書尾鐫：姑蘇/錢世傑寫/章芝刻。批校題跋：李一氓題簽（楚辭/隆慶芙蓉館本/萬曆翻刻）、李一氓題記。鈐印：伯度、古荊蠻民、曾在周叔弢處、李一氓、無是樓、一氓讀書、一氓五十、一氓六十、無是樓藏書、蠹叢魚鼠之人、成都李氏收藏故籍。

楚辭五卷 （漢）王逸章句 （宋）朱熹集註 （明）王璺校定 （明）來欽之述註 （明）陳洪綬繪圖 明崇禎十一年（1638）刻本（有圖） 二冊 李1393

開本26.8厘米×16.7厘米，版框19.8厘米×14厘米；四周單邊，單白魚尾；半葉九行，行二十字。圖十二幅。序跋：來欽之、來逢春、陳洪綬序。批校題跋：李一氓題簽（楚辭/崇禎陳老蓮刻圖本）。鈐印：子容、燕庭、劉喜海、寶敬、云閣祕裦、張逢端印、燕庭藏書、益人意知、惜抱軒珍藏、長劍倚天外、曾經劉燕庭讀、新城陳氏收藏圖書之印、大興徐松攷藏金石書畫、靜嫌鸚鵡鬧渴憶荔枝香、野莽、無是樓、一氓五十、一氓七十、一氓精鑑、行年八十矣、無是樓藏書、成都李氏收藏故籍。

楚辭集註八卷辯證二卷後語六卷 （宋）朱熹撰 明嘉靖十四年（1535）袁褧仿宋刻本 六冊 李1488

開本28.8厘米×19.2厘米，版框19.8厘米×15.5厘米；左右雙邊，對黑魚尾；半葉十行，行十八字，小字雙行同。批校題跋：李一氓題簽（楚辭/嘉靖袁氏仿宋本）、郭沫若、康生、馬衡、茅盾、沈尹默題寫書名。鈐印：賜書樓、折芳馨兮遺所思、茅盾、郭沫若、康生、沈尹默、馬衡、擊槐、無是樓、李一氓印、一氓所藏、一氓五十、無是樓藏書、成都李一氓、蠹叢魚鼠之人、成都李氏收藏故籍。

集部

別集類

● 漢魏六朝別集

陳思王集四卷 （三國魏）曹植撰 明嘉靖刻六朝詩集本 二冊 李1429

開本24.5厘米×15.3厘米，版框17.8厘米×12.7厘米；左右雙邊；半葉十行，行十八字。批校題跋：李一氓校并跋。鈐印：王金□印、野莽、李一氓、無是樓、一氓讀書、一氓六十、桃花源裏、無是樓藏書、鶯歌燕舞之齋、成都李氏收藏故籍。

庾開府集十二卷 （北周）庾信著 （明）汪士賢校 明天啓六年（1626）汪士賢刻漢魏諸名家集本 三冊 李1394

開本26.4厘米×16.5厘米，版框20厘米×14厘米；左右雙邊，單白魚尾；半葉九行，行二十字。批校題跋：李一氓題簽（庾開府集/汪士賢刻本/漢魏六朝諸家文集二十二種本）、李一氓題記。鈐印：蔚秀堂、寶研主人、李（押）、李一氓、李一甿、無是樓、一氓所藏、無是樓藏書、長征戰士之一、成都李氏收藏故籍、北京圖書館藏。

● 唐五代別集

陳子昂集二卷 （唐）陳子昂著 （明）張遜業校正 （明）黃埻梓行 明嘉靖三十一年（1552）江都黃埻東壁圖書府刻本 一冊 李1435

開本26厘米×16.3厘米，版框18.7厘米×13厘米；四周雙邊，對黑魚尾；半葉九行，行十九字。版心上方鐫：東壁圖書府。版心下方鐫：江琵新繩。鈐印：嘯傲煙雲、張麟振印、張氏藏書之印、李一甿、李一氓印、無是樓藏書、成都李氏收藏故籍。

陳伯玉集二卷 （唐）陳子昂著 明刻本 一冊 李1434

開本26厘米×16.3厘米，版框17厘米×12.9厘米；左右雙邊，單白魚尾；半葉十行，行十八字。與《陳子昂集》合一函。批校題跋：封面題簽（陳子昂詩集/明鐫兩種）。鈐印：尚志、發甲之印、梁允楠印、李一氓、李一氓印、無是樓藏書、成都李氏收藏故籍。

陳伯玉文集十卷 （唐）陳子昂撰 （明）楊春輯 明隆慶五年（1571）邵廉刻萬曆二年（1574）楊沂補刻本 李1496

按：此書見於《四川省圖書館館藏珍品集》，但本次編目未見此書，暫錄書名以存目。

孟浩然集三卷 （唐）孟浩然撰 明嘉靖刻本 一冊 李1413

開本26.2厘米×16.8厘米，版框17.6厘米×12.5厘米；左右雙邊，單黑魚尾；半葉十行，行十八字。此書頁碼連續。批校題跋：李一氓題簽（孟浩然集/明鐫三卷本）、李一氓批校并跋。鈐印：夢澤鑑賞、津門王鳳岡風篁館收藏印、擎檝、李一氓、無是樓、李一氓印、一氓讀書、一氓所藏、一氓七十、無是樓藏書、長征戰士之一、成都李氏收藏故籍。

孟浩然詩集三卷 （唐）孟浩然撰 1982年上海古籍出版社影印宋蜀刻本 一冊 李1414

開本29厘米×18.4厘米，版框20厘米×14.3厘米；左右雙邊，單黑魚尾；半葉十二行，行二十一字。序跋：黃丕烈、王士源、韋滔序，薛殿璽跋。

類箋唐王右丞詩集十卷文集四卷年譜一卷外編一卷唐諸家同詠集一卷贈題集一卷歷朝諸家評王右丞詩畫鈔一卷 （唐）王維譔 （明）顧起經編 明嘉靖三十五年（1556）無錫顧氏奇字齋刻本 十冊 《詩集》卷二殘 李1443

開本27.4厘米×17.5厘米，版框20.9厘米×15.3厘米；左右雙邊，

單黑魚尾；半葉九行，行十八字，小字雙行同。《詩集》卷二缺首二十三葉。牌記：丙辰孟陬月得辛日/錫山武陵顧伯子圖籍之宇刊；太歲在丙辰夏孟月尾/錫山顧起經與檇李陳棨四覆校於青藜閣中/越月乃授之梓。版心上方鐫：奇字齋。版心下方鐫刻工：何綸、吳應龍寫、何應亨、何鎡、何應元、王寀、何鈿、王誥、何鑑、何應貞、何朝忠等。序跋：顧起經序。批校題跋：李一氓題簽（王右丞詩文集/奇字齋本/缺詩集第二卷之一半/一氓所藏善本）、李一氓題記。鈐印：浣青、少眉、錢宗穎、子曼書記、桐鄉徐氏珍藏、申氏藏書子孫永寶、李一甿、一氓五十、李一氓印、一氓所藏、無是樓藏書、鹽叢魚兒之人、成都李氏收藏故籍、李一氓五十後所得。

李長吉昌谷集句解定本四卷　（唐）李賀撰　（明）姚佺箋閱　清初刻本　四冊　李1415

開本27厘米×16.8厘米，版框20.1厘米×13.4厘米；四周單邊，單黑魚尾；半葉九行，行二十字，小字雙行同。序跋：丘俊孫、李明□、李商隱等序。批校題跋：茅盾題簽（昌谷集/清初刊本/茅盾爲一氓題）。鈐印：獨醒、去女堂、重斿思泮、忠齋手校、無是樓、一氓七十、一甿七十、鹽叢魚兒之人、成都李氏收藏故籍。

重刊校正笠澤叢書四卷補遺一卷　（唐）陸龜蒙著　清雍正顧棪碧筠草堂刻本　二冊　李1406

開本27.9厘米×17.4厘米，版框20.8厘米×13.5厘米；四周雙邊，對黑魚尾；半葉九行，行十八字。牌記：笠澤叢書/碧筠艸堂重雕。序跋：陸德元跋。批校題跋：于立群題簽（笠澤叢書/戈小蓮校/于立羣題簽），□□批，戈襄、戈載跋。鈐印：戈小蓮秘笈印、戈載印、順卿（戈載）、戈載手校、戈載先人手澤謹藏、戈昌國、戈氏三世藏書印、李一甿、無是樓、一氓讀書、無是樓藏書、成都李氏收藏故籍。

韋莊集三種 （五代）韋莊著　向迪琮校訂　1958年人民文學出版社鉛印本　一册　李1416

子目：浣花集十卷附錄一卷‖浣花集補遺一卷‖浣花詞集一卷

開本18.4厘米×13.2厘米。鈐印：無是樓、一氓所藏、一氓讀書、無是樓藏書、一氓搜藏詞書種種/一九七七年記。

花蕊夫人詩集一卷　題（宋）花蕊夫人費氏著　（明）潘是仁輯校　明万曆潘氏刻本　與李1335《宮詞》合一册　李1335

開本26.4厘米×16.4厘米，版框21.5厘米×14厘米；四周單邊，單黑魚尾；半葉九行，行十九字。批校題跋：李一氓題簽（花蕊夫人宮詞/潘本毛本合裝一册）、李一氓跋。鈐印：無是樓、無是樓藏書、成都李氏收藏故籍。

● **宋別集**

安陸集一卷　（宋）張先撰　清乾隆刻本　一册　李1009

開本26.8厘米×16.9厘米，版框16.1厘米×13.2厘米；四周單邊；半葉九行，行十六字。序跋：葛鳴陽跋。批校題跋：李一氓題簽（安陸集/乾隆復古編本/一氓署簽）。鈐印：無是樓、一氓六十、一氓讀書、擊楫詞翰、成都李一氓、一氓搜藏詞書種種/一九七七年記。

安陸集詩一卷詞一卷補遺一卷附錄一卷　（宋）張先撰　（清）汪潮生錄　清道光維揚柏華陞刻本　一册　李1010

開本22.2厘米×14.8厘米，版框16厘米×11.6厘米；左右雙邊，單黑魚尾；半葉九行，行十九字，小字雙行同。書尾鐫：維揚甎街青蓮巷柏華陞董刊。序跋：黃錫慶序。批校題跋：李一氓題簽（安陸集/汪潮生輯本）。鈐印：擊楫、野莽、李一氓、無是樓、一氓所藏、無是樓藏書、一氓搜藏詞書種種/一九七七年記。

集部

文與可古樂府七卷詩集二卷　（宋）文同著　（明）潘是仁輯校　明萬曆潘是仁刻宋元四十三家集本　一册　李0896

　　開本31.1厘米×18.2厘米，版框21.5厘米×14.1厘米；四周單邊，單黑魚尾；半葉九行，行十九字。版心下方鐫刻工：劉正、李茂、周省等。批校題跋：李一氓題簽（文與可詩集/潘是仁鐫本/積學齋原藏）、李一氓批。鈐印：積學齋徐乃昌藏書、沙、無是樓、一氓讀書、成都李氏收藏故籍、李一氓五十後所得。

陳眉公先生訂正丹淵集四十卷目録一卷拾遺二卷　（宋）文同撰　（明）毛晉等糸　石室先生年譜一卷　（宋）家誠之編　諸公書翰詩文一卷（明）李應魁纂　（明）吴一標校　明萬曆三十八年（1610）吴一標刻崇禎四年（1631）毛晉重修本　四册　李1336

　　開本26.7厘米×17.2厘米，版框20.4厘米×13.8厘米；四周雙邊，單黑魚尾；半葉九行，行十八字。序跋：錢允治、毛晉序，家誠之跋。鈐印：壹甿、一氓讀書、成都李一氓、無是樓藏書、成都李氏收藏故籍、李一氓五十後所得。

寓惠録四卷　（宋）蘇軾撰　明嘉靖二十三年（1544）刻藍印本（李一氓抄補）　二册　存三卷（二至四）　李1341

　　開本26.7厘米×17.8厘米，版框19厘米×13.8厘米；四周雙邊，單藍魚尾；半葉十行，行十八字，小字雙行同。批校題跋：李一氓題記。鈐印：慈谿畊餘樓、馮氏辨齋藏書、一氓六十、蠹叢魚鳧之人。

東坡先生全集七十五卷　（宋）蘇軾撰　明萬曆刻本　一册　存二卷（七十四、七十五）　李1013

　　開本25.8厘米×16厘米，版框20.2厘米×14.7厘米；左右雙邊；半葉十行，行十九字，小字雙行同。批校題跋：李一氓題簽（東坡詞/全集本/東坡全集第七十四、七十五兩卷/一氓自署）、李一氓題記。鈐印：李一氓、一氓六十、無是樓藏書、蠧叢魚鳧之人、成都李氏收藏故籍、一氓搜藏詞書種種/一九七七年記。按：書中附剪報（程千帆《蘇詞札記》、程毅中《東坡詞的意境》）。

蘇長公密語十六卷　（宋）蘇軾撰　（明）吳京輯　明天啓四年（1624）刻朱墨套印本　八册　李1452

開本26.8厘米×16.6厘米，版框20.7厘米×14.4厘米；四周單邊，無界行；半葉八行，行十九字。内封鐫：安止堂選/本衙藏板/思誠齋周心吾兗客/批評東坡密語。序跋：吳用先序。批校題跋：方巖題簽（蘇長公密語/方巖爲一氓同志題/一九七八年/介堪於上海）。鈐印：約芝、都印、在中、思明氏、存存齋、仁和徐氏、養愚主人、野莽、還有、無是樓、一氓所藏、一氓七十。

增刊校正王狀元集註分類東坡先生詩二十五卷　（宋）蘇軾撰　（宋）劉辰翁批點　元刻本　一册　存一卷（四）　李1241

開本25.4厘米×16厘米，版框20.2厘米×13.1厘米；四周雙邊，上下黑口，順黑魚尾；半葉十二行，行二十一字，小字雙行，行二十六至二十七字。批校題跋：李一氓題簽（增刊校正王狀元集注分類東坡先生詩/元鐫殘本/以其爲四川人著作收存之/爲二十五卷本/五七年秋初於都門）、李一氓題記。鈐印：醇邸珍藏、無是樓、一氓讀書、無是樓藏書、成都李氏收藏故籍、李一氓五十後所得、北京圖書館藏。

蘇長公小品二卷　（宋）蘇軾著　（明）王納諫評選　（明）章萬椿等參　（明）施我素等校　明萬曆三十九年（1611）章氏心遠軒刻本（來青閣藏板）　二册　李1334

開本26.4厘米×17.3厘米，版框22厘米×13.5厘米；四周單邊，無界行；半葉九行，行二十一字。內封鐫：王聖俞先生評選/蘇長公小品/來青閣藏板。牌記：萬曆辛亥八月既望/雕於章氏之心遠軒。序跋：王納諫、汪元哲序。批校題跋：李一氓題簽（蘇長公小品/萬曆本）。鈐印：無是樓、一氓讀書、無是樓藏書、成都李氏收藏故籍、李一氓五十後所得。

古香齋鑒賞袖珍施注蘇詩四十二卷續補遺二卷王注正訛一卷宋史本傳一卷東坡先生墓志銘一卷年譜一卷總目二卷續補遺總目一卷 （清）宋犖等閱定 （清）顧嗣立等刪補 清康熙三十九年（1700）刻巾箱本（有圖） 十二冊 李1271

開本 17.5 厘米×10.8 厘米，版框 10.2 厘米×8.1 厘米；四周雙邊，單黑魚尾；半葉十行，行二十一字，小字雙行，行三十一字。卷前有《東坡先生笠屐圖》，宋犖題圖。序跋：張榕端、宋犖、邵長蘅序。批校題跋：茅盾題簽。鈐印：洪星衢家寶藏、鬻及借人為不孝、無是樓、一氓七十、成都李一氓、蠹叢魚鳧之人、成都李氏收藏故籍。按：書中附剪報（陳左高《蘇軾佚詩》）。

蘇文忠公明道詩箋註不分卷 （宋）蘇軾撰 （清）羅陽增箋註 清咸豐六年（1856）稿本 一冊 李1425

開本 26.1 厘米×18.2 厘米；半葉十二行，行字不等。序跋：羅陽增序。鈐印：一氓所藏、無是樓藏書、成都李一氓、蠹叢魚鳧之人。

欒城集五十卷後集二十四卷三集十卷應詔集十二卷 （宋）蘇轍著 抄本 十二冊 李1321

開本 26.7 厘米×17.3 厘米；半葉十行，行二十字。鈐印：勤業書屋珍藏、成都李一氓、無是樓藏書、蠹叢魚鳧之人、李一氓五十後所得。

淮海集四十卷后集六卷長短句三卷 （宋）秦觀著　明嘉靖二十四年（1545）胡民表刻本　李1495

按：此書見於《四川省圖書館館藏珍品集》，但本次編目未見此書，暫錄書名以存目。

淮海先生詩詞叢話一卷補遺一卷 （宋）秦觀撰　（清）秦國璋輯　民國三年（1914）無錫秦嘉會堂刻本　一冊　李1152

開本 25 厘米×15.7 厘米，版框 17.5 厘米×11.7 厘米；四周單邊，單黑魚尾；半葉十行，行二十字。牌記：甲寅孟秋無錫／秦嘉會堂開雕。序跋：秦寶瓚序、秦國璋跋。鈐印：李一氓印、一氓所藏、無是樓藏（手描）、一氓搜藏詞書種種／一九七七年記。

放翁律詩鈔四卷 （宋）陸游著　明正德十五年（1520）朱承爵集瑞齋刻本　一冊　李1238

開本 27.9 厘米×17.8 厘米，版框 18.2 厘米×15.7 厘米；左右雙邊，單黑魚尾；半葉十一行，行十七字。版心下方鐫：集瑞齋雕。序跋：朱承爵序。批校題跋：李一氓題簽（放翁律詩鈔／正德本／一氓藏）、李一氓跋。鈐印：研理樓劉氏藏、劉明陽王靜宜夫婦讀書之印、寶靜簃主王靜宜所得秘笈記、李一氓、無是樓、一氓讀書、桃花源裏、無是樓藏書、成都李一氓、鶯歌燕舞之齋、蠹叢魚鼠之人、長征戰士之一、成都李氏收藏故籍、李一氓五十後所得。

白石詞集一卷詩集一卷 （宋）姜夔撰　清雍正五年（1727）刻本　一冊　李1345

開本 27.5 厘米×17.5 厘米，版框 16.4 厘米×13.2 厘米；左右雙邊，上下黑口，單黑魚尾；半葉十行，行十九字，小字雙行同。序跋：洪正治、姜夔序。批校題跋：李一氓題簽（白石詞／劉次簫手校）、劉次簫校。

鈐印：次簫、手校、劉次簫、愛崙劉次簫藏書之章、駱駝（肖形印）、擊梘、無是樓、李一氓印、一氓七十、一氓讀書、一氓搜藏詞書種種／一九七七年記。

湖山類稿(湖山類藁)五卷　（宋）汪元量行吟　（宋）劉辰翁批點　湖山外稿(湖山外藁)一卷　（宋）汪元量行唫　（清）汪森搜緝　清抄本　一册　李1346

開本28.1厘米×17.2厘米；半葉十一行，行十九字。序跋：劉辰翁序，李珏、宗浚跋。批校題跋：李一氓題簽（湖山類藁／精鈔本；湖山類藁／鈔汪碧巢輯本／無是樓藏書）、李一氓批并跋。鈐印：□堂、無是樓、一氓七十、一氓讀書、濯錦江邊、鄉格里拉、成都李一氓、無是樓藏書、李一氓五十後所得、成都李氏收藏故籍。

● 金別集

蕭閒老人明秀集注六卷　（金）蔡松年撰　（金）魏道明注解　清光緒四印齋抄本　一册　存三卷（一至三）　李0923

開本25.5厘米×16.2厘米。序跋：孫原湘、張蓉鏡跋。批校題跋：李一氓題簽（蕭閒老人明秀集／四印齋底本／五七年冬收得／氓記），王鵬運、王呂跋。鈐印：黑甜鄉人、酣睡軒、似僧有髮、大江東去、詞客有靈應識我、半僧、四印齋、半唐老人、李一甿、無是樓、一氓五十、一氓讀書、桃花源裏、蠹叢魚鼠之人、李一氓五十後所得、一氓搜藏詞書種種／一九七七年記。

● 元別集

蘭雪集二卷補遺一卷　（元）張玉娘著　（清）沈作霖重刊　（清）饒慶霖編次　（清）葉維藩校訂　清道光二十六年（1846）沈作霖刻光緒八年（1882）補刻印本　一册　李1343

開本26.3厘米×15.3厘米，版框17.5厘米×11.2厘米；四周雙邊，

單黑魚尾，無界行；半葉八行，行十八字。序跋：皮樹棠序。批校題跋：李一氓題簽（蘭雪集/詞坿）。鈐印：一氓所藏、一氓搜藏詞書種種/一九七七年記。

道園學古錄不分卷　（元）虞集撰　清抄本　一册　李1344

開本 27 厘米×17.5 厘米；半葉十二行，行二十五字。批校題跋：純齋公校、□□題記。鈐印：虞山毛氏汲古閣收藏、子晉、林則徐印、江左中丞、栐、徐康、孫均私印、直民、老瀕、浮眉樓、舊山樓秘篋、曾在舊山樓、吳興、越然、周越然、周越然印、吳興周越然藏書之印、周由廑印、曾留吳興周氏言言齋、吳興周氏亦足齋藏、非昔居士、張燕昌印、託于竹西、成都李一氓、無是樓藏書、鹽叢魚鳧之人、李一氓五十後所得。

● 明別集

草窗梅花集句（草窻梅花集句）五卷　（明）童琥著　（明）洪九疇訂正（明）程起駿較閱　明崇禎十六年（1643）刻本　四册　李1325

開本 29.2 厘米×19.3 厘米，版框 19.8 厘米×14.2 厘米；四周單邊；半葉九行，行二十字。版心下方鐫：竹浪亭。序跋：洪九疇、程起駿、楊廷和、沙璧序，汪鯤化跋。鈐印：李一氓、無是樓、一氓五十、一氓所藏、一氓讀書、成都李一氓、無是樓藏書、李一氓五十後所得、成都李氏收藏故籍。

東川劉文簡公集二十四卷目錄一卷　（明）劉春撰　明嘉靖三十三年（1554）刻本　六册　存十四卷（一至十二、十六、十七）　李1368

開本 26 厘米×16.3 厘米，版框 19 厘米×13.6 厘米；四周單邊；半葉十行，行二十字。版心下方鐫刻工：黃銓刊、黃鎰刊、子重等。序跋：王崇慶、黃佐序。批校題跋：李一氓題記。鈐印：兔（肖形印）、無是樓、一氓六十、一氓所藏、一氓讀書、成都李一氓。

集部

張愈光詩文選六卷目錄一卷附錄一卷　（明）張含撰　（明）楊慎批選 明崇禎十四年（1641）刻本　八冊　李1359

　　開本27.9厘米×16.6厘米，版框21厘米×13.8厘米；四周雙邊，對黑魚尾；半葉八行，行十七字。序跋：楊慎序。批校題跋：李一氓題簽（張愈光詩選/崇禎滇刻本）、羅振玉跋、李一氓批并跋。鈐印：叔言、羅振玉、羅振玉印、唐風樓、甿、李一甿、李一氓、李氏一氓、一氓所藏、無所住齋、無是樓藏書、鹽叢魚梟之人、成都李氏收藏故籍。

升庵先生文集八十一卷目錄四卷　（明）楊慎撰　（明）楊有仁編輯 （明）趙開美等校　明萬曆刻本　十六冊　李1322

　　開本29厘米×18.1厘米，版框21.2厘米×14.2厘米；左右雙邊，單黑魚尾；半葉十行，行二十字。序跋：蔡汝賢、鄭昱、蕭如松跋。鈐印：趙儼、趙氏珍藏、經曲山房、手澤長貽、藍種留根、一氓所藏、一氓讀書、成都李一氓、無是樓藏書、鹽叢魚梟之人、李一氓五十後所得、成都李氏收藏故籍。

升庵外集一百卷　（明）楊慎著　（明）焦竑編　（明）顧起元校　明萬曆四十四年（1616）刻本　十八冊　李1367

　　開本26.9厘米×16.5厘米，版框20.8厘米×15厘米；左右雙邊，單黑魚尾；半葉十行，行二十字。序跋：顧起元序。鈐印：北海故郡高氏家藏、有功夫讀書便是造化、啟人氏藏書、無是樓藏書、成都李一氓、成都李氏收藏故籍。

雪山始音二卷　（明）木公著　明崇禎雲南刻本　一冊　李1439

　　開本26.4厘米×16.2厘米，版框17.2厘米×13.8厘米；左右雙邊，單黑魚尾；半葉八行，行十五字，小字雙行同。序跋：顧錫疇、蕭士瑋序。鈐印：無是樓、一氓讀書、成都李一氓、李一氓五十後所得。

玉湖遊録一卷　（明）木公著　（明）李元陽批點　明崇禎雲南刻本　一冊　李1438

開本 26.4 厘米×16.1 厘米，版框 17.1 厘米×13.7 厘米；左右雙邊，單黑魚尾；半葉八行，行十五字。序跋：賈文元、張含序。鈐印：無是樓、一氓讀書、成都李一氓、李一氓五十後所得。

玉茗堂集選十五卷　（明）湯顯祖著　（明）帥機等選　明萬曆刻本　二冊　李1352

開本 26.3 厘米×16.6 厘米，版框 20.2 厘米×14.7 厘米；左右雙邊，單白魚尾；半葉九行，行十八字。序跋：屠隆序。批校題跋：李一氓題簽（玉茗堂/尺牘集選/共兩種/一氓藏）。鈐印：紫藤花館、應椿、李一氓、無是樓、一氓所藏、一氓讀書、一氓六十、成都李一氓、成都李氏收藏故籍。

野獲園集二卷　（明）歐陽鉉著　明崇禎刻本　一冊　存卷下（野獲園詩）　李1326

開本 27.1 厘米×15.8 厘米，版框 20.5 厘米×13.5 厘米；四周單邊，單白魚尾，無界行；半葉八行，行十八字。序跋：畢顯謨、章曠跋。批校題跋：茅盾題簽（野獲園集/殘存下卷/附詩餘/明崇禎刊本/茅盾爲一氓題）、李一氓批并跋。鈐印：俞其賢印、象卿、無是樓、一氓六十、一氓八十、擊楫詞翰、成都李一氓、蠶叢魚鳧之人、一氓搜藏詞書種種/一九七七年記、北京圖書館藏。

袁中郎全集四十卷　（明）袁宏道著　（明）鍾惺定　（明）曹勳等閱　明崇禎二年（1629）武林佩蘭居刻本　十冊　李1357

開本 26.5 厘米×16.6 厘米，版框 20.3 厘米×14.4 厘米；四周單邊；半葉九行，行二十字。序版心下方鐫：中郎。批校題跋：李一氓題簽（袁中郎全集/四十卷本）、李一氓跋。鈐印：李一氓、無是樓、一氓所藏、一氓讀書、李氏一氓、一氓五十、無是樓藏書、長征戰士之一、蠹叢魚鳧之人、成都李氏收藏故籍。

麗崎軒詩四卷詩餘一卷　（明）查應光著　（明）歐陽鉉閱　明崇禎刻本　一册　存一卷（四）　李0290

開本24.9厘米×15.8厘米，版框20.3厘米×13.8厘米；四周單邊，單白魚尾，無界行；半葉八行，行十八字。批校題跋：茅盾題簽（麗崎軒詩餘/明崇禎刊本/茅盾爲一氓題）、李一氓跋。鈐印：雁冰、李（押）、李一氓、無是樓、一氓六十、一氓搜藏詞書種種/一九七七年記、北京圖書館藏（"藏"字墨筆改爲"退"）。

秋水庵花影集五卷目錄一卷　（明）施紹莘著　明末金泰卿刻本　八册　李1039

開本28.9厘米×17.3厘米，版框19.4厘米×13.1厘米；四周單邊，無界行；半葉八行，行二十字。陳繼儒序版心下方鎸：金泰卿寫刊。卷一首葉版心下鎸：金泰卿寫。序跋：陳繼儒、顧乃大、顧胤光、沈士麟、施紹莘序。鈐印：完白山人、異書滿家、慎伯、包世臣印、積善堂、茉翁、李一氓、無是樓、李一氓印、一氓所藏、一氓六十、擊檗詞人、桃花源裏、無是樓藏書、蠹叢魚鳧之人、成都李氏收藏故籍、一氓搜藏詞書種種/一九七七年記。

牧齋初學集一百十卷目錄二卷　（明）錢謙益撰　明崇禎十六年（1643）瞿式耜刻本　二十四册　李1327

開本23.1厘米×15.6厘米，版框20.7厘米×14.4厘米；四周單邊，單黑魚尾；半葉十行，行十八字。書尾鎸：寧國府旌德縣劉入相字文華督工鎸刻。序跋：瞿式耜、程嘉燧序。批校題跋：李一氓題記。鈐印：李一氓、無是樓、李氏一氓、一氓五十、一氓所藏、一氓讀書、無所住齋、蠹叢魚鳧之人、長征戰士之一、李一氓五十後所得、成都李氏收藏故籍。

芝山雲薖集選一卷 （明）木增著 （明）陳繼儒選 明崇禎九年（1636）刻本 一冊 李1358

開本29.2厘米×17厘米，版框19.8厘米×14.2厘米；四周單邊，單黑魚尾；半葉八行，行十八字，小字雙行同。序跋：董其昌、陳繼儒序。批校題跋：溥佺題簽（雲薖集選/一氓善本/松窻題簽）、李一氓題簽（木增雲薖集選/崇禎鐫本），李一氓題記。鈐印：甿、李一甿、無是樓、一氓所藏、一氓讀書、成都李一氓、成都李氏收藏故籍。

● 清以下別集

青溪遺稿二十八卷 （清）程正揆撰 清康熙五十四年（1715）孝感程氏刻本 六冊 李1351

開本27.3厘米×17.4厘米，版框18厘米×14.1厘米；左右雙邊，上下黑口，單黑魚尾；半葉九行，行十九字。版心下方有墨釘。序跋：吳琠、王士禎、嚴正矩、吳陳琰、馬焴序，程光珠跋。鈐印：錢鎮峨閣、退月樓藏、漁坡真賞、邠秀綸印、月中人、醉墨沈大、剡源錢□月珍藏□、閑雲野鶴、李一甿、無是樓、一氓所藏、李一氓五十後所得、成都李氏收藏故籍。

賴古堂詩集四卷 （清）周亮工稿 （清）吳宗信閱 清康熙四十年（1701）刻本 三冊 李1409

開本22.6厘米×15.5厘米，版框18.2厘米×13.2厘米；半葉八行，行十九字，小字雙行同，目錄小字雙行，行二十二字。內封鐫：刪定賴古堂詩集。序跋：王鐸、薛所蘊、孫枝蔚、方拱乾、陳丹衷序。批校題跋：李一氓題簽。鈐印：賴古堂藏書、許氏星臺藏書、龍山蟄廬藏書之章、李一甿、無是樓、李一氓印、一氓六十、李一氓五十後所得。

蕉林近稿不分卷 （清）梁清標著 清順治刻本 二冊 李1375

開本26.3厘米×17.1厘米，版框20.5厘米×14.7厘米；四周單邊；

集部

半葉九行，行二十字。序跋：孫廷銓序。批校題跋：李一氓題簽、李一氓題記。鈐印：約□、秋厓、臣名定□、無是樓、李一氓印、無是樓藏書、成都李氏收藏故籍、李一氓五十後所得。

呂半隱詩集三卷　（清）呂潛著　沈瀚校刊　民國二十六年（1937）成都沈瀚刻沈述志堂叢書本　一冊　李1361

子目：懷歸草堂詩一卷‖守閒堂詩一卷‖課耕樓詩一卷

開本27.6厘米×16厘米，版框16.2厘米×12.3厘米；左右雙邊，下黑口，單黑魚尾；半葉十一行，行二十一字。牌記：成都沈氏梧盦藏版。版心下方鐫：沈述志堂叢書。序跋：沈翰、歐陽紹、舒雲逵、陸廷掄序。批校題跋：李一氓題簽（呂半隱詩集/氓藏）、李一氓批并跋。鈐印：壹氓、還有、李一氓、無是樓、李氏一氓、一氓五十、一氓七十、一氓所藏、成都李一氓、一氓七十又七、蠹叢魚臮之人、成都李氏收藏故籍。

桐引樓詩三十卷　（清）黃雲著　（清）王士禎選　（清）黃陽生　（清）黃泰來輯錄　（清）吳宗淯參閱　清康熙二十三年（1684）刻本　二冊　李1342

開本26.9厘米×17.1厘米，版框19厘米×14厘米；四周單邊；半葉九行，行二十字。版心上方鐫：黃僎裳七言律詩分韻。序跋：崔華、吳綺序，程瑞綸跋。批校題跋：李一氓題（黃雲《桐引樓詩》/七律分韻/兩冊）、李一氓跋。鈐印：李一氓、無是樓、一氓六十、一氓所藏、一氓讀書、無所住齋、成都李一氓、蠹叢魚臮之人、成都李氏收藏故籍。

璇璣碎錦不分卷抄句不分卷　（清）萬樹填譜　（清）釋宏倫編正　（清）呂高培較閱　（清）侯文燦參訂　清康熙刻本　二冊　李1386

開本26.3厘米×15厘米，版框18.9厘米×12.5厘米；四周單邊；半葉九至十行，行二十二至二十四字。序跋：宏倫、呂高培序。鈐印：李一氓、無是樓、一氓讀書、一氓六十、成都李一氓、成都李氏收藏故籍。

戒庵詩草(戒菴詩草)六卷　(清)張晉著　(清)孫枝蔚評　清乾隆五十四年(1789)狄道後學刻本　一册　存一卷(六)　李0536

開本23.2厘米×15.7厘米，版框18厘米×13.5厘米；左右雙邊，單黑魚尾；半葉九行，行十七字。卷末鎸：乾隆五十四年二月狄道後學公梓。序跋：楊芳燦跋。鈐印：無是樓、一氓讀書、長征戰士之一、一氓搜藏詞書種種/一九七七年記。

憺園全集三十六卷　(清)徐乾學撰　(清)金吳瀾重刊　清光緒九年(1883)鉏月唫館刻本　十六册　李0286

開本20.8厘米×14厘米，版框12.8厘米×9.5厘米；左右雙邊，上下黑口，對黑魚尾；半葉九行，行二十一字。序跋：金吳瀾、俞樾、宋犖序。

江辰六文集十六卷　(清)江闓著　(清)江源等校　清康熙刻本　一册　存一卷(十四)　李0553

開本27厘米×17.2厘米，版框19.5厘米×13.9厘米；四周單邊，單黑魚尾；半葉九行，行二十字。版心下方鎸：春蕪詞。序跋：陳豉永序。批校題跋：韓念龍題簽(春蕪詞/康熙鎸江辰六文集本/莽公囑題/念龍)、李一氓題記。鈐印：韓念龍、桃花源裏、成都李一氓、一氓七十又七、一氓搜藏詞書種種/一九七七年記。

王氏漁洋詩鈔十二卷目錄一卷　(清)王士禛譔　(清)邵長蘅選　清康熙刻本　六册　李1360

開本26.2厘米×17.5厘米，版框18.1厘米×13.5厘米；四周單邊，上下黑口，單黑魚尾；半葉十行，行二十一字。鈐印：李一氓、一氓讀書、成都李一氓、無是樓藏書。

黃山紀游詩一卷　（清）曹貞吉撰　黃山紀游詞一卷　（清）曹霂撰　清康熙刻本　一冊　李1374

開本26.3厘米×16.1厘米，版框17.8厘米×13.6厘米；四周單邊，上下黑口，對黑魚尾；半葉九行，行十九字。序跋：汪士鈜、靳治荊序，吳啓鵬、汪閬跋。鈐印：無是樓、一氓所藏、一氓讀書、成都李一氓、踏遍青山人未老。

黃山草一卷　（清）黃元治著　燕晉遊草一卷　（清）黃元治著　（清）顏泰颺　（清）丘鴻選　清康熙二十八年（1689）刻本　一冊　李1348

開本25厘米×15.8厘米，版框18.2厘米×13.1厘米；左右雙邊，單黑魚尾；半葉九行，行十九字，小字雙行同。序跋：馬世俊、曹貞吉、汪士鈜、萬斯備、程守、章在茲序，吳度跋。批校題跋：李一氓題記。鈐印：還有、無是樓、一氓所藏、一氓六十、一氓七十、一旺七十、一氓讀書、無是樓藏書、踏遍青山人未老、成都李氏收藏故籍。

黃山草一卷　（□）程楷撰　清康熙六十年（1721）刻本　一冊　李1373

開本26.3厘米×17厘米，版框18.9厘米×13.7厘米；四周單邊，無界行；半葉九行，行二十字。版心下方鐫：菽圃。序跋：汪洪度序、胡與高跋。批校題跋：李一氓題簽（黃山草/康熙鐫/野莽）。鈐印：野莽、無是樓、一氓六十、一氓所藏、桃花源裏、成都李一氓、踏遍青山人未老。

葉忠節公遺稿十二卷　（清）葉映榴撰　（清）葉芳輯錄　清乾隆十年（1745）葉芳刻本　一冊　存一卷（十二）　李0550

開本25厘米×15.9厘米，版框18.8厘米×14.8厘米；四周雙邊，上下黑口，單黑魚尾；半葉十一行，行二十一字。序跋：朱彝尊序、葉芳跋。鈐印：無是樓、一氓所藏、成都李一氓、一氓搜藏詞書種種/一九七七年記。

之溪老生集八卷　（清）先著撰　清康熙刻本（李一氓抄補）　一冊　存三卷（勸影堂詞）　李0697

開本27.3厘米×18.4厘米，版框17.9厘米×13.8厘米；四周單邊，單黑魚尾；半葉十一行，行二十一字。批校題跋：李一氓題簽（先著《勸影堂詞》兩卷/《之溪老生集》析出/康熙鐫本/一氓）。鈐印：氓、一氓六十、擊楫詞翰、鹽叢魚鳧之人、一氓搜藏詞書種種/一九七七年記。按：李一氓題簽《勸影堂詞》卷數兩卷疑有誤。

借山詩鈔一卷　（清）釋元璟著　（清）盛遠　（清）沈季友選　清康熙刻本　一冊　李1377

開本24.4厘米×16厘米，版框18.4厘米×14.2厘米；左右雙邊，單黑魚尾；半葉九行，行十九字。序跋：毛奇齡、盛遠序。鈐印：胡邦楨印、端木圖書、李一氓、無是樓、一氓七十、一氓七十、存在第一、一氓七十又七、北京圖書館藏。

飲水詩集一卷詞集一卷　（清）納蘭性德著　（清）顧貞觀閱定　清道光二十五年（1845）張祥河刻本　一冊　李1408

開本22厘米×12.8厘米，版框13.2厘米×9.8厘米；左右雙邊，上下黑口；半葉九行，行十八字，小字雙行同。序跋：張祥河、張純修序。批校題跋：張俊傑題簽（飲水集/華亭張氏刊/丁丑冬俊傑題），□□批，張俊傑、李一氓跋。鈐印：張競仁印、擊檝、李一氓、擊楫詞翰、無是樓藏書、一氓搜藏詞書種種/一九七七年記。

雄雉齋選集六卷　（清）顧圖河撰　清康熙二十六年（1687）江都顧氏刻本　二冊　李1349

開本26.2厘米×17.3厘米，版框19厘米×14厘米；左右雙邊，上下黑口，單黑魚尾；半葉十行，行二十一字。序跋：汪懋麟、汪琬序。鈐印：江都閔氏雲海樓藏書、李一氓、無是樓、一氓所藏、一氓六十、一氓讀書、成都李一氓、長征戰士之一、鹽叢魚鳧之人、成都李氏收藏故籍。

集部

掣鯨堂詩選九卷　（清）費錫璜撰　清道光鵝溪孫氏刻古棠書屋叢書本　一冊　李0772

開本26.7厘米×16.2厘米，版框19.8厘米×14.3厘米；四周雙邊，單黑魚尾；半葉十一行，行二十一字。版心下方鐫：古棠書屋。序跋：汪玉璣序。批校題跋：李一氓題記。

小丹丘詩稿（小丹丘詩橐）一卷　（清）柯煜撰　清康熙刻本　一冊　李1376

開本24.6厘米×16厘米，版框17.2厘米×13.6厘米；四周單邊，上下黑口，單黑魚尾；半葉十行，行十九字。序跋：曹鑑倫序。鈐印：胡邦楨印、端木圖書、李一氓、無是樓、存在第一、鄉格里拉、一氓七十、濯錦江邊、一氓七十又七、北京圖書館藏。

沈歸愚詩文全集十五種　（清）沈德潛稿　（清）周準評點　清乾隆教忠堂刻本　一冊　存四種　李1293

子目：浙江通省志圖說一卷‖黃山遊草一卷‖台山游草一卷‖南巡詩一卷

開本27.6厘米×16.9厘米，版框17.4厘米×13.7厘米；左右雙邊，單黑魚尾；半葉十行，行十九字。

渚陸鴻飛集一卷　（清）吳焯撰　民國十三年（1924）吳用威刻朱印本　一冊　李1381

開本32.8厘米×21.6厘米，版框17.3厘米×13.8厘米；左右雙邊，上下紅口，單紅魚尾；半葉十行，行二十一字。序跋：吳焯序、吳用威跋。另附張燾《吳繡谷先生行狀》。鈐印：渡江擊檝、擊檝詞人。

柘澗山房詩草二卷詞稿一卷 （清）王惠著 （清）王支熾等輯 （清）王葆昌等校刊 清同治四年（1865）刻本（世寶堂藏板） 一冊 李0627

開本25.2厘米×14.8厘米，版框17.7厘米×12.2厘米；四周雙邊，單黑魚尾；半葉九行，行二十一字。内封鐫：同治乙丑年重鐫/柘澗山房詩艸/詩餘附後/世寶堂藏板。批校題跋：李一氓題記。鈐印：一氓七十、成都李一氓、一氓搜藏詞書種種/一九七七年記。

紅雪軒稿六卷 （清）高景芳著 （清）高欽評輯 清康熙刻本 一冊 存一卷（六） 李0367

開本26.7厘米×16.4厘米，版框17.9厘米×12.4厘米；四周單邊，單黑魚尾；半葉七行，行十五字。批校題跋：李一氓題簽。鈐印：碧芳齋、野莽、一甿七十、一氓七十、李一氓五十後所得、一氓搜藏詞書種種/一九七七年記。

板橋集六卷 （清）鄭燮著 清乾隆七年（1742）司徒文膏刻本 五冊 李0868、李0898

板橋詞鈔一卷

開本25.8厘米×17.2厘米，版框16.7厘米×13.3厘米；左右雙邊；半葉八行，行字不等。批校題跋：李一氓題簽（板橋詞鈔寫刻本/一甿自署）。鈐印：一甿七十、一氓所藏、成都李一氓、長征戰士之一、一氓搜藏詞書種種/一九七七年記。

板橋詩鈔二卷道情十首一卷題畫一卷家書一卷

開本29.6厘米×18.5厘米，版框15.9厘米×12.9厘米；左右雙邊，單黑魚尾；半葉十行，行十九字。批校題跋：李一氓題簽（板橋雜箸/一氓）。鈐印：李一氓、李一甿、無是樓、一氓所藏、李氏一氓、無是樓藏書、李一氓五十後所得。

集部

西垣集二十卷　（清）保培基著　清乾隆刻本　一冊　存四卷（九至十二）　李0277

　　開本26.7厘米×16.8厘米，版框18.2厘米×14.3厘米；左右雙邊，無界行；半葉八行，行十九字，小字雙行同。批校題跋：李一氓題簽（奈何詞／一氓）。序跋：袁枚序。鈐印：敦好齋藏書印、一氓讀書、擊楫詞翰、無是樓藏書、李一氓五十後所得、一氓搜藏詞書種種／一九七七年記。

自怡集一卷　（清）曹玢撰　清乾隆刻本　二冊　李1141

　　開本22厘米×13.8厘米，版框18.1厘米×12.3厘米；左右雙邊，單黑魚尾；半葉九行，行十九字。序跋：曹學思序。批校題跋：李一氓題簽、甄夏等題記。鈐印：出入大吉、高蹈獨往蕭然自得、無是樓、李一氓、一氓六十、李一氓五十後所得、一氓搜藏詞書種種／一九七七年記。

雲麓草堂近詩（雲麓艸堂近詩）一卷歸舟吟一卷　（清）戴泰運著　（清）黃儀逋點評　清刻本　一冊　李0890

　　開本25厘米×16.5厘米，版框17.1厘米×13.2厘米；左右雙邊，上下黑口，對黑魚尾；半葉十行，行二十二字。鈐印：泰運、孚階、臣階、吉升、無是樓、一氓六十、桃花源裏、踏遍青山人未老。

文木山房集四卷附錄一卷　（清）吳敬梓著　春華小草一卷靚粧詞鈔一卷　（清）吳烺撰　1957年上海古典文學出版社鉛印本　一冊　李1379

　　開本21厘米×13.9厘米，版框16.8厘米×11厘米；左右雙邊，上下黑口，單黑魚尾；半葉十三行，行二十二字。序跋：唐時琳、吳湘皋、程廷祚、方㠗、黃河、李本宣、沈宗淳、金兆燕序。鈐印：李一氓。

79

小倉山房詩集三十四卷補遺二卷 （清）袁枚撰 清乾隆三十四年（1769）刻本 十册 李1372

開本28.6厘米×17.7厘米，版框18.4厘米×14.9厘米；左右雙邊，單黑魚尾；半葉十一行，行二十一字。序跋：薛起鳳序。鈐印：李氏一氓、一氓所藏、成都李一氓、無是樓藏書、蠹叢魚宂之人、成都李氏收藏故籍、李一氓五十後所得。

顧雙溪集九卷 （清）顧奎光著 清乾隆刻本 一册 存一卷（九） 李0869

開本25.3厘米×16.1厘米，版框17.8厘米×13.9厘米；左右雙邊，單黑魚尾；半葉十行，行十九字。序跋：張泓、陶金諧、顧斗光序。批校題跋：余一鼇、李一氓題記。鈐印：余一鼇印、無是樓、一氓讀書、一氓六十、一氓搜藏詞書種種／一九七七年記。

蜀遊草三卷 （清）周厚轅撰 清乾隆刻本 一册 李1318

開本28.5厘米×16.7厘米，版框19.7厘米×13.7厘米；四周雙邊，單黑魚尾；半葉九行，行二十一字。序跋：徐長發、惠齡、周厚轅序。批校題跋：李一氓題記。鈐印：無是樓、一氓六十、一氓讀書、成都李一氓、蠹叢魚宂之人、北京圖書館藏。

忠雅堂詞集二卷詩集二卷 （清）蔣士銓著 （清）蔣知白等輯 （清）廖炳奎等校字 清刻本 一册 李0274

開本26.5厘米×17.3厘米，版框18.3厘米×13.8厘米；四周雙邊，單黑魚尾；半葉十行，行二十一字。批校題跋：茅盾題簽。鈐印：擎槐、李一氓、無是樓藏書、蠹叢魚宂之人、一氓搜藏詞書種種／一九七七年記。

集部

寄春吟一卷 （清）劉汝薯著 清光緒三年（1877）劉宗海刻本 與《竹鄰遺稿》合一冊 李1202

開本23.2厘米×14.8厘米，版框17.7厘米×13.1厘米；左右雙邊，上下黑口，對黑魚尾；半葉十一行，行二十一字。

春巢詩鈔七卷附同人題贈錄四卷 （清）何承燕撰 清嘉慶二年（1797）刻本 二冊 李1378

開本25.1厘米×15.7厘米，版框15.5厘米×11.4厘米；左右雙邊，單黑魚尾；半葉九行，行十九字，小字雙行同。序跋：袁學瀾序。批校題跋：黃裳題記。鈐印：景鄭藏書、黃裳藏本、黃裳小雁、來燕榭珍藏記、上海圖書館藏書。

雙梧桐館集二十六卷 （清）楊揩撰 清嘉慶十年（1805）刻本 一冊 存二卷（十四、十五） 李1136

開本26厘米×17.1厘米，版框20.4厘米×14厘米；左右雙邊，下黑口，單黑魚尾；半葉九行，行二十二字。批校題跋：李一氓題簽（雙梧桐館詞/一氓自署）、李一氓題記。鈐印：無是樓、一氓七十、濯錦江邊、存在第一、一氓七十又七、一氓搜藏詞書種種/一九七七年記。

春雨樓稿（春雨樓槀）四種 （清）沈彩著 民國十三年（1924）上虞羅振常蟬隱廬影印本 一冊 李0428

子目：春雨樓雜文一卷‖採香詞二卷‖春雨樓詩一卷‖附錄一卷
開本23.8厘米×14厘米，版框17.2厘米×12.2厘米；左右雙邊；半葉九行，行十九字。內封印：沈虹屏書/甲子春仲蟬隱廬影印/春雨樓槀。序跋：羅振常序。鈐印：擊楫、李一氓、一氓所藏、一氓七十、無是樓藏書、一氓搜藏詞書種種/一九七七年記。

邗江三百吟十卷　（清）林蘇門撰　清嘉慶刻本（卷十末抄補）　四冊
李0776

開本25.6厘米×16.5厘米，版框18厘米×12.8厘米；左右雙邊，單黑魚尾；半葉九行，行二十一字。序跋：陳廷慶、凌廷堪、張鑑、朱爲弼、童槐序。鈐印：李一氓、一氓七十、七十又八、鄉格里拉、成都李氏收藏故籍。

宜秋小院詩鈔二卷附詩餘一卷　（清）汪玉軫著　清嘉慶刻本　一冊
李0773

開本25.5厘米×16.2厘米，版框18.3厘米×14.1厘米；左右雙邊，單黑魚尾；半葉十一行，行二十一字。序跋：嚴炳跋。書前有朱春生《汪宜秋女士小傳》。批校題跋：休翁、李一氓題記。鈐印：一氓八十、一氓搜藏詞書種種／一九七七年記。

夢緑山莊集八卷　（清）沈星煒著　清道光刻本　二冊　存詞四卷
李0325

開本22.9厘米×13.8厘米，版框15.9厘米×12.4厘米；左右雙邊，單黑魚尾；半葉十行，行二十字。序跋：張雲璈序。批校題跋：翁君、李一氓題記。鈐印：擊榾、李一氓、李一氓、一氓所藏、無是樓藏書、一氓搜藏詞書種種／一九七七年記。

小謨觴館集十八卷　（清）彭兆蓀撰　（清）孫元培　（清）孫長熙纂集　清刻本　一冊　存四卷　李0151

子目：小謨觴館附錄一卷　（清）彭兆蓀著‖小謨觴館詩餘附錄一卷　（清）彭兆蓀著‖小謨觴館集詩餘附錄注一卷　（清）孫元培　（清）孫長熙纂輯‖小謨觴館續集詩餘附錄一卷　（清）孫元培　（清）孫長熙纂輯

開本24.1厘米×15.4厘米，版框18.2厘米×13.4厘米；左右雙邊，單黑魚尾。《小謨觴館附錄》《小謨觴館詩餘附錄》半葉十二行，行二十

集部

三字，小字雙行同。《小謨觴館集詩餘附錄注》《小謨觴館續集詩餘附錄》半葉十行，行二十三字。鈐印：擊楫、一氓所藏、成都李一氓、無是樓藏書、一氓搜藏詞書種種／一九七七年記。

歲朝賞菊詩一卷　（清）潘世恩等撰　清道光二十六年（1846）刻本　一册　李1354

開本21.7厘米×14.5厘米，版框15.2厘米×10.1厘米；四周雙邊，單黑魚尾；半葉六行，行十六字。内封鐫：歲朝賞菊詩／道光丙午暮春／沈兆霖題。批校題跋：李一氓題簽、李一氓題記。鈐印：無是樓、一氓七十、成都李一氓、一氓七十又七。

剩紅詞一卷易簡書屋詩存一卷　（清）李本著　（清）李玉衡等校字　清道光刻本　一册　李0774

開本26.3厘米×16.8厘米，版框16.8厘米×13.3厘米；左右雙邊；半葉十行，行二十一字。序跋：賈槐、夏味堂、王敬之、宋茂初、李本序。批校題跋：李一氓題記。鈐印：李（押）、李一氓、一氓六十、一氓七十、一氓搜藏詞書種種／一九七七年記。

王寬甫全集九種　（清）王敬之著　清道光咸豐間王氏家刻本　一册　存兩種四卷　李0535

子目：三十六湖漁唱一册删存一卷二册删存一卷三册一卷‖漁唱乙稿一卷

開本24厘米×15.3厘米，版框17厘米×13.3厘米；左右雙邊；半葉十行，行二十一字。《一册删存》卷端題名下方鐫：小書巢。《二册删存》卷端題名下方鐫：所宜軒。《三册》卷端題名下方鐫：枕□居。序跋：王敬之、夏崑林識。鈐印：李（押）、擊楫、李一氓、李一氓印、一氓所藏、無是樓藏書、一氓搜藏詞書種種／一九七七年記。

綠梅影樓詩存一卷詞存一卷　（清）顧翎著　清光緒十四年（1888）刻本　二册　李0969

開本 24.6 厘米×14.8 厘米，版框 17.2 厘米×12.1 厘米；左右雙邊，上下黑口；半葉九行，行二十一字。序跋：馮煦序，楊福璋、顧志濂跋。鈐印：野莽、擊槐、李一氓、一氓七十、一氓七十、一氓所藏、無是樓藏書、一氓搜藏詞書種種／一九七七年記、北京圖書館藏。

抑齋雜著五卷　（清）周良劭著　清道光十四年（1834）徐煜昌木活字印本　一册　存二卷（一、二）　李0775

開本 26.6 厘米×17.5 厘米，版框 20.9 厘米×15.1 厘米；四周雙邊，單黑魚尾，無界行；半葉六行，行十八字。批校題跋：李一氓題記。鈐印：李（押）、無是樓、一氓六十、一氓所藏、成都李一氓、一氓搜藏詞書種種／一九七七年記。

筠綠山房詩草四卷詞草一卷　（清）湯建中撰　清光緒十九年（1893）刻本　二册　李0784

開本 27 厘米×15.1 厘米，版框 17.7 厘米×12.4 厘米；四周雙邊，下黑口，單黑魚尾；半葉十行，行二十一字。牌記：光緒癸巳仲秋校刊。序跋：方昌翰序、孫沅宜跋。批校題跋：李一氓題記。鈐印：常熟市圖書館藏、一氓所藏、一氓七十又七、一氓搜藏詞書種種／一九七七年記。

彞壽軒詩鈔十二卷附錄三卷　（清）張應昌撰　清同治二年（1863）西昌旅社刻本　二册　存七卷　李0080

子目：煙波漁唱四卷　（清）張應昌撰‖聞妙香室詞一卷　（清）陸珊撰‖青藜精舍詩鈔一卷　（清）張應鼎撰‖話雨齋詩鈔一卷　（清）張興仁撰

開本 24.5 厘米×15.3 厘米，版框 18.5 厘米×13.4 厘米；左右雙邊，上下黑口，單黑魚尾；半葉十二行，行二十三字，小字雙行同。鈐印：曾藏袁文藪家、擊楫、李一氓、一氓五十、一氓六十、渡江擊楫、無是樓藏書、一氓搜藏詞書種種/一九七七年記。

定庵詩集定本（定盦詩集定本）二卷詞定本一卷集外未刻詩一卷　（清）龔自珍撰　（清）龔橙等編錄　清宣統順德鄧氏鉛印風雨樓叢書本　一冊　李0860

開本26厘米×14.8厘米，版框16.5厘米×10.4厘米；四周單邊，上下黑口；半葉十行，行二十八字，小字雙行同。版心下方印：風雨樓。

寄我山房詩詞草五卷　（清）華白著　右之詩草一卷附詩餘一卷　（清）華有著　清道光十八年（1838）刻本　一冊　李0771

開本22.4厘米×12.3厘米，版框15.1厘米×10.8厘米；左右雙邊，單黑魚尾，無界行；半葉九行，行二十二字。序跋：姚錫範序。批校題跋：李一氓題籤（華白《寄我山房詞》在第五卷/計詞廿五闋/一氓識）。鈐印：一氓七十、一氓所藏、一氓七十又七、一氓搜藏詞書種種/一九七七年記。

湘痕閣詩稿二卷詞稿一卷　（清）袁嘉撰　清光緒三十四年（1908）上海集成圖書公司鉛印本　一冊　李0778

開本19.9厘米×13厘米，版框15.6厘米×11.8厘米；四周單邊，對黑魚尾；半葉十三行，行四十字。牌記：上海集成圖書公司藏版/戊申五月重印。批校題跋：李一氓題記。鈐印：擊楫、野莽、李一氓、一氓所藏、一氓七十、無是樓藏書。

裁花吟館集（裁花唫館集）詞詩鈔二卷懺春詞一卷　（清）徐蘭生撰　清道光十二年（1832）春雲堂刻本　一冊　李0785

開本24.1厘米×15.3厘米，版框15.6厘米×10.5厘米；左右雙邊，單黑魚尾；半葉八行，行十七字。序跋：徐蘭生序。鈐印：李一氓、擊楫詞翰、無是樓藏書、一氓搜藏詞書種種/一九七七年記。

二如居贈答詩二卷贈答詞一卷　（清）汪鋕撰　清光緒十七年（1891）振綺堂刻本　一册　李0787

　　開本24.7厘米×15.9厘米，版框不等；左右雙邊，上下黑口，單黑魚尾；半葉九行，行十九字。牌記：光緒十七年/歲在重光單閼陽月/錢唐振綺堂開雕。序跋：高學治、汪鋕序，曾唯跋。鈐印：廣州關氏藏古今圖書之章、無是樓、一氓六十。

春溪詩鈔二卷詞鈔一卷　（清）李季昌著　（清）李沆堂等校字　清咸豐十年（1860）刻本　一册　李0786

　　開本25.5厘米×13.8厘米，版框不等；四周雙邊，單黑魚尾；半葉十行，行二十二字。批校題跋：李一氓題記。鈐印：李（押）、李一氓、一氓搜藏詞書種種/一九七七年記。

鶴舫詩詞二卷　（清）石芝撰　清道光二十年（1840）掃花山房刻本　一册　李0781

　　開本23.1厘米×14.8厘米，版框18.3厘米×12.3厘米；四周雙邊，上下黑口，對花魚尾；半葉八行，行二十一字。牌記：道光庚子秋鐫/鶴舫詩詞。版心下方鐫：掃花山房。批校題跋：黃裳題記。鈐印：黃裳藏本、黃裳小雁、上海圖書館藏書、一氓所藏、一氓七十又七。

緑雲館吟草一卷賦鈔一卷　（清）程芙亭撰　清道光二十六年（1846）瀟湘吟館刻本　與《寄青齋詞稿》合一册　李0782

　　開本22.9厘米×14.8厘米，版框17.2厘米×12.3厘米；四周雙邊，單黑魚尾；半葉九行，行二十一字。牌記：道光丙午鐫/緑雲館遺集/板藏瀟湘吟館。序跋：余承普序。

啓秀軒詩鈔二卷詞一卷題詞補一卷 （清）劉之萊著 （清）朱秉璋輯 （清）朱寓瀛跋 浣青吟稿（浣青吟彙）一卷 （清）朱輜珍著 清光緒二十四年（1898）大興朱氏刻本 一冊 李0780

開本 21.3 厘米×13.4 厘米，版框 15.7 厘米×10.5 厘米；四周單邊，單黑魚尾；半葉八行，行十九字，小字雙行同。牌記：光緒戊戌鋟版／大興朱氏家藏。序跋：沈兆澐序、朱秉璋傳、朱寓瀛跋。批校題跋：李一氓題記。鈐印：李（押）、一氓所藏、一氓搜藏詞書種種／一九七七年記。

題鳳館稿八卷詞稿一卷文稿二卷 （清）朱鑑成著 清同治十年（1871）成都刻本 五冊 存八卷（題鳳館稿） 李0971

子目：春華集一卷‖大笑集一卷‖苟美集一卷‖井梧集一卷‖懷器集一卷‖歸雅集一卷‖徙溟集一卷‖拂珊集一卷

開本 23 厘米×13.7 厘米，版框 18.5 厘米×11.9 厘米；四周雙邊，上下黑口，對黑魚尾；半葉九行，行二十一字。序跋：趙樹吉、顧復初、朱鑑成序。鈐印：李一氓、無是樓、一氓所藏、成都李一氓、蠹叢魚鼠之人、長征戰士之一。

冷紅詞一卷冷紅館詩補鈔二卷修修利齋偶存一卷 （清）秦臻著 民國九年（1920）木活字印本 一冊 李0980

開本 24.4 厘米×14.9 厘米，版框 16.4 厘米×12.1 厘米；四周單邊，下黑口，單黑魚尾；半葉九行，行二十字。批校題跋：李一氓跋。鈐印：七十又八、成都李一氓、無是樓藏書、一氓搜藏詞書種種／一九七七年記。

秋鐙瑣憶一卷 （清）蔣坦著 清咸豐二年（1852）刻本（巢園藏板） 與《夢影樓稿》合一冊 李0348

開本 27 厘米×17.5 厘米，版框 17.8 厘米×12.4 厘米；左右雙邊，單黑魚尾；半葉十行，行二十一字。

小琅環園詩録七卷小琅環園詞録一卷 （清）張修府撰　清光緒七年（1881）長沙刻本　一冊　存一卷（小琅環園詞録）　李0456

開本24.8厘米×15.2厘米，版框19.5厘米×13.6厘米；四周雙邊，單黑魚尾；半葉十行，行二十三字，小字雙行同。鈐印：擊楫、李一氓、一氓所藏、無是樓藏書、一氓搜藏詞書種種／一九七七年記。

玉笙樓詩録十二卷　（清）沈壽榕撰　稿本　三冊　存九卷（一至九）　李0788

開本25.8厘米×15.9厘米；半葉九行，行十九字。批校題跋：李一氓批并跋。鈐印：玉笙樓稿、沙、李（押）、壹氓、無是樓、無是樓藏書、成都李一氓、蠶叢魚鳧之人、李一氓五十後所得。

香禪精舍集四卷　（清）潘鍾瑞撰　清光緒刻本　一冊　李0241

開本23.6厘米×14.3厘米，版框17.6厘米×12.5厘米；左右雙邊，單黑魚尾；半葉十行，行二十二字，小字雙行，行三十三字。版心有墨釘。序跋：蔣敦復、潘介繁、劉履芬、秦雲序，陳彬華等跋。批校題跋：李一氓題簽（香禪詞）。鈐印：李一氓、一氓五十、濯錦江邊、渡江擊楫、無是樓藏書、一氓搜藏詞書種種／一九七七年記。

怡雲草堂詞鈔一卷詩存一卷附遞督查院呈稿　（清）蔣大鏞著　民國十七年（1928）蔣士松鉛印本　一冊　李0966

開本26.9厘米×15.3厘米，版框18.5厘米×12.4厘米；四周雙邊，下黑口，單黑魚尾；半葉十行，行二十四字。序跋：許同莘、蔡瑋序。批校題跋：李一氓題記。鈐印：李（押）、一氓所藏、一氓搜藏詞書種種／一九七七年記。

寒松閣駢體文一卷 （清）張鳴珂撰　清光緒二十年（1894）刻本　與《寒松閣詞》合一冊　李0614

　　開本23.8厘米×14.6厘米，版框17.6厘米×13厘米；左右雙邊，上下黑口，對黑魚尾；半葉十一行，行二十二字。

青芙館詞鈔一卷二韭室詩餘別集一卷纂喜堂詩稿一卷　（清）陳壽祺撰　清同治八年（1869）潘祖蔭刻本　一冊　李0353

　　開本25.9厘米×15.2厘米，版框17.9厘米×13.5厘米；左右雙邊，上下黑口，單黑魚尾；半葉十行，行二十一字。《纂喜堂詩稿》首葉版心鐫"纂喜堂詩稿"，第二葉始版心鐫"纂喜堂詩鈔"。序跋：潘祖蔭序、許廣颺跋。批校題跋：李一氓題（《青芙館詞鈔》又《二韭室詩餘別集》/陳壽祺序/同治桼本）。鈐印：李（押）。

海門二十景詩冊一卷　（清）楊蓉初撰　清咸豐刻本（有圖）　一冊　李1004

　　開本27.8厘米×15.8厘米，版框20.6厘米×12.5厘米；四周雙邊，單黑魚尾；行、字不等。圖二十幅。批校題跋：李一氓題記。鈐印：餐秀簃程氏藏書之章、一氓、李一吒、無是樓、一氓所藏、一氓七十、成都李氏收藏故籍、北京圖書館藏。

蘇鄰遺詩二卷　（清）李鴻裔撰　清光緒十四年（1888）遵義黎氏日本刻本　一冊　李1195

　　開本29.2厘米×17.5厘米，版框17.4厘米×12.5厘米；左右雙邊，單黑魚尾；半葉十行，行二十一字。牌記：光緒戊子/遵義黎氏刊於日本。序跋：強汝詢序。批校題跋：李一氓題記。鈐印：李一氓、無是樓、一氓讀書、一氓八十、故紙堆中。

紅雨樓詩鈔一卷詞鈔一卷附錄一卷　（清）劉韻著　清光緒二十二年（1896）四明黃氏補不足齋刻黃氏家集本　一冊　李0977

　　開本26.2厘米×15.2厘米，版框17.4厘米×12.8厘米；四周雙邊，單黑魚尾；半葉十行，行十九字。牌記：補不足齋校梓。版心下方鐫：黃氏家集附編。序跋：張景祁序。鈐印：寸草室藏書、一氓六十、李一氓五十後所得、一氓搜藏詞書種種／一九七七年記。

翠螺閣詩稿（翠螺閣詩彙）四卷詞稿（詞彙）一卷　（清）凌祉媛撰　舞鏡集一卷　（清）丁丙撰　清咸豐四年（1854）錢塘丁氏延慶堂刻本　二冊　李0779

　　開本25.6厘米×15.3厘米，版框16.8厘米×11.1厘米；左右雙邊；半葉九行，行十八字。牌記：咸豐四年甲寅閏七月／延慶堂丁氏開雕。《舞鏡集》卷末鐫：武林倪廷蘭香谷董梓并書／武林任有容齋重梓。序跋：莊仲方、于克襄、高學沅、魏謙升、高炳麞、朱智、朱城、吳藻、關鍈、高望曾序，凌譽、金繩武跋。另附丁丙《亡婦凌氏行略》。鈐印：獨志堂印、夢鶴樓藏書印、擊楫、李一氓、一氓所藏、無是樓藏書、一氓搜藏詞書種種／一九七七年記。

蕙襟集十二卷　（清）馮秀瑩撰　民國九年（1920）馮恕刻本　二冊　存四卷（七至十）　李0407

　　開本23.3厘米×14.9厘米，版框17.8厘米×13.2厘米；左右雙邊，上下黑口，對黑魚尾；半葉十一行，行二十二字，小字雙行同。序跋：朱寓瀛序。鈐印：李（押）、擊楫、李一氓、一氓藏書、無是樓藏書、一氓搜藏詞書種種／一九七七年記。

懷湘閣詩鈔一卷詞鈔一卷　（清）濮文湘著　民國十七年（1928）刻本　一冊　李0967

　　開本25.3厘米×14.7厘米，版框14.2厘米×10.7厘米；左右雙邊，上下黑口；半葉十一行，行二十一字。序跋：馮汝驥、彭超序，潘承謀跋。鈐印：無是樓、濯錦江邊、無是樓藏書、一氓搜藏詞書種種／一九七七年記。

籟雲仙館詩詞集二卷　（清）劉鳳紀著　民國二十一年（1932）瀋陽鉛印本　一册　李0974

開本22.8厘米×15.2厘米，版框19.4厘米×11.7厘米；四周雙邊；半葉十一行，行二十六字。牌記：壬申孟春刊於瀋陽。序跋：王樹枬、賀良樸、姜思沼、謝文昭序，熊思襄跋。鈐印：擎楫、李一氓、渡江擎楫、無是樓藏書、一氓搜藏詞書種種／一九七七年記。

函雅堂集四十卷　（清）王詠霓著　清光緒二十二年（1896）刻本　一册存二卷（十五、十六）　李0705

開本24.9厘米×13.1厘米，版框21.1厘米×13.7厘米；四周單邊，上下黑口，單黑魚尾；半葉十行，行二十四字，小字雙行同。序跋：郭傳璞序。批校題跋：李一氓題簽（芙蓉秋水詞／桐絮詞／合一册）、李一氓題記。鈐印：曾藏袁文藪家、擎楫、李一氓、一氓所藏、無是樓藏書、一氓搜藏詞書種種／一九七七年記。按：此書卷端有挖改，"函雅堂集卷十五"改爲"芙蓉秋水詞"，"函雅堂集卷十六"改爲"桐絮詞"。

函雅堂集四十卷　（清）王詠霓著　清光緒二十二年（1896）刻本　一册存二卷（十五、十六）　李0706

開本27.3厘米×15.7厘米，版框21.1厘米×13.7厘米；四周單邊，上下黑口，單黑魚尾；半葉十行，行二十四字，小字雙行同。序跋：郭傳璞序。批校題跋：李一氓題（《芙蓉秋水詞》《桐絮詞》"函雅堂全集本"入第十五、十六兩卷）。鈐印：李一氓。

消愁集二卷　（清）郭沈　（清）蔣英撰　清光緒三十四年（1908）刻本　一冊　李0741

開本25.6厘米×15.5厘米，版框17.2厘米×11.8厘米；左右雙邊，單黑魚尾；半葉九行，行二十一字，小字雙行同。牌記：光緒丁未烑日開雕。鈐印：曾藏袁文藪家、擎楫、野莽、李一氓、一氓所藏、一氓七十、一氓七十、人比黃花瘦、無是樓藏書、一氓搜藏詞書種種／一九七七年記。

薦香遺稿（薦香遺槀）三卷　（清）秦代馨著　清光緒四年（1878）彊學簃刻本　一冊　李0975

開本25.6厘米×16.1厘米，版框17.2厘米×12.6厘米；左右雙邊，單黑魚尾；半葉十二行，行二十二字。序跋：韋業祥序、周晉跋。鈐印：野莽、濯錦江邊、李一氓五十後所得、一氓搜藏詞書種種／一九七七年記。

千里樓詩草一卷詩餘一卷　（清）周維德著　稿本　一冊　李0965

開本20.6厘米×13.3厘米；半葉八行，行二十一字。抄紙版心下印：怡怡園。序跋：梅寶璐、楊光儀序。批校題跋：李一氓封面題（千里樓詩餘／詩坿/清稿本）。鈐印：稷香館、士穎、胡義贊印、無是樓、一氓所藏、一氓搜藏詞書種種／一九七七年記。

樊山續集□□卷　（清）樊增祥撰　民國刻朱印本　一冊　存二卷（三十三、三十四）　李0012

開本30厘米×17.5厘米，版框17厘米×13.5厘米；左右雙邊，上下紅口，單紅魚尾；半葉十二行，行二十三字。批校題跋：李一氓題記。鈐印：單鎮之印、吳縣單氏桂陰居藏書印、七十又八、一氓搜藏詞書種種／一九七七年記。

集部

懶翁詩詞（嬾翁詩詞）二卷　（清）莊寶澍著　民國二十三年（1934）武進莊氏鉛印本　一册　李0978

開本24.4厘米×14.7厘米，版框16.4厘米×12.1厘米；四周雙邊，單黑魚尾，無界行；半葉十三行，行三十三字。鈐印：一氓所藏、無是樓藏書、一氓搜藏詞書種種／一九七七年記。

小綠天庵詩草（小綠天盦詩草）四卷詞草一卷　（清）竇鎮著　民國八年（1919）木活字印本　一册　李0968

開本24厘米×15.1厘米，版框18.2厘米×13.8厘米；四周單邊，單黑魚尾；半葉十行，行二十五字。序跋：陸紹雲序。批校題跋：李一氓題記。鈐印：一氓所藏、一氓七十、一氓七十又七、一氓搜藏詞書種種／一九七七年記。

鬱華閣遺集（欝華閣遺集）四卷　（清）盛昱著　石印本　一册　存一卷（四）　李0687

開本22.6厘米×14.5厘米，版框19.4厘米×13.5厘米；左右雙邊，上下黑口，單黑魚尾；半葉八行，行十九字。鈐印：擊楫、一氓所藏、無是樓藏書、一氓搜藏詞書種種／一九七七年記。

訪樂堂詩一卷　（清）胡薇元著　清光緒二十七年（1901）憶秋唫館刻本　與《天倪閣詞》《鐵笛詞》合一册　李0981

開本25.8厘米×15.2厘米；版框17.4厘米×13.7厘米；左右雙邊，單黑魚尾；半葉十二行，行二十三字。序跋：陳毅序、呂賢楫跋。

倚梅閣詩四卷詞鈔一卷　（清）沈韻蘭著　清宣統元年（1909）瞿倬木活字印本　一册　存一卷（詞鈔）　李0358

開本26厘米×15.2厘米，版框18厘米×13.2厘米；左右雙邊，下黑

93

口，單黑魚尾；半葉九行，行二十四字。序跋：鄧蓉鏡、丁同紹、冰仙女史、沈兆禔、瞿倬序。鈐印：一氓所藏、一氓讀書、人比黃花瘦、一氓搜藏詞書種種/一九七七年記。

艾廬遺稿（艾廬遺槀）六卷 （清）邵曾鑑著 清光緒二十三年（1897）陶聽泉刻本 二冊 李0979

開本24.4厘米×14.8厘米，版框16.4厘米×12.1厘米；左右雙邊，單黑魚尾；半葉九行，行二十一字。書尾鐫：陶聽泉刻印。序跋：沈恩孚、陳世垣序。鈐印：李（押）、李一甿、渡江擊楫、無是樓藏書、一氓搜藏詞書種種/一九七七年記。

繡墨軒詩稿一卷詞稿一卷 （清）俞慶曾著 清光緒二十三年（1897）刻本 一冊 李0970

開本23.5厘米×14.9厘米，版框16.4厘米×11.7厘米；四周單邊，單黑魚尾；半葉十行，行二十一字。牌記：光緒丁酉開鋟/陽湖趙宛署檢。序跋：俞陛雲序。鈐印：一甿七十、一氓搜藏詞書種種/一九七七年記。

留我相庵集三種 （清）呂光辰撰 民國二年（1913）刻本 一冊 存兩種 李0988

子目：留我相庵詞一卷‖花月平分館綺語二卷
開本27厘米×15厘米，版框15.1厘米×10.3厘米；左右雙邊，下黑口，單黑魚尾；半葉八行，行二十字。《留我相庵詞》卷端題名下方鐫：藥伽倚聲。《花月平分館綺語》卷端題名下方鐫：曼明偶存。序跋：徐宗浩跋。批校題跋：徐石雪題簽（呂緒承先生遺集/石雪題）。鈐印：一氓搜藏詞書種種/一九七七年記。

集部

羞園詩草一卷詩餘一卷 （清）續廉著 清光緒三十三年（1907）刻本 一册 李0991

開本26.3厘米×16.1厘米，版框18.8厘米×13厘米；左右雙邊，上黑口，單黑魚尾；半葉九行，行二十一字。鈐印：李（押）、一氓五十、無是樓藏書、一氓搜藏詞書種種／一九七七年記。

碧棲詩一卷補遺一卷詞一卷 （清）王允晳撰 民國二十三年（1934）鉛印本 一册 李1001

開本23.8厘米×13.6厘米，版框16.2厘米×9.8厘米；左右雙邊，對黑魚尾；半葉十行，行二十一字。序跋：李宣龔序。鈐印：擊楫、李一氓、無是樓藏書、一氓搜藏詞書種種／一九七七年記。

廿四花風館詩鈔一卷詞鈔一卷 （清）陳昭常著 陳同軾校刻 民國十九年（1930）刻朱印本 一册 李1101

開本26厘米×16.8厘米，版框18.4厘米×13.9厘米；四周雙邊，單紅魚尾；半葉十行，行二十一字。序跋：李家駒序。鈐印：一氓所藏、一氓搜藏詞書種種／一九七七年記。

壺隱詩鈔二卷壺隱詞鈔一卷 （清）崔宗武撰 民國八年（1919）鉛印本 一册 李1000

開本22.7厘米×15.1厘米，版框14厘米×10.2厘米；左右雙邊，上下黑口，對黑魚尾；半葉九行，行十八字。序跋：陸湘、孫學濂、陳如璋跋。鈐印：擊檝、李一氓印、一氓所藏、渡江擊檝、無是樓藏書、一氓搜藏詞書種種／一九七七年記。

詞苑珠塵一卷 （清）何震彝撰　清光緒三十三年（1907）鉛印本　一冊　
李0443

開本26.5厘米×15.1厘米，版框17.8厘米×12.8厘米；四周單邊，上黑口，單黑魚尾；半葉十二行，行二十三字。內封印：丁未十月製褚河南/書《聖教序》字以引識蘭端。序跋：何震序。鈐印：一氓所藏、一氓搜藏詞書種種/一九七七年記。

椿蔭廬詞存一卷詩存一卷　（清）楊延年著　民國七年（1918）鉛印本　一冊　李1103

開本25.7厘米×15.5厘米，版框16.8厘米×11.2厘米；左右雙邊，單黑魚尾；半葉十行，行二十一字。內封印：戊午孟冬之月/何維樸署耑。序跋：曾劉鑑、況周頤序。鈐印：一氓搜藏詞書種種/一九七七年記。

海外遺稿二卷　林甄宇著　林襟宇輯　民國八年（1919）刻本（古浮沚藏版）　一冊　李0092

開本23.7厘米×15厘米，版框16.5厘米×11.8厘米；四周雙邊，上下黑口，單黑魚尾；半葉九行，行二十二字，小字雙行同。牌記：己未彫古浮沚藏版。序跋：楊瑞文、吳承煊序。鈐印：無是樓、一氓六十、一氓讀書、李一氓信鈢、一氓搜藏詞書種種/一九七七年記。按：卷下在前，卷上在後。

止園吟稿一卷柯亭殘笛譜一卷　王朝陽撰　民國二十三年（1934）紫陽同學會鉛印本　一冊　李0335

開本26厘米×15.5厘米，版框17.7厘米×12厘米；四周雙邊，下黑口，單黑魚尾；半葉十二行，行三十字，小字雙行同。卷末印：紫陽同學會印贈。序跋：蔣兆蘭、王德森、金天翮等序。批校題跋：□□封面題簽（《止園吟稿》《柯亭殘笛譜》《王飲鶴先生遺著》三種）、李一氓題記。

集部

小休集二卷　汪兆銘撰　民國十九年（1930）民信公司鉛印本　一冊　李1029

　　開本26.6厘米×15.7厘米，版框19厘米×12.9厘米；左右雙邊，下黑口，單黑魚尾；半葉八行，行二十字。版心下方印：民信公司出版。序跋：汪兆銘序、曾仲鳴跋。批校題跋：李一氓題記。鈐印：李（押）、一氓所藏、一氓搜藏詞書種種／一九七七年記。

龐檗子遺集二種　龐樹柏撰　民國六年（1917）鉛印本　一冊　李0049

　　子目：玉玎瑽館詞一卷 ‖ 龍禪室詩一卷
　　開本25.7厘米×14.6厘米，版框17厘米×11厘米；四周單邊，上下黑口，單黑魚尾；半葉九行，行二十二字，小字雙行同。序跋：柳棄疾序。批校題跋：李一氓題記。鈐印：一氓所藏、一氓搜藏詞書種種／一九七七年記。

養性軒詩鈔一卷詞鈔一卷　沈曾蔭撰　1955年北京工友謄印社油印本　一冊　李1032

　　開本24.8厘米×15.2厘米，版框17.4厘米×11.6厘米。牌記：歲在乙未五月／石埭沈氏委託北京工友謄印社謄寫版印／劉夢石雕版。序跋：沈曾蔭序。鈐印：一氓所藏、一氓搜藏詞書種種／一九七七年記。

晦珠館詩詞稿一卷　馬汝鄴撰　民國十七年（1928）上海鉛印本　一冊　李0749

　　開本25.5厘米×15厘米，版框18.5厘米×11.2厘米；左右雙邊，上下黑口，單黑魚尾；半葉十行，行二十四字。牌記：戊辰孟陬月校印於上海。鈐印：擎楫、李一氓、一氓七十、一氓七十、無是樓藏書、人比黃花瘦、一氓搜藏詞書種種／一九七七年記。

97

廣西紀行詩詞二十六首　郭沫若撰　1963年廣西僮族自治區南寧印刷廠鉛印本　一冊　李0997

開本18.4厘米×11.9厘米，版框14.4厘米×7.5厘米；四周單邊；半葉九行，行三十二字。鈐印：一氓搜藏詞書種種/一九七七年記。

毛主席詩詞十九首　毛澤東撰　1958年文物出版社刻朱印本　一冊　李0419

開本33.6厘米×21.6厘米，版框22.2厘米×14.5厘米；左右雙邊，上下紅口，單紅魚尾；半葉七行，行十五字。批校題跋：李一氓題記。鈐印：李一氓、無是樓、一氓所藏、一氓七十、成都李一氓、長征戰士之一。

毛主席詩詞二十一首　毛澤東撰　1958年文物出版社刻本　一冊　李0420

開本33.3厘米×21.7厘米，版框22.1厘米×14.5厘米；左右雙邊，上下黑口，單黑魚尾；半葉七行，行十五字。鈐印：無是樓、李一氓、一氓所藏、七十又八、成都李一氓、長征戰士之一。

毛主席詩詞三十七首　毛澤東撰　1963年文物出版社刻朱印本　一冊　李0421

開本33.3厘米×21.3厘米，版框21.7厘米×13.5厘米；左右雙邊，單紅魚尾；半葉七行，行十五字。批校題跋：李一氓題記。鈐印：一氓六十、李一氓之印、成都李一氓、長征戰士之一。按：書中附文物出版社革命文物編輯部致李一氓函。

毛主席詩詞刻石不分卷　韓登安　郁重今　茅大容刻　1979年上海書畫出版社影印本　一冊　李1311

開本26厘米×15厘米，版框17.3厘米×10.9厘米。鈐印：還有、野莽、一氓七十、一氓搜藏詞書種種/一九七七年記。

集部

初日樓稿一卷　羅莊著　民國十年（1921）上虞羅氏木活字印本　與《初日樓續稿》合一冊　李0357

　　開本23.5厘米×14.9厘米，版框16厘米×12厘米；左右雙邊，順黑魚尾；半葉九行，行十六字。牌記：辛酉孟秋上虞羅氏鑄板印行。序跋：邈翁序。批校題跋：李一氓題記。鈐印：無是樓、一氓七十、無是樓藏書、一氓搜藏詞書種種／一九七七年記。

初日樓續稿一卷　羅莊著　民國十六年（1927）上虞羅氏木活字印本　與《初日樓稿》合一冊　李0357

　　開本23.5厘米×14.9厘米，版框16厘米×12厘米；左右雙邊，順黑魚尾；半葉十一行，行二十一字，小字雙行同。牌記：丁卯季夏上虞羅氏鑄板印行。序跋：佩韋老人序。批校題跋：李一氓題記。鈐印：野莽、一氓七十、一氓七十。

無恙初稿一卷　楊無恙著　民國二十二年（1933）武進董氏誦芬室刻本　一冊　李0909

　　開本30厘米×17.8厘米，版框15.7厘米×11.3厘米；左右雙邊，上下黑口，單黑魚尾；半葉十行，行十八字。牌記：武進董氏誦芬室梓。序跋：董康序。批校題跋：蒙齋跋。鈐印：北京圖書館藏。

無恙後集（續稿）一卷　楊無恙著　錢仲聯　祁薇谷輯　1960年石印本　一冊　李0910

　　開本26厘米×15.2厘米；半葉十行，行二十二字。序跋：陳叔通、錢仲聯、夏敬觀序。鈐印：七十又八。

▣ 無恙後集(三稿)一卷便埋庵集一卷虛霩詞一卷　楊無恙著　錢仲聯
祁薇谷輯　1960年石印本　一冊　李0911

　　開本 26 厘米×15.2 厘米；半葉十行，行二十二字。序跋：李宣龔序、
祁薇谷跋。鈐印：一氓搜藏詞書種種／一九七七年記。

▣ 郁達夫詩詞鈔一卷　陸丹林編　1961年香港上海書局鉛印本　一冊
李1033

　　開本 20.4 厘米×14.1 厘米，版框 15.1 厘米×10 厘米。序跋：陸丹林
序。批校題跋：李一氓批并題。鈐印：一氓搜藏詞書種種／一九七七年記。

▣ 郁達夫詩詞抄一卷　周艾文　于听編　1981年浙江人民出版社鉛印本
一冊　李1034

　　開本 20.3 厘米×14.1 厘米。批校題跋：郁風題記。鈐印：一氓所藏、
七十又八。按：此係郁風贈送李一氓之書。

▣ 玻瓈聲三卷　趙紫宸撰　民國二十七年(1938)鉛印本　一冊　李0229

　　開本 22.3 厘米×13.9 厘米。序跋：甽海、趙紫宸序。鈐印：摯楣、
一氓所藏、無是樓藏書、一氓搜藏詞書種種／一九七七年記。

▣ 聲越詩錄一卷詞錄一卷　徐震堮撰　民國鉛印本　一冊　李0227

　　開本 23.9 厘米×13.7 厘米，版框 14.7 厘米×9.5 厘米。序跋：徐聲
越序。鈐印：摯槪、李一氓、一氓所藏、無是樓藏書、一氓搜藏詞書種
種／一九七七年記。

▣ 香珊瑚館詩一卷詞一卷　玉井撰　民國十九年(1930)文嵐簃鉛印本
一冊　李1031

　　開本 23.7 厘米×14 厘米，版框 18.6 厘米×11.9 厘米；四周雙邊，單

集部

黑魚尾；半葉九行，行二十一字。版心下印：文嵐簃承印。序跋：宗威序。鈐印：擊楫、野莽、李一氓、一氓所藏、一氓七十、無是樓藏書、一氓搜藏詞書種種／一九七七年記。

素心閣遺稿三卷　鄭道馥著　民國二十一年（1932）文嵐簃古宋印書局鉛印本　一冊　存一卷（三）　李0361

開本 26 厘米×15.3 厘米，版框 16 厘米×11 厘米；左右雙邊，下黑口，單黑魚尾；半葉十行，行二十四字，小字雙行同。內封印：文嵐簃古宋印書局承印。牌記：歲在玄黓涒灘刊於舊京。序跋：岳峻識。批校題跋：李一氓題簽（素心閣詞遺稿／卷三／排印本）。鈐印：李（押）、野莽、一氓七十、一氓搜藏詞書種種／一九七七年記。

羅音室詩詞存稿（羅音室詩詞存藳）三卷　吳世昌撰　1963年香港商務印書館鉛印本　一冊　李0414

開本 18.7 厘米×12.9 厘米，版框 14 厘米×8.8 厘米；四周雙邊；半葉十一行，行二十三字。序跋：吳世昌序。批校題跋：吳世昌題（一氓同志教正／世昌敬呈／一九七八年四月）。鈐印：吳世昌、等閒吟詠被人知、不是胡兒是漢兒、一氓搜藏詞書種種／一九七七年記。

總集類

● **類編之屬**

十二家唐詩二十四卷　（明）張遜業校　（明）黃埻梓行　明嘉靖三十一年（1552）江都黃埻東壁圖書府刻本　八冊　李1423

子目：盧照鄰集二卷 ‖ 駱賓王集二卷 ‖ 王勃集二卷 ‖ 楊炯集二卷 ‖ 陳子昂集二卷 ‖ 杜審言集二卷 ‖ 沈佺期集二卷 ‖ 宋之問集二卷 ‖ 孟浩然集二卷 ‖ 王摩詰集二卷 ‖ 高常侍集二卷 ‖ 岑嘉州集二卷

开本27厘米×18厘米，版框18.1厘米×13.1厘米；四周雙邊，對黑魚尾；半葉九行，行十九字。版心上鐫：東壁圖書府。版心下鐫：須彌介葊劍室、江壩新繩。序跋：張遜業序。批校題跋：李一氓題簽（唐十式家詩/一氓署簽）、李一氓批校。鈐印：瑩如、倚蘭人、妾沁玉、課華庵、溫柔鄉主、花好月圓人壽、董康祕笈之印、毗陵董康審定、曾在董氏誦芬室中、小名弄玉小字瓊奴、董康暨侍姬玉奴珍藏書籍記、毗陵董康鑒定金石書籍之印、襪劇塵輕釵垂霧濕消受心兒可、無是樓、一氓讀書、一氓五十、成都李一氓、無是樓藏書、李一氓五十後所得、成都李氏收藏故籍、北京圖書館藏。

唐詩四種　（明）楊肇祉選輯　（明）李宇參校閱　明萬曆四十六年（1618）刻本（天德堂藏板）　四冊　李1306

子目：唐詩名媛集一卷‖唐詩香奩集一卷‖唐詩觀妓集一卷‖唐詩花卉集（唐詩名花集）一卷

开本25.7厘米×15.9厘米，版框21.2厘米×13.2厘米；四周單邊；半葉八行，行十八字。內封鐫：唐才子詠/太史楊君錫選輯/一種名媛集/一種香奩集/一種觀妓集/一種名花集。《名花集》凡例後鐫：一六一八萬曆戊午年仲夏發刊。序跋：楊肇祉序。批校題跋：李一氓題簽（唐詩四集/無是樓藏）。鈐印：嚴啓豐印、兔（肖形印）、李（押）、一氓、李一盯、無是樓、一氓讀書、無是樓藏書、成都李氏收藏故籍、北京圖書館藏。

唐詩百名家全集三百二十六卷　（清）席啓寓編　清康熙四十一年（1702）洞庭席氏琴川書屋刻本　五冊　存兩種　李1405

子目：李商隱詩集三卷　（唐）李商隱著‖溫庭筠詩集七卷　（唐）溫庭筠著

开本27厘米×17.2厘米，版框17.4厘米×13.5厘米；左右雙邊，單黑魚尾；半葉十行，行十八字，小字雙行同。批校題跋：李一氓題簽（溫飛卿詩集/李義山詩集/席刻唐百家詩本/一氓）、李一氓題記。鈐印：楊、承憲之章、過雲居士、過雲精舍讀書記、梁溪楊氏過雲精舍珍藏、李（押）、無是樓、一氓所藏、一氓讀書、無是樓藏書、李一氓五十後所得、成都李氏收藏故籍。按：書中附剪報（蕭艾《試論李商隱的七言律詩》、李長之《李義山論綱》）。

四婦人集四種 （清）沈綺雲輯　清嘉慶十五年（1810）雲間古倪園沈氏刻本　一册　李1490

子目：唐女郎魚玄機詩一卷　（唐）魚玄機撰‖薛濤詩一卷　（唐）薛濤撰‖綠窗遺稿（綠牕遺藁）一卷　（元）孫淑撰‖楊太后宮詞一卷　（宋）楊太后撰

開本26.1厘米×17.2厘米，版框17.2厘米×12.8厘米；左右雙邊，單黑魚尾。《唐女郎魚玄機詩》半葉十行，行十八字。內封鐫：唐女郎魚元機詩／宋本重刊。版心鐫：魚玄機。卷末鐫：臨安府棚北睦親坊南陳宅書籍鋪印。《薛濤詩》半葉八行，行十六字。內封鐫：薛濤詩／明本重刊。卷末鐫：萬厤己酉春仲鐫於洗墨池。《綠牕遺稿》半葉八行，行十六字。《楊太后宮詞》半葉七行，行十三字。內封鐫：宋鈔本重刊。各書卷末鐫：嘉慶庚午雲間古倪園沈氏從吳門士禮居黃氏借本翻行。序跋：黄丕烈、文昌、金汝礪序。批校題跋：函套封面題（唐宋四婦人集／古倪園刻本），李一氓題簽（唐宋四婦人集／一氓藏），徐渭仁、李一氓跋。鈐印：徐渭仁印、紫珊翰墨、壹甿、無是樓、一氓所藏、一氓讀書、無是樓藏書、北京圖書館藏。

復古編二卷 （宋）張有撰　**復古編校正一卷附錄一卷** （清）葛鳴陽撰　**曾樂軒稿一卷** （宋）張維撰　**安陸集一卷** （宋）張先撰　清光緒八年（1882）淮南書局刻本　一册　缺二卷（復古編）　李1011

開本25.5厘米×15.3厘米，版框16.5厘米×13.5厘米；四周單邊；半葉九行，行十六字，小字雙行同。版心下方鐫刻工：蔡淦、楊永、嚴華、孫佩、陳元、朱芳、林甫、萬松、程樹、卞武等。按：此書據清乾隆四十六年（1781）葛鳴陽刻本重刻。

詩詞雜俎十二種 （明）毛晉輯 明末汲古閣刻本 八冊 存十種
李1391

子目：眾妙集一卷 （宋）趙師秀編 ‖ 剪綃集二卷 （宋）李龏集 ‖ 月泉吟社一卷 （宋）吳渭輯 ‖ 谷音二卷 （元）杜本輯 ‖ 河汾諸老詩集八卷 （元）房祺編 ‖ 宮詞不分卷 （明）毛晉輯 ‖ 漱玉詞一卷 （宋）李清照撰 ‖ 斷腸詞一卷 （宋）朱淑真撰 ‖ 龍輔女紅餘志二卷 （元）龍輔撰 ‖ 石湖詩集不分卷 （宋）范成大撰

開本28.4厘米×17.8厘米，版框18.9厘米×13.6厘米；左右雙邊；半葉八行，行十八至十九字。版心下方鐫：汲古閣。《宮詞》無界行，版心下方鐫：綠君亭。序跋：毛晉跋。鈐印：無是樓、一氓讀書、成都李一氓、無是樓藏書、成都李氏收藏故籍、李一氓五十後所得、一氓蒐藏詞書種種／一九七七年記。

明初四家詩四種 （明）陳邦瞻編 明萬曆三十七年（1609）刻本 八冊
李1403

子目：重刻高太史大全集十八卷附刻高太史扣舷集一卷 （明）高啟著 （明）陳邦瞻訂 （明）汪汝淳校 ‖ 重刻楊孟載眉庵集（重刻楊孟載眉菴集）十二卷附補遺一卷後志一卷 （明）楊基著 （明）陳邦瞻訂 （明）汪汝淳校 ‖ 重刻張來儀静居集四卷 （明）張羽著 ‖ 重刻徐幼文北郭集六卷 （明）徐賁著

開本26.3厘米×16.5厘米，版框20.9厘米×14.2厘米；四周單邊，單黑魚尾；半葉十行，行二十字。序跋：謝肇淛、吳劉昌、謝徽、王偉、汪汝淳、陳邦瞻序。批校題跋：□□題簽（明初四家詩／兩罍軒原藏）。鈐印：學安、訊安、張紹仁印、紹仁之印、張氏學安藏本、執經堂張氏藏書印、長洲張氏執經堂藏、吳雲平齋、吳平齋讀書記、李一氓、無是樓、一氓所藏、一氓五十、無是樓藏書、成都李氏收藏故籍。

明詩十二家十二卷 （明）李心學編次 （明）勞堪圈點 （明）楊材 （明）程拱宸校刊 （明）張應治叅閱 明萬曆刻本 二冊 李1390

開本27厘米×16.9厘米，版框19.1厘米×13.7厘米；四周雙邊，單黑魚尾；半葉九行，行十八字。序跋：勞堪序。批校題跋：李一氓跋。鈐印：東皋、周芳、芳印、紹聞、觀我堂、鴻里邨農、清白吏子孫、氣方父圖書記、濂溪二十四世孫芳私印、周紹聞曾觀是書大略、氓、李一氓、無是樓、一氓六十、一氓七十、一氓七十、一氓所藏、擊楫詞翰、成都李一氓、一氓七十又七、鹽叢魚鳧之人、成都李氏收藏故籍。

附李一氓跋：

至卷之一前之"古房楊材、莆田程拱宸同校刊，嘉禾張應治參閱"，則後印補刻，非原鐫所有，明甚。原鐫僅題"臨濠李心學編次，潯陽勞堪圈點"，是南昌刻本也。

二家詠古詩一卷　（清）張之洞　（清）樊增祥撰　二家試帖一卷　（清）張之洞　（清）樊增祥撰　二家詞鈔五卷　（清）李慈銘　（清）樊增祥撰　清光緒刻本　二冊　李0999

開本25.1厘米×15.4厘米，版框16.5厘米×13.3厘米；左右雙邊，上下黑口，單黑魚尾；半葉十二行，行二十三字。序跋：樊增祥序。鈐印：李（押）、擊楫、李一氓、一氓所藏、渡江擊檝、成都李一氓、無是樓藏書、一氓搜藏詞書種種／一九七七年記。

● 選集之屬

玉臺新詠十卷　（南朝陳）徐陵輯　明崇禎六年（1633）吳郡趙均刻本　二冊　李1418

開本28厘米×17.1厘米，版框20.8厘米×14.2厘米；左右雙邊；半葉十五行，行三十字。序跋：陳玉父、徐陵序。批校題跋：李一氓題簽（玉臺新詠／一氓珍藏）、李一氓題記。鈐印：大興翁氏石默書樓珍藏圖書、李（押）、無是樓、李一氓印、一氓五十、成都李一氓、無是樓藏書、鹽叢魚鳧之人、成都李氏收藏故籍、李一氓五十後所得。

續玉臺新詠五卷　（明）鄭玄撫續選　（明）茅元禎校　明萬曆七年（1579）茅元禎刻本　二冊　李1395

開本25.5厘米×15.8厘米，版框17.9厘米×12厘米；左右雙邊，單黑魚尾；半葉九行，行十八字。各卷末鐫：姑蘇徐普書。方大年《重校玉臺新詠跋語》版心下方鐫刻工：鄒邦彥刻、鄒彥刻。序跋：方大年跋。批校題跋：李一氓題簽（續玉臺新詠/茅刻本）、李一氓題記。鈐印：無是樓、一氓所藏、一氓五十、成都李一氓、無是樓藏書、成都李氏收藏故籍、李一氓五十後所得。

唐詩選六卷　（清）王闓運編　（清）劉永鎮　（清）方守道　（清）李之實校　（清）李滋然校栞　清光緒二年（1876）成都尊經書局刻本　六冊　李1427

開本24.8厘米×16厘米，版框17.6厘米×11.7厘米；四周雙邊，下黑口，對黑魚尾；半葉十行，行二十一字。牌記：光緒丙子仲冬刊於成都尊經書局。批校題跋：趙熙題（唐詩/湘綺樓選/香宋記）、趙熙批。鈐印：趙熙、香宋、堯生、趙熙讀、堯生之書、天山逸民、金光明室、萬松深處、八波羅蜜室、無是樓、成都李一氓。

又玄集三卷　（五代）韋莊述　1958年上海古典文學出版社影印日本享和三年（1803）江戶昌平坂學問所刻本　一冊　李1385

開本20.3厘米×13.9厘米，版框13.2厘米×9.7厘米；左右雙邊；半葉九行，行二十一字。序跋：夏承燾跋。鈐印：無是樓、一氓所藏。

歷朝名媛詩詞十二卷　（清）陸昶評選　（清）程琰等閱定　清乾隆三十八年（1773）紅樹樓刻本（有圖）　四冊　李1410

開本24.5厘米×16.1厘米，版框15.8厘米×13.1厘米；左右雙邊；半葉九行，行十九字。牌記：乾隆癸巳新鐫/歷朝名媛詩詞/紅樹樓藏板。序跋：王鳴盛、宋思敬、陸昶序。批校題跋：黃苗子題簽（歷代名媛詩詞/苗子書嵓)、李一氓題記、李一氓抄補林萬棟等跋。鈐印：堯之頑民、無是樓、一氓讀書、成都李一氓、李一氓五十後所得。

精刻古今女史十二卷詩集八卷姓氏字里詳節一卷　（明）趙如源選輯（明）王道焜參訂　明崇禎元年（1628）刻本（武林好生館藏板）　八册　李1398

開本 27 厘米×16.9 厘米，版框 20.7 厘米×14.3 厘米；四周單邊，單白魚尾，無界行；半葉九行，行二十字。凡例末鐫：武林好生館藏板/如有欠頁不妨取補。序跋：錢受益、趙如源序。批校題跋：李一氓題簽（古今女史/無是樓藏）、李一氓注。鈐印：樂意軒吳氏藏書、餘姚謝氏永耀樓藏書、李一氓、無是樓、李氏一氓、一氓讀書、無是樓藏書、成都李一氓、鹽叢魚鳧之人、成都李氏收藏故籍、李一氓五十後所得。

中州集十卷首一卷樂府一卷　（金）元好問集　明末毛氏汲古閣刻本　十册　李1389

開本 25.7 厘米×16.9 厘米，版框 19.1 厘米×13.6 厘米；左右雙邊；半葉八行，行十九字。版心下方鐫：汲古閣。各卷卷端題名下方鐫"甲集"至"癸集"。序跋：嚴永濬序、毛晉識。鈐印：李一氓、李一氓、無是樓、一氓五十、一氓所藏、一氓讀書、無是樓藏書、鹽叢魚鳧之人、成都李氏收藏故籍、北京圖書館藏。

翠樓集一卷二集一卷新集一卷　（清）劉雲份選訂　清康熙十二年（1673）野香堂刻本　三册　李1396

開本 26.5 厘米×17.4 厘米，版框 18.5 厘米×14.2 厘米；左右雙邊；半葉九行，行十九字，小字雙行同。版心下方鐫：野香堂。序跋：劉雲份序。批校題跋：李一氓題跋。鈐印：理齋、玉研堂、曹秉章印、董氏玄宰、詩龕藏書印、花好月圓人壽、欽訓堂書畫記、知制誥日講官、董康暨侍姬玉奴珎藏書籍記、毗陵董康鑒定金石書籍之印、毗陵董康審定、李一岷、李氏一岷、一岷五十、擊楫詞翰、無是樓藏書、成都李氏收藏故籍、李一岷五十後所得。

歲華紀勝二卷 （清）朱觀評選 （清）朱澐校訂 清康熙刻本（松蔭堂藏板） 四冊 李1383

開本25.5厘米×16.7厘米，版框19厘米×13.6厘米；左右雙邊，單黑魚尾；半葉八行，行二十字。批校題跋：李一岷題記。鈐印：劍花青蓮光、李一岷、無是樓、一岷五十、一岷六十、一岷所藏、一岷讀書、一岷精鑑、無所著齋、成都李一岷、成都李氏收藏故籍、李一岷五十後所得。

蜀遊詩鈔六卷續鈔六卷 （清）陸炳輯 民國鉛印本 二冊 李1355

開本27.6厘米×18厘米，版框17.8厘米×13厘米；四周單邊，上下黑口，單黑魚尾；半葉十二行，行二十三字，小字雙行同。序跋：吳省欽序。鈐印：成都李一岷、無是樓藏書、鹽叢魚鳧之人。

● 郡邑之屬

彭城偶錄二卷 （清）賈壯纂輯 （清）谷應泰校閱 清順治十三年（1656）刻本 一冊 李1275

開本26.8厘米×15.7厘米，版框22厘米×14.7厘米；四周單邊，單黑魚尾，無界行；半葉九行，行二十字。內封鐫：賈止庵先生纂集/彭城偶錄/問古齋藏板。序跋：谷應泰序。鈐印：無是樓、一岷讀書、成都李一岷、李一岷五十後所得。

泰山蒐玉集二卷 （明）袁稱輯 明刻本 一冊 存一卷（二） 李1411

開本26.6厘米×17.2厘米，版框20.7厘米×14.6厘米；四周單邊，單黑魚尾；半葉九行，行十七字。批校題跋：松喦題簽（泰山蒐玉集/殘存一卷/明鐫本/松喦爲一岷題）。鈐印：無是樓、成都李一岷、無所住齋鑒藏、成都李氏收藏故籍。

題詠之屬

閨怨詩詞題詠集一卷　（明）唐寅輯　（明）凌元雲校　明刻本（有抄補）
一册　李1397

開本27.5厘米×15.6厘米，版框19厘米×11.9厘米；四周單邊，單白魚尾間單黑魚尾；半葉九行，行二十字。版心下方鐫有字數。批校題跋：黄裳題跋、于立群題簽。鈐印：朱鼎煦印、木雁齋、草草亭藏、黄裳小雁、黄裳容氏珍藏圖籍、李一氓、無是樓、一氓所藏、一氓六十、成都李一氓、成都李氏收藏故籍。

揚州東園題詠四卷圖一卷　（清）賀君召編録　清乾隆十一年（1746）刻本（有圖，李一氓抄補）　一册　李1382

開本26.1厘米×16.9厘米，版框19.5厘米×14.5厘米；半葉十行，行二十一字，小字雙行同。首卷前葉鐫：乾隆十一年歲次丙寅仲秋月邗江袁耀寫。首卷卷端題名下方鐫：隨到付梓/不拘序次。批校題跋：卞孝萱題簽（揚州東園題詠/乾隆刊本/袁耀繪圖/孝萱爲一氓道長題於揚州）、卞孝萱跋、李一氓批并跋。鈐印：萱華詩屋、氓、壹氓、野莽、李一氓、李一氓、無是樓、一氓所藏、一氓讀書、一氓七十、擊楫詞翰、成都李氏收藏故籍。

迦陵先生填詞圖題詞不分卷　（清）陳淮輯　（清）方又新刻字　清乾隆刻本　一册　李1364

開本26.2厘米×17厘米，版框18.1厘米×12.9厘米；四周雙邊，單黑魚尾；半葉八行，行十七字。内封鐫：陳檢討填詞圖。書尾鐫：方又新刻字。序跋：沈初序、吴潛跋。批校題跋：李一氓題（陳其年填詞圖/乾隆刊本/一氓自署）。鈐印：無是樓、擊楫詞翰、一氓讀書、成都李一氓、一氓搜藏詞書種種/一九七七年記。

秦淮八艷圖詠一卷　（清）葉衍蘭繪輯　清光緒十八年（1892）羊城越華講院刻本　一冊　李1363

開本 26 厘米×16.9 厘米。牌記：光緒十有八年/歲在壬辰仲冬十一月/刊於羊城越華講院。序跋：張景祁、葉衍蘭序。鈐印：李一氓、無是樓、一氓所藏、成都李一氓、蠹叢魚鼠之人、一氓搜藏詞書種種/一九七七年記。

紅樓夢百詠辭一卷附錄一卷　（清）凌承樞撰　清光緒十年（1884）刻本　一冊　李0525

開本 19.2 厘米×11.5 厘米，版框 12.9 厘米×9.6 厘米；左右雙邊，單黑魚尾；半葉九行，行二十字。序跋：曹耀宗、凌承樞序。鈐印：野莽、李一氓、一氓所藏、一氓搜藏詞書種種/一九七七年記。

姚茫父題陳師曾畫北京風俗圖不分卷　陳師曾繪　姚華等題　民國十五年（1926）珂羅版印本　一冊　李1284

開本 39.5 厘米×22.4 厘米。鈐印：野莽、無是樓、一氓所藏、一氓七十、桃花源裏、一氓搜藏詞書種種/一九七七年記。

● 尺牘之屬

赤牘清裁二十八卷　（明）楊慎輯　（明）王世貞校益　明嘉靖三十七年（1558）刻本　八冊　李1356

開本 25.8 厘米×17.4 厘米，版框 19.8 厘米×14.4 厘米；左右雙邊，單白魚尾；半葉十行，行二十字，小字雙行同。版心下方鐫刻工：黃、陸、陸子宵刻。序跋：王世貞序、王世懋跋。鈐印：沙、寒玉軒、蔡氏圖書、四明盧氏抱經樓藏書印、無是樓、一氓六十、一氓讀書。按：書中附北京市中國書店定價簽。

集部

赤牘清裁十卷 （明）楊慎輯録　明刻本　四册　李1412

開本29.4厘米×17.7厘米，版框19.4厘米×13.8厘米；四周雙邊，單黑魚尾；半葉九行，行十八字。鈐印：黄丕烈印、張、李一氓、一氓讀書、無是樓藏書、成都李氏收藏故籍。

臨川湯若士先生玉茗堂尺牘六卷　（明）湯顯祖著　（明）沈演點正（明）湯開遠録次　（明）朱廷誨校　明萬曆四十六年（1618）湯開遠刻本　二册　李1353

開本26.2厘米×16.7厘米，版框21.8厘米×13.5厘米；四周雙邊；半葉七行，行十八字。版心上方鐫：玉茗堂尺牘。版心底部鐫卷次、葉次。序跋：沈演序，帥廷鈇、朱廷誨跋。鈐印：蕭應椿印、紫藤花館、無是樓、李一氓、一氓六十、一氓讀書、成都李一氓、蠹叢魚冕之人、成都李氏收藏故籍。

詩文評類

● 詩評之屬

升庵詩話（升菴詩話）四卷　（明）楊慎撰　明嘉靖刻本　二册　李1444

開本26.4厘米×16厘米，版框19.5厘米×14.1厘米；左右雙邊，單白魚尾；半葉九行，行十八字。版心下方鐫刻工：堂、曹堂。序跋：程啓克序。鈐印：無是樓、一氓六十、一氓讀書、成都李一氓。

升庵詩話十四卷　（明）楊慎撰　明雲南刻本　一册　存二卷（一、二）　李0998

開本27.2厘米×17.7厘米，版框19.5厘米×13.7厘米；四周雙邊，單黑魚尾；半葉九行，行二十字。序跋：程啓充序。批校題跋：李一氓題記。鈐印：一氓讀書、一氓讀畫、一氓六十、成都李一氓、蠹叢魚冕之人、北京圖書館藏。

雅倫二十四卷　（清）費經虞撰　（清）費密補　（清）于王根校　清康熙四十九年（1710）刻本　十冊　李1402

開本26.5厘米×17厘米，版框18.7厘米×13.3厘米；左右雙邊，單黑魚尾；半葉九行，行二十一字。序跋：于王根、許承家、費密序。鈐印：竹泉山房、成都李一氓、無是樓藏書、鼉叢魚鳧之人、李一氓五十後所得。

墨君論古不分卷　（清）濮祖型撰　稿本　一冊　李0996

開本25.4厘米×17.6厘米。批校題跋：李一氓題簽（墨君論古/嘉興濮元芳藁本/論畫竹詩/每家七絕一首/清朝四家止於康熙/稿本時代可斷在康雍間）。鈐印：李（押）、李一氓印、無所著齋、成都李一氓、無是樓藏書、成都李氏收藏故籍。

詩詞散論不分卷　繆鉞著　民國三十七年（1948）上海開明書店鉛印本　一冊　李0829

開本17.2厘米×12.6厘米。鈐印：擊楫、無是樓藏書、一氓搜藏詞種種/一九七七年記。

- **文評之屬**

李卓吾先生讀升庵集（李卓吾先生讀升菴集）二十卷　（明）楊慎撰　（明）李贄輯并評　明万曆金陵葉均宇刻本　六冊　李1362

開本26.8厘米×17厘米，版框20.7厘米×13.7厘米；四周單邊，單黑魚尾，無界行；半葉九行，行二十字。内封鐫：王永啓先生選/霧市選言/金陵葉均宇梓。鈐印：碧葉館藏、無是樓、一氓讀書、一氓六十、成都李一氓。

集部

文體明辯目錄二卷附錄九卷 （明）徐師曾纂 明刻本 二冊 李1127

開本27.1厘米×17.1厘米，版框19.6厘米×13.9厘米；左右雙邊，單白魚尾；半葉十行，行十九字。批校題跋：李一氓跋。鈐印：電發、南州草堂、芝楣、錫慶、錫慶式字雲谿、領爾赫、還有、野莽、李一氓、無是樓、一氓所藏、存在第一、濯錦江邊、一氓七十、一甿七十、一氓七十又七、七十又八、一氓八十、故紙堆中、鄉格里拉、李一氓之印、否定之否定、一氓搜藏詞書種種/一九七七年記。

閱紅樓夢隨筆一卷 （清）周春箸 紅樓夢偶得一卷 （清）徐鳳儀撰 李一氓抄本 一冊 李0474

開本29.2厘米×17.8厘米；半葉九行，行二十六字。抄紙版心上方印：古今圖書集成。批校題跋：李一氓題簽（閱紅樓夢隨筆/一氓手鈔；閱紅樓夢隨筆/鈔拜經樓抄本），李一氓批校、李一氓題記。鈐印：闇莊、無是樓、一氓五十、一氓七十、一氓讀書、擊楫詞翰、無是樓藏書、吳燧寶藏先澤（手描）。按：書前附有《〈紅樓夢〉四大家族的奴隸表》及《〈紅樓夢〉四大家族關係表》。

枝巢四述四卷 夏仁虎述 民國三十二年（1943）鉛印本 一冊 李1030

子目：説駢一卷‖言詩一卷‖談詞二卷‖論曲一卷

開本28.4厘米×16.9厘米，版框20.8厘米×14.2厘米；四周雙邊，單黑魚尾；半葉十五行，行四十二字。序跋：周作人序。鈐印：擊楫、擊檝、李一氓、李一甿、無是樓藏書、一氓搜藏詞書種種/一九七七年記。

詞類

● 類編之屬

彊村叢書一百八十種 （清）朱孝臧輯 民國十一年(1922)歸安朱氏刻本 三十二冊 存一百二十三種 李0528

子目：金荃集一卷 （唐）温庭筠撰‖宋徽宗詞一卷 （宋）徽宗趙佶撰‖范文正公詩餘一卷 （宋）范仲淹撰‖張子野詞二卷補遺二卷附校記 （宋）張先撰‖樂章集三卷續添曲子一卷附校記 （宋）柳永撰‖臨川先生歌曲一卷 （宋）王安石撰‖韋先生詞一卷 （宋）韋驤撰‖東坡樂府三卷 （宋）蘇軾撰‖淮海居士長短句三卷附校記 （宋）秦觀撰‖東山詞二卷(存卷上) （宋）賀鑄撰‖東山詞補一卷 （宋）賀鑄撰‖賀方回詞二卷附校記 （宋）賀鑄撰‖東堂詞一卷附校記 （宋）毛滂撰‖寶晉長短句一卷附校記 （宋）米芾撰‖竹友詞一卷 （宋）謝邁撰‖龍雲先生樂府一卷 （宋）劉弇撰‖北湖詩餘一卷 （宋）吳則禮撰‖無住詞一卷 （宋）陳與義撰‖虛靖真君詞一卷 （宋）張繼先撰‖華陽長短句一卷 （宋）張綱撰‖鄱陽詞一卷 （宋）洪皓撰‖陽春集一卷 （宋）米友仁撰‖頤堂詞一卷 （宋）王灼撰‖苕溪樂章一卷 （宋）劉一止撰‖松隱樂府三卷補遺一卷 （宋）曹勛撰‖王周士詞一卷 （宋）王以寧撰‖蓮社詞一卷 （宋）張掄撰‖浮山詩餘一卷 （宋）仲并撰‖樵歌三卷附校記 （宋）朱敦儒撰‖屏山詞一卷 （宋）劉子翬撰‖稼軒詞補遺一卷附校記 （宋）辛棄疾撰‖雲莊詞一卷 （宋）曾協撰‖石湖詞一卷補遺一卷附校記 （宋）范成大撰‖和石湖詞一卷 （宋）陳三聘撰‖南澗詩餘一卷 （宋）韓元吉撰‖漢濱詩餘一卷 （宋）王之望撰‖龍洲詞二卷補遺一卷附校記 （宋）劉過撰‖盤州樂章三卷附校記 （宋）洪适撰‖鄮峰真隱大曲二卷詞曲二卷附校記 （宋）史浩撰‖平園近體樂府一卷 （宋）周必大撰‖客亭樂府一卷 （宋）楊冠卿撰‖芸庵詩餘一卷 （宋）李洪撰‖文簡公詞一卷 （宋）程大昌撰‖誠齋樂府一卷 （宋）楊萬里撰‖松坡詞一卷附校記 （宋）京鏜撰‖雪山詞一卷 （宋）王質撰‖渭川居士詞一卷附校記 （宋）吕勝己撰‖方舟詩餘一

卷　（宋)李石撰‖澹齋詞一卷　（宋)李流謙撰‖白石道人歌曲六卷歌詞別集一卷　（宋)姜夔撰‖介庵琴趣外篇六卷補遺一卷附校記　（宋)趙彥端撰‖南湖詩餘一卷附校記　（宋)張鎡撰‖蒲江詞稿一卷附校記（宋)盧祖皋撰‖陵陽詞一卷　（宋)牟巘撰‖應齋詞一卷　（宋)趙善括撰‖方壺詩餘二卷　（宋)汪莘撰‖澗泉詩餘一卷附校記　（宋)韓淲撰‖康範詩餘一卷　（宋)汪晫撰‖東澤綺語一卷　（宋)張輯撰‖清江漁譜一卷　（宋)張輯撰‖夢窗詞集一卷補遺一卷附小箋一卷　（宋)吳文英撰‖夢窗詞集補一卷　（宋)吳文英撰‖夢窗詞集小箋一卷　（清)朱祖謀箋‖鶴林詞一卷　（宋)吳泳撰‖蓬萊鼓吹一卷　（宋)夏元鼎撰‖後村長短句五卷附校記　（宋)劉克莊撰‖笑笑詞一卷　（宋)郭應祥撰‖臞軒詩餘一卷　（宋)王邁撰‖徐清正公詞一卷　（宋)徐鹿卿撰‖竹山詞一卷附校記（宋)蔣捷撰‖方是閒居士詞一卷　（宋)劉學箕撰‖彝齋詩餘一卷（宋)趙孟堅撰‖玉蟾先生詩餘一卷續一卷　（宋)葛長庚撰‖秋堂詩餘一卷　（宋)柴望撰‖本堂詞一卷　（宋)陳著撰‖日湖漁唱一卷附校記（宋)陳允平撰‖西麓繼周集一卷附校記　（宋)陳允平撰‖寧極齋樂府（窰極齋樂府)一卷　（宋)陳深撰‖水雲詞一卷　（宋)汪元量撰‖蘋洲漁笛譜二卷　（宋)周密撰　（清)江昱考證　集外詞一卷附校記　（清)江昱輯并撰‖山中白雲八卷附錄一卷附校記　（宋)張炎撰　（清)江昱疏證‖須溪詞一卷補遺一卷附校記　（宋)劉辰翁撰‖拙軒詞一卷　（金)王寂撰‖遯庵樂府一卷　（金)段克己撰‖菊軒樂府一卷　（金)段成己撰‖莊靖先生樂府一卷　（金)李俊民撰‖遺山樂府三卷附校記　（金)元好問撰‖中州樂府一卷附校記　（金)元好問輯‖天下同文一卷　（元)周南瑞輯‖魯齋詞一卷　（元)許衡撰‖樂庵詩餘一卷　（元)吳存撰‖稼村樂府一卷　（元)王義山撰‖青山詩餘一卷補遺一卷　（元)趙文撰‖玉斗山人詞一卷　（元)王奕撰‖桂隱詩餘一卷　（元)劉詵撰‖水雲村詩餘(水雲邨詩餘)一卷　（元)劉壎撰‖芳洲詩餘一卷　（元)黎廷瑞撰‖無絃琴譜二卷（元)仇遠撰‖蘭軒詞一卷　（元)王旭撰‖秋澗樂府四卷附校記　（元)王惲撰‖養蒙先生詞一卷　（元)張伯淳撰‖牧庵詞二卷　（元)姚燧撰‖磻溪詞一卷　（金)丘處機撰‖清庵先生詞一卷　（元)李道純撰‖蛻巖詞二卷附校記　（元)張翥撰‖貞居詞一卷補遺一卷　（元)張雨撰‖漢泉樂府

一卷　（元）曹伯啓撰‖此山先生樂府一卷　（元）周權撰‖養吾齋詩餘一卷　（元）劉將孫撰‖順齋樂府一卷　（元）蒲道源撰‖藥房樂府一卷（元）吳景奎撰‖益齋長短句一卷　（朝鮮）李齊賢撰‖去華山人詞一卷（元）洪希文撰‖道園樂府一卷　（元）虞集撰‖圭塘樂府四卷別集一卷（元）許有壬撰‖雙溪醉隱詩餘一卷　（元）耶律鑄撰‖寓庵詞一卷（元）李庭撰‖燕石近體樂府一卷　（元）宋褧撰‖書林詞一卷　（元）袁士元撰‖貞素齋詩餘一卷　（元）舒頔撰‖可庵詩餘一卷　（元）舒遜撰‖尊前集一卷附校記　（宋）□□輯‖舒蓺室餘筆一卷　（清）張文虎撰

開本25.7厘米×15.1厘米，版框14.6厘米×11.1厘米；左右雙邊，上下黑口；半葉十一行，行二十一字，小字雙行同。鈐印：行恕荘主人、齊冉鴻雪、擊檝、無是樓、李一氓印、一氓所藏、一氓讀書、渡江擊檝、無是樓藏書、李一氓五十後所得、一氓搜藏詞書種種/一九七七年記。

詞家專集十種　（清）劉毓盤輯　民國十三年（1924）北京大學鉛印本　一冊　李0899

子目：李太白詞一卷　（唐）李白著‖溫飛卿詞一卷　（唐）溫庭筠著‖南唐二主詞一卷　（五代）李璟　（五代）李煜撰‖三衢人詞一卷（宋）趙抃等撰‖小山詞鈔一卷　（宋）晏幾道著‖寶月集一卷　（宋）僧揮著‖大聲集一卷　（宋）萬俟詠著‖順庵樂府一卷　（宋）康與之著‖東山樂府一卷　（金）吳激著‖涵虛子詞一卷　（元）滕賓著

開本22.5厘米×14.4厘米，版框19.8厘米×12.2厘米；四周雙邊，下黑口，單黑魚尾，無界行；半葉十行，行四十字。批校題跋：李一氓題簽(詞家專集共詞拾肆種/劉毓盤輯/鉛印本/一氓藏)。鈐印：李一氓、無是樓、一氓所藏、一氓五十、無是樓藏書、一氓搜藏詞書種種/一九七七年記。

蜀十五家詞十五種　吳虞輯并校　民國鉛印本　三冊　李0828

子目：李太白詞一卷　（唐）李白撰‖尹參卿詞一卷　（唐）尹鶚撰‖李德潤詞一卷　（五代）李珣撰‖毛秘書詞一卷　（五代）毛熙震撰‖閻處士詞一卷　（五代）閻選撰‖歐陽舍人詞一卷　（五代）歐陽炯撰‖東波樂

集部

府三卷 （宋）蘇軾撰‖無住詞一卷 （宋）陳與義撰‖澹齋詞一卷 （宋）李流謙撰‖方舟詩餘一卷 （宋）李石撰‖鶴林詞一卷 （宋）吳泳撰‖頤堂詞一卷 （宋）王灼撰‖道園樂府一卷 （元）虞集撰‖陵陽詞一卷 （宋）牟巘撰‖蒲江詞稿(蒲江詞槀)一卷 （宋）盧祖皋撰

開本27.2厘米×18.1厘米，版框16.8厘米×12.8厘米；四周單邊，上下黑口；半葉十一行，行二十一字，小字雙行同。序跋：馮煦序。批校題跋：李一氓跋。鈐印：無是樓、李一氓、一氓所藏、一氓讀書、無是樓藏書、一氓搜藏詞書種種／一九七七年記。

天籟軒五種 （清）葉申薌編輯　清道光天籟軒刻本　二十册　李1061

子目：閩詞鈔四卷‖天籟軒詞選六卷‖小庚詞存四卷‖本事詞二卷‖天籟軒詞譜六卷

開本24.9厘米×14.9厘米，版框不等。《閩詞鈔》《天籟軒詞選》《本事詞》四周雙邊，對黑魚尾；半葉十行，行二十一字，小字雙行同。《小庚詞存》左右雙邊，對黑魚尾；半葉八行，行二十一字，小字雙行同。《天籟軒詞譜》四周雙邊，對黑魚尾，無界行；半葉十行，行二十一字，小字雙行同。序跋：陳壽祺、馮登府、葉申薌序。鈐印：孫華卿章、謝況翁祕篋印、芳菲菲榭、楊亨壽、擊楫、擊檝、李一氓、李一氓印、一氓所藏、一氓讀書、無是樓藏書、李一氓五十後所得、一氓搜藏詞書種種／一九七七年記。

詞家專集三種 （清）劉毓盤輯　民國十二年（1923）北京大學出版部鉛印本　一册　原缺二卷（白石道人歌曲一至二）　李0823

子目：南唐二主詞箋一卷補遺一卷 （五代）李璟 （五代）李煜撰 （清）劉繼增校箋‖片玉集十卷 （宋）周邦彥撰‖白石道人歌曲六卷附別集一卷 （宋）姜夔撰

開本27厘米×14.8厘米，版框19.9厘米×12.2厘米；四周雙邊，下黑口，單黑魚尾；半葉十三行，行四十字，小字雙行同。版心下方印：北京大學出版部印。序跋：劉繼增序。批校題跋：李一氓題簽（《南唐二主詞箋》附《補遺》《片玉集》《白石道人歌曲》共三種/北大講義本）。鈐印：無是樓、一氓所藏、一氓六十、一氓搜藏詞書種種/一九七七年記。

名家詞集十種　（清）侯文燦輯　清康熙二十八年（1689）梁谿侯文燦亦園刻本　三冊　李0821

子目：二主詞一卷　（五代）李璟　（五代）李煜撰‖陽春集一卷　（五代）馮延巳撰‖子野詞一卷　（宋）張先撰‖東山詞一卷　（宋）賀鑄撰‖信齋詞一卷　（宋）葛郯撰‖竹洲詞一卷　（宋）吳儆撰‖虛齋樂府一卷　（宋）趙以夫撰‖松雪齋詞一卷　（元）趙孟頫撰‖天錫詞一卷　（元）薩都剌撰‖古山樂府一卷　（元）張埜撰

開本18.7厘米×12.1厘米，版框14.5厘米×10.8厘米；左右雙邊，單黑魚尾；半葉九行，行二十一字，小字雙行同。版心下方鐫：亦園藏本。序跋：侯文燦序。批校題跋：李一氓題簽（野草堂十名家詞/侯文燦輯/一氓所藏）。鈐印：擊楫、李一氓、一氓讀書、一氓六十、無是樓藏書、鹽叢魚梟之人、李一氓五十後所得、一氓搜藏詞書種種/一九七七年記、北京圖書館藏。

知聖道齋鑪餘詞三十一種　（□）□□輯　清抄本　十六冊（含題跋一冊）　李1476

子目：陽春集一卷　（五代）馮延巳著‖樂齋詞一卷　（宋）向滈著‖信齋詞一卷　（宋）葛郯著‖東山詞一卷附補遺一卷　（宋）賀鑄著‖白玉蟾詞一卷　（宋）葛長庚著‖漱玉詞一卷附補遺一卷　（宋）李清照著‖梁谿詞一卷　（宋）李綱著‖筠溪樂府一卷　（宋）李彌遜著‖栟櫚樂府一卷　（宋）鄧肅著‖鄮峰真隱樂府（鄮峯真隱樂府）四卷　（宋）史浩著‖養拙堂詞一卷　（宋）管鑑著‖文定公詞一卷　（宋）丘崈著‖雙谿詞一卷　（宋）王炎著‖松隱長短句三卷　（宋）曹勛著‖澗泉詩餘一卷　（宋）韓淲著‖虛齋樂府一卷　（宋）趙以夫著‖石屏長短句一卷附補遺一卷　（宋）戴復古著‖雪坡詞一卷　（宋）姚勉著‖方是閑居士詞一卷附補遺一卷　（宋）劉學箕著‖和清真詞一卷　（宋）楊澤民著‖遯庵樂府（遯菴樂

府)一卷 （金）段克己著‖菊軒樂府一卷 （金）段成己著‖無絃琴譜二卷附拾遺一卷 （元）仇遠著‖磻溪集一卷 （元）丘處機著‖五峰詞（五峯詞）一卷 （元）李孝光著‖漢泉樂府一卷 （元）曹伯啓著‖古山樂府一卷 （元）張埜著‖韓山人詞一卷 （元）韓奕著‖玉斗山人樂府一卷 （元）王奕著‖待制詞一卷 （元）趙雍著‖燕石詞一卷 （元）宋褧著

開本27.5厘米×17厘米；半葉八行，行十八字。批校題跋：邵章、齊燕銘、郭紹虞、潘承弼、顧廷龍、呂貞白、夏承燾、俞平伯、吳世昌、錢鍾書、任半塘、啓功、程毅中、胡念貽、陳友琴、周振甫、周叔弢、黃裳、劉葉秋、董乃斌、楊鐮、沈玉成、吳小如、袁行霈、陳貽焮、葛曉音、金開誠、鄧魁英、聶石樵、蘇淵雷、萬雲駿、王水照、徐永端、施蟄存、蔣天樞、朱東潤、章培恒、朱金城、程俊英、徐鵬、唐圭璋、潘景鄭、冀勤、李一氓題跋，邵章題簽（爐餘舊鈔本詞／伯裘題籤）。鈐印：邵章私印、邵章心賞、杭邵章伯裘收藏書籍記、齊燕銘、郭紹虞、景鄭題痕、景鄭倚聲、顧廷龍印、起潛、貞白七十歲後作、夏承燾、瞿髯、平伯八十後所書、吳世昌、子藏、槐聚、啓功、元白、毅中、胡念貽、陳友琴、周振甫、周氏叔弢、黃裳、率真、心有天游、丁巳生、葉秋六十以後作、董乃斌、楊鐮、小如、袁行霈印、陳貽焮印、曉音、金開誠、學書未成、鄧魁英印、聶石樵、蟄庵翰墨、朱東潤印、章培恒印、雙白籛、蘭客六十後作、唐圭璋、冀勤、兔（肖形印）、擊楫、李一甿、無是樓、一氓所藏、一氓讀書、渡江擊楫、無是樓藏書、成都李氏收藏故籍、李一氓五十後所得、一氓搜藏詞書種種／一九七七年記。

景刊宋金元明本詞四十種 （清）吳昌綬 陶湘輯 清宣統三年至民國六年（1911—1917）仁和吳氏雙照樓刻民國六年至十二年（1917—1923）武進陶氏涉園續刻本 三十二冊 李0758

子目：叙錄一卷 陶湘撰‖歐陽文忠公集近體樂府三卷 （宋）歐陽修撰‖醉翁琴趣外篇六卷 （宋）歐陽修撰‖閑齋琴趣外篇六卷 （宋）晁元禮撰‖晁氏琴趣外篇六卷 （宋）晁補之撰‖酒邊集一卷 （宋）向子諲撰‖蘆川詞二卷 （宋）張元幹撰‖于湖居士文集樂府四卷 （宋）張孝祥撰‖渭南文集詞二卷 （宋）陸游撰‖重校鶴山先生大全文集長短句三卷

(宋)魏了翁撰‖可齋雜稿詞四卷續稿詞三卷　(宋)李曾伯撰‖石屏長短句一卷　(宋)戴復古撰‖梅屋詩餘一卷　(宋)許棐撰‖知常先生雲山集□□卷(存卷三)　(元)姬翼撰‖花間集十卷　(五代)趙崇祚輯‖增修箋注妙選群英草堂詩餘(增修箋注妙選羣英草堂詩餘)前集二卷後集二卷　(宋)□□輯‖中州樂府一卷　(金)元好問輯‖精選名儒草堂詩餘三卷　(元)鳳林書院輯‖東山詞二卷　(宋)賀鑄撰‖山谷琴趣外篇三卷　(宋)黃庭堅撰‖詳注周美成詞片玉集十卷　(宋)周邦彥撰　(宋)陳元龍集註‖稼軒詞甲集一卷乙集一卷丙集一卷　(宋)辛棄疾撰‖稼軒長短句十二卷　(宋)辛棄疾撰‖于湖先生長短句五卷拾遺一卷　(宋)張孝祥撰‖虛齋樂府二卷　(宋)趙以夫撰‖竹山詞一卷　(宋)蔣捷撰‖后村居士集詩餘二卷　(宋)劉克莊撰‖秋崖先生小稿詞四卷　(宋)方岳撰‖棲霞長春子丘神仙磻溪集詞一卷　(金)丘處機撰‖二妙集(遯庵先生樂府、菊軒先生樂府)二卷　(金)段克己　(金)段成己撰‖遺山樂府三卷　(金)元好問撰‖松雪齋文集樂府一卷　(元)趙孟頫撰‖靜修先生文集樂府一卷　(元)劉因撰‖道園遺稿樂府一卷　(元)虞集撰‖此山先生詩集樂府一卷　(元)周權撰‖漢泉曹文貞公詩集樂府一卷　(元)曹伯啓撰‖楚國文憲公雪樓程先生文集樂府一卷　(元)程鉅夫撰‖秋澗先生大全文集樂府四卷　(元)王惲撰‖絕妙詞選十卷　(宋)黃昇輯‖天下同文一卷　(元)周南瑞輯

　　開本32.6厘米×21.7厘米；各書版式不一。鈐印：李一氓、李一氓、李氏一氓、擊檝詞人、渡江擊檝、桃花源裏、無是樓藏書、鹽叢魚鳬之人、一氓搜藏詞書種種／一九七七年記。

百家詞八十七種附詞人小傳一卷　(明)吳訥編　民國二十九年(1940)商務印書館鉛印本　八冊　李0822

　　子目：花間集二卷　(五代)趙崇祚輯‖南唐二主詞一卷　(五代)李璟　(五代)李煜撰‖陽春集一卷　(五代)馮延巳撰‖張子野詞一卷　(宋)張先撰‖珠玉詞一卷　(宋)晏殊撰‖六一詞四卷附錄樂語一卷　(宋)歐陽修撰　校記一卷　林大椿撰‖柳屯田樂章集三卷　(宋)柳永撰‖小山詞一卷　(宋)晏幾道撰‖東坡詞二卷拾遺一卷　(宋)蘇軾撰‖山谷詞三卷　(宋)黃庭堅撰‖淮海詞三卷　(宋)秦觀撰‖後山居士詞一

卷　（宋）陳師道撰‖東堂詞一卷　（宋）毛滂撰‖溪堂詞一卷　（宋）謝逸撰‖片玉集十卷抄補一卷　（宋）周邦彥撰‖丹陽詞一卷　（宋）葛勝仲撰‖蘆川詞一卷　（宋）張元幹撰‖石林詞一卷　（宋）葉夢得撰‖書舟詞一卷　（宋）程垓撰‖酒邊集一卷　（宋）向子諲撰‖相山居士詞一卷　（宋）王之道撰‖友古居士詞一卷　（宋）蔡伸撰‖簡齋詞一卷　（宋）陳與義撰‖樂齋詞一卷　（宋）向滈撰‖初寮詞一卷　（宋）王安中撰‖苕溪詞一卷　（宋）劉一止撰‖呂聖求詞一卷　（宋）呂濱老撰‖蘆溪詞一卷　（宋）王庭珪撰‖王周士詞一卷　（宋）王以寧撰‖放翁詞一卷　（宋）陸遊撰‖于湖詞二卷　（宋）張孝祥撰‖竹齋詞一卷　（宋）沈瀛撰‖歸愚詞一卷　（宋）葛立方撰‖竹洲詞一卷　（宋）吳儆撰‖松坡居士詞一卷　（宋）京鏜撰‖知稼翁詞集一卷　（宋）黃公度撰‖信齋詞一卷　（宋）葛郯撰‖樵歌二卷　（宋）朱敦儒撰‖審齋詞一卷　（宋）王千秋撰‖逃禪詞一卷　（宋）楊無咎撰‖稼軒詞甲集一卷乙集一卷丙集一卷丁集一卷　（宋）辛棄疾撰‖樵隱詩餘一卷　（宋）毛开撰‖金谷遺音一卷　（宋）石孝友撰‖竹坡老人詞三卷　（宋）周紫芝撰‖克齋詞一卷　（宋）沈端節撰‖養拙堂詞一卷　（宋）管鑑撰‖晦庵詞（晦菴詞）一卷　（宋）李處全撰‖西樵語業一卷　（宋）楊炎正撰‖省齋詩餘一卷　（宋）廖行之撰‖東浦詞一卷　（宋）韓玉撰‖龍川詞一卷　（宋）陳亮撰‖介庵趙寶文雅詞四卷　（宋）趙彥端撰‖龍洲詞二卷　（宋）劉過撰‖笑笑詞一卷　（宋）郭應祥撰‖後村居士詩餘二卷　（宋）劉克莊撰‖梅溪詞一卷　（宋）史達祖撰‖蒲江居士詞一卷　（宋）盧祖皋撰‖履齋先生詩餘一卷續集一卷　（宋）吳潛撰‖竹齋詩餘一卷　（宋）黃機撰‖蓬萊鼓吹一卷　（宋）夏元鼎撰‖文溪詞一卷　（宋）李昴英撰‖玉林詞一卷　（宋）黃昇撰‖空同詞一卷　（宋）洪瑹撰‖石屏詞一卷　（宋）戴復古撰‖龜峰詞一卷　（宋）陳經國撰‖玉笥山人詞集一卷　（宋）王沂孫撰‖玉田詞二卷　（宋）張炎撰‖草窗詞集二卷附錄一卷　（宋）周密撰‖尊前集一卷　（宋）□□輯‖樂府補題一卷　（元）陳恕可輯‖水雲詞集一卷附宋舊宮人贈水雲詞一卷　（宋）汪元量撰　（元）劉辰翁批點‖竹山詞二卷　（宋）蔣捷撰‖白雪詞一卷　（宋）陳德武撰‖杜壽域詞一卷　（宋）杜安世撰‖哄堂集一卷　（宋）盧炳撰‖遯庵樂府一卷　（金）段克己撰‖菊軒樂府一卷　（金）段成

己撰‖遺山樂府一卷 （金）元好問撰‖松雪詞一卷 （元）趙孟頫撰‖静脩詞一卷 （元）劉因撰‖鳴鶴餘音一卷 （元）虞集撰‖貞居詞一卷 （元）張雨撰‖古山樂府二卷 （元）張埜撰‖蜕巖詞二卷 （元）張翥撰‖静春詞一卷 （元）袁易撰‖雲林樂府一卷 （元）倪瓚撰‖耐軒詞一卷 （明）王達撰

開本26.3厘米×15.3厘米；各書版式不一。

四印齋所刻詞二十四種 （清）王鵬運輯 清光緒四印齋刻本 十八册 存十九種 李0752

子目：陽春集一卷 （五代）馮延巳撰‖花間集十卷 （五代）趙崇祚輯‖東坡樂府二卷 （宋）蘇軾撰‖東山寓聲樂府一卷補鈔一卷 （宋）賀鑄撰‖清真集二卷集外詞一卷 （宋）周邦彦撰‖漱玉詞一卷 （宋）李清照撰‖稼軒長短句十二卷 （宋）辛棄疾撰‖白石道人詞集四卷 （宋）姜夔撰‖山中白雲詞二卷補二卷續補一卷 （宋）張炎撰‖斷腸詞一卷 （宋）朱淑真撰‖梅溪詞一卷 （宋）史達祖撰‖花外集一卷 （宋）王沂孫撰‖樂府指迷一卷 （宋）沈義父撰‖南宋四名臣詞集一卷 （清）王鵬運輯‖蕭閑老人明秀集注六卷(原缺卷四至六) （金）魏道明注解‖天籟集二卷 （元）白樸撰‖蟻術詞選四卷 （元）邵亨貞著 （明）汪穉校‖精選名賢詞話草堂詩餘二卷 （明）陳鍾秀校刊‖詞林正韻三卷 （清）戈載輯

開本26.2厘米×15.1厘米，版框14.2厘米×10.9厘米。批校題跋：袁文藪批并跋、李一氓題記。鈐印：李一氓、一氓六十、桃花源裏、鹽叢魚鳬之人。按：書中附袁文藪、李一氓抄白蘭谷《天籟詞序》等十三頁。

北宋三家詞三種 易孺輯 民國二十二年(1933)上海民智書局鉛印本 一册 李0825

子目：信道詞一卷附校記一卷 （宋）舒亶著‖曹元寵詞一卷附校記一卷 （宋）曹組撰‖後湖詞一卷附校記一卷 （宋）蘇庠著

開本23.6厘米×13.9厘米，版框15.6厘米×10厘米；四周單邊，上下黑口，單黑魚尾；半葉八行，行二十字。版心下方印：民智藝文雜組第一種。序跋：易孺序。鈐印：擊楫、李一氓、李一甿、一氓五十、無是樓藏書、一氓搜藏詞書種種/一九七七年記。

晁氏琴趣外篇六卷補遺一卷 （宋）晁補之撰　**柯山詞一卷** （宋）張耒撰　**參考資料輯一卷**　龍榆生撰　1957年上海中華書局鉛印蘇門四學士詞本　一冊　李1016

開本18.6厘米×13.1厘米。序跋：龍榆生序、趙萬里跋。鈐印：無是樓藏書、一氓搜藏詞書種種/一九七七年記。

宋名家詞六十一種 （明）毛晉輯　明末汲古閣刻本（初印）　二十四冊　李0888

子目：珠玉詞一卷　（宋）晏殊著‖六一詞一卷　（宋）歐陽脩著‖樂章集一卷　（宋）柳永著‖東坡詞一卷　（宋）蘇軾著‖山谷詞一卷　（宋）黃庭堅著‖淮海詞一卷　（宋）秦觀著‖小山詞一卷　（宋）晏幾道著‖東堂詞一卷　（宋）毛滂著‖放翁詞一卷　（宋）陸游著‖稼軒詞四卷　（宋）辛棄疾著‖片玉詞二卷補遺一卷　（宋）周邦彥著‖梅溪詞一卷　（宋）史達祖著‖白石詞一卷　（宋）姜夔著‖石林詞一卷　（宋）葉夢得著‖酒邊詞二卷　（宋）向子諲著‖溪堂詞一卷　（宋）謝逸著‖樵隱詞一卷　（宋）毛幵著‖竹山詞一卷　（宋）蔣捷著‖書舟詞一卷　（宋）程垓著‖坦庵詞(坦菴詞)一卷　（宋）趙師俠著‖惜香樂府十卷　（宋）趙長卿著‖西樵語業一卷　（宋）楊炎正著‖竹屋癡語一卷　（宋）高觀國著‖夢窗詞稿一卷　（宋）吳文英著‖竹齋詩餘(竹厼詩餘)一卷　（宋）黃機著‖金谷遺音一卷　（宋）石孝友著‖散花庵詞(散花菴詞)一卷　（宋）黃昇著‖和清真詞一卷　（宋）方千里著‖後村別調一卷　（宋）劉克莊著‖蘆川詞一卷　（宋）張元幹著‖于湖詞一卷　（宋）張孝祥著‖洺水詞一卷　（宋）程珌著‖歸愚詞一卷　（宋）葛立方著‖龍洲詞一卷　（宋）劉過著‖初寮詞一卷　（宋）王安中著‖龍川詞一卷補一卷　（宋）陳亮著‖姑溪詞一卷　（宋）李之儀著‖友古詞一卷　（宋）蔡伸著‖石屏詞一卷　（宋）戴復古著‖海野詞一卷　（宋）曾覿著‖逃禪詞一卷　（宋）楊无咎著‖空同

詞一卷　（宋）洪璡撰‖介庵詞（介菴詞）一卷　（宋）趙彥端著‖平齋詞一卷　（宋）洪咨夔著‖文溪詞一卷　（宋）李公昂著‖丹陽詞一卷　（宋）葛勝仲著‖孏窟詞一卷　（宋）侯寘撰‖克齋詞一卷　（宋）沈端節著‖芸窗詞一卷　（宋）張榘著‖竹坡詞三卷　（宋）周紫芝著‖聖求詞一卷　（宋）呂濱老著‖壽域詞一卷　（宋）杜安世著‖審齋詞一卷　（宋）王千秋著‖東浦詞一卷　（宋）韓玉著‖知稼翁詞一卷　（宋）黃公度著‖無住詞一卷　（宋）陳與義著‖後山詞一卷　（宋）陳師道著‖蒲江詞一卷　（宋）盧祖皋著‖琴趣外篇六卷　（宋）晁補之著‖夢窗甲稿（夢窓甲藁）一卷乙稿一卷　（宋）吳文英著‖烘堂詞一卷　（宋）盧炳著

　　開本26.5厘米×17.1厘米，版框18.9厘米×14.4厘米；左右雙邊；半葉八行，行十八字，小字雙行同。版心下方鐫：汲古閣。序跋：夏樹芳序。批校題跋：高承祚題簽（宋六十一家詞/汲古閣初印本/一氓善本/無是樓藏/高承祚題）。鈐印：鄒、淳莠、淳庵、鄒廷燮、鄒十六郎圖書記、李一氓、李一旽、無是樓、一氓所藏、一氓六十、一氓七十、桃花源裏、蠹叢魚鼠之人、成都李氏收藏故籍、一氓搜藏詞書種種/一九七七年記、北京圖書館藏。

宋詞五家雜鈔五種　（□）□□輯　民國五年（1916）半簃生抄粟香室叢書本　一冊　李0754

　　子目：子埜詞一卷　（宋）張先撰‖東山詞一卷　（宋）賀鑄撰‖樂章集一卷　（宋）柳永撰‖片玉詞一卷　（宋）周邦彥撰‖梅溪詞一卷　（宋）史達祖撰

　　開本22.5厘米×12.4厘米。批校題跋：半簃生題記（丙辰九月半簃生抄粟香室叢書之一）、李一氓題記。鈐印：李一氓、一氓八十、一氓所藏、一氓搜藏詞書種種/一九七七年記。

景汲古閣鈔宋金詞七種　陶湘輯　民國陽湖陶氏影印明毛氏汲古閣抄本　二冊　李0732

　　子目：和石湖詞一卷　（宋）范成大　（宋）陳三聘著‖菊軒樂府一卷

(金)段成己著‖東浦詞一卷　（宋）韓玉著‖渭川居士詞一卷　（宋）呂勝己著‖初寮詞一卷　（宋）王安中著‖空同詞一卷　（宋）洪瑹著‖知稼翁詞一卷　（宋）黃公度著

開本32.5厘米×21.3厘米；半葉十行，行十八字。版心下方有"汲古閣"三字。鈐印：李一氓、無是樓、渡江擊楫、擊楫詞人、蠹叢魚黽之人、一氓搜藏詞書種種／一九七七年記。

四印齋彙刻宋元三十一家詞三十一種　（清）王鵬運輯　清光緒四印齋刻本　六冊　李0751

子目：逍遙詞一卷　（宋）潘閬撰‖筠谿詞一卷　（宋）李彌遜撰‖栟櫚詞一卷　（宋）鄧肅撰‖樵歌拾遺一卷　（宋）朱敦儒撰‖梅詞一卷　（宋）朱雍撰‖綺川詞一卷　（宋）倪偁撰‖東溪詞一卷　（宋）高登撰‖文定公詞一卷　（宋）丘崈撰‖燕喜詞一卷　（宋）曹冠撰‖梅山詞一卷　（宋）姜特立撰‖拙庵詞一卷　（宋）趙磻老撰‖宣卿詞一卷　（宋）袁去華撰‖晦庵詞（晦菴詞）一卷　（宋）李處全撰‖養拙堂詞一卷　（宋）管鑑撰‖雙溪詩餘一卷　（宋）王炎撰‖龍川詞補一卷　（宋）陳亮撰‖龜峰詞（龜峯詞）一卷　（宋）陳經國撰‖梅屋詩餘一卷　（宋）許棐撰‖秋崖詞一卷　（宋）方岳撰‖碎錦詞一卷　（宋）李好古撰‖潛齋詞一卷　（宋）何夢桂撰‖覆瓿詞一卷　（宋）趙必瓛著‖撫掌詞一卷　（宋）歐良編‖章華詞一卷　（宋）□□撰‖藏春樂府一卷　（元）劉秉忠撰‖淮陽樂府一卷　（元）張弘範撰‖樵庵詞（樵菴詞）一卷　（元）劉因撰‖牆東詩餘一卷　（元）陸文圭撰‖天遊詞一卷　（元）詹玉撰‖草廬詞一卷　（元）吳澄撰‖五峰詞（五峯詞）一卷　（元）李孝光撰

開本25.1厘米×15.2厘米，版框14.3厘米×11厘米；左右雙邊，上下黑口；半葉十行，行二十一字。版心下方鐫：四印齋。序跋：繆荃孫序。批校題跋：吳世昌題簽、李一氓題記。鈐印：曾藏袁文藪家、擊楫、擊機、李一甿、一氓所藏、渡江擊楫、桃花源裏、無是樓藏書、蠹叢魚黽之人、李一氓五十後所得、一氓搜藏詞書種種／一九七七年記。

四種詞四卷 （宋）姜夔等著　清光緒成都存古書局刻本　二册
　　李0826

　　子目：白石道人歌曲一卷　（宋）姜夔著 ‖ 日湖漁唱一卷　（宋）陳允平著 ‖ 蘋洲漁笛譜一卷　（宋）周密著 ‖ 花外集一卷　（宋）王沂孫著

　　開本25.7厘米×17.1厘米，版框14.8厘米×8.9厘米；左右雙邊，上下黑口，單黑魚尾；半葉九行，行十九字。牌記：四川成都存古書局印行。批校題跋：陸維釗題簽（宋詞四種/成都刊本/維釗書耑）。鈐印：陸維釗、微昭、李一氓、無是樓、桃花源裏、蠹叢魚蠹之人、李一氓五十後所得、一氓搜藏詞書種種/一九七七年記。

西泠詞萃六種　（清）丁丙輯　清光緒十一年至十三年（1885—1887）錢塘丁氏刻本　四册　李0879

　　子目：片玉詞二卷　（宋）周邦彥著 ‖ 斷腸詞一卷　（宋）朱淑真著 ‖ 簫臺公餘詞一卷　（宋）姚述堯著 ‖ 無弦琴譜二卷　（元）仇遠著 ‖ 貞居詞一卷　（元）張雨著 ‖ 柘軒詞一卷　（明）凌雲翰著

　　開本29.4厘米×17.2厘米，版框17.5厘米×13.4厘米；左右雙邊，單黑魚尾；半葉十二行，行二十三字。牌記：錢唐丁氏開鋟（子目各鐫具體刊刻時間）。批校題跋：沙孟海題簽（西泠詞萃/鄞沙孟海署檢）。鈐印：李一氓、擊楫詞人、無是樓藏書、李一氓五十後所得、一氓搜藏詞書種種/一九七七年記。

四印齋藏詞六種　（清）王鵬運輯并校　清光緒四印齋抄本（《渭川居士詞》爲陸氏皕宋樓抄本）　七册　李0765

　　子目：渭川居士詞一卷　（宋）吕勝己撰 ‖ 龜峰詞（龜峯詞）一卷　（宋）陳經國撰 ‖ 梅溪詞一卷　（宋）史達祖撰 ‖ 和清真詞一卷　（宋）楊澤明撰 ‖ 水雲村詩餘（水雲邨詩餘）一卷　（元）劉壎撰 ‖ 桂洲集六卷　（明）夏言著

　　開本29.1厘米×18.4厘米。批校題跋：《渭川居士詞》卷前扉頁題

（癸巳初秋臨安陸氏皕宋樓抄寄/呂季克《渭川居士詞》）、李一氓題簽（四印齋藏詞/精抄本六種/五八年春/一氓得於都門）、李一氓題記、王鵬運跋。鈐印：武□侯、幼霞、四印齋中長物、半唐老人手校、半僧、半塘、野莽、李一氓、一氓五十、李一氓五十後所得、一氓搜藏詞書種種/一九七七年記。

影鈔宋元明清人詞二十六種　任二北輯　1954年任二北抄本　十二冊
李0889

　　子目：虛齋樂府二卷　（宋）趙以夫著‖相山居士詞一卷　（宋）王之道著‖和清真詞一卷　（宋）楊澤民著‖樂齋詞一卷　（宋）向滈著‖簡齋詞一卷　（宋）陳與義著‖竹洲詞一卷　（宋）吳儆著‖滄浪詞一卷　（宋）嚴羽著‖半山詞一卷　（宋）王安石著‖耐軒詞一卷　（元）王達著‖僑庵詩餘（僑菴詩餘）一卷　（明）李禎著‖白雪詞一卷　（宋）陳德武著‖南陽集詞不分卷　（宋）韓維撰‖潛山詩餘不分卷　（宋）朱翌著‖筼窗集（卷十）　（宋）陳耆卿撰‖勿軒先生詩集（卷八）　（宋）熊禾著‖許白雲先生詞不分卷　（元）許謙著‖勤齋詞一卷　（元）蕭□著‖圭塘欸乃集詞不分卷　（元）許有壬等纂‖石門集不分卷　（明）梁寅著‖鄱陽劉彥昺詩集（卷八）　（明）劉彥昺著‖西村先生集（卷十三）　（明）史鑑著‖歸雲集（卷十）　（明）陳士元著‖徐文長文集（卷十三）　（明）袁宏道評點‖陸桴亭先生詩集（卷九）　（明）陸世儀著‖賜閒堂稿（卷九、十）　（明）夏言撰‖升庵長短句（升菴長短句）三卷續集三卷　（明）楊慎撰‖玉琴齋詞一卷　（明）余懷著

　　開本35.1厘米×19.9厘米；半葉十行，行二十一字。批校題跋：李一氓題簽（影鈔宋元明清人詞/任二北鈔本）、李一氓題記、任二北批并題。鈐印：李（押）、李一氓、李一甿、無是樓、一氓五十、一氓讀書、無是樓藏書、成都李一氓、李一氓五十後所得、一氓搜藏詞書種種/一九七七年記。

百尺樓叢書□□種　陳去病編　清光緒三十四年(1908)鉛印本　一冊　存兩種　李0748

　　子目：懺慧詞一卷　徐自華著　徐馨麗校刊‖度鍼樓遺稿一卷　徐蕙貞著　陳去病校刊

　　開本19.9厘米×13厘米，版框13厘米×10.6厘米；四周單邊，無界行；半葉十行，行二十六字。版心下方印：百尺樓叢書。序跋：陳去病叙。鈐印：擊楫、李一氓、一氓所藏、無是樓藏書、一氓搜藏詞書種種/一九七七年記。

百尺樓叢書□□種　陳去病編　民國十年(1921)鉛印本　八冊　存五種　李0492

　　子目：笠澤詞徵三十卷　陳去病輯録‖樂府指迷一卷　(宋)沈義父著　陳去病校訂‖詞旨二卷　(元)陸行直述　(清)胡元儀原釋　陳去病重訂‖詞品一卷　(清)郭麐著　陳去病校刊‖問花樓詞話一卷　(清)陸鎣著　陳去病校刊

　　開本27厘米×15.5厘米，版框13厘米×10.9厘米；四周單邊；半葉十二行，行二十六字。內封印：黃絹幼婦外孫齏臼。版心下方印：百尺樓叢書。序跋：胡韞玉、金祖澤、蔡寅、柳棄疾、徐自華、陳去病序。批校題跋：尹瘦石題簽（笠澤詞徵/宜興尹瘦石題）。鈐印：擊楫、李一氓、無是樓藏書、一氓搜藏詞書種種/一九七七年記、瘦石之鈢。

秦張兩先生詩餘合璧（詩餘合璧）兩種　(明)王象晉輯　明崇禎八年(1635)王象晉刻本　一冊　李0897

　　子目：少游詩餘一卷目録一卷　(宋)秦觀撰　(明)毛晉校‖南湖詩餘一卷目録一卷　(明)張綖撰　(明)毛晉訂

　　開本26厘米×17.6厘米，版框18.8厘米×14.2厘米；左右雙邊；半葉九行，行十九字，小字雙行同。序跋：王象晉序。鈐印：陳、若溪、檢予過目、兆騏印信、擊楫、李一氓印、一氓讀書、李一氓五十後所得、一氓搜藏詞書種種/一九七七年記。

榆園叢刻二十八種　（清）許增輯并校刊　清光緒仁和許增娛園刻本
十二册　存十五種　李0667

　　子目：白石道人歌曲五卷　（宋）姜夔著‖山中白雲詞八卷　（宋）張炎著‖詞源二卷　（宋）張炎著‖衍波詞二卷　（清）王士禎著‖納蘭詞五卷　（清）納蘭性德著‖蘅夢詞二卷　（清）郭麐著‖浮眉樓詞二卷（清）郭麐著‖懺餘綺語二卷　（清）郭麐著‖爨餘詞一卷　（清）郭麐著‖拜石山房詞四卷　（清）顧翰著‖憶雲詞甲乙丙丁稿（憶雲詞甲乙丙丁稾）四卷　（清）項廷紀著‖微波詞一卷　（清）錢枚著‖笙月詞五卷　（清）王詒壽著‖花影詞一卷　（清）王詒壽著‖新蘅詞六卷外集一卷　（清）張景祁撰

　　開本29.2厘米×17.3厘米，版框17.3厘米×13.5厘米（其中《笙月詞》《花影詞》版框15.7厘米×11.4厘米）；左右雙邊，單黑魚尾；半葉十二行，行二十三字。批校題跋：王遐舉題簽（榆園所刻詞十五種/遐舉爲一氓題）。鈐印：擎櫬、李一氓、李一氓五十後所得。

吴氏石蓮庵刻山左人詞十九種　（清）吴重熹輯　清光緒二十七年（1901）金陵刻本　十册　李0728

　　子目：樂章集一卷　（宋）柳永著‖樂章集校勘記三卷補遺三卷（清）吴重熹著‖樂章集逸句一卷　（清）吴重熹輯‖姑溪詞三卷　（宋）李之儀撰‖琴趣外篇六卷　（宋）晁補之著‖審齋詞一卷　（宋）王千秋著‖嬾窟詞（孋窟詞）一卷　（宋）侯寘著‖拙庵詞一卷　（宋）趙磻老著‖稼軒詞十二卷　（宋）辛棄疾撰‖草窗詞二卷補二卷　（宋）周密撰‖漱玉詞一卷附錄一卷補遺一卷　（宋）李清照撰‖炊聞詞二卷　（清）王士禄譔‖衍波詞二卷附一卷　（清）王士禎撰‖二鄉亭詞三卷　（清）宋琬撰‖竹西詞一卷　（清）楊通佺撰‖志壑堂詞一卷　（清）唐夢賚撰‖珂雪詞二卷補遺一卷　（清）曹貞吉撰‖飴山詩餘一卷　（清）趙執信撰‖晚香詞三卷西圃詞說一卷　（清）田同之撰

開本26厘米×14厘米，版框16.6厘米×12.2厘米；左右雙邊，上下黑口，對黑魚尾；半葉十一行，行二十一字。牌記：光緒辛丑刊於金陵。序跋：繆荃孫序。批校題跋：李一氓題簽（石蓮庵山左人詞/擊楫藏詞）。鈐印：擊楫、李一氓印、一氓所藏、無是樓藏書、一氓搜藏詞書種種/一九七七年記。

詞箋四種　（明）吳熙輯　明崇禎刻本　五冊　李1038

子目：蘗絃齋詞箋枝集一卷雜箋一卷　（明）王屋著 ‖ 詞箋五卷（清）曹堪著 ‖ 非水居詞箋三卷別集一卷　（明）吳熙著 ‖ 雪堂詞箋一卷（明）錢繼章著

開本26.7厘米×17厘米，版框不等；左右雙邊；半葉八行，行十八字。序跋：錢繼登序。批校題跋：李一氓題記。鈐印：董康祕笈之印、董氏誦芬室校定、毗陵董康審定、董康暨侍姬玉奴珍藏書籍記、瑩如、妾池玉、花好月圓人壽、趙旭、映旭軒圖書、映旭軒鑒藏書籍之圖記、曙東一字恕忠、擊楫、無是樓、李一氓印、一氓所藏、擊楫詞翰、無是樓藏書、蠹叢魚鼠之人、成都李氏收藏故籍、李一氓五十後所得、一氓搜藏詞書種種/一九七七年記。

詞源抉髓錄二卷　（清）□□輯　清抄本　二冊　李0836

開本27.5厘米×15.8厘米；半葉八行，行二十八字。版心下方印：文寶樓。批校題跋：欠紅、李一氓題記。鈐印：夢熊書畫、一氓六十、一氓讀書、無是樓藏書、成都李一氓、一氓搜藏詞書種種/一九七七年記。

小檀欒室彙刻閨秀詞十集一百二種　徐乃昌輯　清光緒二十一年至二十二年（1895—1896）南陵徐乃昌刻本　二十冊　李1060

子目：
第一集十種：琴清閣詞一卷　（清）楊芸撰 ‖ 生香館詞一卷　（清）李佩金撰 ‖ 茝香詞一卷　（清）顧翎撰 ‖ 衍波詞一卷　（清）孫蓀意撰 ‖ 鴻雪廎

詞一卷　（清）沈善寶撰‖玉雨詞一卷　（清）曹慎儀撰‖古春軒詞一卷　（清）梁德繩撰‖洞簫廔詞一卷　（清）王倩撰‖聽雪詞一卷　（清）歸懋儀撰‖古雪詩餘一卷　（清）楊繼端撰

第二集十種:拙政園詩餘三卷　（清）徐燦撰‖梅花園詩餘(槑㕵園詩餘)一卷　（清）鍾韞撰‖玉窗詩餘一卷　（清）葛宜撰‖貯素廔詞一卷　（清）蘇穆撰‖綠月廔詞一卷　（清）江瑛撰‖静一齋詩餘一卷　（清）周詒蘩撰‖冷香齋詩餘一卷　（清）周翼杶撰‖夢湘廔詞(㝱湘廔詞)一卷　（清）宗婉撰‖繡餘詞一卷　（清）錢念生撰‖簪華閣詩餘一卷　（清）翁端恩撰

第三集十種:栖香閣詞二卷　（清）顧貞立撰‖蠹窗詩餘一卷　（清）張令儀撰‖絳雪詞一卷　（清）薛瓊撰‖浣紗詞一卷　（清）沈纕撰‖青藜閣詞一卷　（清）江珠撰‖碧桃館詞一卷　（清）趙我佩撰‖松籟閣詩餘一卷　（清）沈榛撰‖鮮潔亭詩餘一卷　（清）蔣紉蘭撰‖澹音閣詞一卷　（清）趙友蘭撰‖寫麋廔詞一卷　（清）陳嘉撰

第四集十一種:秋水軒詞(烁水軒詞)一卷　（清）莊盤珠撰‖雨花庵詩餘(雨花盦詩餘)一卷　（清）錢斐仲撰‖夢影廔詞(㝱影廔詞)一卷　（清）關鍈撰‖澹菊軒詞(澹蘜軒詞)一卷　（清）張綢英撰‖緯青詞一卷　（清）張綸英撰‖飫漱玉詞一卷　（清）許德蘋撰‖澗南詞一卷　（清）許德蘋撰‖濾月軒詩餘一卷　（清）趙芬撰‖月廔琴語一卷　（清）簫恒貞撰‖倩影廔遺詞一卷　（清）陸蒨撰‖寫均廔詞一卷　（清）吳尚熹撰

第五集十一種:花簾詞一卷　（清）吳藻撰‖香南雪北詞一卷　（清）吳藻撰‖秋笳詞(烁笳詞)一卷　（清）吕采芝撰‖聞妙香室詞一卷　（清）陸珊撰‖長春閣詩餘一卷　（清）席佩蘭撰‖秋瘦閣詞(烁瘦閣詞)一卷　（清）唐韞貞撰‖綠夢軒遺詞(綠㝱軒遺詞)一卷　（清）錢湘撰‖賦鶯廔詞一卷　（清）陳珍瑶撰‖光霽樓詞一卷　（清）陸蓉佩撰‖翠螺閣詞一卷　（清）凌祉媛撰‖彈綠詞一卷　（清）濮文綺撰

第六集十種:聽雨廔詞二卷　（清）孫雲鶴撰‖瑶華閣詞(瑶㕵閣詞)一卷補遺一卷　（清）袁綬撰‖九疑仙館詞(九疑僊館詞)一卷　（清）談印梅撰‖金粟詞一卷　（清）朱璵撰‖澹仙詞(澹僊詞)四卷　（清）熊璉撰‖有誠堂詩餘一卷　（清）方彥珍撰‖玉簫詞一卷　（清）殷秉璣撰‖芷衫詩餘

一卷　（清）高佩華撰‖菊籬詞一卷　（清）陶淑撰‖哦月廎詩餘一卷　（清）儲慧撰

第七集十種:嘯雪庵詩餘（嘯雪菴詩餘）一卷　（清）吳綃撰‖繡閒詞一卷　（清）徐元端撰‖三秀齋詞一卷　（清）鮑之芬撰‖德風亭詞一卷　（清）王貞儀撰‖碧梧紅蕉館詞一卷　（清）左錫璇撰‖冷吟仙館詩餘（冷吟僊館詩餘）一卷　（清）左錫嘉撰‖蓮因室詞一卷　（清）鄭蘭孫撰‖慈暉館詞一卷　（清）阮恩濼撰‖曇花詞（曇雩詞）一卷　（清）汪淑娟撰‖蕉窗詞一卷　（清）鄧瑜撰

第八集十種:錦囊詩餘一卷　（清）商錦蘭撰‖澹香廎詞一卷　（清）葛秀英撰‖補欄詞一卷　（清）劉琬懷撰‖晚香居詞二卷　（清）張玉珍撰‖瘦吟詞（瘦吟詞）一卷　（清）許淑慧撰‖浣青詩餘一卷　（清）錢孟鈿撰‖茶香閣詞一卷　（清）黃婉璚撰‖雯窗瘦影詞（雯窗瘦影詞）一卷　（清）許誦珠撰‖佩秋閣詞（佩炑閣詞）一卷　（清）吳苣撰‖慧福廎詞一卷　（清）俞繡孫撰

第九集十種:鏡閣新聲一卷　（清）朱中楣撰‖古香樓詞一卷　（清）錢鳳綸撰‖棃雲榭詞一卷　（清）鍾筠撰‖湘筠館詞二卷　（清）孫雲鳳撰‖韞玉樓詞一卷　（清）屈秉筠撰‖楚畹閣詩餘一卷　（清）季蘭韻撰‖壽研山房詞一卷　（清）曹景芝撰‖含青閣詩餘（含青閣訨餘）一卷　（清）屈蕙纕撰‖繡墨軒詞一卷　（清）俞慶曾撰‖歠露詞一卷　（清）李道清撰

第十集十種:鸝吹詞一卷　（明）沈宜修撰‖芳雪軒詞一卷　（明）葉紈紈撰‖疏香閣詞（疎香閣詞）一卷　（明）葉小鸞撰‖雪壓軒詞一卷　（清）賀雙卿撰‖倚雲閣詞一卷　（清）張友書撰‖翠薇仙館詞（翠薇僊館詞）一卷　（清）孫瑩培撰‖唾絨詞（唖絨詞）一卷　（清）吳小姑撰‖霞珍詞一卷　（清）繆珠蓀撰‖崦樓詞一卷　（清）沈鵲應撰‖花影吹笙室詞（芎影歠笙室詞）一卷　（清）李慎溶撰

開本27.7厘米×17.4厘米，版框16.9厘米×12.4厘米；左右雙邊，對黑魚尾；半葉十一行，行二十一字。牌記：南陵徐乃昌校梓/始於乙未訖於丙申。版心下方鐫：小檀欒室。序跋：王鵬運、金武祥、況周儀等序。批校題跋：李一氓題記。鈐印：野莽、無是樓、一氓所藏、一氓六十、一氓七十、一氓搜藏詞書種種/一九七七年記。

十六家詞十七種 （清）孫默輯　清康熙留松閣刻本　十七冊　李0863

子目：梅村詞二卷　（清）吳偉業譔‖香嚴詞二卷　（清）龔鼎孳譔‖棠村詞三卷　（清）梁清標譔‖百末詞二卷　（清）尤侗譔‖南溪詞二卷　（清）曹爾堪譔‖含影詞二卷　（清）陳世祥譔‖二鄉亭詞三卷　（清）宋琬譔‖溪南詞二卷　（清）黃永譔‖炊聞詞二卷　（清）王士禄譔‖玉鳬詞二卷　（清）董俞譔‖衍波詞二卷　（清）王士禛撰　（清）鄒祇謨　（清）彭孫遹選　（清）孫默較‖烏絲詞四卷　（清）陳維崧撰　（清）鄒祇謨　（清）王士禛評　（清）孫默較‖蓉渡詞三卷　（清）董以寧撰　（清）王士禛　（清）鄒祇謨選　（清）孫默較‖延露詞三卷　（清）彭孫遹撰　（清）王士禛　（清）鄒祇謨選　（清）孫默較‖麗農詞二卷　（清）鄒祇謨撰　（清）彭孫遹　（清）王士禛選　（清）孫默較‖月湄詞四卷　（清）陸求可撰　（清）嚴沆　（清）尤侗評　（清）孫默較‖衍愚詞不分卷　（清）程康莊譔　（清）王士禄　（清）陳維崧選　（清）孫默較

開本23.3厘米×15.6厘米，版框18.4厘米×13.8厘米；左右雙邊；半葉九行，行二十一字，小字雙行同。内封鐫：王阮亭/陳其年先生評選/國朝名家詩餘/本朝藏版。版心下方鐫：留松閣。序跋：陳其年、鄧漢儀、孫金礪、汪懋麟、無堪道人序。批校題跋：李一氓題簽（清初十七家詞/康熙間留松閣刻本；清初十七家詞/坿廣陵唱和詩詞/共兩函/康熙間留松閣刻本/一氓自署）、李一氓批并跋。鈐印：擘樴、無是樓、李一氓、一氓所藏、桃花源裏、一氓六十、無是樓藏書、李一氓五十後所得、一氓搜藏詞書種種/一九七七年記。

百名家詞鈔一百種　（清）聶先　（清）曾王孫纂　清康熙刻本　二十二冊　存六十八種　李1015

子目：梅村詞一卷　（清）吳偉業撰‖香嚴齋詞一卷　（清）龔鼎孳撰‖寓言集一卷　（清）曹溶撰‖文江詞一卷　（清）李元鼎撰‖休園詩餘一卷　（清）鄭俠如撰‖二鄉亭詞一卷　（清）宋琬撰‖秋閒詞一卷　（清）王庭撰‖南溪詞一卷　（清）曹爾堪撰‖衍波詞一卷　（清）王士禛撰‖百末詞一卷　（清）尤侗撰‖扶荔詞一卷　（清）丁澎撰‖容齋詩餘一

卷　（清）李天馥撰‖金栗詞一卷　（清）彭孫遹撰‖江湖載酒集一卷（清）朱彝尊撰‖玉鳧詞一卷　（清）董俞撰‖蔭緑軒詞一卷　（清）徐喈鳳撰‖秋水詞一卷　（清）嚴繩孫撰‖彈指詞一卷　（清）顧貞觀撰‖玉山詞一卷　（清）陸次雲撰‖菊莊詞一卷　（清）徐釚撰‖耕煙詞一卷　（清）陳玉璂撰‖峽流詞一卷　（清）王晫撰‖溉堂詞一卷　（清）孫枝蔚撰‖青城詞一卷　（清）魏學渠撰‖螺舟綺語一卷　（清）王頊齡撰‖松溪詩餘一卷（清）王九齡撰‖映竹軒詞一卷　（清）毛際可撰‖錦瑟詞一卷　（清）汪懋麟撰‖迦陵詞一卷　（清）陳維崧撰‖藝香詞一卷　（清）吳綺撰‖棣華堂詞(棣華堂詞)一卷　（清）馮瑞撰‖東白堂詞一卷　（清）佟世南撰‖萬青詞一卷　（清）趙吉士撰‖月聽軒詩餘一卷　（清）張淵懿撰‖秋雪詞一卷（清）余懷撰‖竹香亭詩餘一卷　（清）曹垂璨撰‖飲水詞一卷　（清）納蘭成德撰‖柯亭詞一卷　（清）姜垚撰‖紅藕莊詞一卷　（清）龔翔麟撰‖柯齋詩餘一卷　（清）周綸撰‖志壑堂詞一卷　（清）唐夢賚撰‖吳山戲音一卷　（清）林雲銘撰‖蔗閣詩餘一卷　（清）汪鶴孫撰‖柳塘詞一卷（清）沈雄撰‖嘯閣餘聲一卷　（清）張錫懌撰‖玉壺詞一卷　（清）葉尋源撰‖月團詞一卷　（清）沈爾燝撰‖蘭舫詞一卷　（清）趙維烈撰‖守齋詞一卷　（清）吕師濂撰‖藥庵詞(藥菴詞)一卷　（清）吕洪烈撰‖探酉詞一卷　（清）邵錫榮撰‖澄暉堂詞一卷　（清）江尚質撰‖響泉詞一卷（清）徐允哲撰‖語石軒詞一卷　（清）張純修撰‖蘽棲詞一卷　（清）鄭熙績撰‖碧巢詞一卷　（清）汪森撰‖東皋詩餘一卷　（清）劉壯國撰‖藕花詞一卷　（清）陳見籠撰‖夢花窗詞(夢花窓詞)一卷　（清）江士式撰‖容居堂詞一卷　（清）周稚廉撰‖畫餘譜一卷　（清）華胥撰‖粵游詞一卷（清）吳之登撰‖棠村詞一卷　（清）梁清標撰‖當樓詞一卷　（清）毛奇齡撰‖紫雲詞一卷　（清）丁煒撰‖改蟲齋詞一卷　（清）高層雲撰‖吹香詞一卷　（清）吳棠禎撰‖慎庵詞一卷　（清）吳秉仁撰

　　開本25.8厘米×16.9厘米，版框18.8厘米×14.2厘米；四周單邊，上下黑口，單黑魚尾；半葉九行，行二十字。序跋：聶先序。批校題跋：錢君匋題簽、李一氓批并題。鈐印：孔亭寶藏、李一氓、無是樓、一氓所藏、一氓讀書、一氓六十、桃花源裏、成都李一氓、蠶叢魚鳧之人、成都李氏收藏故籍、一氓搜藏詞書種種/一九七七年記、北京圖書館藏。

集部

清十一家詞鈔十一種　王煜纂錄　民國二十五年(1936)鉛印本　一冊
李0487

子目：飲水詞鈔一卷　（清）納蘭成德撰‖迦陵詞鈔一卷　（清）陳維崧著‖曝書亭詞鈔一卷　（清）朱彝尊著‖樊榭山房詞鈔一卷　（清）厲鶚著‖茗柯詞鈔一卷　（清）張惠言著‖憶雲詞鈔一卷　（清）項鴻祚著‖水雲樓詞鈔一卷　（清）蔣春霖著‖雲起軒詞鈔一卷　（清）文廷式著‖半塘詞鈔一卷　（清）王鵬運著‖樵風詞鈔一卷　（清）鄭文焯著‖彊村詞鈔（彊邨詞鈔）一卷　（清）朱祖謀著

開本24.3厘米×14.4厘米，版框16.6厘米×11.1厘米；四周雙邊，單黑魚尾；半葉十一行，行三十三字。序跋：吳梅、王煜序。鈐印：一氓五十、一氓搜藏詞書種種／一九七七年記。

竹西詞一卷　（清）楊通俊撰　菊籬詞一卷　（清）陶淑撰　志壑堂詞一卷　（清）唐夢賚撰　徐乃昌積學齋抄本　一冊　李1149

開本24.5厘米×15.7厘米；半葉十一行，行二十四字。書耳印：積學書藏。批校題跋：函套題（竹西詞／鞠籬詞／志壑堂詞／積學書藏精鈔本／戢園校讀）、外封題（積學書藏鈔本／緗盦校讀）、李一氓題記。鈐印：觀略堂書畫記、傅甓堂藏經籍書畫金石文字、五芝堂、黃氏家藏、緗盦長物、擎榰、李一氓、一氓所藏、一氓讀書、濯錦江邊、無是樓藏書、成都李氏收藏故籍、一氓搜藏詞書種種／一九七七年記。

課鵡詞一卷　（清）吳秉鈞撰　攝閒詞一卷　（清）吳秉仁撰　民國六年(1917)西泠印社刻州山吳氏先集本　一冊　李0854

開本19.2厘米×12.8厘米，版框6.7厘米×4.8厘米；四周單邊，單黑魚尾；半葉八行，行十四字。內封鐫：州山吳氏先集之二／三。版心下方鐫：潛泉叢鈔／西泠印社。鈐印：擎榰、無是樓藏書。

念宛齋詞鈔一卷　（清）左輔著　海漚漁唱一卷　（清）吳豐本著　清宣統元年（1909）南陵徐乃昌刻本　一冊　李1208

開本22厘米×14厘米，版框14厘米×10.7厘米；左右雙邊，上下黑口，單黑魚尾；半葉十行，行二十字。卷端題名下方鐫：懷豳園。《念宛齋詞鈔》内封、書尾鐫：宣統元年春三月南陵徐乃昌校刻印行。《海漚漁唱》内封、書尾鐫：宣統元年夏五受業南陵徐乃昌謹校。鈐印：擎楣、李一氓、一氓六十。

琴畫樓詞鈔二十五卷　（清）王昶纂　清乾隆四十三年（1778）刻本　六冊　李0731

子目：澹吟樓詞一卷　（清）張梁撰‖樊榭山房詞一卷　（清）厲鶚撰‖白蕉詞一卷　（清）陸培撰‖響山詞一卷　（清）張四科撰‖竹香詞一卷　（清）陳章撰‖小長蘆漁唱一卷　（清）朱方藹撰‖丁辛老屋詞一卷　（清）王又曾撰‖杉亭詞一卷　（清）吳烺撰‖延青閣詞一卷　（清）汪士通撰‖曇香閣琴趣一卷　（清）吳泰來撰‖梅鶴詞一卷　（清）江昱撰‖花嶼詞一卷　（清）儲秘書撰‖嫭雅堂詞一卷　（清）趙文哲撰‖曇華閣詞一卷　（清）張熙純撰‖采蕁詞一卷　（清）陸文蔚撰‖湘雲遺稿一卷　（清）過春山撰‖綠陰槐夏閣詞一卷　（清）朱昂撰‖夜船吹笛詞一卷　（清）江立撰‖鷗邊漁唱一卷　（清）朱澤生撰‖香溪瑤翠詞一卷　（清）吳元潤撰‖杯湖欸乃一卷　（清）王初桐撰‖滇遊詞一卷　（清）宋維藩撰‖有正味齋詞一卷　（清）吳錫麒撰‖小湖田樂府一卷　（清）吳蔚光撰‖吟翠軒初稿一卷　（清）楊芳燦撰

開本24.8厘米×16.3厘米，版框19.3厘米×14厘米；左右雙邊，單黑魚尾；半葉十行，行二十一字。序跋：王昶序。鈐印：繼庭、擎楣、李一氓、李一氓、一氓六十、無是樓藏書、一氓搜藏詞書種種／一九七七年記。

討春合唱一卷 （清）袁通輯 清嘉慶刻本 一册 李1044

開本24厘米×14.7厘米，版框13.6厘米×10.8厘米；左右雙邊，單黑魚尾；半葉十行，行二十一字。序跋：龔自珍、李溟序。批校題跋：李一氓題簽（討春合唱/嘉慶刊）。鈐印：擊楫、李一氓、一氓所藏、無是樓藏書、一氓搜藏詞書種種／一九七七年記。

三家詞選三種 （清）袁通輯 清道光刻本 一册 缺一種（賷香詞選） 李1201

子目：悔存詞選一卷 （清）黃景仁撰‖微波亭詞選一卷 （清）錢枚著

開本24.5厘米×15.2厘米，版框17.7厘米×13.3厘米；左右雙邊，上下黑口，單黑魚尾；半葉十二行，行二十三字。序跋：楊芳燦、袁祖惠序。批校題跋：李一氓題記。鈐印：梅花作伴、一氓所藏、成都李一氓、一氓搜藏詞書種種／一九七七年記。

七家詞鈔七種 （清）汪世泰輯 清嘉慶刻本 六册 李1126

子目：箏船詞一卷 （清）劉嗣綰撰‖捧月樓詞二卷 （清）袁通撰‖綠秋草堂詞一卷 （清）顧翰撰‖玉山堂詞一卷 （清）汪度撰‖崇睦山房詞一卷 （清）汪全德撰‖過雲精舍詞二卷 （清）楊夔生撰‖碧梧山館詞二卷 （清）汪世泰撰

開本23.6厘米×15.8厘米，版框17.8厘米×13.2厘米；左右雙邊，上下黑口，單黑魚尾；半葉十二行，行二十三字。序跋：楊文蓀、吳蔚序。批校題跋：黃裳題記。鈐印：黃裳小雁、來燕榭藏舊本詩餘戲曲、上海圖書館藏、上海圖書館退還圖書章、李一氓、一氓所藏、一氓七十又七、一氓搜藏詞書種種／一九七七年記。

明湖四客詞鈔四種 （清）趙國華輯 清同治十三年（1874）刻本 一册 李1070

子目：麝塵詞一卷 （清）嚴廷中著‖紅豆詞一卷 （清）李鈞和著‖

尺壺詞一卷　（清）王蔭昌著‖絮月詞一卷　（清）徐宗襄著

開本24.2厘米×15厘米，版框17.6厘米×13厘米；四周雙邊，單黑魚尾；半葉九行，行二十一字。序跋：趙國華序。批校題跋：李一氓跋。鈐印：擊楫、李一氓、一氓所藏、無是樓藏書、一氓搜藏詞書種種／一九七七年記。

吳儲合稿（吳儲合槀）二卷　（清）儲夢熊輯　清道光五年（1825）刻本　一册　李0281

子目：竹所詞稿一卷　（清）吳會撰　（清）吳樹蘭等校字‖余棲書屋詞稿（余棲書屋詞槀）一卷　（清）儲夢熊撰　（清）儲宗泗　（清）儲復祖校字

開本26厘米×15.2厘米，版框17.9厘米×11.9厘米；左右雙邊，單黑魚尾；半葉八行，行十九字，小字雙行同。內封鐫：道光乙酉年春鐫／吳儲合槀／本衙藏板。序跋：儲夢熊序。鈐印：一氓讀書、擊楫詞翰、一氓搜藏詞書種種／一九七七年記。

楚生詩餘一卷　（清）郭楚生撰　公約詩餘一卷　（清）梁公約撰　（清）李佳編次　抄本　一册　李0916

開本22.8厘米×12.6厘米；半葉八行，行字不等。批校題跋：李一氓題記。鈐印：一氓所藏、七十又八、成都李一氓、一氓搜藏詞書種種／一九七七年記。

名家詞十七種　（清）繆荃孫輯　清光緒江陰繆氏刻雲自在龕叢書本　一册　存五種　李0665

子目：萬善花室詞一卷　（清）方履籛撰‖汀鷺詩餘一卷　（清）楊傳第撰‖水雲樓詞二卷　（清）蔣春霖撰‖立山詞一卷　（清）張琦撰‖柳下詞一卷　（清）周青撰

開本25.2厘米×16.8厘米，版框18.4厘米×13.1厘米；左右雙邊，上下黑口，單黑魚尾；半葉十一行，行二十三字。批校題跋：李一氓題簽（雲自在盦彙刻十三家詞/存五家缺八家）、李一氓題記。鈐印：繆荃孫印、玉屏山樵、鄭道乾印、健盦、誦韶覽夷之室、擊檝、李一甿、李一氓印、七十又八、成都李一氓、無是樓藏書、一氓搜藏詞書種種/一九七七年記。

花影吹笙詞鈔二卷　（清）葉英華著　小遊仙詞（小遊僊詞）一卷　題夢禪居士製　清光緒三年（1877）羊城刻本　一冊　李0324

開本23.2厘米×15.2厘米，版框16.4厘米×12.5厘米；四周雙邊，上下黑口，對黑魚尾；半葉十行，行二十一字。牌記：光緒三年歲在丁丑冬十有一月刊於羊城。序跋：潘曾瑩、潘祖蔭序。鈐印：一氓所藏、無是樓藏書、一氓搜藏詞書種種/一九七七年記。

十家詞彙（十家詞彙）十種　（清）金繩武輯　清咸豐六年（1856）評花仙館木活字印本　四冊　李1068

子目：畫梅樓詞一卷　（清）湯貽汾撰‖香銷酒醒詞一卷　（清）趙慶熺撰‖曲池小圃詞一卷　（清）楊尚觀撰‖翠浮閣詞一卷　（清）魏謙升撰‖百合詞一卷　（清）蔣坦撰‖怡雲詞一卷　（清）金泰撰‖香南雪北詞一卷　（清）吳藻撰‖倩影樓詞一卷　（清）陸蒨撰‖影曇館詞一卷　（清）吳承勳撰‖虛竹軒詞一卷　（清）許謹身撰

開本29.3厘米×16.6厘米，版框21厘米×14厘米；四周雙邊，下黑口，單黑魚尾；半葉九行，行二十五字。魚尾上方鐫"十家詞彙"，魚尾下方鐫著者、題名，再下鐫"評花仙館藏本"。序跋：金繩武序。鈐印：李一甿、無是樓、一氓所藏、鹽叢魚梟之人、一氓搜藏詞書種種/一九七七年記。

吟碧山館詞一卷　（清）王壽庭撰　香隱庵詞（香隱盦詞）一卷　（清）潘遵璈撰　清光緒十年（1884）潘氏香禪精舍刻本　一冊　李0611

開本24.5厘米×15.4厘米，版框17.5厘米×12.9厘米；左右雙邊，

單黑魚尾；半葉十行，行二十二字。牌記：光緒十年甲申春三月/吳趨潘氏香禪精舍栞。版心下方鐫：香禪精舍。《香隱盦詞》卷末鐫：蘇城郡廟西首謝文翰齋刻印。序跋：潘鍾瑞序。批校題跋：李一氓題記。鈐印：李（押）、李一氓、無是樓、一氓所藏、成都李一氓、一氓搜藏詞書種種/一九七七年記、北京圖書館藏。

蕭臺公餘詞一卷　（清）姚述元撰　黃花翠竹池館詞（黃花翠竹池舘詞）一卷　（清）蔣敦復撰　碧桃仙館詞錄一卷　（清）趙我佩撰　清宣統元年（1909）楊世沅抄本　一冊　李1028

開本29.1厘米×18.3厘米；半葉九行，行二十三字。《黃花翠竹池舘詞》卷首題：芬陀利室詞集。批校題跋：楊世沅跋、李一氓校并跋、李一氓過錄陸心源跋。鈐印：楊世沅印、蘅皋、芝湘手錄、世沅長壽、江甯勾容人、碧桃居、鷺與借人爲不肖、野莽、無是樓、一氓五十、一氓讀書、擊楫詞翰、桃花源裏、無是樓藏書、成都李一氓、李一氓五十後所得、一氓搜藏詞書種種/一九七七年記。

漢南春柳詞鈔一卷　（清）龍啓瑞撰　瘦春詞鈔一卷　（清）王拯撰　雪波詞鈔一卷　（清）蘇汝謙撰　清咸豐四年（1854）臨桂唐氏涵通樓刻本　一冊　李0789

開本26.2厘米×15.7厘米，版框20.3厘米×13.7厘米；左右雙邊，上下黑口，單黑魚尾；半葉十行，行二十五字。牌記：咸豐四年/臨桂唐氏/涵通樓栞。批校題跋：李一氓題簽（粵西叁家詞鈔/臨桂唐氏栞本）、李一氓題記。鈐印：李一氓、一氓所藏、一氓搜藏詞書種種/一九七七年記。

湘雨樓詞鈔一卷　（清）張祖同著　桐花閣詞鈔一卷　（清）杜貴墀著　清刻本　一冊　李1419

開本24.2厘米×14.9厘米，版框16.9厘米×13.2厘米；四周雙邊，單黑魚尾；半葉十三行，行二十二字。鈐印：擊楫、李一氓、一氓所藏。

集部

亦雲詞（甲午稿）一卷 （清）余一鼇撰 惜春詞一卷 （□）□□撰 稿本一冊 李0060

開本26.3厘米×16.8厘米。《亦雲詞》半葉十行，行二十三字。《惜春詞》半葉八行，行二十四字。批校題跋：余夢齡、俞福年等倚聲，李一氓題記。鈐印：余一鼇、扯淡、心禪、西溪舊主、滄海一粟、鳥鳴花放、閒愛孤雲靜愛僧、記當日門掩梨花剪燈深夜語、達士襟懷神仙風骨英雄肝膽菩薩心腸、李一氓、一氓七十、濯錦江邊、一氓搜藏詞書種種／一九七七年記、北京圖書館藏。按：書中附陳星涵、鄒弢、張瑩等致余一鼇函。

同人詞選九種 （清）孫瀜輯 清咸豐三年（1853）刻本 二冊 存六種 李1066 李1071

子目：炙硯詞一卷 （清）胡咸臨著 ‖ 東虹草堂詞一卷 （清）陸豫著 ‖ 沿波舫詞一卷 （清）王慶勳著 ‖ 倚竹齋詞草一卷 （清）丁瀛填 ‖ 枝安山房詞草一卷 （清）李曾裕撰 ‖ 瓣月樓詞稿（瓣月樓詞槀）一卷 （清）孫瀜撰

開本23.9厘米×15厘米，版框不等；半葉十行，行二十一字。《倚竹齋詞草》卷端著者名題"古婁丁瀛步洲"六字。序跋：孫瀜序。批校題跋：茅盾題簽（同人詞選／三家／茅盾題）、李一氓題記。鈐印：擘楮、李一氓、一氓所藏、無是樓藏書、成都李一氓、一氓搜藏詞書種種／一九七七年記。

同人詞選九種 （清）孫瀜輯 清咸豐三年（1853）刻本 二冊 李1067

子目：炙硯詞一卷 （清）胡咸臨著 ‖ 琴隱園詞稿（琴隱園詞槀）一卷 （清）湯貽汾著 ‖ 東虹草堂詞一卷 （清）陸豫著 ‖ 聽松濤館詞稿一卷 （清）秦兆蘭著 ‖ 枝安山房詞草一卷 （清）李曾裕著 ‖ 沿波舫詞一卷 （清）王慶勳著 ‖ 西湖艣唱詞一卷 （清）薛時雨著 ‖ 倚竹齋詞草一卷 （清）丁瀛著 ‖ 瓣月樓詞稿（瓣月樓詞槀）一卷 （清）孫瀜撰

開本23厘米×14.8厘米，版框不等；半葉十行，行二十一字。書根處標有1、2、3、4。《倚竹齋詞草》卷端著者名題"古婁丁瀛步洲學塡"八字。批校題跋：黃裳跋。鈐印：木雁齋、容家書庫、黃裳百嘉、黃裳壬辰以後所得、黃裳容氏珍藏圖籍、上海圖書館藏、上海圖書館退還圖書章、李一氓、無是樓、一氓所藏、濯錦江邊、七十又八、一氓搜藏詞書種種/一九七七年記。

侯鯖詞五種　（清）吳唐林輯　清光緒十一年（1885）杭州刻本　一冊　存三種　李1073

子目：窺生鐵齋詞一卷　（清）宗山撰‖劍虹庵詞（劍虹盦詞）一卷（清）邊保樞撰‖橫山草堂詞一卷　（清）吳唐林撰

開本23.9厘米×15.1厘米，版框17.2厘米×11.9厘米；左右雙邊；半葉九行，行二十一字。牌記：光緒十又一年八月刻於杭州。鈐印：曾藏袁文藪家、擊楫、無是樓藏書、成都李一氓、一氓搜藏詞書種種/一九七七年記。

蕙雪詞四卷　（清）張絢著　夢龕詞一卷　（清）張修府著　（清）張絢校錄　清光緒十一年（1885）貴陽刻本　二冊　李0457

開本25厘米×15.3厘米，版框16.6厘米×12.1厘米；四周單邊，上下黑口，單黑魚尾；半葉十一行，行二十二字，小字雙行同。內封鐫：蕙雪詞/光緒乙酉夏五月貴陽鋟版。書耳內鐫字數。序跋：張絢序。鈐印：曾藏袁文藪家、落落難合、李（押）、擊楫、一氓所藏、李一氓印、無是樓藏書、一氓搜藏詞書種種/一九七七年記。

薇省同聲集四種　（清）彭鑾輯　清光緒十六年（1890）刻本　一冊　李0880

子目：碧瀣詞二卷　（清）端木埰著‖獨絃詞一卷　（清）許玉瑑著‖袖墨詞一卷　（清）王鵬運著‖新鶯詞一卷　（清）況周儀著

開本22.6厘米×14.3厘米，版框14.2厘米×10.9厘米；左右雙邊；半葉十行，行二十字。序跋：端木埰、彭鑾序。鈐印：曙雯樓、鄭齋詞藏、李（押）、擊楫、李一氓、無是樓藏書、一氓搜藏詞書種種/一九七七年記。

揖竹詞館詞草一卷　（清）黃文瀚撰　（清）黃文琛編次　（清）黃承慶等校印　酒癡吟草一卷　（清）黃文珪撰　民國八年（1919）鉛印本　一册
李0503

開本25.6厘米×15.3厘米，版框17.5厘米×12.8厘米；四周雙邊，單黑魚尾；半葉九行，行二十二字，小字雙行同。內封印：己未孟夏初吉校印。序跋：黃式權、沈祥龍序。鈐印：一氓所藏、一氓搜藏詞書種種/一九七七年記。

茶夢庵爐餘詞（茶夢盦爐餘詞）一卷　茶夢庵劫後稿（茶夢盦刼後藁）一卷　（清）高望曾撰　寫麋樓遺詞一卷　（清）陳嘉撰　清同治九年（1870）福州刻本　一册　李0378

開本23.5厘米×15.8厘米，版框19.6厘米×14.3厘米；四周雙邊，對黑魚尾；半葉十二行，行二十四字。牌記：同治庚午刻於福州。鈐印：曾藏袁文藪家、擊楫、李一氓、無是樓藏書、一氓搜藏詞書種種/一九七七年記。

鷺音集二卷　孫德謙輯　民國七年（1918）四益宧鉛印本　一册
李1146

子目：彊村樂府（彊邨樂府）一卷　（清）朱孝臧撰‖蕙風琴趣一卷　（清）況周頤撰

開本25.2厘米×15.1厘米，版框15.4厘米×11厘米；左右雙邊，上下黑口，對黑魚尾；半葉十行，行二十字。內封印：四益宧刊。序跋：孫德謙序。批校題跋：李一氓題（林鐵尊藏過）。鈐印：林鵯翔氏、鵯翔、鐵尊、無是樓、一氓所藏、成都李一氓、無是樓藏書、一氓搜藏詞書種種/一九七七年記。

143

清季四家詞四種　薛志澤輯　白敦仁　路彥惇校字　民國成都薛崇禮堂校刻本　四册　李1082

　　子目：半塘定稿一卷　（清）王鵬運撰‖樵風樂府二卷　（清）鄭文焯撰‖蕙風詞二卷　（清）況周頤撰‖彊村語業（彊邨語業）三卷　（清）朱孝臧撰

　　開本26.8厘米×16.2厘米，版框17.5厘米×12.3厘米；左右雙邊，上下黑口，對黑魚尾；半葉十一行，行二十三字，小字雙行同。牌記：乙丑仲秋成都薛崇禮堂校刊、丁亥秋成都薛崇禮堂刊、戊子冬成都薛崇禮堂刊、著雍困敦之歲成都薛氏崇禮堂校梓。序跋：張爾田、路朝鑾、朱祖謀、鍾德祥、易順鼎、俞樾、陳銳序，龍沐勛、趙尊嶽跋。鈐印：李一氓、無是樓、一氓所藏、一氓讀書、桃花源裏、無是樓藏書、鹽叢魚凫之人。

珍硯齋詞鈔四卷　（清）錢學戀著　璞玉館詞鈔一卷　（清）丁崇基著　清同治刻本　二册　李0590　李1437

　　開本20.6厘米×12.8厘米，版框17.5厘米×11.5厘米；左右雙邊，單黑魚尾；半葉九行，行二十一字。序跋：劉大鎬序。批校題跋：李一氓題記。鈐印：叔瑭長壽、王珽字曰叔晉藏書印、擊楫、李一町、一氓所藏、一氓七十、一氓讀書、無是樓藏書、一氓搜藏詞書種種／一九七七年記。

江山萬里樓詞鈔四卷　楊圻撰　飲露詞一卷　李道清撰　民國十五年（1926）中華書局鉛印本　一册　李0464

　　開本26厘米×16.6厘米，版框17.5厘米×11.6厘米；四周單邊，無界行；半葉十一行，行二十三字。序跋：康有爲、何震彝序。批校題跋：李一氓題記。鈐印：一氓所藏、七十又八、一氓搜藏詞書種種／一九七七年記。

石工寫詞四種　壽璽選　民國壽璽抄本　一册　李0894

　　子目：癸叔近詞不分卷　（清）周岸登著‖大鶴詞錄不分卷　（清）鄭文焯著‖二雲詞不分卷　（清）況周頤著‖陳伯弢詞不分卷　（清）陳伯弢著

　　開本18.7厘米×12.4厘米；半葉八行，行字不等。版心下方印：官紙局。批校題跋：李一氓題記。鈐印：石工寫詞、石工所書、還有、七十又八、一氓七十、濯錦江邊、存在第一、成都李一氓、一氓搜藏詞書種種／一九七七年記。

題襟集八種　（清）翁之潤輯　清光緒二十四年（1898）宣南刻本　一册　李1059

　　子目：鐵笛詞一卷　（清）黄彝凱撰‖酒痕詞一卷　（清）張百寬撰‖雲瓿詞一卷　（清）曹元忠撰‖長毋相忘室詞一卷　（清）張鴻撰‖濌碧詞一卷　（清）王景沂撰‖玉龍詞一卷　（清）楊朝慶撰‖盉山舊館詞一卷（清）章華撰‖桃花春水詞一卷　（清）翁之潤撰

　　開本22.7厘米×14.2厘米，版框12.8厘米×9.8厘米；四周單邊，單黑魚尾；半葉八行，行十八字。牌記：光緒戊戌季冬棨於宣南。鈐印：文藪書畫、曾藏袁文藪家、李（押）、擊楫、李一氓、無是樓藏書、一氓搜藏詞書種種／一九七七年記。

墨巢叢刻□□種　李宣龔輯　民國二十四年（1935）鉛印本　一册　存兩種　李0682

　　子目：雙辛夷樓詞一卷　（清）李宗褘著‖花影吹笙室詞一卷（清）李慎溶著

　　開本23.8厘米×13.6厘米，版框14厘米×9厘米；左右雙邊，上下黑口，單黑魚尾；半葉九行，行十八字。版心下印：墨巢叢刻。序跋：林紓、張鳴珂、李宗言序。鈐印：李（押）、擊楫、李一氓、一氓所藏、無是樓藏書、一氓搜藏詞書種種／一九七七年記。

寄漚詞稿一卷　（清）丁立棠撰　止厂詞鈔一卷　（清）楊世沅撰　民國抄本　一冊　李1079

　　開本28.4厘米×16.4厘米；半葉八行，行字不等。批校題跋：李一氓題記。鈐印：少卿、一氓讀書、擘楮詞翰、一氓搜藏詞書種種／一九七七年記。

梅景書屋詞集二種　吳湖帆　潘靜淑著　民國二十八年（1939）吳氏四歐堂鉛印本　一冊　李0417

　　子目：佞宋集一卷　吳湖帆著 ‖ 綠草集一卷　潘靜淑著

　　開本23.8厘米×13.8厘米，版框15.6厘米×9.7厘米；四周單邊，下黑口，單黑魚尾；半葉八行，行二十字，小字雙行同。內封印：佞宋集／綠草集／梅景書屋詞集／己卯夏吳氏四歐堂印行。序跋：王謇序、吳湖帆跋。鈐印：擘楮、李一氓、一氓所藏、無是樓藏書、一氓搜藏詞書種種／一九七七年記。

佞宋詞痕五卷外篇和小山詞一卷　吳湖帆著　綠草集一卷　潘靜淑著　1953年吳湖帆梅景書屋石印本　一冊　李0213

　　開本28.5厘米×17.7厘米，版框15.3厘米×11.2厘米；左右雙邊，上黑口，對黑魚尾；半葉十行，行二十一字，小字雙行同。牌記：吳氏某景書屋癸巳年印。版心下印：吳／梅景書屋。序跋：冒廣生、葉恭綽、汪東序，冒效魯跋。批校題跋：章士釗題簽。鈐印：一氓所藏、無是樓藏書、一氓搜藏詞書種種／一九七七年記。

瑤瑟餘音一卷　樓巍撰　畫眉詞一卷　張敬熙撰　民國二十一年（1932）鉛印本　一冊　李0446

　　開本25.7厘米×15.3厘米，版框15.5厘米×11.7厘米；四周雙邊，下黑口，單黑魚尾；半葉十一行，行二十字。內封印：樓幼靜張穆生詩詞合稿。序跋：何曼佛序。鈐印：一氓所藏、一氓搜藏詞書種種／一九七七年記。

雍園詞鈔不分卷　楊公庶輯　民國三十五年（1946）鉛印本　一冊　李1148

　　開本21厘米×13.3厘米，版框15.6厘米×9.6厘米；四周單邊；半葉十行，行三十字。序跋：楊公庶序、樂曼雍跋。鈐印：一氓所藏、成都李一氓、一氓搜藏詞書種種／一九七七年記。

曉珠詞四卷　呂碧城著　惠如長短句一卷　呂惠如著　民國二十六年（1937）鉛印本　一冊　李0360

　　開本22.4厘米×14.4厘米，版框15.8厘米×11.1厘米；四周單邊；半葉十行，行三十一字，小字雙行同。序跋：呂碧城跋。批校題跋：封面題（曉珠詞／四卷合刊／附惠如長短句）。鈐印：風雨龍吟室、擊楫、無是樓藏書、人比黃花瘦。

鏤塵詞一卷　王易撰　倚柱詞一卷　王浩撰　民國元年（1912）河南大豫石印局石印本　一冊　李0426

　　開本22.5厘米×14.3厘米，版框19.2厘米×11.1厘米；四周單邊；半葉十二行，行二十六字。內封印：靈明室詞甲稿／壬子秋日石印／河南大豫石印局印。鈐印：胡先驌印、擊楫、一氓所藏、無是樓藏書、一氓搜藏詞書種種／一九七七年記。

滄江樂府七種　錢溯耆輯　民國五年（1916）刻本　一冊　存四種　李1069

　　子目：碧梧秋館詞鈔（苕翠詞）一卷　（清）沈穆孫撰‖墨壽閣詞鈔（蘭笑詞）一卷　（清）汪承慶撰‖尺雲樓詞鈔（搴紅詞）一卷　（清）陳升撰‖紫芳心館詞（襇雲詞）一卷　（清）錢恩榮撰

　　開本24厘米×15.1厘米，版框16.6厘米×11.9厘米；左右雙邊，單黑魚尾；半葉十行，行二十一字。序跋：朱燾序。鈐印：曾藏袁文藪家、擊楫、一氓所藏、無是樓藏書、一氓搜藏詞書種種／一九七七年記。

北湖三家詞鈔九種附一種 （清）吳康等輯 清嘉慶十五年（1810）白茆草堂刻本 二冊 李0280

子目：甕吟一卷 （明）徐石麒著 ‖ 且謠一卷 （明）徐石麒著 ‖ 美人詞一卷 （明）徐石麒著 ‖ 詩餘繡閒集一卷 （清）徐元端譔 ‖ 霞汀詩餘一卷 （清）羅煜著 ‖ 春雨詞一卷 （清）范荃著 ‖ 秋吟（秋唫）一卷 （清）范荃著 ‖ 秋花雜詠一卷 （清）范荃著 ‖ 柳塘寱語一卷 （清）范荃著 ‖ 今之石湖詞一卷 （清）范荃著

開本25.2厘米×16厘米，版框18.4厘米×12.9厘米；左右雙邊，單黑魚尾；半葉九行，行二十一字。版心下方鐫：白茆草堂。序跋：吳康序。批校題跋：孫龍父題簽（北湖三家詞鈔/一氓藏/龍斧題）。鈐印：心迹喜雙清、龍父、李一氓、無是樓、一氓所藏、一氓六十、一氓讀書、鹽叢魚鳧之人。

瑶碧詞一卷 （清）陳彬華撰 蘭素詞一卷 （清）沈彦曾著 秋綠詞一卷 （清）吳嘉洤著 湘弦別譜（湘弦別誂）一卷 （清）朱綬著 清道光刻本 一冊 李0882

開本22.8厘米×14.9厘米，版框17.4厘米×13.5厘米；左右雙邊，單黑魚尾；半葉十二行，行二十三字。批校題跋：李一氓題簽（長洲七家詞存四種/瑶碧詞/蘭素詞/秋綠詞/湘絃別譜/五七年初春書耑）。鈐印：俞吾生、曾藏袁文藪家、無是樓、一氓讀書、成都李一氓、無是樓藏書、一氓搜藏詞書種種/一九七七年記。

同聲集六種 （清）張曜孫輯 （清）張曜孫 （清）王鴻校刊 清道光二十四年（1844）刻本 一冊 存兩種 李0287

子目：塔影樓詞（墖影樓詞）一卷 （清）吳廷鉁撰 ‖ 鹿門詞一卷 （清）王曦撰

開本23.6厘米×15厘米，版框16.8厘米×13.3厘米；左右雙邊，單黑魚尾；半葉十行，行二十一字。首卷卷端鐫：陽湖張曜孫仲遠/長洲王鴻子梅/校刊。序跋：張曜孫序。批校題跋：黃裳跋。鈐印：擊楫。

集部

同聲集六種　（清）張曜孫輯　（清）張曜孫　（清）王鴻校刊　清道光二十四年（1844）刻本　二册　李0282

　　子目：塔影樓詞（墖影樓詞）一卷　（清）吳廷鉁撰‖鹿門詞一卷（清）王曦著‖玉淦詞一卷　（清）潘曾瑋撰‖聽雨詞一卷　（清）汪士進撰‖桐華仙館詞一卷　（清）王憲成撰‖海南歸權詞一卷　（清）劉耀椿撰

　　開本24厘米×15.8厘米，版框17厘米×13.2厘米；左右雙邊，單黑魚尾；半葉十行，行二十一字。與李0287、李0289屬同一版本，但首卷卷端無"陽湖張曜孫仲遠／長洲王鴻子梅／校刊"數字。序跋：張曜孫序。批校題跋：黃裳跋。鈐印：來燕榭藏舊本詩餘戲曲、黃裳小雁、上海圖書館藏、上海圖書館退還圖書章、李一氓、一氓所藏、濯錦江邊、一氓七十又七、一氓搜藏詞書種種／一九七七年記。

同聲集六種　（清）張曜孫輯　（清）張曜孫　（清）王鴻校刊　清道光二十四年（1844）刻本　一册　缺一種（海南歸權詞）　李0289

　　子目：塔影樓詞（墖影樓詞）一卷　（清）吳廷鉁撰‖鹿門詞二卷（清）王曦著‖玉淦詞一卷　（清）潘曾瑋撰‖聽雨詞一卷　（清）汪士進撰‖桐華仙館詞一卷　（清）王憲成撰

　　開本23.2厘米×15.6厘米，版框17厘米×13.1厘米；左右雙邊，單黑魚尾；半葉十行，行二十一字。與李0282、李0287屬同一版本，但首卷卷端無"陽湖張曜孫仲遠／長洲王鴻子梅／校刊"數字。序跋：張曜孫序。鈐印：長州張氏儀許廬藏書。

夢春廬詞一卷　（清）李貽德撰　早花集一卷　（清）吳筠撰　清同治六年（1867）刻本　一册　李0777

　　開本23.6厘米×15.8厘米，版框19.6厘米×13.2厘米；左右雙邊，單黑魚尾；半葉十行，行二十五字。牌記：同治六年夏五月刊／莫友芝檢。序跋：朱蘭序、李文杏跋。鈐印：擊楫、一氓所藏、無是樓藏書、一氓搜藏詞書種種／一九七七年記。

149

三家詞錄三種　趙少芬輯　民國十年（1921）鉛印本　一冊　李0852

　　子目：倚樓詞一卷　（清）趙植庭撰‖曼香書屋詞一卷　（清）呂儁孫撰‖句婁詞一卷　（清）方愷撰

　　開本21.9厘米×14厘米，版框17厘米×11.2厘米；四周雙邊，單黑魚尾；半葉九行，行二十字。序跋：金武祥序。鈐印：擎楷、李一氓、一氓五十、無是樓藏書、一氓搜藏詞書種種／一九七七年記。

浙西六家詞六種　（清）龔翔麟編　清康熙十八年（1679）錢塘龔氏玉玲瓏閣刻乾隆寶書堂印本　六冊　李0729

　　子目：江湖載酒集三卷　（清）朱彝尊著‖秋錦山房詞一卷　（清）李良年著‖柘西精舍詞一卷　（清）沈暤日著‖耒邊詞二卷　（清）李符著‖黑蝶齋詞一卷　（清）沈岸登著‖紅藕莊詞三卷　（清）龔翔麟著

　　開本24.8厘米×15.9厘米，版框16.9厘米×12.9厘米；左右雙邊；半葉十行，行二十字。內封鐫：浙西六家詞／寶書堂藏板。序跋：陳維崧、李符等序。批校題跋：沙孟海題簽（浙西六家詞／鄞沙孟海署檢）、李一氓題記。鈐印：擎樴、李一氓印、無是樓藏書、李一氓五十後所得、一氓搜藏詞書種種／一九七七年記。

安徽清代名家詞十一種　安徽叢書編印處輯　民國影印本　六冊　存九種　李1081

　　子目：佩蘅詞一卷補遺一卷　（清）金泰撰‖竹鄰遺稿一卷　（清）金式玉撰‖讀雪軒詞一卷　（清）孫承勳撰‖求是堂詩餘一卷　（清）胡承珙撰‖伊蒿室詩餘一卷　（清）王效成撰‖百萼紅詞兩卷　（清）吳鼒倚聲‖聽弈軒小稿三卷　（清）方成培撰‖練溪漁唱二卷　（清）江昉撰‖銀藤花館詞四卷　（清）戴延介撰

　　開本19.1厘米×12.3厘米，版框14.2厘米×9.8厘米；左右雙邊，上下黑口；半葉十一行，行二十字。序跋：邊浴禮引。批校題跋：李一氓題記。鈐印：一氓七十、一氓搜藏詞書種種／一九七七年記。

壽香社詞鈔八種　林心恪輯　民國三十一年（1942）林心恪刻本　一冊　李1150

　　子目：琴寄室詞一卷　王德愔撰‖蕙愔閣詞一卷　劉蘅撰‖晴賞樓詞一卷　何曦撰‖小嬾真室詞一卷　薛念娟撰‖浣桐書室詞一卷　張蘇錚撰‖延暉樓詞一卷　施秉莊撰‖竹韻軒詞一卷　葉可義撰‖道真室詞一卷　王真撰

　　開本25.2厘米×15.1厘米，版框16.3厘米×12厘米；四周雙邊，單黑魚尾；半葉十行，行十七字。牌記：壬午重九開雕冬十二月出版。序跋：何振岱引。鈐印：無是樓、一氓所藏、一氓七十、一氓搜藏詞書種種／一九七七年記。

楚四家詞四種　（清）唐樹義編　清道光十五年（1835）刻本　一冊　李1065

　　子目：雲中集一卷　（清）劉淳著‖角山集一卷　（清）張其英著‖子壽集一卷　（清）王柏心著‖黃樓集三卷　（清）蔡儁著

　　開本25.7厘米×16厘米，版框17.6厘米×14厘米；左右雙邊，單黑魚尾；半葉十一行，行二十四字，小字雙行同。批校題跋：李一氓題記。鈐印：擎楫、李一氓、一氓所藏、擎楫詞人、一氓六十、無是樓藏書、一氓搜藏詞書種種／一九七七年記。

詩餘偶鈔六種　（清）王先謙輯　清光緒十六年（1890）長沙王氏刻本　二冊　李0881

　　子目：蒼筤詞鈔一卷　（清）孫鼎臣著‖思益堂詞鈔一卷　（清）周壽昌著‖擣塵集詞鈔一卷　（清）李洽著‖湘綺樓詞鈔一卷　（清）王闓運著‖湘雨樓詞鈔一卷　（清）張祖同著‖桐花閣詞鈔一卷　（清）杜貴墀著

　　開本24.2厘米×14.9厘米，版框17厘米×13.2厘米；左右雙邊，單黑魚尾；半葉十三行，行二十二字。牌記：光緒庚寅仲春月長沙王氏棨。序跋：王先謙序。批校題跋：李一氓題簽（詩餘偶鈔／湖南六家詞）。鈐印：擊楖、李一氓、一氓所藏、無是樓藏書、一氓搜藏詞書種種／一九七七年記。

粵東三家詞鈔三種　（清）譚獻輯　清光緒二十一年（1895）刻本　一冊
李0883

子目：楞華室詞一卷　（清）沈世良著‖隨山館詞一卷　（清）汪瑔著‖秋夢盦詞一卷　（清）葉衍蘭著

開本24.4厘米×15.9厘米，版框15.4厘米×11厘米；四周雙邊，對黑魚尾；半葉九行，行二十一字。牌記：光緒乙未仲秋之月開雕。序跋：張景祁、譚獻序。批校題跋：黃苗子題簽（粵東三家詞鈔／中山黃苗子署簽）。鈐印：李一氓、無是樓、一氓所藏、一氓讀書、一氓搜藏詞書種種／一九七七年記。

黔南叢書第四集十六種　任可澄等輯　文宗潞校字　民國二十五年（1936）貴陽文通書局鉛印本　十冊　李0630

子目：春蕪詞三卷　（清）江闓著‖夢硯齋詞一卷　（清）唐樹義著‖香草詞五卷附五卷　（清）陳鍾祥著‖飣餖吟詞一卷　（清）石贊清著‖海粟樓詞一卷　（清）章永康著‖影山詞二卷附一卷　（清）莫友芝著‖青田山廬詞一卷　（清）莫庭芝著‖菣煙亭詞四卷　（清）黎兆勳著‖琴洲詞二卷　（清）黎庶燾著‖雪鴻詞二卷　（清）黎庶蕃著‖枯桐閣詞二卷（清）張鴻續著‖姑聽軒詞一卷　（清）劉藻著‖師古堂詞一卷　（清）傅衡著‖夢悔樓詞一卷　（清）趙懿著‖牟珠詞一卷　（清）鄧維琪著‖弗堂詞二卷附二卷　（清）姚華著

開本18.7厘米×12.5厘米，版框12.7厘米×10.1厘米；四周單邊，下黑口，單黑魚尾；半葉九行，行二十一字。版心下方印：黔南叢書／貴陽文通書局代印。序跋：曹經沅序。批校題跋：由雲龍跋。鈐印：夒棐、李一氓、一氓所藏、李一氓五十後所得、一氓搜藏詞書種種／一九七七年記。

棣華樂府三種　（清）盛熙祚輯　清乾隆二年（1737）脩紀堂刻本　四册　李1095

子目：梨雨選聲二卷　（清）盛楓著 ‖ 稼村填詞二卷　（清）盛禾著 ‖ 滴露堂小品二卷　（清）盛本柟著

開本25.2厘米×16.1厘米，版框19.2厘米×14厘米；四周雙邊，單黑魚尾；半葉九行，行二十一字。序跋：桑調元、卓允基、盛熙祚序，侯嘉繙跋。鈐印：子脩、野莽、擊槐、無是樓、李一氓印、一氓所藏、一氓七十、桃花源裏、無是樓藏書、李一氓五十後所得、一氓搜藏詞書種種／一九七七年記。

湘繭合稿（湘繭合藳）五卷　（清）宗廷輔輯　清光緒六年（1880）常熟宗氏刻本　一册　李0976

子目：繡餘詞草一卷　（清）錢念生著 ‖ 夢湘樓詞稿一卷詩稿二卷　（清）宗婉著 ‖ 繭香館吟草（繭香館唫草）一卷　（清）宗粲著

開本24.3厘米×15.3厘米，版框17.4厘米×12.7厘米；左右雙邊，上下黑口，單黑魚尾；半葉十行，行二十二字。序跋：翁同龢、宗廷輔序。批校題跋：李一氓題記。鈐印：李一氓、無是樓、人比黃花瘦、一氓搜藏詞書種種／一九七七年記。

黎氏三家詩詞二十五卷　（清）黎庶昌輯　清光緒十四年至十五年（1888—1889）黎庶昌日本使署刻本　五册　李1404

子目：侍雪堂詩鈔六卷　（清）黎兆勳著 ‖ 葑煙亭詞四卷　（清）黎兆勳著 ‖ 慕耕草堂詩鈔四卷　（清）黎庶燾著 ‖ 琴洲詞二卷　（清）黎庶燾著 ‖ 椒園詩鈔七卷　（清）黎庶蕃著 ‖ 雪鴻詞二卷　（清）黎庶蕃著

開本26.3厘米×17.2厘米，版框17.4厘米×12.5厘米；左右雙邊，單黑魚尾；半葉十行，行二十一字。牌記：光緒己丑春日刊於日本使署、光緒戊子秋日刊於日本使署。書尾鐫：日本東京田埜邨錦四郎木邨嘉平刻。序跋：黎庶燾、龔昌運、黎庶蕃、莫友芝、莫祥芝、方濬頤、勒方錡等序。鈐印：擊檝、李一氓、一氓所藏、無是樓藏書、一氓搜藏詞書種種／一九七七年記。

徐氏一家詞四種　（清）徐琪編　清光緒三十四年（1908）刻本　三冊　存三種　李1072

　　子目：玉可庵詞存（玉可盦詞存）一卷詞補一卷　（清）徐琪稿（清）張鴻辰書‖蒼葍花館詞一卷補遺一卷　（清）徐鴻謨撰‖蓮因室詞一卷詞補一卷　（清）鄭蘭孫撰

　　開本25.6厘米×14.3厘米，版框12厘米×9厘米；四周單邊，單黑魚尾，無界行；半葉八行，行十七字。序跋：俞樾、李慈銘、金保福序。鈐印：無是樓、李一氓、一氓所藏、一氓七十、鹽叢魚鳧之人、一氓搜藏詞書種種／一九七七年記、北京圖書館藏。

廣川詞錄十種　董康輯　民國三十年（1941）毗陵董氏宣南刻本（美濃紙印）　八冊　李1147

　　子目：蒼梧詞十二卷　（清）董元愷撰　（清）王士禎評　（清）陳玉璂閱‖玉鳧詞二卷　（清）董俞撰　（清）王士禄等評‖蓉渡詞三卷　（清）董以寧撰　（清）王士禎等選‖漱花詞一卷　（清）董潮撰‖玉椒詞一卷（清）董基誠撰‖蘭石詞一卷　（清）董祐誠撰‖齊物論齋詞一卷　（清）董士錫撰‖蛻學齋詞二卷　（清）董毅撰‖碧雲詞一卷　董受祺撰‖課花庵詞（課花盦詞）一卷　董康撰

　　開本25.5厘米×16.6厘米，版式不一。牌記：歲次辛巳仲春／毗陵董氏校刊。序跋：趙尊嶽、陳維崧、陳玉璂、尤侗序，董元名跋。批校題跋：李一氓題記。鈐印：毗陵董氏梓於宣南、課華庵、瑩如、妾池玉、花好月圓人壽、李（押）、擊檝、李一氓、李一氓印、一氓所藏、一氓六十、成都李一氓、無是樓藏書、一氓搜藏詞書種種／一九七七年記。

集部

- **別集之屬**（唐五代、宋、金、元、明、清以下）

韋莊詞注一卷 （五代）韋莊著　胡鳴盛注　民國十二年（1923）蓮豐草堂石印本　一冊　李1005

　　開本 23.6 厘米×13.9 厘米，版框 16.8 厘米×11.1 厘米；四周雙邊，單黑魚尾；半葉十行，行二十四字。版心下方印：蓮豐艸堂。序跋：胡鳴盛序。鈐印：擎楫、李一氓、一氓所藏、無是樓藏書、一氓搜藏詞書種種/一九七七年記。

陽春集一卷 （五代）馮延巳撰　清光緒三十三年（1907）王國維抄本　一冊　李1006

　　開本 27.1 厘米×15.5 厘米；半葉八行，行二十字。序跋：陳世脩序。批校題跋：唐圭璋題簽（陽春集/王靜安手鈔本/一氓藏/圭璋題簽）、李一氓題簽（陽春集/王靜安手鈔本）、王國維跋。鈐印：唐圭璋、擎楫、李一氓、李一氓、無是樓、一氓讀書、一氓五十、桃花源裏、無所住齋、一氓搜藏詞書種種/一九七七年記。

南唐二主詞一卷 （五代）李璟　（五代）李煜撰　（明）譚爾進校　民國二十三年（1934）北平來薰閣影印明萬曆四十八年（1620）墨華齋刻本　一冊　李0957

　　開本 23.6 厘米×13.9 厘米，版框 17.8 厘米×11.7 厘米；四周雙邊，單白魚尾；半葉七行，行十六字。序跋：譚爾進序。批校題跋：李一氓題簽（南唐二主詞/影萬曆本）。鈐印：袁氏歸仁堂藏書之印、擎楫、李一氓、一氓所藏、無是樓藏書、一氓搜藏詞書種種/一九七七年記。

南唐二主詞箋一卷 （五代）李璟　（五代）李煜撰　（清）劉繼增校箋　補遺一卷　（清）劉繼增校補　民國七年（1918）無錫縣公立圖書館鉛印本（藍印）　一冊　李0958

　　開本 25.7 厘米×15.4 厘米，版框 17 厘米×12.2 厘米；四周單邊，單藍魚尾；半葉十行，行二十二字。版心下方印：無錫縣圖書館。序跋：劉繼增序。批校題跋：封面題（南唐二主詞箋/曬印本）、李一氓題記。鈐印：還有、一氓所藏、七十又八、一氓搜藏詞書種種/一九七七年記。

樂章集三卷　（宋）柳永撰　朱祖謀影宋抄本　一冊　李1007

開本26.5厘米×17.2厘米，版框14.3厘米×10.2厘米；左右雙邊，上下黑口，順黑魚尾；半葉八行，行十八字。批校題跋：唐圭璋題簽（樂章集/酒邊集/朱彊村藏影宋鈔本/一氓珍藏/圭璋題）。鈐印：彊邨藏書、烏程蔣祖詒藏、擊檝、李一氓、李一氓印、無是樓藏書、成都李氏收藏故籍、一氓搜藏詞書種種/一九七七年記。按：書中附剪報（何芳洲《關於柳永及樂章集》）。

東坡樂府二卷　（宋）蘇軾撰　1957年上海古典文學出版社影印元延祐刻本　一冊　李1014

開本20.3厘米×14厘米，版框13.9厘米×9.1厘米；左右雙邊，對黑魚尾；半葉十行，行十八字。序跋：黃丕烈識、趙萬里跋。批校題跋：李一氓題記。鈐印：無是樓、李一氓、一氓所藏、蠹叢魚鳧之人、一氓搜藏詞書種種/一九七七年記。

東坡樂府二卷　（宋）蘇軾撰　1959年中華書局影印元延祐七年（1320）刻本　二冊　李0931

開本33厘米×21.6厘米，版框19.2厘米×12.3厘米；左右雙邊，對黑魚尾；半葉十行，行十八字。鈐印：無是樓、一氓所藏、一氓搜藏詞書種種/一九七七年記。按：書中附剪報（陳志憲《論蘇軾詞與北宋詞壇》）。

東坡樂府箋三卷　（宋）蘇軾撰　（清）朱祖謀編年圈點　龍榆生校箋　1958年上海商務印書館鉛印本　二冊　李0932

開本20.1厘米×13.7厘米，版框15.5厘米×11.4厘米；四周雙邊，

單黑魚尾；半葉十二行，行三十一字。序跋：龍榆生、夏敬觀、夏承燾序。鈐印：一氓所藏、一氓搜藏詞書種種/一九七七年記。

小山詞鈔一卷補鈔一卷 （宋）晏幾道撰 清光緒十一年（1885）揚州刻本 一冊 李1012

開本22.1厘米×14.8厘米，版框14.6厘米×10.5厘米；左右雙邊，單黑魚尾；半葉十行，行二十字。牌記：光緒乙酉中秋月重刻於揚州。鈐印：李一氓、李一甿、一氓六十、無是樓藏書、一氓搜藏詞書種種/一九七七年記。

演山先生詞二卷 （宋）黃裳撰 清四印齋抄本 一冊 李0933

開本25.9厘米×18.3厘米；半葉十行，行二十一字。卷端題名下題"小山堂鈔本"。批校題跋：李一氓題簽（演山詞/四印齋鈔本）。鈐印：半塘、四印齋、李一氓、一氓所藏、一氓搜藏詞書種種/一九七七年記。

豫章黃先生詞一卷 （宋）黃庭堅撰 1957年上海中華書局鉛印蘇門四學士詞本 一冊 李0934

開本18.5厘米×13厘米。鈐印：無是樓藏書、一氓搜藏詞書種種/一九七七年記。

淮海居士長短句三卷 （宋）秦觀撰 民國十九年（1930）北平故宮博物院圖書館影印宋刻本 一冊 李0935

開本26厘米×16.8厘米，版框20.3厘米×14.6厘米；左右雙邊，單黑魚尾；半葉十行，行二十一字。版心下方鐫刻工：劉仁、劉文、趙通等。批校題跋：李一氓題簽（淮海居士長短句/宋本影印）。鈐印：李一氓、一氓所藏、桃花源裏、一氓搜藏詞書種種/一九七七年記。

淮海居士長短句三卷 （宋）秦觀著　龍榆生點校　1957年上海中華書局鉛印蘇門四學士詞本　一冊　李0937

開本 18.6 厘米×13 厘米。

淮海詞箋注六卷 （宋）秦觀著　王輝曾箋注　許之衡　趙萬里校　民國二十三年（1934）北平文化學社鉛印本　一冊　李0936

開本 23.6 厘米×13.9 厘米，版框 17.6 厘米×11.6 厘米。鈐印：擊楫、李一氓、一氓所藏、無是樓藏書。

東山寓聲樂府二卷 （宋）賀鑄著　（清）朱和羲校錄　清道光二十八年（1848）朱和羲萬竹樓刻本　一冊　李1019

開本 25 厘米×15.6 厘米，版框 17.5 厘米×13.1 厘米；四周雙邊，單黑魚尾；半葉十行，行十九字。內封鐫：萬竹樓藏板。版心下方鐫：萬竹樓。序跋：戈載序、朱和羲識。鈐印：積學齋徐乃昌藏書、黃裳藏本、上海圖書館藏、上海圖書館退還圖書章、一氓七十又七、一氓搜藏詞書種種/一九七七年記。

清真集二卷附補遺一卷 （宋）周邦彥撰　（清）鄭文焯校　（清）陶子麟刻　清真詞校後錄要一卷　（清）鄭文焯撰　清光緒二十六年（1900）陶子麟刻本　一冊　李1017

開本 22.2 厘米×14.5 厘米，版框 13.3 厘米×9.8 厘米；左右雙邊，上下黑口；半葉九行，行十七字。內封鐫：大鶴山人校本。《清真集》書尾鐫：黃岡陶子麟刊。序跋：強煥、劉肅序。批校題跋：李一氓題簽（清真集/鄭文焯校鐫）。鈐印：李一氓、李一氓、無是樓、一氓六十、擊楫詞人、無是樓藏書、一氓搜藏詞書種種/一九七七年記。

石林詞一卷補遺一卷 （宋）葉夢得撰　葉德輝校刊　清宣統三年（1911）觀古堂刻本　一冊　李1020

開本26.8厘米×18厘米，版框18厘米×13.4厘米；左右雙邊，上下黑口，對黑魚尾；半葉十一行，行二十二字。牌記：宣統辛亥仲秋葉氏觀古堂刊。序跋：葉德輝序、毛晉識。鈐印：李一氓、一氓所藏、一氓搜藏詞書種種／一九七七年記。

樵歌三卷　（宋）朱敦儒撰　清光緒二十年（1894）刻本　一冊　李1024

開本26.1厘米×15.6厘米，版框15.8厘米×12.9厘米；左右雙邊，上黑口，單黑魚尾；半葉九行，行十九字。序跋：許巨楫跋。批校題跋：陳□□題記。鈐印：李一氓、無是樓、一氓讀書、一氓所藏、一氓搜藏詞書種種／一九七七年記。

樵歌三卷補遺一卷　（宋）朱敦儒著　清吳翌鳳抄本　一冊　李1023

開本29.8厘米×19.2厘米；半葉十三行，行二十字。序跋：王鵬運識。批校題跋：李一氓題簽（樵歌／吳枚菴鈔校／四印齋原藏），王鵬運、朱祖謀批校，王鵬運、王孝飴跋。鈐印：佑霞小印、半塘、四印齋、半塘老人手校、孫孝飴、李一氓、無是樓、一氓六十、李一氓五十後所得、一氓搜藏詞書種種／一九七七年記。

樵歌三卷目錄一卷補遺一卷　（宋）朱敦儒撰　民國十五年（1926）北新書局鉛印本　一冊　李1025

開本19.3厘米×12.9厘米，版框11.6厘米×7.9厘米；四周雙邊；半葉八行，行二十二字。版心下方印：北新書局。鈐印：擊楫、李一氓、一氓所藏、無是樓藏書、一氓搜藏詞書種種／一九七七年記。

漱玉詞一卷 （宋）李清照撰　清道光十九年（1839）文瀾閣司書王朝抄本　一冊　李1021

開本26.7厘米×16.7厘米；半葉七行，行十六字。批校題跋：書尾題（道光十九年歲在屠維大淵獻月次困敦/文淵閣司書王朝恭繕），戴銘、李一氓跋。鈐印：竹生、筠雪、臣興湘印、戴銘之印、浦陽戴氏逸溪流覽所及、情性之正、無是樓、一氓七十、一氓七十、桃花源裏、成都李一氓、成都李氏收藏故籍、一氓搜藏詞書種種/一九七七年記。

漱玉集五卷目錄一卷年譜一卷　（宋）李清照撰　李文裿輯　民國二十年（1931）鉛印冷雪盦叢書本　一冊　李1022

開本23.6厘米×14厘米，版框17.8厘米×11.5厘米；四周單邊，上下黑口，單黑魚尾；半葉十一行，行三十字。版心下方印：冷雪盦叢書。序跋：黃節、李文裿、薩雪如序。鈐印：擊楫、李一氓、一氓所藏、無是樓藏書、一氓搜藏詞書種種/一九七七年記。

酒邊集一卷　（宋）向子諲撰　朱祖謀影宋抄本　一冊　李1008

開本26.4厘米×17.2厘米，版框14.6厘米×10.2厘米；左右雙邊，順黑魚尾；半葉八行，行十四字。批校題跋：李一氓題簽（彊邨影鈔宋本/擊楫藏）。鈐印：彊邨藏書、漚尹、烏程蔣祖詒藏、擊楫、李一氓、李一氓印、無是樓藏書、成都李氏收藏故籍、一氓搜藏詞書種種/一九七七年記。

相山居士詞一卷　（宋）王之道撰　清四印齋抄本　一冊　李1026

開本25.9厘米×18.4厘米。批校題跋：李一氓題簽（相山居士詞/四印齋鈔本）。鈐印：四印齋、李一氓、一氓所藏、一氓搜藏詞書種種/一九七七年記。

集部

竹洲詞一卷附録一卷　（宋）吳儆撰　明抄本　一册　李1027

　　開本29.1厘米×18.7厘米；半葉十行，行十七字。批校題跋：李聖和題簽（竹洲詞/一氓藏明鈔本/李聖和題於南京）。鈐印：鳴鶴場子、虎丘山民、無是樓、一氓六十、一氓讀書、桃花源裏、成都李一氓、蠹叢魚鳧之人、一氓搜藏詞書種種/一九七七年記、北京圖書館藏。

石湖詞一卷補遺一卷　（宋）范成大著　和石湖詞一卷　（宋）陳三聘著　清味菜廬木活字印本　一册　李0918

　　開本27.3厘米×16.3厘米，版框19.4厘米×13.3厘米；四周雙邊，上下黑口，單黑魚尾；半葉九行，行十七字。牌記：味菜廬集印本。序跋：陳三聘跋。鈐印：李一氓、一氓五十、渡江檠檝、檠檝詞人、無是樓藏書、李一氓五十後所得、一氓搜藏詞書種種/一九七七年記。

于湖居士文集四卷　（宋）張孝祥撰　民國四年(1915)劉梅真影抄宋嘉泰刻本　一册　李0477

　　開本27.6厘米×20厘米，版框22.1厘米×17.2厘米；左右雙邊，順黑魚尾，上魚尾上記字數，下有卷次，下魚尾下記葉次，再下爲刻工；半葉十行，行十六字。批校題跋：劉梅真題記（乙卯六月十六日寫訖/梅真），袁克文題記（于湖樂府四卷/乙卯九月/寒雲），陶祖光題簽（槑真女士景寫于湖樂府/庚辰十月北溟題），袁克文、張允亮、周叔弢、張伯駒跋。鈐印：劉、劉姍、楳真景寫宋本小印、寒云秘籍珍藏之印、人間孤本、孤本書室、佞宋、惟庚寅吾以降、寒雲子子孫孫永保、三琴趣齋、蓮花精舍、翔鸞閣精鑒壐、陶祖光、日利、野莽、李一氓、無是樓、一氓六十、一氓搜藏詞書種種/一九七七年記。

于湖居士文集四卷　（宋）張孝祥撰　民國吳昌綬影刻劉梅真影抄宋嘉泰刻本(仁和吳氏雙照樓景刊宋元本詞)　一册　李0476

　　開本27.9厘米×18.6厘米，版框21.6厘米×16.8厘米；左右雙邊，

161

順黑魚尾；半葉十行，行十六字。版心下方鐫刻工：永、榮、文、朱正、大有等。首卷卷端鐫：于湖居士文集卷第三十一。書尾鐫：乙卯六月十六日寫訖/梅真。批校題跋：袁克文題記（梅真影寫宋本/伯宛監刻/此最初用明裝書中襯紙清乾隆御製墨精印/僅此一冊/題上無隅夫子親家/庚午元宵/克文）、陳延韡題記（寒雲主人珍藏/梅真主人影寫/吳伯宛校梓/于湖居士樂府/陳延韡敬題），李一氓題簽（于湖居士樂府）。鈐印：袁君小墨、克文私印、還有、野莾、李一氓、無是樓、一氓六十、一氓搜藏詞書種種/一九七七年記。

于湖居士文集四卷 （宋）張孝祥撰 民國吳昌綬影刻劉梅真影抄宋嘉泰刻本（仁和吳氏雙照樓景刊宋元本詞） 一冊 李0919

開本31.9厘米×20.1厘米，版框21.7厘米×16.6厘米；左右雙邊，順黑魚尾；半葉十行，行十六字。版心下方鐫刻工：永、榮、文、朱正、大有等。首卷卷端鐫：于湖居士文集卷第三十一。書尾鐫：乙卯六月十六日寫訖/梅真。批校題跋：袁克文題記（洪憲元年題上世五吾兄鑒存/克文）。鈐印：後百宋一廛、李一氓、一氓六十、一氓搜藏詞書種種/一九七七年記。

稼軒長短句十二卷 （宋）辛棄疾撰 （明）李濂評 （明）王詔校刊 明嘉靖十五年(1536)王詔刻本 六冊 李0850

開本25厘米×15.5厘米，版框16.4厘米×12.2厘米；四周單邊，對白魚尾；半葉九行，行二十字。批校題跋：李一氓批。鈐印：戊申、北皮亭劉氏所藏祕笈、悔盦大貴長壽、潮香、劉駒賢、駒賢長壽、劉千里所藏金石書畫、千里、一氓讀書、擊楫詞翰、成都李一氓、無是樓藏書、成都李氏收藏故籍、李一氓五十後所得、一氓搜藏詞書種種/一九七七年記。

稼軒長短句十二卷 （宋）辛棄疾撰 1957年古典文學出版社影印元大德三年(1299)刻本 四冊 李0847

開本20.3厘米×13.9厘米，版框13.9厘米×10.7厘米；左右雙邊，

對花魚尾；半葉九行，行十六字。卷一首葉版心下方鐫：信鉛暢叔仁刊。批校題跋：李一氓題記。鈐印：無是樓、一氓所藏、桃花源裏、擊檝詞人、成都李一氓、鶯歌燕舞之齋、鹽叢魚凫之人、一氓搜藏詞書種種／一九七七年記。

稼軒長短句十二卷 （宋）辛棄疾撰 1959年中華書局影印元大德三年（1299）刻本 四册 李0848

開本33厘米×21.5厘米，版框22.7厘米×17.5厘米；左右雙邊，對花魚尾；半葉九行，行十六字。卷一首葉版心下方鐫：信鉛暢叔仁刊。序跋：趙萬里跋。鈐印：李一氓、無是樓、一氓所藏。

稼軒詞六卷 （宋）辛棄疾撰 梁啓超輯 梁啓勳疏證 梁廷燦校字 民國曼殊室刻本 六册 李0846

開本26厘米×15.2厘米，版框15.3厘米×11厘米；左右雙邊，上下黑口，單黑魚尾；半葉十一行，行二十字。版心下方鐫：曼殊室。序跋：林志鈞、梁啓勳序，梁啓勳跋。鈐印：擊檝、李一氓、一氓所藏、無是樓藏書、一氓搜藏詞書種種／一九七七年記。

稼軒詞十卷附集外詞一卷 （宋）辛棄疾撰 鄭騫校注 油印本 四册 李0845

開本27.7厘米×19厘米。批校題跋：李一氓題簽（稼軒詞校註／油印本）。鈐印：無是樓、一氓讀書、一氓五十、無是樓藏書、成都李一氓、李一氓五十後所得、一氓搜藏詞書種種／一九七七年記。

稼軒詞四卷附校勘記一卷 （宋）辛棄疾撰 民國二十九年（1940）上海涵芬樓影印汲古閣抄本 三册 李0849

開本20厘米×13.2厘米；半葉十行，行十八字。序跋：范開序，梁啓超、夏敬觀、張元濟跋。批校題跋：李一氓題簽（稼軒詞／影印毛鈔本）。鈐印：擊檝、無是樓、一氓所藏、無是樓藏書、一氓搜藏詞書種種/一九七七年記。

稼軒詞編年箋注七卷附録一卷　鄧廣銘箋注　1962年上海中華書局鉛印本　一册　李0759

開本20.3厘米×14厘米。鈐印：李一氓。

龍洲詞一卷　（宋）劉過撰　1958年北京中華書局油印本　一册　李0762

開本24.6厘米×16.5厘米，版框16.2厘米×11.5厘米；四周雙邊；半葉十一行，行十六字。鈐印：李一氓、桃花源裏、一氓搜藏詞書種種/一九七七年記。

龍洲詞一卷舊本龍洲詞提要一卷　（宋）劉過撰　民國十二年（1923）上海蟬隱廬鉛印本　一册　李0761

開本25.5厘米×15.3厘米，版框16厘米×11.9厘米；左右雙邊，上黑口，對黑魚尾；半葉十一行，行十六字。牌記：癸亥秋八月/蟬隱廬校印。版心下方鐫：蟬隱廬。序跋：羅振常序。批校題跋：李一氓題簽（龍洲詞/蟬隱廬校印）。鈐印：一氓所藏、李一氓五十後所得、一氓搜藏詞書種種/一九七七年記。

瓊琯詞一卷　（宋）白玉蟾著　民國十六年（1927）邵鋭抄本　一册　李0766

開本26.8厘米×17.6厘米；半葉八行，行二十四字。批校題跋：邵鋭題記（太歲次彊梧單閼之紀七月十九日邵鋭敬寫）、邵鋭識。鈐印：邵鋭手鈔、杭邵章伯裴收藏書籍記、半巖曾孫、與明康僖同里同姓名、李一氓、一氓搜藏詞書種種/一九七七年記、北京圖書館藏。

集部

葵窗詞稿一卷 （宋）周端臣撰　民國三十七年（1948）刻藍印本　一冊　李0760

開本21.2厘米×13.7厘米，版框11.4厘米×11.1厘米；四周單邊，單藍魚尾；半葉八行，行十字。鈐印：一氓所藏、一氓搜藏詞書種種／一九七七年記。

夢窗詞四卷附補遺一卷續補遺一卷　（宋）吳文英撰　清咸豐十一年（1861）曼陀羅華閣刻本　二冊　李0767

開本26.7厘米×15.5厘米，版框16.8厘米×11.8厘米；左右雙邊，單黑魚尾；半葉九行，行二十一字，小字雙行同。牌記：咸豐辛酉暮春開雕。版心下方鐫：曼陀羅華閣。序跋：劉毓崧、杜文瀾序。批校題跋：吳昌綬跋。鈐印：昌綬審定、小荷、張氏所藏、八識田齋、擊楫、渡江擊楫、一氓六十、無是樓藏書、一氓搜藏詞書種種／一九七七年記。

夢窗詞四卷附補遺一卷札記一卷　（宋）吳文英撰　清光緒三十四年（1908）歸安朱氏刻本　二冊　李0769

開本22.8厘米×13.4厘米，版框15厘米×11.2厘米；左右雙邊，上下黑口；半葉十二行，行二十二字。牌記：光緒戊申之歲九月歸安朱氏校刊。版心下方鐫：无著盦校栞。序跋：王鵬運跋。批校題跋：李一氓題簽（朱古微校鐫二窗詞）。鈐印：擊楫、無是樓、李一氓、一氓五十、一氓六十、無是樓藏書、一氓搜藏詞書種種／一九七七年記。

改正夢窗詞選箋釋二卷附事蹟考略（事蹟攷略）一卷　楊玉銜撰　民國二十二年（1933）上海人文印書館鉛印本　一冊　李0770

開本26厘米×15.1厘米，版框15.3厘米×12.2厘米；四周單邊，單黑魚尾；半葉十二行，行二十六字，小字雙行同。序跋：楊玉銜序。鈐印：野莽、一氓所藏、無是樓藏書、一氓搜藏詞書種種／一九七七年記。

165

雪坡詞一卷　（宋）姚勉撰　清四印齋抄本　一冊　李0920

開本25.9厘米×18.2厘米；半葉十行，行二十一字。批校題跋：李一氓題簽（雪坡詞/四印齋鈔本）。鈐印：半唐老人、李一氓、一氓所藏、一氓六十、一氓搜藏詞書種種/一九七七年記。

草窗詞二卷補二卷　（宋）周密著　清咸豐十一年（1861）曼陀羅華閣刻本　一冊　李0921

開本26.8厘米×15.6厘米，版框16.2厘米×11.8厘米；左右雙邊，單黑魚尾；半葉九行，行二十一字。牌記：咸豐辛酉仲夏開雕。版心下方鐫：曼陀羅華閣。序跋：劉毓崧序。鈐印：張氏所藏、八識田齋、山荷、昌綏審定、擊楫、野莽、李一氓、渡江擊楫、一氓六十、無是樓藏書、一氓搜藏詞書種種/一九七七年記。

草窗詞二卷補二卷　（宋）周密撰　清光緒二十六年（1900）無著盦刻本　二冊　李0385

開本22.7厘米×13.3厘米，版框14.2厘米×10.9厘米；左右雙邊，上下黑口，單黑魚尾；半葉十行，行二十一字。版心下方鐫：无著盦輯校。序跋：王鵬運、朱祖謀跋。鈐印：擊楫、李一氓、無是樓、一氓五十、無是樓藏書、一氓搜藏詞書種種/一九七七年記。

草窗詞二卷補二卷　（宋）周密著　抄本　一冊　李0922

開本26.3厘米×15.6厘米；半葉九行，行二十一字。批校題跋：李一氓題（艸窗詞鈔本/有補遺兩卷/野莽）。鈐印：無是樓、一氓所藏、擊楫詞翰、成都李一氓、一氓搜藏詞書種種/一九七七年記。

集部

山中白雲八卷　（宋）張炎撰　（清）秦松齡等勘定　清康熙錢塘龔翔麟刻本　一册　李0763

　　開本26.3厘米×14.8厘米，版框17厘米×12.8厘米；左右雙邊；半葉十行，行二十字。序跋：戴表元序，仇遠、龔翔麟等跋。批校題跋：□□題簽（山中白雲詞八卷/龔刻本/疊綵藏書），王鵬運、樊景升跋，李一氓題記。鈐印：樊、景升之印、鶴舲、凝香樓、半塘僧鶩、鶩翁、和肅先生、會稽金森珍藏、樊瑾玉和叔清静齋印、無是樓、一氓六十、一氓七十、一氓讀書、成都李一氓、蟲叢魚梟之人、一氓搜藏詞書種種/一九七七年記。

山中白雲八卷　（宋）張炎著　（清）秦松齡等勘定　清康熙錢塘龔翔麟刻乾隆寶書堂印本　二册　李0730

　　開本24.6厘米×15.9厘米，版框16.5厘米×12.9厘米；左右雙邊；半葉十行，行二十字。内封鐫：山中白雲詞/寶書堂藏版。序跋：戴表元序、龔翔麟等跋。鈐印：擊檝、無是樓藏書、李一氓五十後所得、一氓搜藏詞書種種/一九七七年記。按：據《山中白雲》諸家序與《唐宋詞書錄》，康熙間《山中白雲》曾由龔氏玉玲瓏閣刊刻，後書板由趙昱購得，趙昱曾翻印，乾隆元年寶書堂又翻印趙昱本。

山中白雲詞八卷附錄一卷玉田先生樂府指迷一卷　（宋）張炎著　（清）曹炳曾等校　清雍正上海曹炳曾城書室刻本　二册　李0764

　　開本27.4厘米×17.7厘米，版框16.9厘米×12.7厘米；左右雙邊，單黑魚尾；半葉九行，行十九字。版心下方鐫：城書室。序跋：杜詔、舒岳祥、陸文奎等序。批校題跋：李一氓題簽（山中白雲/雍正上海曹刻本/一氓署簽）。鈐印：秋風紅豆樓藏書、鳴珂私印、李一氓、無是樓、一氓六十、李一氓五十後所得、一氓搜藏詞書種種/一九七七年記。

遺山先生新樂府五卷　（金）元好問撰　清抄本　二冊　李0925

開本26.9厘米×17.1厘米；半葉八行，行二十一字。卷四、五版心下有"映雪樓"三字。批校題跋：李一氓題簽（遺山樂府/舊鈔本）、淵泉題記（同治甲子七夕虞山源長氏淵泉校過一次）。鈐印：東陵七十二世孫、湘瀾親記、湘瀾倚聲、無是樓、一氓六十、李一氓五十後所得、一氓搜藏詞書種種/一九七七年記。

雪樓樂府不分卷　（元）程文海撰　（元）程大本輯錄　（元）揭傒斯校正　明洪武刻本　一冊　李0926

開本29厘米×17.4厘米，版框20.2厘米×13.3厘米；四周雙邊，上下黑口，對黑魚尾；半葉十三行，行二十三字。批校題跋：李一氓封面題（程文海《雪樓樂府》/用洪武全集本殘帙裝成）、卷端題（雪樓樂府/洪武全集本）、李一氓跋。鈐印：壹甿、無是樓、一氓六十、一甿七十、桃花源裏、一氓搜藏詞書種種/一九七七年記。

蛻巖詞二卷樂府補題一卷　（元）張翥著　清乾隆刻本　三冊　李0927

開本24.2厘米×14.1厘米，版框12.8厘米×9.6厘米；左右雙邊，上下黑口；半葉九行，行二十字。鈐印：蘇齋、王伯子、子翔氏、李一甿、一氓五十、一氓六十、無是樓藏書、一氓搜藏詞書種種/一九七七年記。

蛻岩詞二卷　（元）張翥撰　清抄本　一冊　李0928

開本25.4厘米×15.8厘米；半葉十一行，行二十字。批校題跋：李一氓題簽（蛻岩詞/舊鈔本/厲鶚/張鳴珂校過/一甿）、張鳴珂校并題。鈐印：厲鶚、鳴珂印、公束審定、密均樓、擊楫、李一甿、無是樓、一氓六十、無是樓藏書、成都李氏收藏故籍、一氓搜藏詞書種種/一九七七年記。
按：書中有浮簽。

蟻術詞選四卷　（元）邵亨貞著　（明）汪穆校　（清）況周儀覆校　清光緒十七年（1891）刻弟一生脩楳華館叢書本　一册　李0929

開本27.7厘米×16.9厘米，版框17厘米×13.2厘米；左右雙邊，上下黑口，對黑魚尾；半葉十一行，行二十一字。序跋：況周頤跋。批校題跋：李一氓題簽（蟻術詞選/況夔生校刊）。鈐印：無是樓、一氓所藏、李一氓五十後所得、一氓搜藏詞書種種/一九七七年記。

眉庵詞（眉菴詞）一卷　（明）楊基箸　清宣統元年（1909）晨風閣刻本　一册　李1197

開本22.7厘米×14.3厘米，版框12.8厘米×10.4厘米；四周單邊，上下黑口；半葉十一行，行二十一字。版心下方鐫：晨風閣。鈐印：曾藏袁文藪家、野莽、擊楖、一氓所藏、無是樓藏書、一氓搜藏詞書種種/一九七七年記。

青邱高季迪先生扣舷集一卷　（明）高啟著　（清）金檀重輯　（清）汪安　（清）汪夢齡覆校　清雍正刻本　一册　李0930

開本25.4厘米×16.3厘米，版框18厘米×14.5厘米；左右雙邊，單黑魚尾；半葉十一行，行二十二字。批校題跋：益公題記。鈐印：芸樓、無是樓、一氓五十、一氓搜藏詞書種種/一九七七年記。

耐軒詞不分卷　（明）王達撰　明抄本　一册　李1200

開本29厘米×18.6厘米；半葉十行，行十七字。批校題跋：李聖和題簽（耐軒詞/一氓藏明鈔本/李聖和題於南京）。鈐印：虎丘山民、鳴鶴場子、無是樓、一氓六十、一氓讀書、桃花源裏、成都李一氓、蠹叢魚鼃之人、一氓搜藏詞書種種/一九七七年記、北京圖書館藏。

楊升庵先生長短句（楊升菴先生長短句）四卷　（明）楊慎著　明嘉靖刻本　一冊　李1198

　　開本27厘米×16.8厘米，版框20.5厘米×14.4厘米；左右雙邊，單白魚尾；半葉九行，行二十字。序跋：許孚遠序。批校題跋：唐圭璋題簽（升庵長短句/嘉靖四卷本/圭璋爲一氓題）。鈐印：野莽、無是樓、桃花源裏、一氓讀書、成都李一氓、鶯歌燕舞之齋、蠶叢魚鳧之人、一氓搜藏詞書種種/一九七七年記。

升庵長短句三卷　（明）楊慎譔　楊崇煥校刊　楊德安覆校　民國二十六年（1937）新都楊氏小紫陽閣刻本　一冊　李1199

　　開本27.8厘米×16厘米，版框17.9厘米×11.2厘米；左右雙邊，上下黑口，對黑魚尾；半葉十行，行二十字。牌記：民國丁丑仲夏/新都楊氏小紫陽閣重刊。序跋：楊南金、唐錡、許孚遠、楊崇煥序。批校題跋：李一氓題簽（升庵長短句/新都楊氏近鐫/三卷本/別藏一明鐫四卷本/一氓記）。鈐印：李一氓、一氓七十、桃花源裏、無是樓藏書、一氓搜藏詞書種種/一九七七年記。

詹詹詞不分卷　（明）張元諭撰　李一氓抄本　一冊　李0291

　　開本31.3厘米×20.9厘米；半葉十行，行十六至十七字。批校題跋：李一氓題簽（詹詹詞/從詹詹集録出/李一氓手鈔）、李一氓跋。鈐印：野莽、李一氓、無是樓、一氓六十、擊楫詞翰、人比黄花瘦。按：此書抄録自《詹詹集》，明隆慶二年（1568）歐陽葵刻本。

江南春詞集一卷附録一卷附考一卷　（明）朱之蕃輯　清光緒十七年（1891）江陰金氏刻粟香室叢書本　一冊　李1040

　　開本19.5厘米×12.9厘米，版框13.2厘米×9.9厘米；左右雙邊，單黑魚尾；半葉八行，行二十一字。牌記：光緒十七年江陰金氏刊。目録、卷端題名下方鐫：粟香室叢書。序跋：金武祥序、梁廷枏跋。鈐印：袁毓麐、曾藏袁文藪家、擊楫、李一氓、一氓六十、無是樓藏書。

芳茹園樂府一卷 （明）趙南星撰 題新周居士等校 明刻本（李一氓抄補） 一冊 李0305

開本25.6厘米×15.5厘米，版框20厘米×12.8厘米；四周單邊，單黑魚尾間單白魚尾；半葉九行，行十八字。序跋：新周居士序。批校題跋：李一氓題記。鈐印：李（押）、李一氓、謝剛主讀書記、宣、一氓所藏、一氓六十、成都李氏收藏故籍。

坦庵詩餘甕吟四卷 （明）徐石麒著 清順治南湖享書堂刻坦庵詞曲六種本 一冊 李0539

開本25.1厘米×16.1厘米，版框18.1厘米×13.6厘米；四周單邊；半葉九行，行二十字，小字雙行同。批校題跋：孫龍父題簽（坦菴詩餘/一氓藏/揚州孫龍父題）、李一氓批。鈐印：無是樓、李一氓、一氓七十、一氓讀書、李一氓五十後所得。

草賢堂詞箋十卷 （明）王屋著 明崇禎刻本 五冊 李0285

開本26.5厘米×17厘米，版框19.2厘米×14.5厘米；四周單邊；半葉八行，行十八字。版心下方鐫：草賢堂。序跋：錢繼登、曹勳、徐柏齡、夏緇、支允堅、董升序。批校題跋：李一氓跋。鈐印：毗陵董康鑒定金石書籍之印、曾在董氏誦芬室中、瑩如、姜池玉、趙旭、映旭軒圖書、映旭軒鑒藏書籍之圖記、曙東一字恕忠、擊檝、無是樓、李一氓印、一氓所藏、一氓讀書、一氓六十、擊楫詞翰、無是樓藏書、一氓搜藏詞書種種/一九七七年記。

秋閒詞一卷 （清）王庭著 （清）王沆校字 清康熙二十二年（1683）刻本 二冊 李0585

開本23厘米×14.1厘米，版框17.2厘米×12厘米；四周單邊，單黑魚尾；半葉九行，行二十字。序跋：王庭序。批校題跋：李一氓題簽（秋閒詞/王言遠著/康熙本/一氓藏）、李一氓題記。鈐印：擊檝、擊楫詞翰、李一氓印、一氓讀書、無是樓藏書、蠹叢魚鳧之人、一氓搜藏詞書種種/一九七七年記。

吳梅村詞一卷　（清）吳偉業著　清光緒十六年（1890）湖北官書處刻本　一冊　李0538

開本27.4厘米×16.7厘米，版框18厘米×13.6厘米；四周雙邊，單黑魚尾；半葉十一行，行二十一字。內封鐫：光緒十六年孟冬月湖北官書處刊。鈐印：擎楣、李一氓、渡江擎楣、一氓所藏、無是樓藏書、一氓搜藏詞書種種/一九七七年記。

耐歌詞四卷首一卷　（清）李漁著　（清）沈心友　（清）李將舒訂　清康熙十七年（1678）刻本（李一氓抄補）　二冊　李0586

開本26.1厘米×16厘米，版框19.5厘米×12.5厘米；四周單邊；半葉八行，行十九字。鈐印：豐府藏書、檀□藏本、無是樓、一氓所藏、一氓六十、一氓讀書、成都李一氓、李一氓五十後所得、一氓搜藏詞書種種/一九七七年記。

定山堂詩餘四卷　（清）龔鼎孳著　（清）龔鼎孖訂　（清）龔士稹等較　清康熙刻本　二冊　李0540

開本28厘米×17.1厘米，版框19.5厘米×14.2厘米；四周雙邊；半葉九行，行十九字。序跋：丁澎序、龔士稹跋。批校題跋：李一氓題簽（定山堂詩餘/一氓書簽/時年七十又三）。鈐印：黃裳藏本、無是樓、一氓所藏、一氓六十、擎楣詞翰、成都李一氓、一氓搜藏詞書種種/一九七七年記。

茗齋詩餘不分卷　（清）彭孫貽著　清抄本　一冊　李0552

開本27.1厘米×15.7厘米；半葉十行，行字不等。批校題跋：李一氓題簽（茗齋詩餘/舊鈔本/一氓所藏）、李一氓跋。鈐印：貴陽趙氏壽華軒藏、知不足齋鮑氏藏書印、兔（肖形印）、擊楫、李一氓、一氓所藏、一氓五十、無是樓藏書、成都李氏收藏故籍、一氓搜藏詞書種種／一九七七年記。

玉琴齋詞不分卷 （清）余懷撰 民國十七年（1928）石印本 四册 李0548

開本24厘米×14.5厘米，版框20厘米×11.6厘米；四周雙邊；半葉七行，行十八字。批校題跋：茅盾題簽（玉琴齋詞／石印本／茅盾題）、李一氓跋。鈐印：盍山精舍、李（押）、擊楫、李一氓、一氓所藏、渡江擊楫、無是樓藏書、一氓搜藏詞書種種／一九七七年記。

百末詞五卷詞餘一卷 （清）尤侗著 清康熙刻本 二册 李1107

開本28.1厘米×16.7厘米，版框18厘米×14厘米；四周單邊，單黑魚尾；半葉十行，行二十一字。序跋：曹爾堪序。批校題跋：李一氓題簽（百末詞／尤西堂著／康熙鐫本／擊楫）。鈐印：李一氓、李一氓印、李氏一氓、一氓所藏、擊楫詞人、無是樓藏書、一氓搜藏詞書種種／一九七七年記。

鼓枻初集一卷二集一卷 （清）王夫之譔 清同治四年（1865）湘鄉曾氏金陵節署刻本 二册 李0541

開本26厘米×16.4厘米，版框19.1厘米×12.6厘米；左右雙邊，上下黑口，對黑魚尾；半葉十行，行二十二字，小字雙行同。內封鐫：同治四年湘鄉曾氏栞於金陵節署。鈐印：曾藏袁文藪家、擊楫、李一氓、渡江擊楫、無是樓藏書、一氓搜藏詞書種種／一九七七年記。

鼓枻初集一卷二集一卷 （清）王夫之譔 清抄本 一册 李0542

開本26.8厘米×16.8厘米；半葉十行，行二十二字，小字雙行同。鈐印：泰和蕭敷政蒲邨氏珍藏書籍之章、無是樓、一氓六十、成都李一氓、蠹叢魚鼉之人、一氓搜藏詞書種種／一九七七年記。

藝香詞三卷 （清）吳綺著　清康熙刻本　二册　李0629

開本 24.5 厘米×16.4 厘米，版框 19.5 厘米×13.5 厘米；左右單邊，上下雙邊；半葉九行，行二十四字。序跋：孫金礪序。批校題跋：李一氓題簽（藝香詞/吳綺撰/一甿藏）、□□批、□□題記。鈐印：擎竹居、王孫蘭、廉友、采雲何處、山心人事疏、擎槐、無是樓、李一甿、李一氓印、一氓所藏、無是樓藏書、成都李氏收藏故籍、一氓搜藏詞書種種/一九七七年記。

藝香詞鈔四卷目錄一卷　（清）吳綺著　（清）吳琥繡校　清乾隆四十一年（1776）衷白堂刻本　五册　李0620

開本 18.9 厘米×10.8 厘米，版框 11.5 厘米×8.8 厘米；左右雙邊，單黑魚尾，無界行（目錄有界行）；半葉八行，行十七字。內封鐫：乾隆丙申秋鐫/吳園次著/藝香詞鈔/衷白堂藏板。批校題跋：李一氓題簽（藝香詞鈔四卷/五册/乾隆槧本/一氓自題）。鈐印：戴德清印、無是樓、一氓所藏、一氓六十、成都李一氓、一氓搜藏詞書種種/一九七七年記。

東江別集五卷集外詩一卷　（清）沈謙著　民國九年（1920）上海聚珍倣宋印書局鉛印本　一册　李0584

開本 23.9 厘米×14.5 厘米，版框 16.1 厘米×11.2 厘米；左右雙邊，上下黑口，單黑魚尾；半葉十行，行二十一字，小字雙行同。牌記：上海聚珍倣宋印書局印。序跋：姚景瀛跋。鈐印：擎槐、李一甿、一氓讀書、渡江擎槐、無是樓藏書、一氓搜藏詞種種/一九七七年記。

棠村詞二卷　（清）梁清標撰　清康熙刻本　二册　李0581

開本 29.3 厘米×17 厘米，版框 17.5 厘米×13 厘米；四周雙邊，上下黑口，對黑魚尾；半葉十行，行十九字。序跋：汪懋麟、丁澎序。鈐印：玉芙蓉儼館、擎楫、一氓所藏、擎槐詞人、擎楫詞翰、李一氓印、無是樓藏書、一氓搜藏詞書種種/一九七七年記。

秋水詞二卷　（清）嚴繩孫著　民國十一年（1922）譚祖任抄本　一冊　李1108

開本28.2厘米×15.7厘米；半葉九行，行二十一字。序跋：吳綺序。批校題跋：譚祖任內封題（壬戌初夏鈔成/時客京師）、李一氓題簽（秋水詞/鈔本/一氓八十）、譚祖任跋。鈐印：聊園居士、祖任、祖任長壽、瑑青、今舊雨館、江山萬里樓、桫厂、無是樓、一甿之鈢、一氓八十、一氓搜藏詞書種種/一九七七年記。

栖香閣詞二卷　（清）顧文婉著　清道光四年（1824）山陽李氏聞妙香室刻本　一冊　李0368

開本21.9厘米×13厘米，版框15.3厘米×11.3厘米；左右雙邊，上下黑口，對黑魚尾；半葉十一行，行十九字。內封鐫：道光四年十二月/棲香閣詞/山陽李氏聞妙香室校刊。鈐印：曾藏袁文藪家、擊楫、李一甿、一氓六十、成都李一氓、無是樓藏書、李一氓五十後所得、一氓搜藏詞書種種/一九七七年記。

栖香閣詞二卷　（清）顧文婉著　清宣統二年（1910）木活字印本　一冊　李0369

開本24.2厘米×15.4厘米，版框17.5厘米×13.4厘米；四周單邊，單黑魚尾；半葉十行，行二十四字。內封印：乙卯小春/栖香閣詞/曹銓署耑。序跋：李文媛序。批校題跋：李一氓題簽（栖香閣詞/宣統木活字本/一氓）。鈐印：一氓八十、一氓搜藏詞書種種/一九七七年記。

蘧盧詞三卷　（清）韓純玉著　民國二十二年（1933）上海民智書局鉛印本　一冊　李1035

開本23.6厘米×14厘米，版框15.5厘米×10厘米；四周單邊，上下黑口，單黑魚尾；半葉八行，行二十字。版心下方印：民智藝文雜俎第三種。序跋：易孺序并跋、韓純玉序。鈐印：擊楫、李一甿、一氓所藏、無是樓藏書。

陳檢討詞鈔十二卷 （清）陳維崧譔 （清）顧貞觀 （清）蔣景祁選 （清）陳枋等校 清康熙刻本 六冊 李0906

開本26.3厘米×16.2厘米，版框19厘米×14.2厘米；左右雙邊，上下黑口，單黑魚尾；半葉十行，行二十一字。序跋：蔣景祁、季振宜序。鈐印：潤之藏書、無是樓、一氓所藏、一氓讀書、無是樓藏書、成都李一氓、李一氓五十後所得、成都李氏收藏故籍、一氓搜藏詞書種種／一九七七年記。

湖海樓詞集二十卷 （清）陳維崧著 清刻本 四冊 存八卷（一至八） 李0905

開本26厘米×16.5厘米，版框18.7厘米×13.5厘米；左右雙邊，單黑魚尾；半葉十行，行二十一字。批校題跋：李一氓題簽（湖海樓詞／丁儉卿原藏）、李一氓題記、唐澂校識。鈐印：山陽丁晏藏書、唐澂讀過、擊檝、李一甿、一氓所藏、無是樓藏書、長征戰士之一、一氓搜藏詞書種種／一九七七年記。

迦陵詞全集三十卷 （清）陳維崧著 （清）任源祥等選 （清）陳維岳等參閱 （清）陳履端等校 清康熙二十九年（1690）陳宗石患立堂刻本 八冊 李0903

開本23.1厘米×15.8厘米，版框17.4厘米×13.9厘米；左右雙邊，上黑口，對黑魚尾；半葉十二行，行二十二字。版心下方鐫：患立堂。序跋：任璣、高佑釲序。批校題跋：李一氓題簽（迦陵詞／全集小字本／一氓藏／患立堂鐫／一九八〇年記）。鈐印：叢碧山房、任丘龐氏藏書、空諸所有、擊檝、李一甿、李一氓印、李氏一氓、一氓所藏、一氓五十、無是樓藏書、李一氓五十後所得、一氓搜藏詞書種種／一九七七年記。

蓉渡詞三卷 （清）董以寧撰 （清）王士禛等選 民國十六年（1927）杭州邵氏抄本 一冊 李1110

開本26.7厘米×17.8厘米；半葉十行，行二十五字。批校題跋：邵銳題并校。鈐印：杭邵章伯榘收藏書籍記、李一氓、李一氓、無是樓、長征戰士之一、一氓搜藏詞書種種／一九七七年記。

曝書亭集詞註七卷　（清）朱彝尊撰　（清）李富孫纂　（清）嚴榮等參清嘉慶十九年（1814）刻道光九年（1829）重校印本（校經廎藏版）　一冊　李0902

　　開本25.9厘米×16.4厘米，版框17.5厘米×13.9厘米；左右雙邊，單黑魚尾；半葉十一行，行二十三字，小字雙行，行三十一字。内封鐫：校經廎藏版。卷七末鐫：己丑重校。批校題跋：李一氓題簽（曝書亭詞註／李富孫撰／野莽署）、李一氓題記。鈐印：李一氓、無是樓、一氓讀書、無是樓藏書、成都李一氓、長征戰士之一、成都李氏收藏故籍、一氓搜藏詞書種種／一九七七年記。

曝書亭集外詞一卷　（清）朱彝尊撰　清乾隆二十八年（1763）張塤抄本　一冊　李0904

　　開本25.3厘米×16.8厘米；半葉十二行，行二十四字，小字雙行同。版心下方有"藤梧館"三字。批校題跋：張塤、李一氓跋。鈐印：張塤、蒲孟、軍假司馬、天地使者章、得書畫趣結翰墨緣、壹氓、一氓所藏、無是樓、成都李一氓、一氓搜藏詞書種種／一九七七年記。

曝書亭詞拾遺三卷志異一卷　（清）朱彝尊撰　（清）翁之潤纂録　清光緒二十二年（1896）常熟翁氏刻本　一冊　李1105

　　開本26.5厘米×15.2厘米，版框16.5厘米×13.7厘米；左右雙邊，單黑魚尾；半葉十二行，行二十三字。牌記：丙申三月常熟翁氏斠刻。序跋：張預、翁之潤序。批校題跋：李一氓跋。鈐印：之潤校讀、澤之、城南草堂、擊楫、李一氓、一氓所藏、無是樓藏書、長征戰士之一、一氓搜藏詞書種種／一九七七年記。

曝書亭刪餘詞一卷曝書亭詞手稿原目一卷校勘記一卷 （清）朱彝尊撰
清光緒二十九年（1903）長沙葉氏刻本　一冊　李1104

　　開本26.5厘米×15.2厘米，版框18.2厘米×13.4厘米；左右雙邊，上下黑口，對黑魚尾；半葉十一行，行二十二字。牌記：光緒癸卯冬長沙葉氏刊。序跋：葉德輝序。鈐印：擊槷、李一氓、一氓六十、一氓所藏、渡江擊槷、無是樓藏書、一氓搜藏詞書種種／一九七七年記。

蕃錦集二卷　（清）朱彝尊集句　清抄本　一冊　李1106

　　開本25.6厘米×15.9厘米；半葉十行，行十八字。批校題跋：李一氓題簽（蕃錦集／舊鈔本／氓題簽）。鈐印：錢塘蘇輪、蘇輪之印、善化賀瑗所藏書畫印、月查氏、莧圃、壹氓、擊槷、李一氓、一氓所藏、成都李一氓、無是樓藏書、一氓搜藏詞書種種／一九七七年記。

騷屑一卷　（清）屈大均著　清康熙刻本（李一氓抄補）　一冊　李0582

　　開本23.1厘米×14.8厘米，版框17.3厘米×13.1厘米；四周單邊，順黑魚尾；半葉十行，行二十一字。批校題跋：李一氓題記（騷屑／屈大鈞坿詩集後／□出／別有道援堂詩餘二卷／余藏抄本／莽）。鈐印：鄭齋詞藏、擊楫、李一氓、一氓所藏、無是樓藏書、一氓搜藏詞書種種／一九七七年記。

道援堂詩餘二卷　（清）屈大均著　清抄本　二冊　李0583

　　開本26厘米×16.5厘米。批校題跋：適廬題簽（舊抄本／道援堂詩餘）、李一氓題記。鈐印：陳煥之印、樂是簃、適園所藏、白雲無心、一片冰心、苾厂、苾厂藏書、曾爲郭思堅藏、養和堂、亭華倦客、氓、無是樓、一氓所藏、長征戰士、擊楫詞翰、成都李一氓、一氓搜藏詞種種／一九七七年記。

東齋詞略四卷 （清）魏允札著　（清）柯煜選　（清）丁桂芳　（清）丁策定編　清康熙木活字印本　一册　李0580

開本26.4厘米×16.9厘米，版框20.2厘米×14.5厘米；左右雙邊，上下黑口，對黑魚尾；半葉九行，行十九字。序跋：柯煜序。批校題跋：李一氓題（東齋詞略四卷/活字本/魏州來撰）。鈐印：啓淑信印、新安汪氏、擘榰、李一氓、無是樓、一氓所藏、一氓讀書、李一氓五十後所得。

玉凫詞稿一卷　（清）董俞著　清康熙刻本（孫以棟抄補）　一册　李0549

開本30.8厘米×18厘米，版框17.2厘米×12.6厘米；半葉八行，行二十一字。版心上方鐫：盟鷗艸閣。批校題跋：李一氓題簽（玉凫詞稿/一氓八十又三），李一氓、孫以棟題記。鈐印：雲生樓、去女堂、以棟小印、還有、無是樓、一氓所藏、擘榰詞翰、成都李氏收藏故籍、李一氓八十以後書、一氓搜藏詞書種種/一九七七年記。按：書中附剪報（李一氓《記康熙本〈玉凫詞〉兩本》）。

延露詞三卷　（清）彭孫遹著　（清）劉士銘等較刊　清乾隆八年（1743）彭景曾刻本　二册　李0546

開本25.2厘米×16厘米，版框19.4厘米×12.5厘米；四周雙邊，單黑魚尾；半葉十行，行二十六字。批校題跋：李一氓題簽（延露詞/乾隆鐫本）、黃裳題并跋。鈐印：黃裳藏本、黃裳壬辰以後所得、草草亭藏、木雁齋、上海圖書館藏、李一氓、無是樓、一氓七十又七、一氓搜藏詞書種種/一九七七年記。

延露詞三卷　（清）彭孫遹著　清光緒盛昱抄本　一册　李0547

開本24.6厘米×13.5厘米。序跋：尤侗序。批校題跋：李一氓題簽（延露詞/選鈔本）、李一氓題記。鈐印：宗室盛昱、無是樓、一氓七十、七十又八、一氓搜藏詞書種種/一九七七年記。

留村詞一卷 （清）吳興祚撰　民國七年（1918）西泠印社刻州山吳氏先集本　一冊　李0853

　　開本19.2厘米×12.8厘米，版框6.7厘米×4.8厘米；四周單邊，單黑魚尾；半葉八行，行十四字。牌記：州山吳氏先集之一；山陰吳氏竹松堂潛泉簽抄之一/八世孫隱謹校刊龍集/戊午三月。版心下方鐫：潛泉叢鈔/西泠印社。批校題跋：李一氓題簽（州山吳氏詞萃/缺風東詞/西泠印社近排字本/一甿記）。鈐印：——淨菩薩坐利物菩薩、蘄水陳曾餘印、李一甿、一甿七十、無是樓藏書、一氓搜藏詞書種種/一九七七年記。

浣雪詞鈔二卷　（清）毛際可著　（清）李天馥　（清）王士禛評　（清）吳陳琰校　清康熙刻本　二冊　李0551

　　開本30厘米×17.8厘米，版框19.6厘米×14.2厘米；四周單邊，單黑魚尾；半葉九行，行十九字。序跋：尤侗、沈珩序。批校題跋：齊燕銘題簽。鈐印：李氏一氓、一氓所藏、渡江檠楥、檠楥詞人、無是樓藏書。

夢珠集不分卷夢珠二集不分卷　（清）姚倬著　清抄本　一冊　李0090

　　開本25.1厘米×13.6厘米；半葉十二行，行二十八字。批校題跋：李一氓題記（夢珠詞稿）。鈐印：一氓所藏、七十又八、成都李一氓、一氓搜藏詞書種種/一九七七年記。

珂雪詞二卷　（清）曹貞吉著　清康熙刻本　二冊　李0555

　　開本26厘米×16.3厘米，版框17.5厘米×12.6厘米；左右雙邊；半葉十行，行二十一字，小字雙行同。內封鐫：安丘曹實菴著/珂雪詞/本衙藏板。序跋：高珩、王煒、陳維崧序。批校題跋：李一氓題簽（珂雪詞/曹寔庵著/康熙鐫本/檠楥）。鈐印：雪邨俗醫又號芝閣、王熙泰印、子純書畫翰墨、莫友芝圖書印、無竟先生獨志堂物、檠楥、野莽、檠楥詞翰、李一氓印、一氓所藏、成都李一氓、無是樓藏書、一氓搜藏詞書種種/一九七七年記。

珂雪詞二卷補遺一卷 （清）曹貞吉著 清康熙刻本（後印本） 二冊
　　李0691

　　開本27.2厘米×15.5厘米，版框17.2厘米×12.5厘米；左右雙邊；半葉十行，行二十一字。序跋：高珩、王煒、陳維崧序。批校題跋：李一氓題跋。鈐印：苦雨齋藏書印、擎檊、李一氓、一氓六十、長征戰士、無是樓藏書、一氓搜藏詞書種種／一九七七年記。

楓香詞一卷漫堂説詩一卷 （清）宋犖撰 民國十三年（1924）杭州邵氏抄本 一冊 李0628

　　開本26.3厘米×18.2厘米；半葉八行，行二十四字。序跋：朱彝尊序。批校題跋：《楓香詞》卷末題（甲子孟冬邵鋭寫；丙寅十月望夜月窗下閲訖／倬厂老人邵章）、《漫堂説詩》卷末題（甲子嘉平邵鋭迻寫；丙寅冬初倬盦閲竟目記）。鈐印：杭邵章伯裘收藏書籍記、茗生模古、邵鋭手鈔、半巖廬曾孫鋭、李一氓、李一氓、無是樓、長征戰士、一氓搜藏詞書種種／一九七七年記、北京圖書館藏。

湘瑟詞四卷 （清）錢芳標纂 清康熙刻本（初印本） 二冊 李0698

　　開本26.4厘米×17.2厘米，版框18.7厘米×14.1厘米；左右雙邊，單黑魚尾；半葉十一行，行二十一字。序跋：董俞樗、彭孫遹、吳綺、金是瀛、陳維崧序。批校題跋：顧廷龍題簽（湘瑟詞／清康熙鐫本／一氓同志屬顧廷龍署簽）。鈐印：胡燮臣、胡澳三、瑞軒、李（押）、李一氓、無是樓、無是樓藏書、成都李一氓、李一氓五十後所得、成都李氏收藏故籍、一氓搜藏詞書種種／一九七七年記。

湘瑟詞四卷 （清）錢芳標纂 清康熙刻本（後印本） 二冊 李0699

　　開本26.4厘米×17.2厘米，版框18.7厘米×14.1厘米；左右雙邊，單黑魚尾；半葉十一行，行二十一字。序跋：董俞樗、彭孫遹、吳綺、金是瀛、陳維崧序。批校題跋：郭紹虞題簽（湘瑟詞／康熙刊本／一氓同志藏/紹虞署簽）。鈐印：擊楄、李一氓、李一氓印、一氓所藏、無是樓藏書、成都李氏收藏故籍、一氓搜藏詞書種種/一九七七年記。

玉山詞三卷 （清）陸次雲著 （清）尤侗 （清）秦松齡評 清康熙刻本 一冊 李0520

開本27.2厘米×16.4厘米，版框18.5厘米×13.7厘米；左右雙邊，單黑魚尾；半葉九行，行十九字，小字雙行同。序跋：嚴繩孫序。批校題跋：李一氓題記。鈐印：風月知己、成都李一氓、無是樓藏書、成都李氏收藏故籍、李一氓五十後所得、一氓搜藏詞書種種/一九七七年記。

玉山詞三卷 （清）陸次雲著 （清）尤侗 （清）秦松齡評 清康熙刻本 一冊 李0521

開本25厘米×16.8厘米，版框18.6厘米×13.5厘米；左右雙邊，單黑魚尾；半葉九行，行十九字，小字雙行同。序跋：嚴繩孫序。批校題跋：李一氓題記。鈐印：許鑄玉成、海虞許氏所藏、家在二陸讀書臺下干將鑄劍山邊、無是樓、擊楄詞翰、一氓所藏、一氓讀書、成都李一氓、蠶叢魚鳧之人、一氓搜藏詞書種種/一九七七年記。

紫雲詞一卷 （清）丁煒塡 （清）朱彝尊選 （清）吳綺 （清）徐釚評 清康熙刻本（希鄨堂藏板） 二冊 李1098

開本26.1厘米×17.2厘米，版框18.9厘米×13.8厘米；左右雙邊，單黑魚尾；半葉十行，行二十一字。序跋：徐釚、朱彝尊、陳維岳、丁澎、丁煒序。鈐印：陽湖陶氏涉園所有書籍之記、李一眠、無是樓、李一氓印、一氓六十、擊楄詞人、無是樓藏書、蠶叢魚鳧之人、成都李氏收藏故籍、一氓搜藏詞書種種/一九七七年記。

浣花詞一卷　（清）查容著　民國七年（1918）上虞羅振玉石印本　一冊
　李1097

開本19.2厘米×12.8厘米。批校題跋：李一氓題簽（浣花詞/近石印本）。鈐印：擊楖、李一氓、一氓所藏、無是樓藏書、一氓搜藏詞書種種/一九七七年記。按：此書襯紙爲易孺印譜書葉。

學文堂詩餘（耕煙詞）三卷　（清）陳玉璂著　清刻本　一冊　李0700

開本28.1厘米×17.6厘米，版框17.5厘米×13.2厘米；左右雙邊，上下黑口，單黑魚尾；半葉十四行，行二十五字。批校題跋：唐雲題簽、李一氓題簽（耕煙詞三卷/近刊學文堂集本/一氓自署）。鈐印：無是樓、一氓所藏、一氓七十、一氓讀書、成都李一氓。

菊莊詞甲集一卷菊莊詞話一卷　（清）徐釚填　（清）程其觀　（清）梁綸校　清康熙刻本（有抄補）　一冊　李1109

開本30厘米×19厘米，版框17.7厘米×13厘米；四周雙邊，上下黑口，對黑魚尾；半葉十行，行十九字，小字雙行同。目錄末鐫：黃絹幼婦外孫齏臼。序跋：丁澎序、王嗣槐詞引、吳鼐跋。批校題跋：朱屺瞻題簽（康熙鐫本）、李一氓跋。鈐印：小羅浮最深處、金氏小酣鑒藏、李（押）、李一氓、無是樓、一氓讀書、一氓七十、無是樓藏書、成都李一氓、李一氓五十後所得、成都李氏收藏故籍、一氓搜藏詞書種種/一九七七年記。

山曉閣詞草一卷　（清）孫琮撰　（清）徐士俊選　清康熙刻本　一冊
　缺一葉　李0517

開本25.7厘米×16.8厘米，版框18.2厘米×13.3厘米；左右雙邊，單黑魚尾，無界行；半葉九行，行二十字。缺第二十九葉。卷端題名下方鐫：初刻。批校題跋：李一氓題記。鈐印：蓼漚、無是樓、一氓六十、一氓讀書、一氓所藏、成都李一氓、一氓搜藏詞書種種/一九七七年記。

峡流词三卷 （清）王晫著 （清）曹尔堪等选 （清）丁澎等定 清康熙霞举堂刻本 二册 李0513

开本22.2厘米×14.5厘米，版框17.7厘米×13厘米；四周单边，单黑鱼尾；半叶九行，行二十字，小字双行同。版心下方镌：霞举堂。序跋：曹尔堪、毛奇龄、丁澎序。钤印：张捷、姓江、拙适斋珍藏、擎榍、李一氓印、一氓所藏、渡江擎榍、无是楼藏书、一氓搜藏词书种种／一九七七年记。

弹指词二卷 （清）顾贞观著 （清）顾开陆 （清）顾钟珣校录 清乾隆十八年（1753）顾氏刻本 一册 李0692

开本24.8厘米×16.5厘米，版框18.1厘米×13.7厘米；左右双边，上下黑口，单黑鱼尾；半叶九行，行十八字。内封镌：弹指词／曾孙顾图河／宗海／安淮倬汉重镌。批校题跋：李一氓题跋。钤印：华峯、积书岩藏板、甿、李（押）、擎榍、李一氓、李一甿、一甿七十、一氓所藏、擎楒词翰、一甿七十、无是楼藏书、一氓搜藏词书种种／一九七七年记、北京图书馆藏。

弹指词二卷 （清）顾贞观著 清海甯陈氏木活字印本 二册 李0694

开本30.2厘米×18.2厘米，版框19厘米×13.5厘米；四周双边，单黑鱼尾；半叶十一行，行二十一字。版心下印：海甯陈氏／聚珍板印。序跋：诸洛序。批校题跋：李一氓题签（弹指词／近木活字翻乾隆两卷本／一氓）。钤印：李一氓、无是楼、一氓所藏、一氓八十、一氓搜藏词书种种／一九七七年记（"七七"二字墨笔改为"八二"）。

弹指词三卷补遗一卷 （清）顾贞观著 （清）杜诏订 清光绪四年（1878）枕经葄史斋刻本 一册 李0693

开本24.7厘米×16.5厘米，版框16.6厘米×11.1厘米；四周双边，上下黑口，对黑鱼尾；半叶九行，行十九字。牌记：光绪戊寅秋九月枕经葄史齋重刊。序跋：秦賡彤、鄒文炳、諸洛、姚廷謙、杜詔序，綬珊跋。批校題跋：李一氓題跋。鈐印：擊楫、李一氓、一氓所藏、擊楫詞翰、成都李一氓、無是樓藏書、一氓搜藏詞書種種/一九七七年記、北京圖書館藏。

蒼梧詞十二卷 （清）董元愷撰 （清）王士禛評 （清）陳玉璂閱 清康熙刻本（李一氓抄補） 六册 李0554

開本27.5厘米×17厘米，版框18.6厘米×12.9厘米；左右雙邊，單黑魚尾；半葉九行，行二十字，小字雙行同。序跋：陳維崧、尤侗、陳玉璂序。批校題跋：杜宣題簽（蒼梧詞/康熙精鐫本/杜宣爲一氓題）。鈐印：定不傷心何處可、我有詞癖、雲生樓、去女堂、焚香聽雨、悳溥、子厚、濃笑、人靜月當樓、襄鉅、阮白、無是樓、無是樓藏書、成都李一氓、成都李氏收藏故籍、李一氓五十後所得、一氓搜藏詞書種種/一九七七年記。

聊齋詞一卷 （清）蒲松齡著 清光緒鉛印本 一册 李1094

開本25.7厘米×14.6厘米，版框17.4厘米×11.9厘米；四周雙邊，上下黑口，單黑魚尾；半葉十三行，行三十字。序跋：鑒堂氏序。批校題跋：李一氓題記。鈐印：李一氓、無是樓、一氓所藏、一氓七十、長征戰士之一、一氓搜藏詞書種種/一九七七年記。

聊齋詞一卷 （清）蒲松齡著 清宣統三年(1911)海豐吴重熹抄本 一册 李1114

開本25.5厘米×14.6厘米；半葉八行，行二十四字。批校題跋：吴重熹題并跋、李鳧跋。鈐印：海豐吴氏、石蓮盦、石蓮校勘、猛堪、紅嬴山人校讀、擊楫、李一氓、一氓讀書、無是樓藏書、一氓搜藏詞書種種/一九七七年記。按：書中附剪報（王利器《記〈聊齋詩餘〉手稿》）。

聊齋詞一卷 （清）蒲松齡著 民國刻本 一册 李1113

開本23.9厘米×15.1厘米，版框16厘米×12.5厘米；左右雙邊，上

下黑口，對黑魚尾；半葉十一行，行二十一字。批校題跋：李一氓題記。鈐印：擎楫、李一氓、一氓所藏、無是樓藏書、一氓搜藏詞書種種／一九七七年記。

錦瑟詞三卷詞話一卷錦瑟酬贈詞一卷　（清）汪懋麟著　清康熙刻本　二冊　李0701

開本30.4厘米×18.2厘米，版框17.6厘米×12.9厘米；四周雙邊，上下黑口，對黑魚尾；半葉十行，行十九字。序跋：曹爾堪、梁允植、宗元鼎序。批校題跋：李一氓題籤（錦瑟詞／汪蛟門填／康熙鐫本／一氓所藏）。鈐印：李一氓印、一氓所藏、擎機詞人、長征戰士、成都李一氓、無是樓藏書、一氓搜藏詞書種種／一九七七年記。

綺霞詞三卷　（清）金烺撰　（清）毛奇齡等定　清康熙觀文堂刻本　二冊　李0519

開本27.5厘米×16.9厘米，版框18.8厘米×14厘米；左右雙邊；半葉九行，行二十一字。版心下方鐫：觀文堂。序跋：吳棠禎序。批校題跋：李一氓題記。鈐印：擎機、一氓所藏、李一氓印、一氓讀書、無是樓藏書、成都李氏收藏故籍、一氓搜藏詞書種種／一九七七年記。

瓜廬詞一卷　（清）金人望著　清康熙刻本（李一氓抄補）　一冊　李1112

開本27.3厘米×16.5厘米，版框17.7厘米×13.1厘米；左右雙邊，單黑魚尾；半葉九行，行二十字。序跋：張鴻烈、魏坤、沈暭日、方舟、金人望序，康乃心跋。批校題跋：李一氓跋。鈐印：墨瀚樓珍藏書畫鈐記、無是樓藏書、成都李一氓、一氓七十又七、李一氓五十後所得、成都李氏收藏故籍、一氓搜藏詞書種種／一九七七年記。

凝香集四卷 （清）陳祥裔著　清康熙三十年（1691）刻本　二册　存二卷（一、二）　李0626

開本25.6厘米×16.5厘米，版框18.6厘米×13.1厘米；左右雙邊，上下黑口，對花魚尾；半葉九行，行十九字。序跋：李式璉序。批校題跋：李一氓題記。鈐印：無是樓、一氓六十、成都李一氓、蠹叢魚鳧之人、一氓搜藏詞書種種／一九七七年記。

杕左堂集四卷 （清）孫致彌撰　（清）汪榆等校　清乾隆刻本　二册　李0510

開本29.2厘米×17.5厘米，版框17.7厘米×14.3厘米；左右雙邊，上下黑口，順黑魚尾；半葉九行，行二十字，小字雙行同。序跋：樓儼、吳秋序。鈐印：一氓讀書、長征戰士、成都李一氓、無是樓藏書、李一氓五十後所得、一氓搜藏詞書種種／一九七七年記。

柳烟詞四卷詞評一卷 （清）鄭景會著　（清）丁澩　（清）徐汾選　清康熙花萼軒刻本　一册　李0515

開本27.2厘米×16.5厘米，版框17.6厘米×13.3厘米；左右雙邊，單黑魚尾；半葉九行，行二十字，小字雙行同。版心下方鐫：花萼軒。序跋：顧貞觀、丁澎、毛奇齡序。鈐印：鄞林氏藜照廬圖書、無是樓藏書、成都李一氓、李一氓五十後所得、成都李氏收藏故籍。

夢月巖詩餘一卷 （清）呂履恒著　清雍正刻本　一册　李0516

開本25.5厘米×15.2厘米，版框17.1厘米×13.8厘米；左右雙邊，單黑魚尾；半葉十行，行十九字。鈐印：李一氓、無是樓、一氓所藏、一氓搜藏詞書種種／一九七七年記。

蔬香詞一卷竹窗詞(竹窻詞)一卷獨旦詞一卷 （清）高士奇著 清康熙刻本 一册 李1111

開本28.5厘米×17.7厘米，版框18.7厘米×13.5厘米；四周單邊，上下黑口，對黑魚尾；半葉十一行，行二十字。序跋：高士奇序。批校題跋：李一氓題簽（蔬香詞/竹窗詞/獨旦詞坿/康熙鐫本/一氓所藏）。鈐印：擎楫、李一甿、一氓六十、擎楫詞人、成都李一氓、無是樓藏書、一氓搜藏詞書種種/一九七七年記。

情田詞三卷 （清）邵瑱著 清道光二十二年(1842)石帆花屋刻本 二册 李0621

開本22.9厘米×13.6厘米，版框16.9厘米×11.9厘米；四周雙邊，單黑魚尾；半葉九行，行十九字。版心下方鐫：石帆花屋。序跋：龔翔麟序。批校題跋：李一氓題簽（情田詞/道光重槧本/一氓）、李一氓題記。鈐印：擎檝、無是樓、李一甿、一氓所藏、一氓七十、無是樓藏書、長征戰士之一。

飲水詞鈔二卷 （清）納蘭性德著 （清）袁通選錄 清嘉慶小倉山房刻本 一册 李0622

開本24.7厘米×15.7厘米，版框17.7厘米×13.6厘米；左右雙邊，上下黑口，單黑魚尾；半葉十二行，行二十三字。內封鐫：飲水詞鈔/小倉山房藏板。批校題跋：李一氓跋。鈐印：惠生藏書、家在武彝山下、無是樓、一氓六十、一氓讀書、無是樓藏書、李一氓五十後所得、一氓搜藏詞書種種/一九七七年記。

飲水詞一卷 （清）納蘭成德著 清道光二十六年(1846)刻本 一册 李0624

開本25.6厘米×16.3厘米；半葉八行，行十九字。序跋：金梁外史識。批校題跋：齊燕銘題簽（飲水詞/道光金梁外史選本/燕銘署簽）。鈐印：無是樓、一氓所藏、成都李一氓、長征戰士之一、一氓搜藏詞書種種/一九七七年記。

納蘭詞五卷補遺一卷　（清）納蘭成德著　（清）汪元治編輯　清道光十二年(1832)結鐵網齋刻本　一册　李0623

開本27.1厘米×17.2厘米，版框19厘米×13.6厘米；左右雙邊，單黑魚尾；半葉十行，行二十一字。内封鎸：道光壬辰七月/納蘭詞/結鐵綱齋藏版。序跋：楊芳燦、周僖、趙函序，汪元浩、汪元治跋。批校題跋：李一氓題簽（飲水詞/結銕綱齋道光鐫本/一氓藏）。鈐印：潘貴生印、秋谷、擊楫、李一氓印、一氓讀書、無是樓藏書、成都李一氓、一氓搜藏詞書種種/一九七七年記。

納蘭詞五卷補遺一卷　（清）納蘭性德撰　1954年文學古籍刊行社鉛印本　一册　李0625

開本20.3厘米×14厘米。序跋：吴綺、楊芳燦、周僖、趙函、張預序，汪元浩跋。鈐印：一氓所藏、無是樓藏書、一氓搜藏詞書種種/一九七七年記。

紅藕莊詞三卷　（清）龔翔麟著　清康熙十八年(1679)錢塘龔氏玉玲瓏閣刻本　二册　李1096

開本25.3厘米×16.7厘米，版框16.9厘米×12.9厘米；左右雙邊；半葉十行，行二十字，小字雙行同。批校題跋：李一氓題并跋。鈐印：曾藏袁文藪家、擊楫、無是樓、李一氓印、無是樓藏書、成都李一氓、蠠叢魚鳧之人、一氓搜藏詞書種種/一九七七年記。按：書中襯紙爲易孺《玦亭鈢印集》書葉。

蕊珠詞（藥珠詞）一卷　（清）徐吴昇填　清康熙刻本　二册　李0696

開本23.8厘米×14.5厘米，版框17.2厘米×12.9厘米；左右雙邊，

上下黑口，單黑魚尾，無界行；半葉八行，行十九字。序跋：毛先舒、周京序。批校題跋：李一氓題簽（蕊珠詞/康熙鐫本）、李一氓題記。鈐印：湯瀅、紹南、擊轊、李一氓印、一氓所藏、一氓讀書、無是樓藏書、一氓搜藏詞書種種/一九七七年記。

喝月詞六卷　（清）陳鵬年撰　清刻本　一冊　李0511

開本25.7厘米×16.7厘米，版框17.8厘米×13.4厘米；四周單邊，上下黑口，對黑魚尾；半葉十一行，行二十字。鈐印：劉履芬、卯生、潘聖一讀、寫秋心人、李一氓、無是樓、一氓所藏、一氓八十、成都李氏收藏故籍。

坐花閣詩餘一卷　（清）吳之騄著　（清）吳蔭培校栞　吳保琳　吳保珹校　清宣統二年（1910）吳蔭培刻本　一冊　李0512

開本23.8厘米×14.6厘米，版框17.4厘米×12.4厘米；左右雙邊，單黑魚尾；半葉九行，行二十一字，小字雙行同。序跋：汪鶴孫序。鈐印：李（押）、擊轊、無是樓、李一氓、成都李一氓、無是樓藏書、一氓搜藏詞書種種/一九七七年記。

司寇公親筆詞稿一卷　（□）司寇公撰　稿本　一冊　李0864

開本26厘米×12.8厘米。批校題跋：外封題（司寇公親筆詞稿/來孫純謹識）、李一氓跋。鈐印：阮粹軒、道南阮氏、一氓七十又七（末"七"墨筆改爲"九"）、一氓搜藏詞書種種/一九七七年記。

紅萼詞二卷　（清）孔傳鐸著　（清）顧彩評　（清）顧傳鍂參　（清）孔繼溥等校輯　清康熙刻本　二冊　李0874

開本26.2厘米×16.5厘米，版框17.3厘米×13厘米；左右雙邊，單黑魚尾；半葉九行，行十九字，小字雙行同。序跋：孔傳鐸序。批校題跋：李一氓跋。鈐印：曾藏袁文藪家、還有、擊轊、李一氓、一氓八十、李一氓印、無是樓藏書、成都李一氓、鹽叢魚鳧之人、一氓搜藏詞書種種/一九七七年記。

紅蕚軒詞牌二卷 （清）孔傳鐸輯 清康熙刻本 二冊 李0558

開本23.4厘米×14.5厘米，版框14.1厘米×9厘米；四周雙邊；半葉五至六行，行字不等。序跋：孔傳鐸引、顧彩序、孔傳鋕跋。鈐印：敷榮藏書、擊檝、李一甿、無是樓藏書、一氓搜藏詞書種種/一九七七年記。

歸愚詩餘一卷 （清）沈德潛稿 （清）顧詒祿閱 清乾隆刻本 一冊 李0867

開本25.5厘米×17.7厘米，版框16.7厘米×13.5厘米；左右雙邊，單黑魚尾；半葉十行，行十九字。序跋：顧詒祿序。鈐印：李一氓、無是樓、一氓六十、一氓讀書、一氓搜藏詞書種種/一九七七年記。

栩園詞弃稿（栩園詞弃稾）四卷 （清）陳聶恒撰 清康熙刻本 一冊 李0518

開本26厘米×17厘米，版框16厘米×13.5厘米；左右雙邊，上下黑口，單黑魚尾；半葉十行，行十九字。序跋：顧貞觀、陳聶恒序。批校題跋：李一氓題記。鈐印：華慶、無是樓、七十又八、一氓讀書、成都李一氓、一氓搜藏詞書種種/一九七七年記。

玲瓏簾詞一卷 （清）吳焯撰 民國刻朱印本 一冊 李0527

開本33厘米×21.7厘米，版框15.4厘米×12.2厘米；左右雙邊，上下紅口，單紅魚尾；半葉十行，行十九字。序跋：厲鶚序、吳憲奎跋。鈐印：無是樓、渡江擊檝、李氏一氓、擊檝詞人、無是樓藏書、一氓搜藏詞書種種/一九七七年記。

清濤詞二卷 （清）孔傳鋕著 （清）顧彩選 （清）孔傳鐸閱訂 清康熙刻本 一冊 李0875

開本26.5厘米×16.8厘米，版框16.9厘米×12.8厘米；左右雙邊，單黑魚尾；半葉九行，行十九字。序跋：顧彩、孔傳鋕序，沙克岐跋。批校題跋：王个簃題簽（清濤詞/一氓同志囑題/王个簃）。鈐印：瘦吟詞客、綏、曾藏袁文藪家、擎檊、李一氓、李一氓印、一氓所藏、渡江擎檊、無是樓藏書、成都李氏收藏故籍、一氓搜藏詞書種種/一九七七年記。

清濤詞二卷 （清）孔傳鋕著 （清）顧彩選 （清）孔傳鐸閱訂 清康熙刻本 二冊 李0876

開本26.5厘米×16.8厘米，版框16.9厘米×12.8厘米；左右雙邊，單黑魚尾；半葉九行，行十九字。序跋：顧彩、孔傳鋕序，沙克岐跋。批校題跋：李一氓題簽（清濤詞/成都李一氓收藏／一九四九秋初於北京）。鈐印：一氓所藏、成都李一氓、長征戰士之一、一氓搜藏詞書種種/一九七七年記、北京圖書館藏。

白蕉詞四卷續集四卷 （清）陸培著 清雍正至乾隆刻本 四冊 缺一葉 李0878

開本23.2厘米×15.4厘米，版框16.3厘米×12.4厘米；左右雙邊；半葉十行，行二十一字，小字雙行同。缺首葉。序跋：陸培識，葉之溶、沈修齡、張奕樞、徐煥然跋。鈐印：四明盧氏抱經樓藏書印、擎檊、李一氓、一氓五十、一氓六十、無是樓藏書、李一氓五十後所得、一氓搜藏詞書種種/一九七七年記。

晚香詞三卷附西圃詞説一卷 （清）田同之撰 清刻本 二冊 李0522

開本23.6厘米×14.8厘米，版框16.3厘米×12.3厘米；左右雙邊，上下黑口，對黑魚尾；半葉十一行，行二十一字。鈐印：曾藏袁文藪家、擎檊、無是樓藏書。

莞爾詞四卷 （清）陸綸著　清嘉慶刻本　一册　存二卷（三、四）
　李0862

　　開本25.2厘米×16.2厘米，版框19.8厘米×15厘米；左右雙邊，單黑魚尾；半葉十一行，行二十一字，小字雙行同。批校題跋：顧無咎題（莞爾詞/缺一二兩卷/仁和湯嘉樹圈點/神州酒帝署），羅劍僧、黃夔生題記，湯嘉樹圈點，顧無咎批并跋，李一氓跋。鈐印：神州酒帝、山谷後裔、松陵黃□、顧十郎、曾藏袁文藪家、成都李一氓、一氓七十又七、一氓搜藏詞書種種/一九七七年記、北京圖書館藏。按：書中有浮簽，另附"眉"致黃夔生函。

綠陰山館詞二卷 （清）楊學林著　清刻本　一册　李0877

　　開本23.2厘米×14.8厘米，版框18.2厘米×13.6厘米；左右雙邊，下黑口，單黑魚尾；半葉十行，行十九字。序跋：楊學林序。批校題跋：李一氓題記。鈐印：擊楫、一氓所藏、七十又八、成都李一氓、無是樓藏書、一氓搜藏詞書種種/一九七七年記。

百花詞一卷 （清）董炳文著　（清）董存誠等梓　清刻本　一册
　李0514

　　開本24.4厘米×13.9厘米，版框17.5厘米×10.6厘米；四周單邊；半葉九行，行二十二字，小字雙行同。批校題跋：黃裳、李一氓題記。鈐印：喬林、樂山、石華藏書子孫永寶鬻及借人是皆不孝、上海圖書館藏、李一氓、無是樓、一氓所藏、一氓七十又七、一氓搜藏詞書種種/一九七七年記。

秋林琴雅四卷 （清）厲鶚撰　清光緒九年（1883）汪氏酒邊人倚紅樓刻本　二册　李0523

　　開本27.3厘米×16.7厘米，版框15.2厘米×11.5厘米；四周雙邊，上下黑口，單黑魚尾；半葉十一行，行二十一字，小字雙行同。版心下方鐫：酒邊人倚紅樓汪氏梨本。鈐印：擊楫、李一氓、李一氓、一氓五十、渡江擊楫、無是樓藏書、李一氓五十後所得、一氓搜藏詞書種種／一九七七年記。

藕村詞存一卷 （清）張宗櫯撰　清宣統三年（1911）上海商務印書館鉛印涉園叢刻本　一冊　李0983

開本24.5厘米×14.5厘米，版框17.6厘米×11.3厘米；四周雙邊，單黑魚尾；半葉十一行，行三十字。版心下方印：涉園叢刻。序跋：陸光宗序。鈐印：曾藏袁文藪家、擊楫、李一甿、一氓五十、渡江擊楫、無是樓藏書、一氓搜藏詞書種種／一九七七年記。

小眠齋詞四卷 （清）史承謙著　清乾隆刻本　二冊　李0873

開本24厘米×15.1厘米，版框18.2厘米×12.5厘米；左右雙邊；半葉九行，行二十字。序跋：張梁、儲國鈞、萬之蘅、史承豫序。鈐印：擊楫、李一氓、無是樓藏書、李一氓五十後所得、一氓搜藏詞書種種／一九七七年記。

萬松居士詞一卷 （清）錢載撰　民國十四年（1925）邵銳抄本　一冊　李0872

開本27.4厘米×18.5厘米；半葉八行，行二十四字。批校題跋：邵銳題記（乙丑天中邵銳迻寫）、邵章題記。鈐印：倬盦校錄之印、杭邵章伯褧收藏書籍記、與明康僖同里同姓名、李一氓、無是樓、一氓六十、一氓搜藏詞書種種／一九七七年記、北京圖書館藏。

雪壓軒集不分卷 （清）賀雙卿撰　張壽林校輯　民國十六年（1927）北京文化學社鉛印本　一冊　李0370

開本18.3厘米×11.6厘米，版框11.5厘米×7.8厘米；四周雙邊；半葉八行，行二十二字。鈐印：野莽、無是樓、一氓所藏、一氓搜藏詞書種種／一九七七年記。

集部

留研詞一卷 （清）程志鏵著　清乾隆二十五年（1760）刻本（德遠堂藏板）　一冊　李0827

開本20.8厘米×13.9厘米，版框17.6厘米×11.4厘米；左右雙邊，上下黑口，單黑魚尾；半葉八行，行十九字。內封鐫：德遠堂藏板。序跋：諸洛、廷鑲序。鈐印：擊楫、李一氓、一氓六十、無是樓藏書、李一氓五十後所得、一氓搜藏詞書種種／一九七七年記。

花嶼詞一卷　（清）儲祕書撰　清乾隆刻本　一冊　李0917

開本24厘米×15.7厘米，版框18.4厘米×13.8厘米；四周雙邊，單黑魚尾；半葉九行，行十九字。序跋：史承豫序。鈐印：老詞客、老蘭審定、孝耕鑑藏、曾藏袁文藪家、擊楫、李一氓、李一氓、一氓七十、無是樓藏書、一氓搜藏詞書種種／一九七七年記。

棕亭詞鈔七卷　（清）金兆燕撰　清道光十六年（1836）贈雲軒刻本　二冊　李1053

開本24.5厘米×15.2厘米，版框17.2厘米×14厘米；左右雙邊，單黑魚尾；半葉十行，行二十一字。內封鐫：道光丙申年刊／棕亭詞鈔／贈雲軒藏板。版心下方鐫：贈雲軒。鈐印：曾藏袁文藪家、擊楫、李一氓、李一氓、無是樓藏書、李一氓五十後所得、一氓搜藏詞書種種／一九七七年記。

花韻館詞七卷　（清）邵玘撰　清乾隆刻本　一冊　李1091

開本24.2厘米×12.3厘米，版框14.6厘米×10.5厘米；左右雙邊，單黑魚尾；半葉八行，行十八字。王昶序末鐫：吳門劉鳴山刻。序跋：王昶、張裕犖序。批校題跋：李一氓題簽（花韻館詞／乾隆梊本／一氓自署）。鈐印：一生除與酒無緣、野莽、李一氓、無是樓、一氓讀書、一氓六十、無是樓藏書、一氓搜藏詞書種種／一九七七年記。

菱江詞一卷 （清）王慶瀾著　清嘉慶十一年（1806）恕堂刻本　一冊
李0264

開本 25.6 厘米×16.2 厘米，版框 17.9 厘米×14 厘米；左右雙邊，單黑魚尾；半葉九行，行二十字，小字雙行同。內封鐫：嘉慶丙寅鐫/菱江詞/恕堂藏板。序跋：劉可培序。批校題跋：李一氓題記。鈐印：曾藏袁文藪家、擊楖、李一氓印、一氓所藏、一氓五十、無是樓藏書、一氓搜藏詞書種種/一九七七年記、北京圖書館藏。

青櫺館詞稿初鈔（青櫺館詞槀初鈔）一卷詩稿附鈔（詩槀附鈔）一卷　（清）倪象占撰　清刻本　一冊　李1350

開本 23.7 厘米×16 厘米，版框 18.3 厘米×13.3 厘米；左右雙邊，單黑魚尾；半葉十行，行二十一字，小字雙行同。序跋：倪象占序。鈐印：無是樓、一氓讀書、一氓六十、一氓搜藏詞書種種/一九七七年記。

陶園詩餘二卷　（清）張九鉞撰　（清）楊芳燦　（清）劉嗣綰校訂　清道光七年（1827）張家樾張家栻刻陶園全集本　二冊　李0276

開本 23.7 厘米×14.9 厘米，版框 18.5 厘米×13.2 厘米；四周雙邊，單黑魚尾；半葉十行，行二十一字，小字雙行同。版心鐫：秋篷詞。批校題跋：李一氓題簽（秋篷詞/一甿自署/計兩冊）、李一氓題記。鈐印：長白詩橋氏珍藏印、曾藏袁文藪家、擊楖、野莽、李一氓、一氓所藏、一氓讀書、無是樓藏書、一氓搜藏詞書種種/一九七七年記、北京圖書館藏。

香谷詩餘一卷江城好一卷　（清）段馨撰　稿本　一冊　李1090

開本 22.5 厘米×14.1 厘米。序跋：段馨序。批校題跋：李一氓題簽（香谷詩餘/槀本/一氓藏）、李一氓題記。鈐印：無是樓、一氓讀書、一氓所藏、一氓六十、一氓搜藏詞書種種/一九七七年記。

偉堂詞鈔四卷 （清）趙帥撰 清乾隆五十年（1785）刻本 一册
李1051

開本24.8厘米×15.2厘米，版框18厘米×13厘米；四周單邊，單黑魚尾；半葉九行，行十九字，小字雙行同。序跋：趙帥序。鈐印：曾藏袁文藪家、擊概、李一氓、李一甿、無是樓藏書、李一氓五十後所得、一氓搜藏詞書種種／一九七七年記、北京圖書館藏。

快晴小築詞二卷 （清）劉錫嘏撰 清嘉慶十二年（1807）刻本 一册
李1056

開本25.7厘米×16.1厘米，版框16.9厘米×12.3厘米；左右雙邊，單黑魚尾；半葉十行，行二十字。序跋：楊芳燦序。鈐印：曾藏袁文藪家、擊概、李一氓、李一氓印、一氓所藏、無是樓藏書、一氓搜藏詞書種種／一九七七年記、北京圖書館藏。

茗父詞鈔一卷 （清）蔡夔著 清道光刻本 一册 李1099

開本23.6厘米×15.6厘米，版框17.4厘米×13.1厘米；四周雙邊，單黑魚尾；半葉八行，行十八字。序跋：石韞玉、蔡廷弼序。鈐印：李一氓、李一甿、一氓六十、擊概詞人、無是樓藏書、一氓搜藏詞書種種／一九七七年記。

榮寶詞續集三卷 （清）張塤撰 民國十六年（1927）邵銳抄本 一册
李1054

開本26.6厘米×17.7厘米；半葉八行，行字不等。批校題跋：邵銳題并跋、邵章評、李一氓題記。鈐印：與明康僖同里同姓名、杭邵章伯褧收藏書籍記、無是樓、李一氓、一氓讀書、一氓六十。

夢田詞一卷 （清）姜貽經撰 清道光十八年（1838）刻本 一冊
李1055

開本24.5厘米×15.4厘米，版框17.3厘米×12.8厘米；左右雙邊，單黑魚尾；半葉九行，行二十一字。序跋：鄭虎文、邵齊燾、俞浩序，孫慶成跋。批校題跋：李一氓題記。鈐印：盤石手藏、苤廠藏書、李一氓、一氓所藏、七十又八、否定之否定、一氓七十又七、一氓搜藏詞書種種/一九七七年記。

雲谷詩餘二卷 （清）熊榮撰 清乾隆刻本 一冊 李1216

開本24.5厘米×14.7厘米，版框19.2厘米×13厘米；四周雙邊，單黑魚尾；半葉八行，行十九字。序跋：熊榮序。鈐印：野莽、李一甿、無是樓、一氓所藏、一氓六十、鹽叢魚鳧之人、李一氓五十後所得、一氓搜藏詞書種種/一九七七年記。

青玉閣詞一卷 （清）方學成撰 清乾隆松華堂刻本 一冊 李1215

開本24.1厘米×16.5厘米，版框18.4厘米×14.1厘米；四周單邊，單黑魚尾；半葉十一行，行二十二字。版心下方鐫：松華堂。序跋：方學成序。鈐印：擊檝、李一氓、李一甿、一氓五十、無是樓藏書、一氓搜藏詞書種種/一九七七年記。

清綺軒詩餘一卷 （清）夏秉衡著 清乾隆刻本 一冊 李0871

開本24.4厘米×15.1厘米，版框17.5厘米×12.8厘米；左右雙邊，單黑魚尾；半葉十行，行二十字，小字雙行同。鈐印：無是樓、李一氓、李一氓五十後所得、一氓搜藏詞書種種/一九七七年記。按：此書襯紙爲印譜書葉。

洽園詩餘三卷補遺一卷 （清）范來宗撰　清道光刻本　一冊　李0279

開本28厘米×17.4厘米，版框18.5厘米×13.6厘米；左右雙邊，單黑魚尾；半葉十行，行二十一字，小字雙行同。批校題跋：李一氓題記。鈐印：西城范氏真如藏書、一氓六十、一氓七十、成都李一氓、無是樓藏書、一氓搜藏詞書種種/一九七七年記。

斲冰詞（斲冰詞）五卷 （清）孔繼涵撰　清乾隆二十八年至二十九年（1763—1764）四雨莊張氏刻紅櫚書屋詞集本　一冊　李0843

開本27.4厘米×16.7厘米，版框18厘米×14.2厘米；四周單邊，上下黑口，對黑魚尾；半葉十二行，行二十四字。各卷末皆有刊語。序跋：周昱序。批校題跋：李一氓題簽（斲冰詞五卷/原鐫本/一氓題）。鈐印：孔德成、達生、擎櫼、李一眮、李一氓、一氓六十、無是樓藏書、李一氓五十後所得、一氓搜藏詞書種種/一九七七年記。

斲冰詞（斲冰詞）三卷 （清）孔繼涵撰　清乾隆曲阜孔氏刻微波榭遺書本　一冊　李0842

開本29.7厘米×18厘米，版框19厘米×15.2厘米；四周單邊，上下黑口，對黑魚尾；半葉十二行，行二十四字。卷端題名下方鐫：微波榭遺書之二。批校題跋：李一氓題記。鈐印：李一氓、一氓搜藏詞書種種/一九七七年記。

愚亭詞三卷 （清）高宗元填　清乾隆二十六年（1761）刻本（棲煙艸堂藏板）　一冊　存二卷（一、二）　李0866

開本27.2厘米×16.5厘米，版框19.2厘米×14厘米；四周單邊，單黑魚尾；半葉九行，行十九字。内封鐫：乾隆辛巳年鐫/棲煙艸堂藏板。序跋：胡崟序。批校題跋：李一氓題記。鈐印：鄞林氏黎照廬圖書、一氓六十、無是樓藏書、成都李一氓、蠹叢魚鼠之人、成都李氏收藏故籍、李一氓五十後所得、一氓搜藏詞書種種/一九七七年記。

春巢詩餘四卷樂府一卷 （清）何承燕撰　清嘉慶刻本　二冊　李0168

　　開本25.1厘米×15.7厘米，版框15.8厘米×11.3厘米；左右雙邊，單黑魚尾；半葉九行，行十九字，小字雙行同。序跋：吳廷燮、何承燕序。批校題跋：黃裳題記、李一氓跋。鈐印：丁丑以後景鄭所得、黃裳、黃裳藏本、來燕榭藏舊本詩餘戲曲、上海圖書館藏書、上海圖書館退還圖書章、野莽、無是樓、一氓所藏、一氓七十、一氓七十又七。

啖蔗詞四卷　（清）吳展成填　（清）呂銓校　清乾隆五十四年(1789)呂銓刻本　一冊　李0982

　　開本25.4厘米×16.1厘米，版框17.6厘米×12.6厘米；左右雙邊，上下黑口，單黑魚尾；半葉九行，行十九字。序跋：徐鈞序、呂銓跋。鈐印：半間書屋、借偷聲鎔盡了肝腸鍊、一點柔情三分壯志鏡中付與顛毛、李一氓、濯錦江邊、無是樓藏書、成都李一氓、一氓搜藏詞書種種／一九七七年記。

晚香居詞二卷　（清）張玉珍著　清嘉慶刻本　一冊　李0433

　　開本25.6厘米×15.5厘米，版框18厘米×13厘米；左右雙邊，單黑魚尾；半葉十行，行二十一字。序跋：吳蔚光序。鈐印：詞盦、擊楫、人比黃花瘦、野莽、李一氓、一氓七十、一氓所藏、無是樓藏書、一氓搜藏詞書種種／一九七七年記。

銅梁山人詞四卷　（清）王汝璧撰　清光緒二十年(1894)刻本　一冊　李1052

　　子目：玉脂詞一卷‖蓮果詞一卷‖華不詞一卷‖皖江詞一卷

　　開本25.8厘米×15.2厘米，版框17.2厘米×13.2厘米；四周雙邊，單黑魚尾；半葉十行，行十九字。序跋：李符清、楊瑛昶、王汝璧序。鈐印：挹雯樓、志吾、連城、樂天、墨顛、重九生、水雲之西、曾藏袁文藪家、擊檝、李一氓、李一氓、一氓七十、一氓所藏、濯錦江邊、無是樓藏書、一氓搜藏詞書種種／一九七七年記。按：書名據版心題名著錄。

執虛詞鈔一卷　（清）吳蔚光撰　清刻本　一册　李1143

　　開本22.7厘米×14.3厘米，版框16.7厘米×12.6厘米；左右雙邊，對黑魚尾；半葉十行，行十九字。鈐印：擊楫、一氓七十、無是樓藏書、李一氓信鈢、一氓搜藏詞書種種/一九七七年記。

長谿草堂詞鈔一卷　（清）潘允喆撰　清道光刻本　與《十二銅鼓軒詞稿》合一册　李0095

　　開本22.6厘米×14.3厘米，版框16.5厘米×13.2厘米；左右雙邊，單黑魚尾；半葉十行，行二十一字，小字雙行同。序跋：儲徵甲跋。鈐印：擊楫、一氓讀書。

秋庵詞草（秋盦詞草）不分卷　（清）黄易撰　清宣統石印本　一册　李1380

　　開本27.2厘米×15.5厘米，版框22.5厘米×14.5厘米；四周單邊，上下黑口，無界行；半葉十行，行二十四字，小字雙行同。序跋：羅正鈞、勞乃宣序。批校題跋：田吳炤題簽（秋盦遺稿/庚戌八月/田吳炤題）、李一氓題記。鈐印：滌齋、金石存詞、曾經山陰張致和補蘿盦藏、一氓所藏。

玉雨詞二卷　（清）徐志鼎著　清乾隆刻本　一册　李0870

　　開本24.7厘米×15厘米，版框16.7厘米×12.8厘米；左右雙邊，單黑魚尾；半葉十行，行十九字，小字雙行同。序跋：陳廷獻、胡奕勳序。鈐印：龍山蟄廬藏書之章、古莘陳氏子子孫孫永寶用、擊楫、李一氓、無是樓藏書、李一氓五十後所得、一氓搜藏詞書種種/一九七七年記、北京圖書館藏。

更生齋詩餘二卷　（清）洪亮吉著　清抄本　一冊　李1203

開本 22 厘米×14 厘米；半葉八行，行字不等。鈐印：食舊德堂藏書、還有、擊楫、李一氓、成都李一氓、無是樓藏書、一氓搜藏詞書種種/一九七七年記。

意香閣詞二卷　（清）李灃撰　清嘉慶刻本　一冊　李0081

開本 23.5 厘米×15.8 厘米，版框 17.2 厘米×12.5 厘米；左右雙邊，單黑魚尾；半葉十行，行二十一字，小字雙行同。鈐印：龍門吉士、知非樓所藏書、曾爲祝小雅閱、李（押）、擊楫、李一氓、一氓五十、無是樓藏書、一氓搜藏詞書種種/一九七七年記。

有正味齋詞集八卷續集二卷外集二卷　（清）吳錫麒著　清嘉慶刻本　二冊　李1100

開本 24 厘米×15.7 厘米，版框 19.6 厘米×14.3 厘米；四周單邊，上下黑口，對黑魚尾；半葉十二行，行二十四字。批校題跋：茅盾題簽。鈐印：李一氓、無是樓、李一氓印、一氓所藏、擊楫詞人、無是樓藏書、一氓搜藏詞書種種/一九七七年記。

亦有生齋集詞五卷　（清）趙懷玉撰　清嘉慶二十二年(1817)刻本　一冊　李1145

開本 25.7 厘米×16.2 厘米，版框 18.4 厘米×14.3 厘米；左右雙邊，上下黑口，對黑魚尾；半葉十一行，行二十三字。序跋：周儀暐序。批校題跋：李一氓題記。鈐印：擊楫、李一氓印、一氓所藏、無是樓藏書、李一氓五十後所得、一氓搜藏詞書種種/一九七七年記。

劍潭詞稿一卷　（清）汪端光撰　清抄本　一冊　李0844

開本 25.6 厘米×15.1 厘米。批校題跋：李一氓跋。鈐印：皺公經眼、

集部

無是樓、一氓所藏、擎榾詞翰、一氓六十、成都李一氓、一氓搜藏詞書種種／一九七七年記。

三影閣箏語四卷　（清）張雲璈撰　清嘉慶刻本　一冊　存三卷（一至三）　李1057

開本24厘米×14.7厘米，版框16.8厘米×12.5厘米；左右雙邊，單黑魚尾；半葉十行，行十九字，小字雙行同。批校題跋：茅盾題簽、李一氓題記。鈐印：擎榾、李一氓、一氓所藏、李一氓印、桃花源裏、無是樓藏書、一氓搜藏詞書種種／一九七七年記。

三影閣箏語四卷　（清）張雲璈撰　清嘉慶刻本　二冊　李1058

開本29.5厘米×17.8厘米，版框16.9厘米×12.6厘米；左右雙邊，單黑魚尾；半葉十行，行十九字，小字雙行同。序跋：陳鴻壽序。批校題跋：茅盾題簽（三影閣箏語四卷本／茅盾爲一氓題）、李一氓題記、邵章跋。鈐印：獨志堂印、邵章字曰伯褧、古杭邵章倬盦藏書記、倬盦藏書、李一氓、無是樓、一氓所藏、一氓讀書、鹽叢魚鳧之人、一氓搜藏詞書種種／一九七七年記。

悔存詞鈔二卷　（清）黃景仁著　（清）趙希璜校　清刻本　一冊　李1092

開本23.7厘米×15.6厘米，版框17.2厘米×14.3厘米；左右雙邊，單黑魚尾；半葉十一行，行二十三字。序跋：鄭炳文跋。鈐印：擎榾、李一氓、無是樓藏書、一氓搜藏詞書種種／一九七七年記。

澹仙詞鈔四卷　（清）熊璉著　清嘉慶二年（1797）刻本　一冊　李0431

開本22厘米×13.2厘米，版框15.8厘米×11.6厘米；四周雙邊，單黑魚尾；半葉九行，行十九字。鈐印：擎榾、野莽、李一氓、一氓七十、一氓七十、無是樓藏書、一氓搜藏詞書種種／一九七七年記。

絃秋詞二卷　（清）詹應甲撰　清嘉慶刻賜綺堂集本　一冊　李1140

開本26.1厘米×17厘米，版框18.6厘米×13.6厘米；左右雙邊，上下黑口，對黑魚尾；半葉十行，行二十一字，小字雙行同。批校題跋：李一氓題簽（絃秋詞兩卷/賜綺堂集本/一甿自署）。鈐印：無是樓、一氓所藏、一氓六十、一氓搜藏詞書種種/一九七七年記。

念宛齋詞鈔一卷　（清）左輔著　念宛齋詞曲一卷　（清）左輔著　（清）姚培忠譜　清嘉慶二十五年（1820）刻本（裕德堂藏板）　一冊　李1207

開本25.3厘米×15.8厘米，版框18.1厘米×13.9厘米；左右雙邊，單黑魚尾；半葉十行，行二十一字，小字雙行同。內封鐫：嘉慶庚辰中秋/念宛齋詞鈔/裕德堂藏板。批校題跋：李一氓題簽（念宛齋詞鈔/嘉慶原鐫本/坿工尺譜/一氓）、徐乃昌題記。鈐印：訒盦經眼、訒盦老人六十以後力聚之書子孫保之、積學齋、徐乃昌馬韻芬夫婦印、無是樓、一氓六十、一氓讀書、李一氓五十後所得。

芙蓉山館詞鈔二卷拘蓮詞一卷移箏詞一卷　（清）楊芳燦撰　清道光刻本　一冊　李1142

開本24厘米×15.7厘米，版框18.6厘米×14.4厘米；左右雙邊，單黑魚尾；半葉十二行，行二十五字，小字雙行同。鈐印：曾藏袁文藪家、擊楫、野莽、一氓讀書、一氓五十、無是樓藏書、一氓搜藏詞書種種/一九七七年記。

露蟬吟詞鈔一卷　（清）唐仲冕著　清嘉慶十六年（1811）崇川酌民言堂刻本　一冊　李1206

開本25.7厘米×16.1厘米，版框17.7厘米×13.7厘米；左右雙邊，上下黑口，單黑魚尾；半葉十行，行二十一字。內封鐫：嘉慶辛未長至月/露蟬吟詞鈔/崇川酌民言堂藏板。鈐印：擊檝、野莽、李一氓、李一氓印、無是樓藏書、一氓搜藏詞書種種/一九七七年記、北京圖書館藏。

百萼紅詞二卷 （清）吳薰撰 清光緒五年（1879）合肥張氏刻本 一册
李0157

開本23.1厘米×15.2厘米，版框15.7厘米×13.7厘米；四周雙邊，上下黑口，單黑魚尾；半葉十一行，行十八字，小字雙行同。牌記：光緒五年重鎸/百萼紅詞/合肥張氏藏板。序跋：薛時雨誌。鈐印：蘭味軒、曾藏袁文藪家、莊兆鈐印、和菴號曰仲韜、擊楫、李一氓、一氓七十、無是樓藏書。

海棠巢詞稿一卷 （清）李若虛撰 清刻本 一册 李1193

開本25.2厘米×16.8厘米，版框17.9厘米×12.8厘米；左右雙邊，單黑魚尾；半葉十行，行二十一字，小字雙行同。批校題跋：李一氓題記。鈐印：擊楫、李一氓印、一氓所藏、無是樓藏書、一氓搜藏詞書種種/一九七七年記。

花韻庵詩餘（花韻菴詩餘）一卷微波詞一卷 （清）石韞玉撰 清嘉慶刻本 一册 李1190

開本27.6厘米×17.1厘米，版框18.5厘米×14.1厘米；左右雙邊，上下黑口，單黑魚尾；半葉十行，行十八字。鈐印：李一氓、一氓七十、李一氓五十後所得、一氓搜藏詞書種種/一九七七年記。

畫延年室詩餘三卷 （清）袁起著 清同治刻本 一册 李0278

開本21.7厘米×14.8厘米，版框17.2厘米×10.9厘米；四周雙邊，單黑魚尾；半葉十一行，行二十一字，小字雙行同。序跋：吳艾生序。鈐印：擊楫、一氓五十、一氓所藏、無是樓藏書、一氓搜藏詞書種種/一九七七年記。

紅雪詞鈔四卷　（清）黃湘南著　（清）蔣璟編　附錄二卷　（清）黃本騏（清）黃婉璃著　清道光二十七年（1847）蔣璟刻三長物齋叢書本　二冊　李0294

開本24.6厘米×15.3厘米，版框17.6厘米×13厘米；四周雙邊，單黑魚尾；半葉十行，行二十一字，小字雙行同。卷端題名下方鐫：三長物齋叢書。序跋：蔣璟序。批校題跋：李一氓跋。鈐印：李一氓、一氓讀書、無是樓藏書、一氓搜藏詞書種種／一九七七年記。

梅邊吹笛譜二卷補錄一卷　（清）淩廷堪撰　民國十九年（1930）杭州邵銳抄本　一冊　李1204

開本27.1厘米×17.4厘米；半葉八行，行二十四字。序跋：朱錦琮、淩廷堪、張其錦序。批校題跋：邵銳、邵章題記。鈐印：邵銳手鈔、茗生模古、邵章私印、杭邵章伯褧收藏書籍記、李一氓、無是樓、李一氓五十後所得、一氓搜藏詞書種種／一九七七年記。

碧梧山館詞二卷　（清）汪世泰撰　清嘉慶刻本　一冊　李0159

開本23.2厘米×15.6厘米，版框18.2厘米×13.1厘米；左右雙邊，上下黑口，單黑魚尾；半葉十二行，行二十三字。序跋：吳蔚序。鈐印：擊楖、李一氓、一氓所藏、無是樓藏書、李一氓信鈢、一氓搜藏詞書種種／一九七七年記。

二如詞稿不分卷　（清）邱璋著　稿本　一冊　李0856

開本27.2厘米×15.5厘米。批校題跋：彭紹升題記。鈐印：雲石、糾生、雲屏煙嶂樓、萬竹山房、延年益壽、列岡、李一氓五十後所得、一氓搜藏詞書種種／一九七七年記。

集部

洮瓊館詞一卷 （清）袁棠撰　清嘉慶刻本　一册　李0154

　　開本22.1厘米×15.7厘米，版框18.5厘米×13.8厘米；左右雙邊，單黑魚尾；半葉十二行，行二十三字。序跋：郭麐序。鈐印：李（押）、無是樓、一泯讀書、李一泯信鉩、一泯搜藏詞書種種/一九七七年記。

籜仙詞稿五卷 （清）吳寶書撰　清光緒八年（1882）木活字印本　一册　李1211

　　開本24厘米×14.8厘米，版框18.5厘米×13.6厘米；四周雙邊，單黑魚尾；半葉八行，行十八字。序跋：秦大光、吳汝渤序，袁枚跋。鈐印：李慎餘堂珍藏、筱崖珍藏、擊橄、李一畊、一泯所藏、擊楫詞翰、濯錦江邊、無是樓藏書、一泯搜藏詞書種種/一九七七年記。

享帚詞四卷 （清）秦恩復撰　（清）秦鼎逌等校字　（清）朱光遠董刊　清道光二十五年（1845）秦氏家塾刻本　一册　李1138

　　開本21.8厘米×14厘米，版框18.1厘米×12.3厘米；左右雙邊，單黑魚尾；半葉九行，行二十字。目錄末鐫：道光乙巳年冬十有一月/享帚詞四卷/重刊於家塾。序跋：阮元、秦恩復序。鈐印：擊楫、李一畊、一泯所藏、一泯六十、無是樓藏書、一泯搜藏詞書種種/一九七七年記。

享帚詞四卷 （清）秦恩復撰　（清）秦鼎逌等校字　（清）朱光遠董刊　抄本（抄道光二十五年秦氏家塾刻本）　一册　李1139

　　開本26.9厘米×18.2厘米；半葉十行，行二十字。序跋：阮元、秦恩復序。批校題跋：李一泯題（享帚詞四卷/抄道光重鐫本）。鈐印：李一泯、無是樓、一泯讀書、擊楫詞翰、李一泯五十後所得、一泯搜藏詞書種種/一九七七年記。

微雲山館倚聲三卷　（清）秦奭章填　清道光刻本　一冊　李0251

開本 24.5 厘米×14.3 厘米，版框 16.2 厘米×12.4 厘米；四周單邊，無界行；半葉八行，行十五字，小字雙行同。批校題跋：李一氓題（微雲山舘填詞三卷/道光鐫本）。鈐印：李大釗印、李大釗讀書記、石孫、名山堂、李（押）、一氓讀書、無是樓藏書、李一氓五十後所得、一氓搜藏詞書種種/一九七七年記。

茗柯詞一卷　（清）張惠言填　清刻本　一冊　李0155

開本 26 厘米×15.2 厘米，版框 17.8 厘米×14 厘米；左右雙邊，單黑魚尾；半葉十一行，行二十三字，小字雙行同。鈐印：一氓所藏、無是樓藏書、李一氓信鈢、一氓搜藏詞書種種/一九七七年記。

茗柯詞一卷　（清）張惠言填　民國十三年（1924）邵銳抄本　一冊　李0156

開本 26.5 厘米×18.2 厘米；半葉八行，行二十四字。批校題跋：邵銳題（甲子夏季邵銳寫）、邵章題（丙寅冬始倬闇讀畢記）、李一氓題（茗柯詞/邵章藏/邵銳鈔本）。鈐印：邵銳手鈔、杭邵章伯裘收藏書籍記、茗生模古、一氓七十、成都李一氓、李一氓五十後所得、一氓搜藏詞書種種/一九七七年記、北京圖書館藏。

尚絅堂詞集二卷　（清）劉嗣綰撰　清道光刻本　一冊　李0574

開本 22.7 厘米×15.5 厘米，版框 17.4 厘米×13.3 厘米；左右雙邊，上下黑口，單黑魚尾；半葉十一行，行二十二字，小字雙行同。鈐印：嘉善張氏所藏、擊枕、李一甿、成都李一氓、無是樓藏書、一氓搜藏詞書種種/一九七七年記。

箏船詞一卷　（清）劉嗣綰撰　清刻本　一冊　缺一葉　李0573

開本22.7厘米×15.5厘米，版框17.8厘米×13.4厘米；左右雙邊，上下黑口，單黑魚尾；半葉十二行，行二十三字。缺首葉。批校題跋：李一氓題記。鈐印：擎檒、李一氓、一氓所藏、成都李一氓、一氓搜藏詞書種種／一九七七年記。

遠春詞二卷　（清）張興鏞撰　清嘉慶刻本　二冊　李0165

開本23.5厘米×15.8厘米，版框17.6厘米×13.1厘米；左右雙邊，單黑魚尾；半葉十行，行二十一字，小字雙行同。序跋：趙懷玉序。鈐印：劉氏仲子珍藏書史印、擎檒、李一氓、一氓五十、一氓六十、無是樓藏書、一氓搜藏詞書種種／一九七七年記。

紅杏詞二卷天台紀游一卷　（清）李方湛撰　清嘉慶小石梁山館刻本　一冊　李1213

開本24.7厘米×15.6厘米，版框17.7厘米×13.5厘米；左右雙邊，單黑魚尾；半葉十一行，行二十一字。版心下方鐫：小石梁山館。序跋：王衍梅序。批校題跋：李一氓題記。鈐印：無是樓、一氓所藏、一氓讀書、一氓七十、一氓七十、成都李一氓、一氓搜藏詞書種種／一九七七年記。

拜雲閣樂府二卷　（清）吳震撰　清道光刻本　一冊　李0250

開本25.7厘米×15.8厘米，版框19.4厘米×14.2厘米；左右雙邊，單黑魚尾；半葉十行，行二十一字。

紅雪詞甲集二卷乙集二卷詞餘一卷　（清）馮雲鵬填詞　（清）李兆榮選定　（清）陳映奎鐫　清嘉慶十二年(1807)掃紅亭刻本　四冊　李0166

開本23.6厘米×13.1厘米，版框16.3厘米×10.4厘米；四周雙邊，單花魚尾，無界行；半葉六行，行十七字。內封鐫：晏海寓聲／紅雪詞／掃紅亭繕本。甲集卷一末鐫：黃絹幼婦外孫齏臼。鈐印：眉僞之書、黃絹幼婦、壹虺、擊檝、李一氓、一氓五十、無是樓藏書、李一氓五十後所得、一氓搜藏詞書種種／一九七七年記。

響山詞四卷　（清）張四科填　清乾隆刻本　一冊　李0865

開本24厘米×16.5厘米，版框16.4厘米×12.4厘米；左右雙邊，單黑魚尾；半葉十行，行二十字。序跋：蔣德、張四科序。鈐印：曾藏袁文藪家、擊檝、李一氓、李一氓印、擊檝詞人、無是樓藏書、李一氓五十後所得、一氓搜藏詞書種種／一九七七年記。

耨雲軒詞二卷　（清）馬汾撰　清道光二十八年（1848）刻本　一冊　李0025

開本23.6厘米×15.5厘米，版框16.8厘米×12厘米；左右雙邊，單黑魚尾；半葉九行，行二十一字，小字雙行同。卷二末有刊語：道光戊申初刻／板存甪里本宅。序跋：徐榴跋。鈐印：慵盦乙未所得、澤之秘笈、翁之潤藏、潘老葵、飲瓊漿館、曾藏袁文藪家、擊檝、一氓五十、無是樓藏書、李一氓五十後所得、一氓搜藏詞書種種／一九七七年記。

白鶴山房詞鈔二卷　（清）葉紹本撰　清道光七年（1827）桂林使廨刻本　一冊　李0164

開本25.5厘米×17.2厘米，版框17.7厘米×14.3厘米；左右雙邊，上下黑口，對黑魚尾；半葉十二行，行二十四字。牌記：道光丁亥年秋／白崔山房詞鈔／桂林使廨鐫。序跋：汪彥國序。鈐印：紫薇花龕藏書、一氓七十、李一氓信鈢、李一氓五十後所得、一氓搜藏詞書種種／一九七七年記。

聽雨小樓詞稿二卷　（清）楊英燦著　（清）丁紹儀選　（清）周星詒訂　（清）孫揆均等校　（清）魯之愚排印　清光緒十七年（1891）西溪草堂木活字印本　一冊　李1137

開本27.3厘米×15.4厘米，版框17.3厘米×12.1厘米；四周雙邊，

上下黑口，單黑魚尾；半葉九行，行二十一字。牌記：光緒辛卯秋九月／西溪草堂排印本。序跋：丁紹儀、楊英燦序，余一鼇跋。鈐印：李一氓、無是樓、一氓讀書、一氓六十、一氓搜藏詞書種種／一九七七年記。

彩虹山房詩餘二卷　（清）謝瓊著　1959年李一氓抄清道光十七年（1837）刻本　一冊　李0079

開本26厘米×18.9厘米；半葉八行，行二十字。版心下方有"成都李氏抄本"六字。序跋：吳存義序。批校題跋：李一氓題記。鈐印：李一氓、一氓五十、一氓六十、一氓搜藏詞書種種／一九七七年記、北京圖書館藏。

吉雨詞稿二卷　（清）朱聲希撰　清道光二十一年（1841）婺州學舍木活字印本　一冊　李0263

開本24.6厘米×15.7厘米，版框19.7厘米×13.3厘米；四周雙邊，單黑魚尾；半葉十行，行二十一字。序跋：錢泰吉序。批校題跋：李一氓題（朱聲希《吉雨詞稿》／道光木活字本）。鈐印：曝書亭、虎林、浙江秀水朱氏虎林珍藏翰墨圖書印記、應樾、應樾私印、李（押）、李一氓、一氓六十、李一氓五十後所得、一氓搜藏詞書種種／一九七七年記。

辢齋詩餘一卷　（清）查元偁著　清刻本　二冊　李0858

開本26.5厘米×17.2厘米，版框17.9厘米×13.8厘米；左右雙邊，單黑魚尾；半葉十行，行二十字，小字雙行同。批校題跋：李一氓題記。鈐印：介休馬濟原字韻石印、曾藏袁文藪家、擎檥、李一氓、一氓七十、無是樓藏書、一氓搜藏詞書種種／一九七七年記。

泰雲堂詞集三卷　（清）孫爾準撰　墓志銘一卷　（清）陳壽祺撰　清道光十三年（1833）刻本　一冊　李0169

開本24.1厘米×15.7厘米，版框17.7厘米×13.8厘米；左右雙邊，

下黑口，單黑魚尾；半葉十二行，行二十四字。鈐印：李（押）、擊櫈、李一氓印、無是樓藏書、一氓搜藏詞書種種/一九七七年記。

小書舟樂府三卷　（清）程定謨著　（清）程瑞楷校刊　（清）周紹濂（清）錢毓楨等校字　清道光十八年（1838）刻本　二冊　李0161

開本22.8厘米×14.8厘米，版框17.8厘米×13.5厘米；左右雙邊，單黑魚尾；半葉十行，行二十一字。牌記：小書舟樂府/道光戊戌中秋鏤版。序跋：程定謨序。批校題跋：黃裳、李一氓題記。鈐印：木雁齋、草草亭藏、黃裳小雁、黃裳藏本、上海圖書館藏、李一甿、一氓七十、一氓所藏、一氓搜藏詞書種種/一九七七年記。

心安隱室詞集四卷　（清）詹肇堂撰　清光緒十年（1884）刻本　一冊　李1191

開本26.8厘米×16.2厘米，版框18.9厘米×12.8厘米；左右雙邊，上下黑口，單黑魚尾；半葉十一行，行二十四字。序跋：李佳柏跋。鈐印：一氓五十、一氓六十、無是樓藏書、李一氓五十後所得、一氓搜藏詞書種種/一九七七年記。

銀藤花館詞四卷　（清）戴延介撰　清嘉慶十三年（1808）刻本　一冊　李0449

開本25.9厘米×15厘米，版框17.5厘米×11.8厘米；左右雙邊，單黑魚尾；半葉十一行，行十九字。序跋：吳錫麒序。批校題跋：李一氓題（銀藤花館詞四卷/嘉慶刊本/一甿）。鈐印：春風詞館、閩郭白易藏書、無是樓、一氓所藏、一氓五十、一氓搜藏詞書種種/一九七七年記。

紅柳詞一卷　（清）邵源著　清刻本（花間草堂藏板）　一冊　李0861

開本22.8厘米×14.2厘米，版框17.1厘米×11.7厘米；左右雙邊，上下黑口，單黑魚尾；半葉八行，行十八字，小字雙行同。內封鐫：平湖邵虛白填/紅柳詞/花間草堂藏。序跋：徐熊飛序。批校題跋：李一泯跋。鈐印：臣源、虛白、花間草堂吟牋、一泯所藏、一泯搜藏詞書種種/一九七七年記。

紅豆樹館詞三卷 （清）陶梁撰 清嘉慶刻本 一册 李0575

開本28.2厘米×16.6厘米，版框15.9厘米×12.6厘米；左右雙邊，單黑魚尾；半葉十行，行二十字。序跋：王昶、吳錫麒序。批校題跋：李一泯題記。鈐印：無是樓、李一泯、一泯七十、李一泯五十後所得、一泯搜藏詞書種種/一九七七年記。

紅豆樹館詞八卷 （清）陶樑撰 清道光刻本 二册 李0576

開本24.3厘米×14.7厘米，版框17厘米×12.1厘米；四周單邊，下黑口；半葉十行，行二十字。序跋：王昶、吳錫麒、李雲章、吳長卿序，王柏心跋。鈐印：曾藏袁文藪家、擊楫、李一泯、李一甿、擊楫詞翰、無是樓藏書、李一泯五十後所得、一泯搜藏詞書種種/一九七七年記。

安素軒詞草（安素軒詞艸）□□卷 （清）儲憲良撰 清道光十四年（1834）刻本 一册 存一卷（一） 李0096

開本26厘米×17厘米，版框18.8厘米×14.5厘米；四周單邊，上下黑口，單黑魚尾；半葉十一行，行二十四字，小字雙行同。序跋：儲憲良序。批校題跋：李一泯題記。鈐印：一泯所藏、一泯六十、一泯七十、存在第一、一泯搜藏詞書種種/一九七七年記。

廣莫軒詞□□卷 （清）何文敏撰 清道光刻本 與《索笑詞》《清芬館詞草》《詩餘》《玉屑詞》合一册 存一卷（二） 李0071

開本23厘米×14.8厘米，版框17.4厘米×12.5厘米；四周雙邊，單黑魚尾；半葉八行，行二十字。序跋：歐文、浦承恩、何文敏序。批校題跋：李一泯題記。鈐印：一泯七十又七、一泯搜藏詞書種種/一九七七年記。

盤珠詞一卷　（清）莊盤珠著　民國十年（1921）鉛印苔岑叢書本　一冊　李0430

　　開本23.8厘米×14.1厘米，版框20.8厘米×12.7厘米；四周雙邊，上下黑口，單黑魚尾，無界行；半葉十三行，行三十五字。版心下方印：苔岑叢書/辛酉年刊。序跋：關鍈序。鈐印：擊楸、野莽、李一氓、一氓七十、一氓所藏、無是樓、無是樓藏書、一氓搜藏詞書種種/一九七七年記。

柯家山館詞三卷　（清）嚴元照撰　清嘉慶刻本　一冊　李0153

　　開本26.6厘米×17.4厘米，版框16厘米×12.3厘米；左右雙邊；半葉十行，行二十一字，小字雙行同。鈐印：李一氓、一氓六十、李氏一氓、擊楸詞人、無是樓藏書、李一氓五十後所得、一氓搜藏詞書種種/一九七七年記。

梅麓詞存一卷　（清）齊彥槐著　（清）齊學裘校刊　清道光二十五年（1845）齊學裘刻本　一冊　李0073

　　開本24.4厘米×15.8厘米，版框16厘米×13.8厘米；左右雙邊，下黑口，單黑魚尾；半葉十行，行十九字。批校題跋：李一氓題記。鈐印：李（押）、一氓七十、一氓所藏、無是樓藏書、一氓搜藏詞書種種/一九七七年記。

鏡虹吟室詞集二卷　（清）孔昭虔撰　（清）孔憲恭　（清）孔慶頤校刊　清道光十七年（1837）刻本　二冊　李0163

　　開本24.4厘米×14.7厘米，版框17.2厘米×12.7厘米；左右雙邊，單黑魚尾；半葉九行，行二十一字。序跋：陶樑序。鈐印：李（押）、擊楸、李一氓、一氓所藏、無是樓藏書、一氓搜藏詞書種種/一九七七年記。

竹鄰遺稿一卷　（清）金式玉著　清嘉慶刻本　與《寄春吟》合一冊
　李1202

　　開本23.2厘米×14.8厘米，版框18.8厘米×13.5厘米；左右雙邊，單黑魚尾；半葉九行，行二十字。批校題跋：李一氓題簽（竹鄰遺稿/寄春吟/合一冊/一氓）。鈐印：擊楫、李一氓、一氓六十、無是樓藏書、一氓搜藏詞書種種/一九七七年記。

玉壺山房詞選二卷　（清）改琦編　（清）沈文偉較刊　清道光八年（1828）雲間沈氏來翠樓刻本　一冊　李0020

　　開本27.4厘米×15.4厘米，版框14.2厘米×10.6厘米；四周雙邊，單黑魚尾；半葉八行，行十六字。牌記：道光戊子冬雲間沈氏來翠樓鐫行。序跋：沈文偉序，曹言純、陳文述、郭麐、雷葆廉跋。批校題跋：陳乃乾題簽（玉壺山房詞/陳乃乾校過）、陳乃乾題記。鈐印：擊楫、李一氓、一氓所藏、無是樓藏書、一氓搜藏詞書種種/一九七七年記。

露華榭詞一卷　（清）張翃撰　清嘉慶十四年（1809）刻本　一冊　李1192

　　開本27.2厘米×16.7厘米，版框18.2厘米×14.9厘米；左右雙邊，單黑魚尾；半葉十行，行二十四字。內封鐫：嘉慶己巳十月梓。序跋：吳錫麒序。批校題跋：李一氓題記。鈐印：無是樓、一氓所藏、李一氓五十後所得、一氓搜藏詞書種種/一九七七年記。

包世臣手書詞八闋不分卷　（清）包世臣撰　稿本　一冊　李0074

　　開本30.5厘米×17.9厘米。箋紙底紋有"青雲直上""恒隆"字樣。批校題跋：李一氓題簽（包世臣手書詞八闋/一氓藏/得於淮陰）、包世臣題記、李一氓跋。鈐印：一氓所藏、一氓精鑑、一氓清賞、無所住齋、無所住齋鑑藏。

雙硯齋詞鈔二卷 （清）鄧廷楨撰　民國九年（1920）鄧邦述刻本　一冊　李0162

　　開本26.6厘米×17.5厘米，版框17.7厘米×12.8厘米；四周單邊，單黑魚尾；半葉九行，行十七字。序跋：宋翔鳳序、鄧邦述跋。鈐印：擊槐、李一氓、一氓所藏、渡江擊槐、無是樓藏書、李一氓信鉩、成都李一氓、一氓搜藏詞書種種／一九七七年記。

餐花吟館詞鈔六卷附題辭一卷　（清）嚴駿生撰　清嘉慶二十四年（1819）金陵顧晴崖刻道光四年（1824）續刻本　四冊　李1212

　　開本27.1厘米×17.4厘米，版框19.5厘米×13.9厘米；左右雙邊，上下黑口，單黑魚尾；半葉十一行，行二十一字。序跋：蔡宗茂跋。鈐印：擊槐、無是樓、一氓五十、李一氓印、無是樓藏書、李一氓五十後所得、一氓搜藏詞書種種／一九七七年記。

洞簫詞一卷　（清）宋翔鳳撰　清道光九年（1829）京都琉璃廠精華齋刻本　一冊　李0160

　　開本23厘米×13.5厘米，版框15厘米×11.5厘米；左右雙邊，對黑魚尾；半葉十一行，行二十一字，小字雙行同。卷末鐫：京都琉璃廠精華齋鐫。序跋：宋翔鳳跋。鈐印：擊楫、李一氓、無是樓藏書、李一氓五十後所得、一氓搜藏詞書種種／一九七七年記。

求是堂詩餘一卷　（清）胡承珙撰　民國抄本　一冊　李0243

　　開本24厘米×13.5厘米；半葉九行，行字不等。抄紙版心下方印：文華堂製。鈐印：曾藏袁文藪家、擊槐、李一氓、無是樓藏書、一氓搜藏詞書種種／一九七七年記。

冬巢詞集四卷　（清）汪潮生著　清道光十七年（1837）龍文齋刻本　二冊　李0284

　　開本25.2厘米×15.9厘米，版框17.5厘米×13.1厘米；左右雙邊，單黑魚尾；半葉十行，行二十一字。卷四末鐫：維揚灣子大街龍文齋穆子湘董刊。序跋：黃承吉序。鈐印：李一氓、一氓所藏、一氓五十、一氓讀書、無是樓藏書、一氓搜藏詞書種種／一九七七年記。

玉山堂詞一卷　（清）汪度撰　清刻本　一冊　李0158

　　開本23.5厘米×15.8厘米，版框18厘米×13.4厘米；左右雙邊，上下黑口，單黑魚尾；半葉十二行，行二十三字。鈐印：李（押）、擊楫、無是樓藏書、一氓搜藏詞書種種／一九七七年記。

浮玉詞不分卷　（清）喬載繇著　稿本　一冊　李0201

　　開本24.7厘米×14厘米；半葉八行，行二十字，小字雙行同。批校題跋：喬載繇題記、李一氓跋。鈐印：秋色裏月明中、喬大、名節隄防詩書滋味稼穡艱難、孚先、信齋、載繇、喬載繇印、浮玉山人、吾園珍藏之印、判華齋、翛然閣、還有、一氓所藏、濯錦江邊、一氓七十又七、一氓搜藏詞書種種／一九七七年記。

詩餘附錄一卷　（清）吳存楷撰　清嘉慶刻本　一冊　李0174

　　開本25.7厘米×16.1厘米，版框19厘米×14.2厘米；四周雙邊，單黑魚尾；半葉十二行，行二十三字。版心題名：硯壽堂詩餘。書尾鐫：白門吳竹坡董刊。序跋：吳存楷序。鈐印：曾藏袁文藪家、擊檝、李一氓印、一氓所藏、一氓五十、無是樓藏書、一氓搜藏詞書種種／一九七七年記。

滄江虹月詞不分卷　（清）汪初撰　清酒邊人倚紅樓抄本　一冊　李0076

　　開本24.2厘米×13.5厘米；半葉十一行，行二十二字。抄紙版心下方印：酒邊人倚紅樓鈔本。序跋：許宗彥、遲雲老人序。批校題跋：李一氓題記。鈐印：彊齋、馮雄之印、南通馮氏景岫樓藏書、一氓所藏、一氓七十、李一氓五十後所得、一氓搜藏詞書種種/一九七七年記。

滄江虹月詞三卷 （清）汪初撰 清嘉慶九年（1804）汪氏振綺堂刻光緒十五年（1889）汪曾唯補刻本 一冊 李0075

開本22.8厘米×14.2厘米，版框13.7厘米×9.3厘米；左右雙邊；半葉九行，行十九字。牌記：嘉慶九年甲子秋/汪氏振綺堂開雕。序跋：許宗彥、遲雲老人、汪曾唯序。鈐印：曾藏袁文藪家、一氓所藏、一氓五十、濯錦江邊、李一氓五十後所得、一氓搜藏詞書種種/一九七七年記。

捧月樓綺語八卷 （清）袁通撰 清嘉慶江寧顧晴崖局仿宋刻本 二冊 李1144

開本25.1厘米×15.5厘米，版框19.4厘米×13.5厘米；左右雙邊，單黑魚尾；半葉十一行，行二十一字。楊芳燦序末鐫：江寧顧晴崖局仿宋板書寫刻。序跋：郭麐、錢枚、楊芳燦序，邵廣銓跋。鈐印：擊楫、李一氓、一氓所藏、一氓讀書、一氓五十、無是樓藏書、一氓搜藏詞書種種/一九七七年記。

琴隱園詞集四卷 （清）湯貽汾撰 清刻本 二冊 李0374

開本23.8厘米×14.8厘米，版框17.5厘米×12.6厘米；左右雙邊，單黑魚尾；半葉十一行，行二十二字。鈐印：擊楫、李一氓、李一氓、一氓所藏、一氓六十、渡江擊楫、無是樓藏書、一氓搜藏詞書種種/一九七七年記、北京圖書館藏。

眾香庵詞（眾香盦詞）一卷 （清）陳山壽著 稿本 一冊 李0262

開本28.3厘米×16厘米；半葉十行，行二十二字。批校題跋：李一氓題簽（眾香盦詞/藁本/郭頻迦跋），陳昌錞批、校、補錄（書中有陳昌

集部

錞批校浮簽），郭頻迦評、識，湯嘉樹、孫晉灝、黃安、鄔溱等題記。鈐印：子玉、陳子玉、眾香盦主、曾藏袁文藪家、擊椀、還有、一氓六十、濯錦江邊、無所著齋、無是樓藏書、成都李氏收藏故籍、李一氓五十後所得、一氓搜藏詞書種種／一九七七年記。

藕湖詞一卷 （清）蔣學沂著 民國二十五年（1936）董絸庵木活字印本 一冊 李0265

開本 24.9 厘米×15.2 厘米，版框 19.7 厘米×13.8 厘米；四周單邊，上下黑口，單黑魚尾；半葉九行，行二十一字，小字雙行同。序跋：蔣學沂序、董絸庵跋。鈐印：擊椀、李一氓、一氓六十、一氓所藏、無是樓藏書、一氓搜藏詞書種種／一九七七年記。

飛鴻閣琴意二卷 （清）趙函著 清道光十六年（1836）刻本 一冊 李0317

開本 26 厘米×17.1 厘米，版框 17.6 厘米×13.3 厘米；四周雙邊，單黑魚尾；半葉十一行，行二十二字。序跋：趙函序。鈐印：擊椀、李一氓、一氓所藏、無是樓藏書、一氓搜藏詞書種種／一九七七年記。

雙花閣詞鈔二卷 （清）錢之鼎撰 民國二十四年（1935）陶風樓影印清嘉慶三山草堂刻本 一冊 李0504

開本 24.3 厘米×14.7 厘米，版框 16.5 厘米×11.5 厘米；四周雙邊，單黑魚尾；半葉九行，行二十一字。內封印：乙亥嘉平月陶風樓景印。版心下方有"三山草堂"四字。序跋：柳詒徵跋。鈐印：盦山精舍、一氓所藏、濯錦江邊、無是樓藏書、一氓搜藏詞書種種／一九七七年記。

小雲詞賸一卷 （清）王懷孟撰 民國成都昌福公司鉛印本 一冊 李0078

開本 20.3 厘米×13 厘米，版框 16.2 厘米×11.2 厘米；四周雙邊，單

219

黑魚尾，無界行；半葉十一行，行二十八字。牌記：成都昌福公司刷印。序跋：王柏心序。鈐印：李（押）、無是樓、一氓所藏、一氓搜藏詞書種種／一九七七年記。

耶溪漁隱詞二卷　（清）屠倬撰　清嘉慶二十二年（1817）錢塘陸貞一刻本　二册　李0577

開本28.1厘米×18厘米，版框19.8厘米×13.4厘米；左右雙邊，單黑魚尾；半葉十一行，行二十一字。書尾鐫：錢塘陸貞一仿宋書并董栞。序跋：夏寶晉序。批校題跋：翁之潤、楊繼振、李一氓題簽。鈐印：翁之潤印、琴川翁氏慵盦所藏古今詞曲之一百廿七（"一百廿七"爲墨筆書寫）、幼云、曾藏袁文藪家、擊楫、還有、李一氓、無是樓、一氓所藏、擊楫詞翰、成都李一氓、無是樓藏書、一氓搜藏詞書種種／一九七七年記、北京圖書館藏。

味雋齋詞一卷　（清）周濟撰　清道光三年（1823）刻本　一册　李0171

開本25.3厘米×16.8厘米，版框18.3厘米×13.8厘米；左右雙邊，單黑魚尾；半葉十一行，行二十一字。序跋：周濟序。鈐印：李（押）、擊楫、還有、李一氓、濯錦江邊、無是樓藏書、一氓搜藏詞書種種／一九七七年記。

存審軒詞二卷　（清）周濟撰　清抄本　一册　李0173

開本25.8厘米×17.2厘米；半葉十一行，行十九字。批校題跋：李一氓題記。鈐印：半塘老人、李一氓、無是樓、一氓讀書、一氓所藏、一氓六十、一氓搜藏詞書種種／一九七七年記。

存審軒詞二卷　（清）周濟撰　民國十三年（1924）杭州邵銳抄本　一册　李0172

開本26.5厘米×18厘米；半葉八行，行二十四字。序跋：周濟序。

集部

批校題跋：邵銳題記（甲子孟秋邵銳寫）、伯粲題記、李一氓題記（存宋軒詞／餘杭邵氏鈔本）。鈐印：邵銳手鈔、茗生橅古、杭邵章伯裘收藏書籍記、李一氓、無是樓、一氓六十、一氓搜藏詞書種種／一九七七年記。

過雲精舍詞二卷　（清）楊夔生撰　清嘉慶刻本　一冊　存一卷（一）
李0260

開本23.9厘米×15.6厘米，版框17.9厘米×13.3厘米；左右雙邊，上下黑口，單黑魚尾；半葉十二行，行二十三字。鈐印：擊楖、一氓所藏、李一氓信鈢、無是樓藏書、一氓搜藏詞書種種／一九七七年記。

真松閣詞六卷　（清）楊夔生撰　清道光十四年（1834）刻本　四冊
李0261

開本27.5厘米×16.7厘米，版框18厘米×14.1厘米；四周雙邊，上下黑口，對黑魚尾；半葉十行，行二十字，小字雙行同。序跋：方廷瑚序。批校題跋：李一氓題簽（真杰閣詞／無是樓藏書）、李一氓題記。鈐印：一氓、李一氓、無是樓、成都李一氓、無是樓藏書、李一氓五十後所得、一氓搜藏詞書種種／一九七七年記。

金梁夢月詞二卷懷夢詞一卷　（清）周之琦撰　清道光杭州愛日軒陸貞一刻本　二冊　李0272

開本26.3厘米×15.1厘米，版框18.7厘米×13厘米；左右雙邊；半葉十行，行二十一字。書尾鐫：杭州愛日軒陸貞一仿寫并梓。鈐印：擊楖、李一氓、一氓六十、一氓所藏、無是樓藏書、李一氓五十後所得、一氓搜藏詞書種種／一九七七年記、北京圖書館藏。

心日齋詞集六種　（清）周之琦著　清道光刻本　五冊　存四種
李0269

子目：金梁夢月詞二卷‖懷夢詞一卷‖鴻雪詞二卷‖退庵詞（退葊詞）

一卷

　　開本25.8厘米×17.1厘米，版框17.1厘米×13.3厘米；左右雙邊；半葉十行，行二十一字。鈐印：千一樓藏、程鄉蕭氏少熙家藏、嘉應蕭氏清儉堂印、雪蕉、蕭湘、逸上之章、擊楫、李一氓、李一氓印、一氓五十、無是樓藏書、一氓搜藏詞書種種／一九七七年記。

鴻雪詞二卷　（清）周之琦著　清咸豐十一年（1861）江西南埜官廨刻本　一冊　李0270

　　開本23.6厘米×14.3厘米，版框18厘米×13厘米；四周雙邊，下黑口，單黑魚尾；半葉十行，行二十一字。牌記：咸豐辛酉小春江西南埜官廨重雕。批校題跋：李一氓跋。鈐印：曾藏袁文藪家、擊楫、李一氓、李一氓、一氓所藏、一氓五十、渡江擊楫、無是樓藏書、一氓搜藏詞書種種／一九七七年記。

鴻雪詞二卷退庵詞（退葊詞）一卷　（清）周之琦著　民國吳氏雙照樓抄本　三冊　李0271

　　開本22.8厘米×13厘米。批校題跋：李一氓題簽（鴻雪詞／退葊詞／雙照樓鈔本）。鈐印：記（押）、雙照樓夫婦珍翫、仁和吳昌綬伯宛父印、擊楫、李一氓、李一氓、一氓所藏、無是樓藏書、一氓搜藏詞書種種／一九七七年記。

崇睦山房詞一卷　（清）汪全德撰　清刻本　一冊　李0170

　　開本23.7厘米×15.5厘米，版框18厘米×13.4厘米；左右雙邊，上下黑口，單黑魚尾；半葉十二行，行二十三字。鈐印：擊楫、李一氓、一氓所藏、無是樓藏書、成都李一氓、一氓搜藏詞書種種／一九七七年記。

拜石山房詞鈔四卷　（清）顧翰撰　（清）楊文斌　（清）孫其業較訂 清光緒二年（1876）心禪室刻本　一册　李0505

開本29厘米×16.8厘米，版框17.7厘米×13.9厘米；四周雙邊，上下黑口，對黑魚尾；半葉十行，行二十字。内封鐫：光緒二年仲春心禪室重刊本。卷四末鐫：光緒二年心禪室重刊本。序跋：蔡宗茂序。鈐印：文份、質盦、香海閣珍藏金石書畫印、一氓六十、一氓所藏、一氓搜藏詞書種種/一九七七年記。

衍波詞一卷　（清）孫蓀意著　清光緒二十二年（1896）刻本　一册 李0432

開本24.3厘米×15厘米，版框16厘米×12.4厘米；左右雙邊，上下黑口，單黑魚尾；半葉十一行，行二十三字。内封鐫：丙申六月。序跋：許宗彦序。批校題跋：李一氓題記。鈐印：野莾、一氓所藏、一氓六十、一氓七十、一氓搜藏詞書種種/一九七七年記。

月湖秋瑟二卷種芸仙館詞二卷釣船笛譜一卷　（清）馮登府著　清道光刻本　一册　李0322

開本28.3厘米×17.7厘米，版框17.6厘米×12.8厘米；左右雙邊，上下黑口，雙黑魚尾；半葉十一行，行二十三字，小字雙行同。批校題跋：李一氓跋。鈐印：歸來重整舊生涯、讀未見書、秋爽、李一氓、一氓六十、一氓七十、無是樓、一氓搜藏詞書種種/一九七七年記。

鳳孫樓填詞二卷　（清）管繩萊撰　清王鵬運抄本　一册　李0021

開本25.8厘米×17.2厘米；半葉十行，行十八字。批校題跋：李一氓題簽（鳳孫樓詞/王幼霞鈔本/一氓）。鈐印：幼霞、無是樓、一氓讀書、一氓六十、李一氓五十後所得、一氓搜藏詞書種種/一九七七年記。

鳳孫樓詞二卷 （清）管繩萊撰 （清）管晏等校刊 清光緒元年（1875）刻本 一冊 李0022

開本 23 厘米×14.2 厘米，版框 16.9 厘米×13.2 厘米；左右雙邊，單黑魚尾；半葉十一行，行二十三字，小字雙行同。序跋：聶銑敏序。鈐印：一氓所藏、一氓五十、李一氓五十後所得、一氓搜藏詞書種種/一九七七年記。

春草堂詞集二卷 （清）謝堃撰 清道光十年（1830）秣陵王日華刻本 二冊 李0107

開本 23.8 厘米×15.1 厘米，版框 17 厘米×11.6 厘米；左右雙邊，下黑口，單黑魚尾；半葉八行，行十六字。牌記：道光庚寅冬秣陵王日華董刊。序跋：謝堃序。鈐印：李（押）、擊楫、李一甿、一氓所藏、渡江擊楫、無是樓藏書、李一氓五十後所得、一氓搜藏詞書種種/一九七七年記。

海南歸櫂詞二卷 （清）劉燿椿撰 （清）花壽山輯 清咸豐五年（1855）刻本 一冊 李0323

開本 23.6 厘米×13.4 厘米，版框 17.9 厘米×10.9 厘米；四周雙邊，單黑魚尾；半葉九行，行二十一字，小字雙行同。內封鐫：安邱劉莊年先生著/海南歸櫂詞/咸豐乙卯秋。鈐印：飲瓊漿館、曾藏袁文藪家、擊楫、李一甿、一氓五十、一氓所藏、無是樓藏書、一氓搜藏詞書種種/一九七七年記。

笛家詞四卷 （清）胡金勝撰 清道光四年（1824）刻本 一冊 李0259

開本 22.7 厘米×14.8 厘米，版框 16.4 厘米×11.9 厘米；左右雙邊，單黑魚尾；半葉十行，行二十一字。序跋：屈爲章、胡金勝序。鈐印：俞吾生、還有、無是樓、李一氓、濯錦江邊、擊楫詞翰、李一氓五十後所得、一氓搜藏詞書種種/一九七七年記。

集部

芝潤山房詞稿一卷 （清）丁采芝著　抄本　一冊　李0429

　　開本21.4厘米×15.3厘米。批校題跋：李一氓題（芝潤山房詞稿/丁采芝撰/鈔本/一氓藏詞）、李一氓批。鈐印：李一氓、一氓所藏、無所住齋鑒藏、一氓搜藏詞書種種/一九七七年記。按：書中附李一氓所列之《親屬關係列表》。

桐花閣詞鈔一卷 （清）吳蘭修撰　清光緒刻學海堂叢書本　一冊　李0579

　　開本22.7厘米×14.3厘米，版框18厘米×12.5厘米；四周雙邊，單黑魚尾；半葉十行，行二十一字。序跋：陳良玉序。鈐印：曾藏袁文藪家、擊楫、一氓所藏、無是樓藏書、一氓搜藏詞書種種/一九七七年記。

桐花閣詞一卷補遺一卷 （清）吳蘭修撰　抄本　一冊　李0578

　　開本28厘米×15.6厘米；半葉九行，行二十一字。抄紙印：清祕閣造箋。序跋：吳蘭雪、郭麐、吳蘭修序，沈澤棠跋。批校題跋：李一氓題簽（桐花閣詞/鈔本/一氓八十）、李一氓跋。鈐印：聊園、情高意真、無是樓、一氓所藏、一氓八十、一氓搜藏詞書種種/一九七七年記（"七七"二字墨筆改爲"八三"）。

露花詞二卷 （清）董邦超著　清金陵劉文奎局刻本　一冊　李0326

　　開本25.4厘米×15.9厘米，版框18.5厘米×13.5厘米；左右雙邊，下黑口，單黑魚尾；半葉十行，行二十一字。董鍊金序末鐫：金陵劉文奎局鐫。序跋：董鍊金序。批校題跋：李一氓題記。鈐印：漢陽葉氏珍藏、笙林、葉恩臣印、蓉泉、蕉香館藏本、山陰周廉溥收藏善本、濯錦江邊、李一氓五十後所得、一氓搜藏詞書種種/一九七七年記。

養一齋詞三卷 （清）潘德輿撰 清咸豐三年（1853）刻本 一冊 李0031

開本 23.5 厘米×14.2 厘米，版框 16.6 厘米×12.1 厘米；四周雙邊，單黑魚尾；半葉十行，行二十字。牌記：咸豐三年九月望高行信敬署。序跋：潘德輿序。鈐印：擎楫、李一氓、一氓五十、渡江擎楫、濯錦江邊、無是樓藏書、一氓搜藏詞書種種／一九七七年記。

小蘇潭詞六卷 （清）謝學崇撰 清道光刻本 二冊 李0167

開本 22.6 厘米×14.3 厘米，版框 15.7 厘米×11.2 厘米；左右雙邊，單黑魚尾；半葉十行，行十八字。序跋：李宗昉序。批校題跋：李一氓題記。鈐印：擎楫、李一氓、一氓所藏、一氓讀書、渡江擎楫、無是樓藏書、李一氓五十後所得。

綏藤吟舫詞一卷 （清）孔昭薰著 清道光十五年（1835）刻本 一冊 李0313

開本 24.1 厘米×15 厘米，版框 17.2 厘米×12.2 厘米；左右雙邊，上下黑口，雙黑魚尾；半葉九行，行二十一字，小字雙行同。批校題跋：李一氓跋。鈐印：擎楫、還有、李一氓、李一氓、一氓六十、一氓七十、無是樓藏書、一氓搜藏詞書種種／一九七七年記。

貯雲詞三卷續刻一卷 （清）孔昭薰著 （清）楊以澄等校刊 清道光十九年（1839）刻本 一冊 李0314

開本 25.2 厘米×14.6 厘米，版框 15.7 厘米×11.8 厘米；左右雙邊；半葉九行，行二十一字。序跋：李宗傳、陶樑、王大淮序。批校題跋：李一氓題記。鈐印：李一氓、一氓七十、一氓搜藏詞書種種／一九七七年記、北京圖書館藏。

集部

淮海扁舟集二卷　（清）金望欣著　清道光十五年（1835）刻本　二册
李0319

開本22.8厘米×13.8厘米，版框15.9厘米×11.4厘米；左右雙邊，上下黑口；半葉九行，行二十一字，小字雙行同。內封鐫：道光乙未/淮海扁舟集/大梁錢侍宸題。序跋：鄧立誠序。鈐印：李一氓、李一氓、一氓所藏、無是樓藏書、一氓搜藏詞書種種/一九七七年記。

翠薇花館詞三十卷　（清）戈載撰　清道光刻本　六册　李0244

開本23.3厘米×14.9厘米，版框16.8厘米×12.6厘米；四周雙邊；半葉九行，行二十字。序跋：吳慈鶴、董國華、陸損之、朱綬、沈傳桂、陳裴之、吳嘉洤序。批校題跋：李一氓題記。鈐印：曾藏袁文藪家、擊楫、李一氓、李一氓印、一氓所藏、一氓七十、無是樓藏書、一氓搜藏詞書種種/一九七七年記。

桂留山房詞集一卷　（清）沈學淵撰　清道光二十四年（1844）刻本　一册
李0077

開本23.8厘米×15厘米，版框17.2厘米×12.8厘米；四周雙邊，單黑魚尾；半葉十行，行二十一字。內封鐫：道光甲辰年刊。序跋：徐元潤序、沈學煒跋。鈐印：擊楫、李一氓、一氓所藏、一氓五十、渡江擊楫、無是樓藏書、一氓搜藏詞書種種/一九七七年記。

濾月軒詩餘一卷　（清）趙棻撰　清道光刻本　一册　李0343

開本24.2厘米×15.5厘米，版框16.2厘米×11.5厘米；左右雙邊，單黑魚尾；半葉九行，行二十一字，小字雙行同。鈐印：無是樓、一氓七十、一氓所藏、成都李一氓、一氓搜藏詞書種種/一九七七年記。

知止堂詞錄三卷 （清）朱綬撰 清道光二十一年（1841）刻本 一册
李0038

開本24.2厘米×15.6厘米，版框17.8厘米×13厘米；左右雙邊；半葉十二行，行二十三字。序跋：戈載、梁章鉅、潘曾沂、高篔、朱綬序。鈐印：李一氓、無是樓、濯錦江邊、一氓七十、一氓搜藏詞書種種/一九七七年記。

知止堂詞錄三卷 （清）朱綬撰 清光緒二十年（1894）湖南思賢書局刻本 一册 李0039

開本24厘米×14.6厘米，版框17.2厘米×13.1厘米；四周雙邊，單黑魚尾；半葉十三行，行二十二字。牌記：光緒甲午仲春月湖南思賢書局刊。序跋：潘曾沂、高篔、戈載、朱綬序。鈐印：擊檝、李一氓、一氓所藏、渡江擊檝、無是樓藏書、李一氓五十後所得、一氓搜藏詞書種種/一九七七年記。

湘雨齋詞草一卷 （清）管貽葄撰 清同治五年（1866）刻本 一册 李0508

開本24.3厘米×14.1厘米，版框12.2厘米×9.9厘米；左右雙邊，上下黑口；半葉九行，行二十一字。序跋：孫燠穌跋。鈐印：曾藏袁文藪家、擊楫、李一氓、一氓五十、無是樓藏書、一氓搜藏詞書種種/一九七七年記。

寶晉甎室詞集三種 （清）周樽元著 清粵東省城西湖街正文堂刻本 一册 李0268

子目：湘夢詞一卷‖花間樓詞一卷‖清真詞一卷

開本26.3厘米×15.7厘米，版框18.5厘米×12.9厘米；左右雙邊，上下黑口，單黑魚尾；半葉十一行，行二十三字，小字雙行同。書尾鐫：粵東省城西湖街正文堂承接。批校題跋：黃裳、李一氓題記。鈐印：黃裳藏本、黃裳小雁、黃裳青囊文苑、上海圖書館藏書、上海圖書館退還圖書章、李一氓、無是樓、一氓所藏、一氓七十又七、一氓搜藏詞書種種/一九七七年記。

唧唧吟（唧唧唫）不分卷　（清）張若齡著　稿本　一冊　李0097

開本26.1厘米×17.9厘米；半葉九行，行字不等。序跋：趙坤培、蔡傳、徐保字、秦維嶽序。批校題跋：龔小竹題詞、李一氓題簽（唧唧唫/藁本詞）。鈐印：擊楫、一氓讀書、一氓六十、無是樓藏書、成都李一氓、一氓搜藏詞書種種/一九七七年記。

鬧紅一舸詞選一卷　（清）陳希恕撰　民國十一年（1922）鉛印本　一冊　李0783

開本21.4厘米×14厘米，版框15.6厘米×11.5厘米；四周雙邊，上下黑口，單黑魚尾；半葉十二行，行三十字。序跋：柳棄疾序。鈐印：擊楫、李一氓、一氓所藏、無是樓藏書、一氓搜藏詞書種種/一九七七年記。

城北草堂詩餘二卷詞餘一卷　（清）顧夔撰　小嫏嬛室詩餘殘稿（小嫏嬛室詩餘殘藁）一卷　（清）王清霞撰　清光緒十四年（1888）刻本　一冊　李0030

開本23.2厘米×15.1厘米，版框17厘米×12.7厘米；四周雙邊，單黑魚尾；半葉十一行，行二十二字。序跋：王慶勳、仇炳台序。鈐印：李（押）、擊楫、李一氓、一氓所藏、無是樓藏書、一氓搜藏詞書種種/一九七七年記。

笛椽詞二卷琴隱詞一卷湖中明月詞一卷　（清）夏寶晉撰　清道光十三年至咸豐元年（1833—1851）竹巷刻本　二冊　李0507

開本27.9厘米×15.9厘米，版框18.6厘米×14厘米；左右雙邊，上下黑口，對黑魚尾；半葉十行，行二十一字。內封鐫：篴椽詞/道光癸巳仲冬之月／栞於竹巷故園。牌記：咸豐元年十月竹巷開雕。序跋：吳鼒叙。鈐印：濯錦江邊、無是樓藏書、李一氓五十後所得、一氓搜藏詞書種種／一九七七年記。

貯素樓詞一卷 （清）蘇穆譜 清道光刻本 一冊 李0451

開本25.5厘米×15.5厘米，版框18.2厘米×13.8厘米；左右雙邊，單黑魚尾；半葉十一行，行二十一字。序跋：儀暐序。鈐印：野莽、擎楫、李一氓、一氓七十、一氓所藏、無是樓藏書、人比黃花瘦、一氓搜藏詞書種種／一九七七年記。

九疑仙館詞鈔一卷附諸圖題詞一卷 （清）談印梅撰 清刻本 一冊 李0340

開本19.7厘米×13.5厘米，版框13.8厘米×9.8厘米；左右雙邊，單黑魚尾；半葉九行，行二十一字，小字雙行同。鈐印：一氓六十、一氓搜藏詞書種種／一九七七年記。

種玉詞一卷 （清）孫家穀撰 清道光十三年（1833）上湖草堂刻本 一冊 李0027

開本23.8厘米×14.7厘米，版框18.3厘米×13厘米；左右雙邊，上下黑口，單黑魚尾；半葉十一行，行二十三字。版心下方鐫：上湖草堂。序跋：姚燮跋。鈐印：擎楫、李一氓、李一氓、一氓六十、濯錦江邊、無是樓藏書、一氓搜藏詞書種種／一九七七年記。

蕡華屋蛻稿三卷 （清）吳卿弼撰 清光緒二十年（1894）刻本 一冊 李0023

開本21.7厘米×13.2厘米，版框15.9厘米×10.8厘米；左右雙邊，單黑魚尾；半葉九行，行十八字。序跋：福潤序。批校題跋：李一氓題簽（蕡華屋蛻稿三種／光緒刊本）。鈐印：李一氓、一氓六十、存在第一、一氓搜藏詞書種種／一九七七年記。

集部

定庵詞定本（定盦詞定本）一卷　（清）龔自珍撰　（清）龔橙編録　鄭實校刊　清宣統順德鄧氏鉛印風雨樓叢書本　一册　李0859

開本24.3厘米×14.7厘米，版框16.5厘米×10.4厘米；四周單邊，上下黑口；半葉十行，行二十八字，小字雙行同。版心下方印：風雨樓。批校題跋：李一氓題簽（定盦詞/風雨樓本）。鈐印：李一氓、一氓所藏、無是樓藏書、一氓搜藏詞書種種/一九七七年記。

香銷酒醒詞一卷附曲一卷　（清）趙慶熺撰　清同治七年（1868）西泠王氏刻本　二册　李0028

開本26厘米×16.5厘米，版框17.6厘米×11.3厘米；左右雙邊，單黑魚尾；半葉十一行，行十九字。牌記：同治戊辰秋仲西泠王氏重刊。序跋：魏謙升、項名達序。鈐印：杭州抱經堂書局印行書籍記、擊楫、李一氓、一氓五十、一氓六十、渡江擊楫、無是樓藏書、一氓搜藏詞書種種/一九七七年記。

清夢庵二白詞（清夢盦二白詞）五卷附刻一卷　（清）沈傳桂撰　清道光二十五年（1845）刻本　二册　李0104

開本25.5厘米×15厘米，版框17.9厘米×11.8厘米；四周雙邊，單黑魚尾；半葉十行，行二十二字，小字雙行同。序跋：潘曾沂、董國華、蔣志凝、沈傳桂序。鈐印：擊楫、李一氓、一氓所藏、無是樓藏書、一氓搜藏詞書種種/一九七七年記。

無腔村笛二卷　（清）吴振棫著　清同治四年（1865）刻本　一册　李0315

開本25厘米×15.2厘米，版框19厘米×14厘米；四周雙邊，單黑魚尾；半葉十行，行二十一字。鈐印：擊楫、李一氓、李一氓、一氓六十、無是樓藏書、一氓搜藏詞書種種/一九七七年記。

無腔村笛二卷 （清）吳振棫著　民國十三年（1924）邵銳抄本　一冊
李0316

開本26.4厘米×18.1厘米；半葉八行，行二十四字，小字雙行同。批校題跋：邵銳題（甲子秋邵銳寫）、李一氓題（無腔邨篴/餘杭邵氏鈔本）。鈐印：杭邵章伯裘收藏書籍記、邵銳手鈔、茗生樵古、李一氓、一氓六十、一氓搜藏詞書種種/一九七七年記、北京圖書館藏。

拜玉詞一卷鳳簫詞一卷　（清）孫麟趾填　清道光刻本　一冊　李1492

開本24厘米×14.4厘米，版框16.1厘米×12.6厘米；左右雙邊，單黑魚尾；半葉十行，行二十一字。序跋：徐穎、錢符祚序。批校題跋：李一氓跋。鈐印：亨壽家藏書畫印、王雲卿收藏、李（押）、擊楫、李一氓、李一甿、一氓所藏、一氓七十、渡江擊楫、無是樓藏書、李一氓五十後所得、一氓搜藏詞書種種/一九七七年記。

一窗秋影庵詞一卷　（清）陳行撰　清抄本　一冊　李0152

開本25.8厘米×17.1厘米；半葉十一行，行十九字。序跋：梁紹壬跋。鈐印：佑遐、李一氓、一氓六十、一氓搜藏詞書種種/一九七七年記。

借閒生詞一卷　（清）汪遠孫著　清道光刻本　一冊　李0318

開本23.6厘米×15.5厘米，版框17.2厘米×11.9厘米；左右雙邊，單黑魚尾；半葉十一行，行十九字。鈐印：李（押）、擊楫、李一甿、成都李一氓、無是樓藏書、一氓搜藏詞書種種/一九七七年記。

夢玉詞一卷　（清）陳裴之撰　清道光四年（1824）刻本　一冊　李0024

開本24厘米×14.8厘米，版框17.4厘米×13.6厘米；左右雙邊，上下黑口，單黑魚尾；半葉十一行，行二十二字。內封鐫：道光四年秋日/夢玉詞/賓谷書。序跋：戈載、汪端光、蔣志凝、汪端序。鈐印：畦蓀讀

集部

過、曾藏袁文藪家、李（押）、擊楫、渡江擊楫、濯錦江邊、無是樓藏書、李一氓五十後所得、一氓搜藏詞書種種/一九七七年記。

約園詞稿十卷 （清）趙起撰　清光緒二十六年（1900）春靄堂刻本 二册　李0180

開本23.6厘米×15.5厘米，版框18.1厘米×14.2厘米；左右雙邊，單黑魚尾；半葉十行，行二十一字。序跋：金武祥、趙起序、趙承炳跋。鈐印：李（押）、擊楫、李一氓、李一氓、一氓所藏、渡江擊楫、無是樓藏書、一氓搜藏詞書種種/一九七七年記。

二波軒詞選三卷 （清）王嘉福著　清道光十四年（1834）刻本　一册 李0267

開本24厘米×15.5厘米，版框17.2厘米×12.7厘米；左右雙邊，單黑魚尾；半葉十行，行二十一字，小字雙行同。序跋：蔣志凝、王僧保、張安保序。鈐印：一氓七十、李一氓五十後所得、一氓搜藏詞書種種/一九七七年記、北京圖書館藏。

伊蒿室詩餘一卷 （清）王效成撰　（清）張承慶等校　清咸豐五年（1855）刻本　一册　李0257

開本22.7厘米×14.4厘米，版框18.1厘米×13厘米；四周雙邊，單黑魚尾；半葉十一行，行二十二字。鈐印：擊楫、一氓所藏、無是樓藏書、李一氓五十後所得、一氓搜藏詞書種種/一九七七年記。

岩泉山人詞稿一卷補遺一卷 （清）嚴廷中撰　李一氓抄本　一册 李0253

開本25.9厘米×19厘米；半葉八行，行十八字，小字雙行同。版心印：成都李氏抄本。序跋：單爲鏓、張禄卿、王增年序。批校題跋：李一氓題記。鈐印：李一氓、一氓五十、一氓六十、一氓搜藏詞書種種/一九七七年記、北京圖書館藏。

劍光樓詞一卷　（清）儀克中撰　清咸豐十年（1860）半畊草堂刻本　二冊　李0103

開本26.2厘米×15.5厘米，版框17.9厘米×13.1厘米；左右雙邊，單黑魚尾；半葉十行，行二十一字。牌記：咸豐十年七月刻於半畊草堂。書尾鐫：羊城十一甫正文堂承刻。序跋：譚瑩玉、郭麈、吳蘭脩序。批校題跋：嘯盦記。鈐印：歡盦、擊楫、李一氓、李一氓印、一氓所藏、無是樓藏書、一氓搜藏詞書種種／一九七七年記。

罍雲軒詞二卷　（清）汪士進撰　清同治十一年（1872）都門刻本　一冊　李0191

開本26.1厘米×15.2厘米，版框18.8厘米×13.8厘米；四周雙邊，單黑魚尾；半葉十行，行二十二字，小字雙行同。牌記：同治壬申刊於都門。序跋：鬍賀蓀序、蔣彬蔚跋。鈐印：李一氓、無是樓、一氓讀書、一氓搜藏詞書種種／一九七七年記。

潑墨軒詞一卷　（清）戴鑑撰　清道光二十三年（1843）刻本（慎餘堂藏板）　一冊　李0029

開本23厘米×13.5厘米，版框17厘米×11厘米；左右雙邊，單黑魚尾；半葉八行，行十九字。牌記：道光廿三年鐫／潑墨軒詞／慎餘堂藏板。批校題跋：李一氓題記。鈐印：擊楫、李一氓、一氓所藏、無是樓藏書、李一氓五十後所得、一氓搜藏詞書種種／一九七七年記。

桐月修簫譜（桐月修簫詶）一卷　（清）王嘉祿撰　清抄本　一冊　李0450

開本28厘米×17厘米；半葉十行，行字不等。序跋：朱綬序。批校題跋：李一氓題（桐月修簫譜／抄本）。鈐印：一氓五十、一氓所藏、成都李一氓、無是樓藏書、李一氓五十後所得、一氓搜藏詞書種種／一九七七年記。

集部

海天琴趣詞一卷詞餘一卷　（清）高繼珩著　清咸豐十一年（1861）刻本　一冊　李0321

開本23.1厘米×14.8厘米，版框19厘米×13.2厘米；四周雙邊，單黑魚尾；半葉九行，行二十二字。序跋：高繼珩序。批校題跋：李一氓題記。鈐印：掔楫、一氓所藏、一氓五十、一氓七十、掔楫詞翰、無是樓藏書、一氓搜藏詞書種種／一九七七年記。

潭影軒詞稿二卷　（清）沈宗約撰　清道光十九年（1839）刻本　一冊　李1214

開本23.6厘米×15.5厘米，版框16.7厘米×12.7厘米；左右雙邊，單黑魚尾；半葉九行，行二十一字。序跋：王大淮序、鄭憲銓跋。鈐印：掔楲、李一氓、一氓所藏、一氓六十、無是樓藏書、一氓搜藏詞書種種／一九七七年記。

南谷樵唱三卷　（清）奕繪撰　抄明善堂文集本　一冊　李0032

開本29.2厘米×18.5厘米；半葉十行，行二十一字，小字雙行同。批校題跋：李一氓題簽（南谷樵唱／鈔本／一氓自署）。鈐印：李一氓、無是樓、一氓所藏、一氓八十、蠹叢魚鳬之人、一氓搜藏詞書種種／一九七七年記（"七七"二字墨筆改爲"八三"）。

詒安堂詩餘三種　（清）王慶勳著　清咸豐五年（1855）刻本　一冊　李0197

子目：蘆洲漁唱一卷 ‖ 梅嶂樵吟一卷 ‖ 沿波舫詞一卷

開本23.7厘米×15.3厘米，版框18.9厘米×13.8厘米；左右雙邊，單黑魚尾，無界行；半葉十一行，行二十二字。牌記：咸豐五年十有一月刊於三槎溪上。鈐印：會稽王氏五雲堂珍藏、子獻、李（押）、一氓所藏、李一氓五十後所得、一氓搜藏詞書種種／一九七七年記。

花簾詞一卷 （清）吳藻撰 清道光十年（1830）刻本 一冊 李0342

開本 24 厘米×15.3 厘米，版框 16 厘米×11.5 厘米；左右雙邊，上下黑口；半葉十一行，行十九字。序跋：張景祁、陳文述、魏謙升、趙慶熺序。鈐印：博矣、人生行樂耳、野莾、無是樓、一氓所藏、一氓七十、一甿七十、一氓讀書、一氓搜藏詞書種種／一九七七年記。

香南雪北詞一卷 （清）吳藻撰 清道光二十四年（1844）刻本 一冊 李0341

開本 23.5 厘米×14.9 厘米，版框 15.9 厘米×11.5 厘米；左右雙邊，上下黑口；半葉十一行，行十九字。序跋：吳藻序。鈐印：擊楫、野莾、一氓所藏、一氓七十、一甿七十、無是樓藏書、一氓搜藏詞書種種／一九七七年記。

東海漁歌四卷 （清）顧春著 民國三年（1914）西泠印社木活字印本（李一氓抄補） 二冊 李0924

開本 25.1 厘米×15.3 厘米，版框 14.2 厘米×10.7 厘米；四周單邊，單黑魚尾；半葉九行，行十五字。版心下方印：西泠印社活字本。抄補部分版心下有"李一氓鈔配本"六字。序跋：況周頤序。批校題跋：啓功題籤（東海漁歌四卷附補遺一卷／啓功敬署）、溥靭娛題籤（東海漁歌／李一氓鈔配／溥靭娛題籤／顧春太清女史詞集／西泠印社刊），啓功、周叔弢、齊燕銘、茅盾、夏承燾、王愛蘭、李一氓跋。鈐印：燕銘、齊燕銘鉨、無畏、茅盾、髯、啓功、元白、周氏叔弢、王、李（押）、壹甿、擊楫、李一甿、無是樓、一氓七十、無是樓藏書、鹽叢魚凫之人、一氓搜藏詞書種種／一九七七年記。

空青館詞稿（空青館詞彙）三卷 （清）邊浴禮撰 清刻本 一冊 李0192

開本 27.7 厘米×16.1 厘米，版框 18.5 厘米×13.8 厘米；左右雙邊，單黑魚尾；半葉十行，行二十三字，小字雙行同。序跋：沈濤識。批校題跋：李一氓題簽（空青館詞藁/南陵徐氏原藏）。鈐印：吉林索綽絡氏、海粟園藏書、徐乃昌讀、徐乃昌馬韻芬夫婦印、擊楫、李一氓、一氓所藏、無是樓藏書、李一氓五十後所得、一氓搜藏詞書種種/一九七七年記。

曇雲閣詞鈔一卷外集一卷詩附錄一卷　（清）曹楙堅撰　清光緒三年（1877）曼陀羅館刻本　一冊　李0106

開本23.8厘米×14.6厘米，版框17.5厘米×13.3厘米；左右雙邊，單黑魚尾；半葉十行，行二十一字。內封鐫：光緒丁丑春重鐫。牌記：曼陀羅館開雕。鈐印：南邨鄒大、曾藏袁文藪家、擊楫、李一氓、一氓所藏、渡江擊楫、無是樓藏書、一氓搜藏詞書種種/一九七七年記。

今樵詞四卷　（清）黃治著　（清）陳樹鈞編輯　稿本　一冊　李0087

開本26.9厘米×16.4厘米。半葉十行，行二十一字。序跋：葛詠裳序。批校題跋：李一氓題（今樵詞/清稿本）、李一氓題記。鈐印：可園舊主爵叟、李一氓、李一氓、一氓七十、濯錦江邊、李一氓五十後所得、一氓搜藏詞書種種/一九七七年記。

還初堂詞鈔一卷　（清）姚斌桐著　清光緒二十五年（1899）刻留坨叢刻本　一冊　李0113

開本29.1厘米×17.5厘米，版框19.7厘米×13.2厘米；四周雙邊，上下黑口；半葉十三行，行三十字，小字雙行同。牌記：光緒己亥孟陬刊成。卷端著者下方鐫：留坨叢刻。序跋：潘曾瑋序、楊鍾義跋。鈐印：擊楫、一氓所藏、一氓六十、無是樓藏書、一氓搜藏詞書種種/一九七七年記。

二十四橋吹簫譜二卷外卷一卷　（清）孫宗禮著　清道光十五年（1835）刻本　一冊　李0114

開本24.7厘米×16.2厘米，版框16.6厘米×13.2厘米；左右雙邊；

半葉十行，行二十一字。序跋：黃承勳、潘宗萩序。批校題跋：李一氓批、李一氓題記。鈐印：高郵王氏藏書印、淮海世家、無是樓、一氓所藏、擊楫詞翰、一氓六十、李一氓五十後所得、一氓搜藏詞書種種／一九七七年記。

清夢軒詩餘二卷　（清）釋了璞撰　清道光十九年（1839）刻本　二冊　李0366

開本22.8厘米×15.5厘米，版框18.2厘米×13.8厘米；左右雙邊，單黑魚尾；半葉十行，行二十字。鈐印：酒龍夢隱、指月樓、擊楫、李一氓、一氓五十、一氓所藏、無是樓藏書、李一氓五十後所得、一氓搜藏詞書種種／一九七七年記。

蘇庵詩餘（蘇菴詩餘）五卷　（清）唐壎撰　清同治十二年（1873）福州吳玉田刻本　二冊　李0203

開本22.5厘米×14.6厘米，版框18.3厘米×12.5厘米；四周雙邊，單黑魚尾；半葉十行，行二十二字。內封鐫：蘇庵詩餘／新城楊希閔臥雲閱之／平陽張啓烜煥堂校刻／小桃花塢藏版。牌記：同治昭陽作噩／福州吳玉田栞。序跋：楊希閔、唐壎序。鈐印：曾藏袁文藪家、擊楫、李一氓、一氓所藏、無是樓藏書、一氓搜藏詞書種種／一九七七年記、北京圖書館藏。

虞苑東齋詞鈔一卷　（清）陳良玉撰　清同治十一年（1872）粵東省城龍藏街萃文堂刻本　一冊　李0115

開本25厘米×16.7厘米，版框18.5厘米×14.2厘米；左右雙邊，順黑魚尾；半葉八行，行十七字，小字雙行同。卷末鐫：粵東省城龍藏街萃文堂承接刊刷。序跋：汪瑔、陳璞、譚宗浚序，伍仲贊跋。鈐印：擊楫、李一氓印、一氓所藏、無是樓藏書、一氓搜藏詞書種種／一九七七年記、北京圖書館藏。

甌香詞一卷 （清）徐漢蒼撰　清道光刻本　一冊　李0026

　　開本22.6厘米×14.4厘米，版框15.7厘米×12.4厘米；左右雙邊，上下黑口，單黑魚尾；半葉十行，行十九字，小字雙行同。批校題跋：李一氓跋。鈐印：擊楫、一氓所藏、一氓七十、無是樓藏書、李一氓五十後所得、一氓搜藏詞書種種／一九七七年記。

寄青齋詞稿一卷 （清）徐虔復著　（清）徐煥章校　清光緒八年（1882）刻本　與《綠雲館吟草》合一冊　李0782

　　開本22.9厘米×14.8厘米，版框17厘米×12.2厘米；四周雙邊，單黑魚尾；半葉九行，行二十一字，小字雙行同。序跋：徐煥章識。鈐印：擊楫、一氓所藏、無是樓藏書、一氓搜藏詞書種種／一九七七年記。

享帚齋詞鈔二卷 （清）周恩綬撰　清同治十三年（1874）解梁官廨刻本　一冊　李0108

　　開本22.7厘米×14.8厘米，版框16.7厘米×13厘米；左右雙邊，單黑魚尾；半葉十一行，行二十二字。牌記：同治甲戌三月刊於解梁官廨。鈐印：擊楫、李一氓、一氓所藏、無是樓藏書、一氓搜藏詞書種種／一九七七年記。

碧雲秋露詞二卷 （清）黃衡著　（清）程廷芳　（清）程餘芳校字　清光緒二年（1876）黃崇惺木活字印本　一冊　李0254

　　開本27.8厘米×16.5厘米，版框19.5厘米×13.4厘米；四周雙邊，單黑魚尾；半葉十行，行二十一字。內封印：道光辛丑年鎸／碧雲秋露詞／梅龍閣藏版。牌記：光緒丙子從孫崇惺重校梓於歸化縣署。序跋：鮑瑞駿、鄭雲卿序。鈐印：李一氓、一氓所藏、一氓搜藏詞書種種／一九七七年記、北京圖書館藏。

問紅軒詞三種 （清）王鑒撰 清道光刻本 二冊 李0199

子目：楚雲燕夢存稿（楚雲爕㝱存藁）二卷‖蘋香絮景詞（蘋㲛絮景詞）一卷‖蓉江新唱一卷

開本24.2厘米×15.3厘米，版框17.9厘米×12.8厘米；左右雙邊，單黑魚尾；半葉九行，行二十一字，小字雙行同。序跋：張祥河、高繼珩、嚴廷中序。鈐印：王氏亮叟、東晉山民、擊檝、李一氓、李一甿、一氓所藏、一氓五十、無是樓藏書、一氓搜藏詞書種種/一九七七年記。

十二銅鼓軒詞稿（十二銅鼓軒詞藁）一卷 （清）王彥和撰 清道光二十年（1840）刻本 與《長谿草堂詞鈔》合一冊 李0095

開本22.6厘米×14.3厘米，版框16.5厘米×13.2厘米；左右雙邊，單黑魚尾；半葉十行，行二十一字，小字雙行同。批校題跋：李一氓題記。鈐印：擊檝、擊楫詞翰、無是樓藏書、一氓搜藏詞書種種/一九七七年記。

雙柏詞一卷 （清）金鴻佺撰 清宣統元年（1909）上海商務印書館鉛印本 一冊 李0062

開本21.6厘米×14.1厘米，版框18.4厘米×12.4厘米；四周雙邊，上下黑口，單黑魚尾；半葉十行，行二十四字。序跋：孫兆蕃跋。鈐印：擊檝、一氓所藏、無是樓藏書、一氓搜藏詞書種種/一九七七年記。

閒雲潭影詞二卷 （清）楊懋麐撰 清道光二十年（1840）刻本 一冊 李0019

開本23.3厘米×13.8厘米，版框16.8厘米×12.2厘米；左右雙邊，上下黑口；半葉十行，行二十字。序跋：徐金鏡序。鈐印：擊檝、李一甿、一氓五十、渡江擊檝、無是樓藏書、李一氓五十後所得、一氓搜藏詞書種種/一九七七年記。

瑞雲詞一卷 （清）徐其志著 （清）李鑾揚校刊 附 鏡心齋詞鈔一卷 （清）李鑾揚著 清咸豐四年（1854）刻本 一册 李0384

開本23.7厘米×14.4厘米，版框12.8厘米×9.5厘米；左右雙邊，單黑魚尾；半葉七行，行十六字。内封鎸：咸豐甲寅七夕/瑞雲詞/附鏡心齋詞鈔/嘉禾周士釗題。鈐印：李（押）、擊檝、李一氓、存在第一、一氓所藏、無是樓藏書、李一氓五十後所得、一氓搜藏詞書種種/一九七七年記。

和漱玉詞一卷澗南詞一卷 （清）許德蘋著 清同治三年（1864）滬上刻本 一册 李0344

開本25厘米×16厘米，版框17.7厘米×13厘米；左右雙邊，上下黑口，單黑魚尾；半葉九行，行十九字，小字雙行同。牌記：同治甲子夏重刊於滬上。序跋：馮桂芬、宋志沂序。批校題跋：李一氓題簽（和漱玉詞/澗南詞/一九七九年得於蘇州/一氓記）。鈐印：無是樓、一氓所藏、成都李一氓、一氓搜藏詞書種種/一九七七年記。

和漱玉詞一卷澗南詞一卷 （清）許德蘋著 清抄本 一册 李0345

開本25厘米×15.9厘米；半葉九行，行十九字。序跋：宋志沂序、幺鳳詞人跋。批校題跋：李一氓題簽（南澗詞/和漱玉詞/鈔本/一九八一年得於吳門）、李一氓跋。鈐印：野莽、還有、無是樓、一氓讀書、李一氓信鈢、一氓七十又七（末"七"墨筆改爲"九"）、一氓搜藏詞書種種/一九七七年記。

時晴齋詞鈔一卷 （清）張集馨著 （清）張兆蘭校 清光緒二十一年（1895）鉛印本 一册 李0033

開本23.6厘米×14.4厘米，版框16厘米×10.8厘米；四周雙邊，單黑魚尾，無界行；半葉六行，行二十字。序跋：楊福臻序。鈐印：擊檝、一氓所藏、李一氓印、濯錦江邊、渡江擊檝、無是樓藏書。

241

竹韻樓琴趣(竹韻樓琴趣)一卷　（清）王淑著　清道光二十五年(1845)刻民國十三年(1924)印本　一冊　李0434

　　開本27.5厘米×17.3厘米，版框18.8厘米×13.8厘米；四周雙邊，單黑魚尾；半葉十行，行二十一字。序跋：朱高簷、王淑序。鈐印：野莽、一氓七十、一氓七十、一氓所藏、一氓搜藏詞書種種/一九七七年記。

亦有秋齋詞鈔二卷　（清）鈕福疇撰　民國十年(1921)鉛印本　一冊　李0200

　　開本26.7厘米×15.3厘米，版框17.1厘米×11.6厘米；四周雙邊，單黑魚尾；半葉十一行，行二十二字，小字雙行同。內封印：庚申五月/亦有秋齋詞鈔/朱孝臧。鈐印：一氓五十、一氓所藏、一氓搜藏詞書種種/一九七七年記。

瓶隱山房詞八卷　（清）黃曾撰　清道光二十七年(1847)刻本　四冊　李0239

　　開本18厘米×12.3厘米，版框12.3厘米×9.3厘米；四周雙邊；半葉八行，行十六字。牌記：道光二十七年夏四月開雕。序跋：車祖康、吳敬義序。鈐印：擊楫、李一氓、一氓所藏、無是樓藏書、李一氓五十後所得、一氓搜藏詞書種種/一九七七年記。

悔翁詩餘五卷　（清）汪士鐸撰　（清）張士珩校字　清光緒九年(1883)合肥張氏味古齋刻本　一冊　李0178

　　開本24.9厘米×15.2厘米，版框17.1厘米×13厘米；左右雙邊，上黑口，單黑魚尾；半葉十一行，行二十一字。牌記：光緒癸未仲秋/合肥張氏味古齋刊/師山高行篤署檢。版心下方鐫：味古齋。鈐印：擊楫、李一氓、李一氓印、一氓六十、渡江擊楫、無是樓藏書、一氓搜藏詞書種種/一九七七年記。

集部

小梅花館詞集三卷 （清）吳廷燮撰　清光緒四年（1878）刻本　一冊
李0111

　　開本24厘米×14.5厘米，版框17.4厘米×12.5厘米；左右雙邊，單黑魚尾；半葉十一行，行二十一字，小字雙行同。牌記：光緒戊寅年仲冬月重鐫。序跋：張開福、吳廷燮序，吳鑌跋。鈐印：生白齋收藏記、遲齋、李（押）、擎楣、李一氓、一氓所藏、渡江擎楣、無是樓藏書、李一氓五十後所得、一氓搜藏詞書種種／一九七七年記。

綠雪館詞三卷　（清）張鴻卓著　清道光書三味樓刻本　一冊　李0245

　　開本24.1厘米×15.2厘米，版框17.8厘米×13.3厘米；左右雙邊，單黑魚尾；半葉十行，行十九字。內封鐫：綠雪館詞／書三味樓鐫版。序跋：徐金鏡、徐藻序，徐熊飛等跋。鈐印：曾藏袁文藪家、靈雲、擎楣、李一氓、一氓六十、一氓所藏、無是樓藏書、一氓搜藏詞書種種／一九七七年記。

有真意齋詞譜三卷詞韻一卷詞集四卷詩集一卷　（清）錢裕撰　清道光二十一年（1841）吳門敦本堂刻本　四冊　李0534

　　開本23.4厘米×13.2厘米，版框12.9厘米×9.9厘米；四周雙邊，單黑魚尾；半葉八行，行十八字。內封鐫：道光辛丑春鐫／有真意齋詞譜／吳門敦本堂藏板。序跋：繆良、錢裕序。批校題跋：李一氓題簽（《有真意齋詞》坿《詞譜》《詞韻》）。鈐印：遠離顛倒夢想、孫人和讀書記、魚雅、魚雅氏章、蔣灝、鶴朧、求放心齋印章、一氓、李一氓、無是樓藏書、成都李一氓、李一氓五十後所得、一氓搜藏詞書種種／一九七七年記。

梅笙詞不分卷　（清）莊士彥著　稿本　一冊　李0252

　　開本27.6厘米×17.6厘米；半葉九行，行三十字。批校題跋：莊士彥題記、李一氓跋。鈐印：李（押）、李一氓、李一氓五十後所得、一氓搜藏詞書種種／一九七七年記。

瘦鶴軒詞一卷續一卷　（清）趙彥俞撰　清同治十二年（1873）刻本　一冊　李0380

開本23.8厘米×14.7厘米，版框16.9厘米×12.1厘米；左右雙邊，上下黑口；半葉十二行，行二十三字，小字雙行同。鈐印：李一氓、一氓所藏、渡江擊楫、無是樓藏書。

雲起樓詞三卷　（清）齊學裘撰　清同治十年（1871）天空海闊之居刻本　一冊　李0382

子目：蕉窗詞存一卷‖賣魚灣詞二卷

開本23.3厘米×15.5厘米，版框17.7厘米×13厘米；左右雙邊，單黑魚尾；半葉十行，行二十一字。牌記：同治十年刊於天空海闊之居。序跋：方濬頤序（作於同治十二年），周閑、于昌遂、劉熙載跋。鈐印：李（押）、李一氓、無是樓藏書、一氓搜藏詞書種種／一九七七年記。

零錦集詞稿（零錦集詞藁）二卷　（清）袁學瀾著　清同治十一年（1872）蘇州文學山房刻本　一冊　李0595

開本30.1厘米×17.5厘米，版框17.2厘米×11.6厘米；四周雙邊，單黑魚尾；半葉九行，行二十二字。內封鐫：蘇州護龍街中文學山房印行。序跋：張鴻卓序。鈐印：一氓六十、李一氓信鉨、李一氓五十後所得、一氓搜藏詞書種種／一九七七年記。

研華館詞三卷　（清）羅汝懷撰　（清）羅式常校梓　清光緒九年（1883）湖南省城刻本　一冊　李0248

開本23.9厘米×14.7厘米，版框19.6厘米×13.4厘米；四周雙邊，單黑魚尾；半葉十行，行二十四字，小字雙行同。牌記：光緒九年刊於湖南省城／板藏家塾式常謹記。鈐印：擊楫、李一氓、李一氓印、一氓所藏、渡江擊楫、無是樓藏書、李一氓五十後所得、一氓搜藏詞書種種／一九七七年記。

絳跗山館詞錄三卷 （清）張金鏞撰 清同治十年（1871）刻躬厚堂集本 二冊 李0181

開本22.4厘米×14.5厘米，版框16厘米×11.7厘米；左右雙邊，單黑魚尾；半葉十一行，行二十三字。牌記：同治辛未八月開雕。鈐印：袁毓麟、擊楫、李一氓、一氓所藏、一氓六十、無是樓藏書、李一氓五十後所得、一氓搜藏詞書種種／一九七七年記。

拙宜園集二卷 （清）黃憲清撰 清道光十五年（1835）刻本 一冊 李0109

開本24.2厘米×15厘米，版框17.3厘米×11.7厘米；左右雙邊，單黑魚尾；半葉十行，行二十二字。牌記：道光乙未孟春鐫板。批校題跋：李一氓題記。鈐印：曾藏袁文藪家、擊楫、李一氓、一氓五十、一氓七十、無是樓藏書、李一氓五十後所得、一氓搜藏詞書種種／一九七七年記。

倚晴樓詩餘四卷 （清）黃燮清撰 （清）宗景藩校梓 清同治六年（1867）黃鶴樓刻本 一冊 李0110

開本23.6厘米×15.6厘米，版框17厘米×13.2厘米；左右雙邊，單黑魚尾；半葉十一行，行二十一字，小字雙行同。牌記：同治六年春暮鐫於黃鶴樓。序跋：張炳堃序。鈐印：曾藏袁文藪家、擊楫、李一氓、一氓所藏、無是樓藏書、一氓搜藏詞書種種／一九七七年記。

清淮詞二卷 （清）湯成烈著 清同治元年（1862）刻本 一冊 李0034

開本22.9厘米×14.1厘米，版框18.2厘米×13.5厘米；左右雙邊，單黑魚尾；半葉十行，行二十二字。序跋：張曜孫跋。鈐印：曾藏袁文藪家、李一氓、一氓五十、一氓搜藏詞書種種／一九七七年記。

紫荃山館詩餘偶存一卷 （清）石贊清撰　清光緒九年（1883）刻本　一冊
　李0175

　　開本21.7厘米×14.8厘米，版框17.7厘米×12厘米；左右雙邊，單黑魚尾；半葉十行，行二十字。序跋：鮑源深序并跋。鈐印：擊楫、李一氓、一氓所藏、一氓六十、無是樓藏書、一氓搜藏詞書種種／一九七七年記。

餐青閣詞稿□□卷　（清）汪壬林撰　清刻本　一冊　存一卷（二）
　李0608

　　開本23.4厘米×15.1厘米，版框17.6厘米×12.6厘米；四周雙邊，單黑魚尾；半葉八行，行二十一字。批校題跋：李一氓題記。鈐印：擊楫、一氓七十、成都李一氓、一氓搜藏詞書種種／一九七七年記。

香草詞五卷補遺一卷附錄一卷鴻爪詞一卷哀絲豪竹詞一卷菊花詞一卷集牡丹亭詞一卷　（清）陳鍾祥撰　清咸豐十年（1860）刻本　三冊
　李0035

　　開本24.7厘米×14.7厘米，版框17.5厘米×11.9厘米；四周雙邊，單黑魚尾；半葉九行，行二十一字。序跋：莫友芝、黃彭年等序。批校題跋：李一氓題記。鈐印：曾藏袁文藪家、擊楫、李一氓、無是樓藏書、李一氓五十後所得、一氓搜藏詞書種種／一九七七年記。

雪蕉軒殘稿（雪蕉軒殘藁）一卷　（清）杭楚沅撰　清刻本　與《繁霜詞》合一冊　李0990

　　開本22.4厘米×13.3厘米，版框17.1厘米×11.8厘米；四周雙邊，單黑魚尾；半葉九行，行二十一字。鈐印：擊楫、李一氓、一氓搜藏詞書種種／一九七七年記、北京圖書館藏。

集部

留香小閣詞鈔一卷 （清）楊懋建撰　清抄本　一册　李0037

　　開本25.7厘米×17.2厘米；半葉十一行，行字不等。批校題跋：李一氓題記。鈐印：祕書正字、無是樓、一氓讀書、一氓六十、一氓搜藏詞書種種／一九七七年記。

鐵庵詞甲稿（鐵盦詞甲藁）一卷　（清）黄錫慶撰　清道光刻本　一册　李0256

　　開本24.2厘米×15.2厘米，版框18.3厘米×11.8厘米；左右雙邊，單黑魚尾；半葉十一行，行十九字。序跋：廓道人序。鈐印：擊楖、李一氓、一氓六十、一氓所藏。

芬陀利室詞集五卷　（清）蔣敦復著　（清）王韜刊　清光緒十一年（1885）王韜淞隱廬刻本　一册　存三卷（緑簫詞、碧田詞、紅衲詞各一卷）　李0198

　　開本23.6厘米×14.3厘米，版框18.4厘米×12.7厘米；左右雙邊，上下黑口，對黑魚尾；半葉十一行，行二十四字。牌記：乙酉春仲玉魷生以校本梓於淞隱廬。序跋：支機、湯貽汾、姚燮、王韜序。批校題跋：袁文藪題記。鈐印：曾藏袁文藪家、麐印、擊楖、李一氓、一氓所藏、渡江擊楖、無是樓藏書、一氓搜藏詞書種種／一九七七年記。

小鷗波館詞鈔二卷　（清）潘曾瑩撰　清道光二十三年（1843）刻本　一册　李0182

　　開本27.1厘米×16.7厘米，版框19.2厘米×14.3厘米；左右雙邊，上下黑口，單黑魚尾；半葉十一行，行二十四字。序跋：蔡宗茂、馬沅序。鈐印：樊、老和、李一氓、濯錦江邊、一氓六十、李一氓五十後所得、一氓搜藏詞書種種／一九七七年記。

秋蓼亭詞一卷　（清）何文敏著　清嘉慶二十一年（1816）刻本　一冊
李0246

開本23.6厘米×14.7厘米，版框18.2厘米×12.5厘米；四周雙邊，單黑魚尾；半葉八行，行二十字。內封鐫：嘉慶丙子仲冬／秋蓼亭詞／楊百泉題。序跋：趙懷玉序。批校題跋：李一氓題記。鈐印：曾藏袁文藪家、李（押）、擊楫、李一甿、一氓所藏、擊楫詞翰、無是樓藏書、李一氓五十後所得、一氓搜藏詞書種種／一九七七年記。

索笑詞二卷　（清）張文虎撰　清光緒七年（1881）刻本　與《清芬館詞草》《詞餘》《玉屑詞》《廣莫軒詞》合一冊　李0071

開本23厘米×14.8厘米，版框17厘米×12.3厘米；四周雙邊，上下黑口，單黑魚尾；半葉十一行，行二十一字，小字雙行同。鈐印：孟辰讀過、訒盦經眼、□□老人六十以後力聚之書子孫保之、黃裳藏本、上海圖書館藏、上海圖書館退還圖書章、李氏藏佚、李一氓搜藏詞書種種／一九七七年記。

心庵詞存（心盦詞存）四卷　（清）何兆瀛著　清同治十二年（1873）武林刻本　二冊　李0455

開本27.9厘米×16.9厘米，版框18.8厘米×14.1厘米；四周雙邊，單黑魚尾；半葉十行，行二十一字。內封鐫：同治十二年癸酉三月刊於武林。序跋：如山序。鈐印：擊楫、李一氓、李一氓印、一氓六十、一氓所藏、無是樓藏書、一氓搜藏詞書種種／一九七七年記。

轉蕙軒詞一卷　（清）謝質卿著　清光緒元年（1875）刻本　一冊
李0600

開本20.7厘米×13.9厘米，版框15厘米×11厘米；四周雙邊，單黑魚尾；半葉九行，行二十一字。內封：轉蕙軒詞／乙亥孟冬鐫。批校題跋：

李一氓跋。鈐印：成都李一氓、曾藏袁文藪家、李（押）、擊楫、七十又八、無是樓藏書、一氓搜藏詞書種種/一九七七年記。

綠月樓詞一卷　（清）江瑛著　清光緒刻本　一冊　李0349

開本25.6厘米×15.4厘米，版框18厘米×13.1厘米；左右雙邊，下黑口，單黑魚尾；半葉十行，行二十一字，小字雙行同。序跋：江璧序。鈐印：野莾、擊楫、李一氓、一氓所藏、一氓七十、一氓七十、無是樓藏書、人比黃花瘦、一氓搜藏詞書種種/一九七七年記。

攢雲閣詞一卷　（清）徐灝著　清宣統三年（1911）南京刻民國十四年（1925）北京補刻朱印本　一冊　李1491

開本26厘米×15厘米，版框18.1厘米×13.4厘米；左右雙邊，上下紅口，單紅魚尾；半葉十一行，行二十一字。牌記：辛亥初刊於南京/乙丑補刊於北京。序跋：汪琮序。批校題跋：李一氓題記。鈐印：李（押）、一氓六十、一氓所藏、一氓搜藏詞書種種/一九七七年記。

陔蘭書屋詞集六種　（清）潘曾綬撰　清同治刻本　一冊　李0176

子目：睡香花室詞一卷‖秋碧詞一卷‖同心室詞一卷‖憶佩居詞一卷‖蝶園詞一卷‖花好月圓室詞一卷

開本22.8厘米×14.7厘米，版框15.2厘米×11.6厘米；左右雙邊，對黑魚尾；半葉十一行，行二十一字。序跋：許宗衡序。鈐印：李（押）、一氓所藏、濯錦江邊、李一氓五十後所得、一氓搜藏詞書種種/一九七七年記。

浣花閣詞鈔二卷　（清）熊德慶撰　清刻本　一冊　李0105

開本24.5厘米×14.2厘米，版框17.5厘米×11.3厘米；四周單邊；半葉八行，行十八字。鈐印：擊楫、李一氓、李一氓、一氓所藏、無是樓藏書、李一氓五十後所得、一氓搜藏詞書種種/一九七七年記。

玉井山館詞一卷 （清）許宗衡撰 清咸豐十一年（1861）刻本 一冊
李0401

開本 23.7 厘米×14.4 厘米，版框 17.7 厘米×12.3 厘米；四周雙邊，單黑魚尾；半葉九行，行二十二字。內封鐫：咸豐辛酉夏刊/玉井山館詞/代州馮志沂題。序跋：許宗衡序。批校題跋：李一氓題記。鈐印：曾藏袁文藪家、甿、李（押）、擊楫、李一甿、長征戰士、一氓所藏、無是樓藏書、一氓搜藏詞書種種/一九七七年記。

玉井山館詩餘一卷 （清）許宗衡撰 民國十三年（1924）邵銳抄本 一冊
李0402

開本 26.6 厘米×18.4 厘米；半葉八行，行二十四字。批校題跋：邵銳題（甲子嘉平邵銳迻寫）、李一氓題簽（玉井山館詩餘/邵章傳鈔本/一甿藏）。鈐印：邵銳之印、杭邵章伯褧收藏書籍記、岑齋、李一氓、無是樓、一氓所藏、一氓讀書、擊楫詞翰、一氓搜藏詞書種種/一九七七年記、北京圖書館藏。

春水詞一卷 （清）顧文彬著 清咸豐十年（1860）武昌郡齋刻本 一冊
李0186

開本 19.2 厘米×12.8 厘米，版框 13.4 厘米×10 厘米；四周雙邊，上黑口，單黑魚尾；半葉九行，行二十一字。牌記：咸豐庚申秋仲/昏水詞/武昌郡齋開彫。序跋：張金鏞、張曜孫、顧文彬序，如山跋。鈐印：擊楫、李一甿、一氓所藏、無是樓藏書、一氓搜藏詞書種種/一九七七年記。

眉綠樓詞八種 （清）顧文彬著 清光緒十年（1884）吳下刻本 三冊
存七種 李0187

子目：靈巖樵唱一卷‖今雨吟一卷‖蟭巢碎語一卷‖百衲琴言一卷‖小橫吹膌譜一卷‖鶯花醉吟一卷‖蝶板新聲（蜨板新聲）一卷

開本 23.4 厘米×14.5 厘米，版框 16.3 厘米×12 厘米；左右雙邊，單黑魚尾；半葉九行，行二十一字。牌記：光緒十年歲在甲申一陽生月吳下刊成。序跋：莊受祺、俞樾、鄭文焯序。鈐印：擊楫、李一氓、一氓所藏、渡江擊楫、無是樓藏書、李一氓五十後所得、一氓搜藏詞書種種／一九七七年記。

吾意庵長短句乙稿（吾意盦長短句乙稿）一卷　（清）姚正鏞撰　清光緒刻本　一冊　李0351

開本24.8厘米×15.2厘米，版框18.4厘米×13.4厘米；左右雙邊；半葉十行，行二十一字。批校題跋：李一氓題記。鈐印：擊楫、李一氓、李一氓印、無是樓藏書、一氓搜藏詞書種種／一九七七年記。

裁雲閣詞鈔四卷　（清）秦雲著　清同治七年（1868）刻本　一冊　李0675

開本21.7厘米×14.8厘米，版框16.9厘米×12.6厘米；左右雙邊，下黑口，單黑魚尾；半葉九行，行二十一字。牌記：同治戊辰仲秋開雕。序跋：秦雲序。鈐印：擊楫、李一氓、一氓所藏、無是樓藏書、一氓搜藏詞書種種／一九七七年記。

寄影軒詞稿六卷　（清）張觀美撰　清同治九年（1870）梅州陳集賢館刻本　二冊　李0179

開本22.3厘米×14.5厘米，版框18.1厘米×12.7厘米；四周單邊，單黑魚尾；半葉九行，行二十一字。書尾鐫：梅州陳集賢館刻。序跋：徐作梅、黃紹昌、張觀美序。鈐印：擊楫、李一氓、一氓所藏、無是樓藏書、一氓搜藏詞書種種／一九七七年記、北京圖書館藏。

繡蝶庵詞鈔（繡蜨盦詞鈔）五卷附錄一卷　（清）汪藻撰　清光緒四年（1878）刻本　一冊　李0101

開本22.9厘米×14.8厘米，版框18.4厘米×12.5厘米；左右雙邊，下黑口，單黑魚尾；半葉九行，行二十一字，小字雙行同。牌記：光緒戊寅季冬月栞成/香禪居士題。序跋：錢振倫序。鈐印：擊楫、李一氓、一氓所藏、無是樓藏書、一氓搜藏詞書種種/一九七七年記。

蒼葍花館詞一卷 （清）徐鴻謨撰 （清）金保福書 （清）金保權校字
清光緒三十四年（1908）刻本 與《玉可盒詞存》合一冊 李0082

開本 23 厘米×14.1 厘米，版框 12.1 厘米×9.2 厘米；四周單邊，單黑魚尾，無界行；半葉八行，行十七字。序跋：金保福序、徐琪跋。鈐印：無是樓藏書。

荔墻詞一卷 （清）汪曰楨撰 清同治刻本 一冊 李0406

開本 24.3 厘米×15.4 厘米，版框 16.6 厘米×11.8 厘米；左右雙邊，單黑魚尾；半葉七行，行十七字。批校題跋：李一氓題（荔墻詞/同治栞本）。鈐印：李（押）、李一氓、無是樓、一氓所藏、一氓搜藏詞書種種/一九七七年記。

海風簫詞一卷 （清）顧復初著 清同治四年（1865）錦城刻本 一冊 李0593

開本 23.2 厘米×15.2 厘米，版框 17.8 厘米×12 厘米；左右雙邊，上下黑口，對黑魚尾；半葉九行，行二十一字。牌記：同治乙丑秋月栞於錦城。序跋：徐同善、顧復初序。鈐印：曾藏袁文藪家。

絳河笙詞稿一卷 （清）顧復初著 清光緒元年（1875）安般息室刻本 一冊 李0589

開本 23.1 厘米×15.2 厘米，版框 18.2 厘米×11.8 厘米；左右雙邊，單黑魚尾；半葉九行，行二十一字。內封鐫：光緒乙亥/絳河笙詞/安般息室。序跋：羅鳳岡序。鈐印：曾藏袁文藪家。

梅影庵詞集（梅影盦詞集）三種　（清）顧復初著　清同治光緒間刻本　一冊　李0677

子目：蜀桐絃詞一卷 ‖ 海風簫詞一卷 ‖ 絳河笙詞稿一卷

開本25.1厘米×16.7厘米，版框18厘米×12.2厘米；左右雙邊，上下黑口，對黑魚尾；半葉九行，行二十一字。《海風簫詞》牌記：同治乙丑秋月梓於錦城。《絳河笙詞稿》內封鐫：光緒乙亥/絳河笙詞/安般息室。序跋：朱鑑成、徐同善、羅鳳岡、顧復初序。鈐印：擎樞、一氓所藏、李一氓印、濯錦江邊、無是樓藏書、李一氓五十後所得、一氓搜藏詞書種種/一九七七年記。

大小雅堂詩餘一卷　（清）承齡撰　清光緒十八年（1892）刻本　一冊　李0112

開本22.6厘米×14.4厘米，版框18.9厘米×13.6厘米；左右雙邊，上下黑口，單黑魚尾；半葉十行，行二十一字。鈐印：擎樞、一氓所藏、無是樓藏書、李一氓五十後所得、一氓搜藏詞書種種/一九七七年記。

牧鷗亦舫詩餘一卷　（清）趙瀚撰　清刻本　一冊　李0946

開本22.7厘米×14.3厘米，版框18.3厘米×12.5厘米；四周雙邊，單黑魚尾；半葉九行，行二十字。鈐印：擎樞、一氓所藏、無是樓藏書、一氓搜藏詞書種種/一九七七年記。

絮香閣詞鈔一卷　（清）趙泰來著　影印本　一冊　李0453

開本29.6厘米×21厘米。批校題跋：李一氓題（絮香閣詞鈔/一氓自裝并題）。鈐印：無是樓、存在第一、一氓七十又九、一氓搜藏詞書種種/一九七七年記。按：書中附剪報（趙泰來《絮香閣詞鈔》）。

茂陵秋雨詞四卷 （清）王錫振撰 清咸豐九年（1859）刻本 一冊
李0185

開本23.6厘米×14.4厘米，版框17.2厘米×12.9厘米；四周雙邊，單黑魚尾；半葉十行，行二十一字。牌記：咸豐己未嘉平京師寓廬編草。序跋：張金鏞、王錫振序，夏成業跋。鈐印：劉氏仲子珍藏書史印、悔庵收藏詞集、李（押）、擊楖、李一氓、濯錦江邊、無是樓藏書、李一氓五十後所得、一氓搜藏詞書種種／一九七七年記。

采香詞四卷 （清）杜文瀾撰 清咸豐曼陀羅華閣刻本 一冊 李0373

開本25.2厘米×15厘米，版框16.5厘米×11.6厘米；左右雙邊，單黑魚尾；半葉九行，行二十一字。版心下方鐫：曼陀羅華閣。序跋：李肇增叙。鈐印：李（押）、李一氓、濯錦江邊、渡江擊楖、無是樓藏書、一氓搜藏詞書種種／一九七七年記。

古香凹詩餘二卷 （清）方濬頤撰 清光緒十年（1884）維揚刻本（李一氓抄補） 一冊 李0193

開本24.8厘米×15.2厘米，版框16.2厘米×13.2厘米；四周雙邊，下黑口，單黑魚尾；半葉十行，行二十一字，小字雙行同。牌記：光緒甲申十二月維揚開雕。序跋：劉溎年序。鈐印：李（押）、李一氓、一氓所藏、一氓搜藏詞書種種／一九七七年記。

鴛鴦宜福館吹月詞二卷 （清）陳元鼎著 清同治元年（1862）錢塘陳氏刻光緒十六年（1890）小羽琇山館補修本 一冊 李0461

開本25.4厘米×15.1厘米，版框17.5厘米×11.7厘米；四周雙邊，單黑魚尾；半葉十行，行二十一字。內封鐫：庚寅九月小羽琇山館補修。序跋：陳元鼎識。批校題跋：李一氓題記。鈐印：陳元鼎、李一氓、無是樓、一氓所藏、一氓七十、一氓搜藏詞書種種／一九七七年記。

集部

鴛鴦宜福館遺詞一卷　（清）陳元鼎著　清光緒二十年（1894）雙照樓刻本　一册　李0462

開本21.7厘米×14.8厘米，版框16.2厘米×9.4厘米；左右雙邊，上下黑口；半葉九行，行二十二字，小字雙行同。內封鐫：雙照樓輯本/光緒甲午刊成。序跋：陳德聰跋。批校題跋：李一氓題記。鈐印：曾藏袁文藪家、擊楫、一氓六十、無是樓藏書、一氓搜藏詞書種種/一九七七年記。

樗洲詞二卷　（清）勒方錡填　清同治四年（1865）刻本　一册　李0189

開本19.3厘米×12.8厘米，版框13厘米×10.3厘米；左右雙邊，單黑魚尾；半葉九行，行十八字。牌記：同治四年八月開雕。序跋：陳慶溥序。鈐印：李（押）、擊楫、李一盷、無是樓藏書、李一氓五十後所得、一氓搜藏詞書種種/一九七七年記。按：此書襯紙爲《玦亭鈢印集》書葉。

太素齋詞鈔二卷　（清）勒方錡撰　清光緒十年（1884）刻本　一册　李0188

開本23.2厘米×15.2厘米，版框16.8厘米×11.8厘米；左右雙邊，單黑魚尾；半葉九行，行二十一字。序跋：俞樾序。鈐印：蟫隱盧、李（押）、擊楫、一氓所藏、濯錦江邊、無是樓藏書、一氓搜藏詞書種種/一九七七年記。

太素齋詞鈔二卷　（清）勒方錡撰　清光緒十年（1884）刻本　一册　李0190

開本25.6厘米×14.7厘米，版框16.8厘米×11.7厘米；左右雙邊，單黑魚尾；半葉九行，行二十一字。序跋：俞樾序。鈐印：蘇省文學山房杏記經印善本書籍、瑞生甄藏、瑞生經眼、無悶野人、弄花香滿衣、一氓六十、一氓所藏、李一氓五十後所得、一氓搜藏詞書種種/一九七七年記。

蘊蘭吟館詩餘一卷　（清）恩錫撰　清光緒元年(1875)刻本　一冊
李0249

開本25.7厘米×15.3厘米，版框18.4厘米×13.7厘米；左右雙邊，下黑口，單黑魚尾；半葉九行，行二十一字。牌記：光緒乙亥年夏刊版。批校題跋：李一氓題簽（蘊蘭吟館詩餘/恩錫撰/光緒刊本）。鈐印：無是樓、一氓所藏、一氓八十、一氓搜藏詞書種種/一九七七年記。

抱山樓詞錄四卷　（清）張炳堃著　清光緒十五年(1889)刻本　一冊
李0460

開本24.5厘米×14.1厘米，版框18厘米×12.8厘米；左右雙邊，下黑口，單黑魚尾；半葉十行，行二十二字，小字雙行同。內封鐫：光緒己丑正月開雕。序跋：謝章鋌序。鈐印：曾藏袁文藪家、擊楫、李一氓、李一氓、一氓所藏、渡江擊楫、無是樓藏書、李一氓五十後所得、一氓搜藏詞書種種/一九七七年記。

水雲樓詞(水雲樓賸)二卷　（清）蔣春霖著　清咸豐十一年(1861)曼陀羅華閣刻本　與《水雲樓詞續》合一冊　李0452

開本23.6厘米×14.4厘米，版框16.7厘米×11.8厘米；左右雙邊，單黑魚尾；半葉九行，行二十一字。內封鐫：咸豐辛酉仲夏開雕。版心下方鐫：曼陀羅華閣。序跋：何詠、李肇增、褚榮槐序。鈐印：讀有用書室所得書畫圖籍、李一氓、一氓六十、渡江擊楫、無是樓藏書。

水雲樓詞續一卷　（清）蔣春霖著　（清）褚成博寫樣　清光緒二年(1876)嚴州刻本　與《水雲樓詞》合一冊　李0452

開本23.6厘米×14.4厘米，版框16.4厘米×12厘米；左右雙邊，單黑魚尾；半葉九行，行二十一字。鈐印：李一氓。

集部

菊壽庵詞稿（菊壽盦詞稿）四卷　（清）姚輝第撰　清同治八年（1869）木活字印本　一册　李0177

開本25.8厘米×15.3厘米，版框17.5厘米×13.1厘米；左右雙邊，上下黑口；半葉十行，行二十四字，小字雙行同。序跋：姚燮序、蔣敦復跋。批校題跋：李一氓題簽（菊壽盦詞／雙照樓原藏／一氓）、袁文藪題記。鈐印：雙照樓收藏記、曾藏袁文藪家、擎楄、李一氓、一氓所藏、無是樓藏書、一氓搜藏詞書種種／一九七七年記。

藤香館詞一卷　（清）薛時雨撰　清同治五年（1866）刻本　一册　李0371

開本21.7厘米×13.8厘米，版框16.9厘米×11.7厘米；左右雙邊，單黑魚尾；半葉九行，行二十一字。序跋：李肇增、楊叔懌序，錢恩榮、張景祁、董慎言跋。批校題跋：李一氓題簽（江舟欸乃／同治鐫本）、李一氓題記。鈐印：擎楄、李一氓、一氓所藏、李一氓信鈢、無是樓藏書、一氓搜藏詞書種種／一九七七年記。按：卷端無著者，李一氓題"薛時雨撰"。

藤香館詞删存二卷　（清）薛時雨撰　（清）薛葆楹校字　清光緒五年（1879）刻本　二册　李0409

開本25.8厘米×15.5厘米，版框18.4厘米×13.3厘米；左右雙邊，上下黑口，對黑魚尾；半葉十行，行二十二字。內封鐫：光緒己卯秋七月瑞安孫衣言題。序跋：李肇增、楊叔懌序，金鴻佺、張景祁、董慎言跋。批校題跋：袁文藪題簽（藤香館詞鈔／文藪題）。鈐印：袁毓麐、擎楄、李一氓印、一氓所藏、無是樓藏書、一氓搜藏詞書種種／一九七七年記。

玉淙詞一卷　（清）潘曾瑋撰　清咸豐四年（1854）蘇城徐元圃局刻本　一册　李0183

開本26.4厘米×15.7厘米，版框15厘米×11.5厘米；左右雙邊，無

257

界行；半葉九行，行十六字。序跋：姚燮、陳克家、徐子苓、汪錫珪、曾瑩、潘曾瑋序。鈐印：苦雨齋藏書印、擊楫、一氓所藏、李一氓印、無是樓藏書、一氓搜藏詞書種種／一九七七年記。

詠花詞一卷　（清）潘曾瑋著　清光緒十三年（1887）刻本　一冊　李0184

開本25厘米×15厘米，版框16.9厘米×12.4厘米；四周雙邊，單黑魚尾；半葉十行，行二十一字。牌記：光緒丁亥夏五栞版。鈐印：擊楫、李一甿、李一氓印、一氓所藏、渡江擊楫、無是樓藏書、一氓搜藏詞書種種／一九七七年記。

蒼梧山館集八卷　（清）劉煒華著　民國十二年（1923）竟陵劉建中堂刻本　二冊　李0350

開本23.8厘米×14.5厘米，版框16.2厘米×11.3厘米；左右雙邊，單黑魚尾；半葉十行，行二十一字。牌記：民國十有二年初刊／竟陵劉建中堂版。序跋：黃彭年、楊綏堧、龔耕廬、秦縱仙序。鈐印：擊楫、李一甿、渡江擊楫、無是樓藏書、一氓搜藏詞書種種／一九七七年記。

竹石居詞草一卷川雲集一卷　（清）童華撰　清光緒刻本　一冊　李0993

開本23.2厘米×15.1厘米，版框17.6厘米×13.6厘米；左右雙邊，上下黑口，單黑魚尾；半葉十行，行二十字，小字雙行同。鈐印：擊楫、李一甿、一氓所藏、無是樓藏書、一氓搜藏詞書種種／一九七七年記。

蓮因室詞集一卷　（清）鄭蘭孫撰　清光緒刻本　一冊　李0746

開本24.9厘米×15.5厘米，版框17.5厘米×13.5厘米；左右雙邊，下黑口，單黑魚尾；半葉十行，行二十字。鈐印：野莽、無是樓、一甿七十、人比黃花瘦、一氓搜藏詞書種種／一九七七年記。

倩影樓遺稿一卷　（清）陸蒨撰　清同治二年（1863）皖南洪氏刻本　一冊　李0346

開本23.5厘米×14.9厘米，版框17.2厘米×12.6厘米；左右雙邊，上下黑口，對黑魚尾；半葉十一行，行二十四字。牌記：同治二年孟夏/浙西程氏輯稿/皖南洪氏開雕。序跋：洪本燿、金繩武跋。鈐印：一氓所藏、李一氓信鈢、一氓搜藏詞書種種/一九七七年記。

春鷳詞二卷　（清）葛湘撰　（清）葉長齡編次　（清）陳熙治　（清）周溶校刊　清光緒五年（1879）刻本　一冊　李0240

開本19.3厘米×12.9厘米，版框14.9厘米×10.5厘米；四周雙邊，單黑魚尾，無界行；半葉九行，行二十一字。内封鐫：光緒己卯仲秋/菁鷳詞槀/吳儁署檢。序跋：陳熙治序、葉長齡跋。鈐印：曾藏袁文藪家、擊楫、李一甿、一氓五十、一氓所藏、無是樓藏書、李一氓五十後所得、一氓搜藏詞書種種/一九七七年記。

清芬館詞草一卷　（清）朱光燨撰　（清）楊伯潤校刊　清光緒十五年（1889）楊伯潤刻本　與《索笑詞》《詩餘》《玉屑詞》《廣莫軒詞》合一冊　李0071

開本23厘米×14.8厘米，版框16.3厘米×11.3厘米；左右雙邊，下黑口，單黑魚尾；半葉十行，行二十一字。序跋：王鎏、楊伯潤序。鈐印：訒盦經眼、積學齋徐乃昌藏書、來燕榭藏舊本詩餘戲曲、一氓所藏、一氓搜藏詞書種種/一九七七年記。

文竹閣詞集二卷　（清）許標撰　清咸豐十年（1860）祝餘山館刻本　二冊　李0100

開本24.7厘米×15.1厘米，版框17.6厘米×13.2厘米；左右雙邊，單黑魚尾；半葉十行，行二十一字。牌記：咸豐庚申冬日鐫於祝餘山館。序跋：鍾寶彝、許標序。鈐印：赤城、名余曰標兮字曰赤城、曾藏袁文藪家、李（押）、擊楫、李一氓印、一氓所藏、無是樓藏書、李一氓五十後所得、一氓搜藏詞書種種／一九七七年記。

棲雲山館詞存一卷　（清）黃錫禧著　清同治六年（1867）維揚磚街張墨林齋刻本　一冊　李0597

開本23.5厘米×15.8厘米，版框17.5厘米×13.2厘米；左右雙邊，單黑魚尾；半葉九行，行字不等。牌記：同治丁卯夏六月鐫。卷末鐫：維揚磚街張墨林齋鐫板。序跋：黃錫禧序。批校題跋：李一氓題簽（棲云山舘詞存／吳讓之寫刻本）。鈐印：李（押）、擊楫、李一氓、無是樓藏書、李一氓五十後所得、一氓搜藏詞書種種／一九七七年記。

題鳳館詞稿一卷　（清）朱鑑成著　清同治十年（1871）成都刻本　一冊　李0618

開本23厘米×13.7厘米，版框18.2厘米×11.8厘米；左右雙邊，上下黑口，對黑魚尾；半葉九行，行二十一字。批校題跋：李一氓跋。鈐印：李一氓、無是樓、一氓所藏、一氓讀書、長征戰士、一氓搜藏詞書種種／一九七七年記。

餘園詞稿四卷　（清）陸文鍵著　清光緒十六年（1890）茸城嵇少泉寫刻本　一冊　李0599

開本22.8厘米×14.8厘米，版框16.1厘米×12厘米；四周雙邊，單黑魚尾；半葉十行，行二十一字。書尾鐫：茸城嵇少泉寫鋟。序跋：汪承慶序。鈐印：擊楫、一氓所藏、無是樓藏書、一氓搜藏詞書種種／一九七七年記。

酒邊詞八卷　（清）謝章鋌著　（清）吳玉田鐫字　清光緒十五年（1889）福州刻賭棋山莊集本　三冊　李0690

開本25.5厘米×16.6厘米，版框20.2厘米×13.2厘米；四周雙邊，下黑口，單黑魚尾；半葉十行，行二十四字。牌記：光緒己丑刊於福州。序跋：黃宗彝序。鈐印：擊楫、李一氓印、濯錦江邊、渡江擊楫、無是樓藏書、李一氓五十後所得、一氓搜藏詞書種種／一九七七年記、北京圖書館藏。

緣秋草堂詞一卷　（清）顧翰撰　清刻本　一冊　李0506

開本23.5厘米×15.8厘米，版框18.2厘米×13.4厘米；左右雙邊，上下黑口，單黑魚尾；半葉十二行，行二十三字。鈐印：擊楫、一氓所藏、無是樓藏書、成都李一氓。

佩蘅詞一卷補遺一卷　（清）金泰撰　清光緒十一年（1885）武林刻本　一冊　李0375

開本29.2厘米×17.5厘米，版框16.5厘米×11.5厘米；左右雙邊，上下黑口；半葉十一行，行二十二字。牌記：光緒乙酉秋重鋟於武林。序跋：邊保樞識。鈐印：吟香小室、李（押）、擊楫、李一氓、一氓所藏、無是樓藏書、一氓搜藏詞書種種／一九七七年記。

景石齋詞略一卷　（清）姚詩雅撰　清光緒七年（1881）羊城富文齋刻本　一冊　李0063

開本23.1厘米×15.2厘米，版框17.9厘米×12.3厘米；四周雙邊，單黑魚尾；半葉十行，行二十一字。卷末鐫：羊城內西湖街富文齋承刊印。序跋：陳澧序。鈐印：擊楫、李一氓、無是樓藏書、一氓搜藏詞書種種／一九七七年記。

滇雲集詞二卷　（清）張璈著　（清）畢應庚校刊　（清）張毓芝評注　1959年李一氓抄清光緒九年（1883）刻本　一冊　李0102

開本25.9厘米×19厘米；半葉八行，行十六字。版心下方有"成都李氏抄本"六字。序跋：畢應庚序。批校題跋：李一氓跋。鈐印：一氓所藏、一氓五十、北京圖書館藏。

瑤華閣詞一卷補遺一卷　（清）袁綬撰　清宣統二年（1910）陝西圖書館鉛印本　一册　李0336

開本23.8厘米×14厘米，版框17.5厘米×12.1厘米；四周雙邊，單黑魚尾，無界行；半葉十二行，行三十字。牌記：宣統二年/瑤華閣詞集/許寶荃署首。版心下方印：陝西圖書館排印。鈐印：清河郡圖書印、榆園珍賞印、曾藏袁文藪家、擊楫、野莽、李一氓、一氓所藏、一氓七十、無是樓藏書、一氓搜藏詞書種種/一九七七年記。

玉簫詞鈔一卷　（清）殷秉璣撰　清光緒刻本　一册　李0742

開本23.5厘米×14.9厘米，版框17.6厘米×12.1厘米；左右雙邊，單黑魚尾；半葉九行，行二十一字。鈐印：一氓所藏、李一氓信鈢、一氓搜藏詞書種種/一九七七年記。

射雕詞兩卷附續鈔一卷　（清）應寶時撰　清光緒十年（1884）吳中刻本（《續鈔》刻於清光緒十四年）　一册　李0194

開本23.9厘米×14.7厘米，版框17.3厘米×11.3厘米；四周雙邊，單黑魚尾；半葉八行，行二十字，小字雙行同。牌記：光緒十年冬仲鋟於吳中。序跋：汪世梅、薛時雨序，邵慶辰跋。鈐印：擊楫、李一氓、李一氓、一氓六十、渡江擊楫、濯錦江邊、無是樓藏書、一氓搜藏詞書種種/一九七七年記。

約園詞四卷　（清）劉湘年撰　清光緒十二年（1886）揚城刻本　一册　李0612

開本23.1厘米×15.2厘米，版框17.2厘米×12.9厘米；左右雙邊，單黑魚尾；半葉十一行，行二十一字。牌記：光緒丙戌十月揚城開雕。序跋：宋澤元序。鈐印：李（押）、擊楫、李一氓、一氓所藏、無是樓藏書、一氓搜藏詞書種種/一九七七年記。

集部

春在堂詞錄三卷 （清）俞樾撰　清同治十年（1871）刻本　一冊
　　李0531

　　開本23.1厘米×14.5厘米，版框16.1厘米×11.7厘米；左右雙邊，單黑魚尾；半葉十行，行二十一字。序跋：俞樾序。鈐印：曾藏袁文藪家、擊楖、李一氓印、一氓所藏、一氓六十、無是樓藏書、一氓搜藏詞書種種／一九七七年記。

金縷曲廿四疊韻（金縷曲廿四疊均）一卷　（清）俞樾著　（清）宋文蔚錄
　　清光緒十三年（1887）刻本　一冊　李0532

　　開本24.7厘米×15.3厘米。內封鐫：光緒丁亥中春鋟版。每葉首行印：仿漢蔡中郎竹冊。鈐印：李一氓、無是樓、一氓所藏、一氓搜藏詞書種種／一九七七年記。

荔園詞二卷　（清）徐本立著　（清）陶升甫刻　清同治十年（1871）刻本
　　二冊　李0454

　　開本22.5厘米×14.6厘米，版框16.9厘米×12厘米；左右雙邊，單黑魚尾；半葉九行，行二十字。序跋：俞樾、王其淦序。鈐印：擊楖、李一氓、一氓所藏、一氓七十、無是樓藏書、成都李氏收藏故籍、一氓搜藏詞書種種／一九七七年記、北京圖書館藏。

愿爲明鏡室詞稿九卷　（清）江順詒著　清同治八年（1869）刻本　一冊
　　李0674

　　開本21.8厘米×14.9厘米，版框15.8厘米×11.9厘米；四周雙邊，單黑魚尾；半葉九行，行二十一字。序跋：卜奉箴序。鈐印：擊楖、一氓所藏、無是樓藏書、一氓搜藏詞書種種／一九七七年記。

楞華室詞鈔二卷 （清）沈世良撰　清咸豐四年（1854）刻本　一冊
　李0601

　　開本23.5厘米×14.2厘米，版框17.3厘米×13.1厘米；左右雙邊，上下黑口，單黑魚尾；半葉十行，行二十一字。牌記：咸豐四年秋七月刊。序跋：陳澧序。鈐印：擊楫、李一氓、一氓所藏、一氓六十、渡江擊楫、無是樓藏書、一氓搜藏詞書種種／一九七七年記。

月簫樓詞草三卷　（清）黃錫疇著　稿本　一冊　存二卷（二、三）
　李1454

　　開本29厘米×15.7厘米；半葉六行，行二十字。批校題跋：李一氓題簽（月簫樓詞草／清稿本／三卷／缺第一卷）、潘鍾瑞題記。鈐印：潘聖、香禪、鍾瑞讀過、一氓、靠邊站、一氓所藏、成都李一氓、成都李氏收藏故籍、一氓搜藏詞書種種／一九七七年記。

秋夢庵詞鈔（秋夢盦詞鈔）二卷續一卷秋夢龕詞再續一卷　（清）葉衍蘭撰　清光緒十六年（1890）羊城刻本　一冊　李0354

　　開本24.4厘米×14.2厘米，版框16.4厘米×11.2厘米；四周雙邊，上下黑口，對黑魚尾；半葉九行，行二十一字。牌記：光緒十有六年歲在庚寅春二月刊於羊城。序跋：汪瑔、張鳴珂、譚獻、易順鼎、張景祁、葉衍蘭序。鈐印：張壽林印、擊楫、李一氓、渡江擊楫、一氓所藏、無是樓藏書、一氓搜藏詞書種種／一九七七年記。

雙橋小築詞存四卷集餘一卷　（清）江人鏡著　清光緒十九年（1893）揚州運署題襟館刻本　二冊　李0458

　　開本26厘米×16.5厘米，版框18.1厘米×14.4厘米；左右雙邊，上下黑口，單黑魚尾；半葉九行，行二十一字，小字雙行同。內封鐫：光緒癸巳冬月刊於揚州運署之題襟館。鈐印：李（押）、擊楫、李一氓、渡江擊楫、無是樓藏書、李一氓五十後所得、一氓搜藏詞書種種／一九七七年記。

雙橋小築詞存五卷集餘二卷　（清）江人鏡著　清光緒二十四年（1898）揚州運署題襟館刻本　二册　李0459

　　開本26.6厘米×17.3厘米，版框18厘米×14.3厘米；左右雙邊，上下黑口，單黑魚尾；半葉九行，行二十一字，小字雙行同。内封鐫：光緒戊戌仲夏刊於揚州運署之題襟館。序跋：張祖同、周天麟序。鈐印：無是樓、一氓所藏、李一氓五十後所得、一氓搜藏詞書種種/一九七七年記。

小隱園詞鈔一卷　（清）湯濂著　清光緒至民國間刻本　一册　李0288

　　開本24.4厘米×14厘米，版框15.4厘米×9.4厘米；左右雙邊，單黑魚尾；半葉六行，行十字。序跋：余宣序。批校題跋：李一氓題記。鈐印：一氓七十、一氓七十又七、一氓搜藏詞書種種/一九七七年記。

考功詞一卷　（清）鄭守廉撰　（清）鄭孝胥等校字　清光緒二十八年（1902）武昌刻本　一册　李0403

　　開本24.4厘米×14.2厘米，版框17.9厘米×12.2厘米；左右雙邊，上下黑口，對黑魚尾；半葉十行，行二十字，小字雙行同。牌記：光緒壬寅刊於武昌。鈐印：擊楫、李一氓、一氓所藏、渡江擊楫、無是樓藏書、一氓搜藏詞書種種/一九七七年記。

夢影詞六卷　（清）王錫元著　清光緒二十七年（1901）刻本　三册　李0709

　　開本23.6厘米×15.4厘米，版框17.2厘米×13.1厘米；左右雙邊，上下黑口；半葉十一行，行二十二字，小字雙行同。鈐印：擊楫、李一氓、一氓六十、濯錦江邊、無是樓藏書、李一氓五十後所得、一氓搜藏詞書種種/一九七七年記。

冰甌館詞鈔一卷　（清）張丙炎撰　清光緒十一年（1885）刻本　一冊　李0607

開本21厘米×15厘米，版框14.8厘米×11.1厘米；左右雙邊，單黑魚尾；半葉七行，行十六字。鈐印：榕園倚聲、曾藏袁文藪家、擊檝、一氓所藏、渡江擊檝、李一氓印、無是樓藏書、一氓搜藏詞書種種/一九七七年記。

竹隝詞續稿一卷　（清）章樹福撰　清光緒八年（1882）刻本　一冊　李0247

開本25.5厘米×15.3厘米，版框18.1厘米×12.8厘米；左右雙邊，單黑魚尾；半葉十行，行二十三字，小字雙行同。內封鐫：光緒壬午之秋/竹隝詞續槀/浦文球署檢。序跋：章樹福序。鈐印：還有、一氓搜藏詞書種種/一九七七年記。

夢影樓稿一卷　（清）關鍈著　清咸豐四年（1854）錢塘蔣氏刻本　與《秋鐙瑣憶》合一冊　李0348

開本27厘米×17.5厘米，版框17.8厘米×12.4厘米；左右雙邊，單黑魚尾；半葉十行，行二十一字。牌記：咸豐四年甲寅六月二十六日錢塘蔣氏開雕。批校題跋：黃裳題記。鈐印：黃裳、黃裳藏本、容家書庫、上海圖書館藏、上海圖書館退還圖書章、李一氓、無是樓、一氓所藏、一氓七十又七、一氓搜藏詞書種種/一九七七年記。

梅笛庵詞賸稿（梅笛菴詞賸槀）一卷　（清）宋志沂著　（清）劉履芬輯　（清）李煒等校梓　清同治刻本　一冊　李0463

開本24.7厘米×15.3厘米，版框16.7厘米×12.6厘米；左右雙邊，單黑魚尾；半葉十行，行二十一字。序跋：劉履芬、潘鍾瑞、李煒序，秦雲跋。批校題跋：李一氓題記。鈐印：李（押）、李一氓、一氓六十、一氓所藏、一氓搜藏詞書種種/一九七七年記。

佩秋閣詞稿（佩秋閣詞稾）一卷　（清）吳苣撰　清光緒刻本　一冊
　　李0347

　　開本25.6厘米×15.6厘米，版框19厘米×13厘米；左右雙邊，上下黑口，對黑魚尾；半葉九行，行二十一字。鈐印：野莽、擊楫、李一氓、一氓七十、無是樓藏書、人比黃花瘦、一氓搜藏詞書種種/一九七七年記。

瓊華館詞不分卷　（清）俞廷瑛撰　稿本　一冊　李1433

　　開本26.2厘米×16.4厘米；半葉十行，行二十五字。批校題跋：俞廷瑛、徐珂、楊振宗、李一氓等題記。鈐印：徐珂、仲玉詩詞、李（押）、無是樓、一氓所藏、成都李一氓、一氓搜藏詞書種種/一九七七年記。

鵲泉山館詞一卷　（清）潘觀保撰　清光緒十五年（1889）復始堂刻本　一冊　李0606

　　開本29.2厘米×17.5厘米，版框18.7厘米×12.6厘米；左右雙邊，上黑口，對黑魚尾；半葉十行，行二十一字。版心下方鐫：復始堂。序跋：朱以增序。鈐印：李（押）、擊楫、一氓所藏、無是樓藏書、一氓搜藏詞書種種/一九七七年記。

香隱庵詞（香隱盦詞）二卷　（清）潘遵璇撰　鮑鴻銓校字　民國七年（1918）刻本　一冊　李0379

　　開本23.6厘米×14.3厘米，版框17厘米×12厘米；左右雙邊，單黑魚尾；半葉十行，行二十一字，小字雙行同。序跋：吳嘉洤、潘介繁序，沈濤等跋。批校題跋：李一氓題簽（香隱盦詞/近栞兩卷本）、李一氓題記。鈐印：擊楫、李一氓、一氓所藏、渡江擊楫、無是樓藏書、一氓搜藏詞書種種/一九七七年記。

東鷗草堂詞二卷　（清）周星譽撰　清同治二年（1863）三山吳玉田刻本　二冊　李0533

開本23.5厘米×15.8厘米，版框16.8厘米×12厘米；左右雙邊；半葉十一行，行二十一字。卷一末鐫：三山剞劂氏吳玉田。序跋：譚儀叙。鈐印：劉氏仲子珍藏書籍印、擊槧、李一氓、一氓所藏、無是樓藏書、一氓搜藏詞書種種／一九七七年記。

湖天曉角詞二卷　（清）程霖壽撰　（清）程頌薰　（清）程頌萬編校　（清）孫士齊等校字　清光緒二十七年（1901）長沙竢園刻本　一冊　李0605

開本26.9厘米×15.4厘米，版框17.3厘米×13.6厘米；左右雙邊，單黑魚尾；半葉十二行，行二十三字。牌記：十髮盦家集弟壹／光緒辛丑仲秋月／甯鄉程氏藏版；光緒辛丑仲春／長沙竢園校鐫。版心下方鐫：十髮盦家集。卷端題名下方鐫：萬涵堂遺槀卷一。鈐印：李一氓、李一氓五十後所得、一氓搜藏詞書種種／一九七七年記。

詩餘一卷　（清）朱嘉金撰　清光緒十五年（1889）楊伯潤刻本　與《索笑詞》《清芬館詞草》《玉屑詞》《廣莫軒詞》合一冊　存兩葉（一、二）　李0071

開本23厘米×14.8厘米，版框16.3厘米×11.3厘米；左右雙邊，下黑口，單黑魚尾；半葉十行，行二十一字。版心上方鐫：臞仙吟館遺槀。鈐印：訒盦經眼。

蕉心閣詞一卷　（清）周繼煦著　清光緒二十六年（1900）貴筑高氏刻本　一冊　李0683

開本22.9厘米×14.7厘米，版框17.1厘米×11.5厘米；四周雙邊，上下黑口；半葉八行，行十三字。牌記：光緒庚子貴筑高氏刊於成都。序跋：張絢序。批校題跋：李一氓題（蕉心閣詞／成都刻本）。鈐印：閒夢堂、丁賢書印、丁賢書字貢知、李（押）、無是樓、一甿搜藏詞書種種/一九七七年記。

羅月詞二卷 （清）許廣暐撰　清道光十九年（1839）刻本　一冊　李0072

　　開本20.6厘米×12.8厘米，版框16.2厘米×12.5厘米；左右雙邊，單黑魚尾；半葉十行，行二十字。序跋：蔣蘅、季景臺、許廣暐序。鈐印：擊楫、李一甿、一甿所藏、一甿五十、無是樓藏書、一甿搜藏詞書種種/一九七七年記。

燈昏鏡曉詞四卷附聚紅榭雅集詞一卷　（清）宋謙著　清宣統二年（1910）鉛印本　一冊　李0610

　　開本24.1厘米×14.4厘米，版框19厘米×12.1厘米；四周雙邊，單黑魚尾，無界行；半葉十行，行二十五字。序跋：陳衍序。鈐印：擊楫、李一甿、一甿所藏、一甿六十、李一甿印、無是樓藏書、一甿搜藏詞書種種/一九七七年記。

墨壽閣詞鈔一卷續鈔一卷　（清）汪承慶撰　清光緒二十八年（1902）山陽刻本　一冊　李0408

　　開本23.8厘米×14.7厘米，版框16厘米×12.3厘米；左右雙邊，上下黑口，單黑魚尾；半葉十一行，行二十一字，小字雙行同。內封鐫：光緒壬寅刊於山陽。序跋：徐乃昌序。鈐印：李（押）、擊楫、李一甿、一甿所藏、渡江擊楫、無是樓藏書。

雙紅豆館詞鈔四卷　（清）周悾然撰　清光緒九年（1883）晉陽刻本　二冊　李0381

　　開本23.5厘米×14.5厘米，版框17.1厘米×13.2厘米；左右雙邊，單黑魚尾；半葉九行，行十八字，小字雙行同。內封鐫：光緒癸未/

雙紅豆館詞鈔/晉陽重鋟。序跋：季芝昌序。鈐印：李（押）、擊楖、李一氓、一氓所藏、渡江擊楖、無是樓藏書、一氓搜藏詞書種種/一九七七年記。

新蘅詞六卷外集一卷　（清）張景祁著　清光緒九年（1883）刻本　一冊　李0591

開本29厘米×17.6厘米，版框17厘米×13.5厘米；左右雙邊，單黑魚尾；半葉十二行，行二十三字，小字雙行同。序跋：張景祁序。鈐印：廣雅書院經籍金石書畫之印、李（押）、擊楖、一氓五十、無是樓藏書、李一氓五十後所得、一氓搜藏詞書種種/一九七七年記。

浪餘詞一卷　（清）馮履和著　民國十五年（1926）刻本　一冊　李0091

開本26.5厘米×17.5厘米，版框16.6厘米×12.4厘米；左右雙邊，上下黑口，單黑魚尾；半葉十一行，行二十二字。序跋：馮煦序、馮篔跋。鈐印：擊楖、李一氓、一氓所藏、渡江擊楖、無是樓藏書、一氓搜藏詞書種種/一九七七年記。

退一步草堂詞鈔一卷小唱一卷　（清）王玉驥著　清光緒刻本　一冊　李0710

開本22.7厘米×14.3厘米，版框16.6厘米×11.1厘米；四周雙邊，單黑魚尾；半葉九行，行二十字。批校題跋：梅寶璐跋。鈐印：擊楖、一氓所藏、無是樓藏書、一氓搜藏詞書種種/一九七七年記。

碧桃館詞一卷　（清）趙我佩撰　清咸豐八年（1858）刻本　二冊　李0338

開本24.5厘米×14.7厘米，版框18.8厘米×11.7厘米；四周雙邊，上下黑口；半葉十行，行二十字。内封鐫：咸豐戊午秋九月/碧桃館詞/韻梅題。批校題跋：李一氓跋。鈐印：曾藏袁文藪家、擊楖、李一氓、無是樓、一氓所藏、一氓七十、桃花源裏、擊櫬詞翰、無是樓藏書、一氓搜藏詞書種種／一九七七年記、北京圖書館藏。

懷白軒詞鈔二卷南北曲一卷 （清）陸初望撰 清同治五年（1866）刻本 一册 李0602

開本26.7厘米×15.3厘米，版框17.5厘米×13.1厘米；四周雙邊，上黑口，單黑魚尾；半葉十行，行二十一字。序跋：袁起序。鈐印：李一氓五十後所得、一氓搜藏詞書種種／一九七七年記。

曉夢春紅詞一卷 （清）潘介繁撰 清同治刻本 一册 李0405

開本23.6厘米×15.8厘米，版框18.9厘米×12.8厘米；左右雙邊，上下黑口，對黑魚尾；半葉十行，行二十一字。序跋：吳嘉淦、許虞颺序。鈐印：曾藏袁文藪家、李（押）、擊楫、李一氓、一氓所藏、無是樓藏書、一氓搜藏詞書種種／一九七七年記。

鶴緣詞一卷 （清）吕耀斗撰 清光緒二十六年（1900）陽湖吕氏敬止堂刻本 一册 李0530

開本22.9厘米×14.8厘米，版框17厘米×13.6厘米；左右雙邊，單黑魚尾；半葉十二行，行二十三字。內封鐫：光緒庚子十一月／吕氏敬止堂藏板。序跋：譚獻序。鈐印：曾藏袁文藪家、李（押）、擊楫、李一氓、一氓所藏、無是樓藏書、一氓搜藏詞書種種／一九七七年記。

寒松閣詞三卷 （清）張鳴珂撰 （清）蔡震 （清）陶牧校 清光緒十年（1884）江西書局刻本 與《寒松閣駢體文》合一册 李0614

開本23.8厘米×14.6厘米，版框17.4厘米×13厘米；左右雙邊，上下黑口，對黑魚尾；半葉十一行，行二十二字。牌記：光緒十年甲申冬十一月／江西書局郭慶經繕録／陳文瑞手槃。序跋：馬蘭芬、譚獻、謝章鋌序。鈐印：豐城歐陽氏藏書、豐城歐陽熙印、曾藏袁文藪家、擊櫬、李一眊、一氓所藏、渡江擊檝、無是樓藏書、一氓搜藏詞書種種／一九七七年記。

紅豆新詞一卷記事譜一卷 （清）潘鍾㝢著 清同治八年（1869）都門刻本 一冊 李1455

開本25.8厘米×14.7厘米，版框13.6厘米×9.2厘米；四周雙邊；半葉八行，行二十字，小字雙行同。序跋：吳鳳昌序。批校題跋：李一氓題記。鈐印：李一眊、一氓所藏、濯錦江邊、李一氓五十後所得、一氓搜藏詞書種種／一九七七年記。

萃堂詞錄一卷 （清）潘鴻義著 民國十三年（1924）杭州邵銳抄本 一冊 李0587

開本26.5厘米×18厘米；半葉八行，行二十四字。批校題跋：邵銳題（甲子秋邵銳寫）、□□題記。鈐印：杭邵章伯裴收藏書籍記、邵銳手鈔、茗生橅古、北京圖書館藏。

紅蕪詞鈔二卷 （清）鍾景撰 清刻本 一冊 李0383

開本24.6厘米×15.3厘米，版框19.5厘米×13.1厘米；四周雙邊，單黑魚尾；半葉十一行，行二十四字。序跋：胡承頤跋。批校題跋：李一氓題（紅蕪詞鈔兩卷／一九七五識）。鈐印：一氓六十、一氓七十、李一氓五十後所得、一氓搜藏詞書種種／一九七七年記。

紅豆簾琴意一卷 （清）陳克劼撰 （清）方燕昭校刊 清光緒十三年（1887）方燕昭刻本 一冊 李1440

開本26厘米×15.4厘米，版框16.9厘米×12.8厘米；四周雙邊，上下黑口，對黑魚尾；半葉九行，行二十一字。牌記：光緒丁亥辰月開雕板藏本宅。序跋：方燕昭、陳克劼序。鈐印：一氓所藏、無是樓藏書、一氓搜藏詞書種種／一九七七年記。

集部

中白詞二卷補一卷續補一卷 （清）莊棫撰 民國十四年（1925）吳庠惜往日齋刻本 一册 李0376

開本 28 厘米×17.5 厘米，版框 12.5 厘米×8.9 厘米；四周單邊，上下黑口；半葉九行，行二十字。版心下方鐫：寒匏盦。序跋：吳庠跋。鈐印：擊梔、李一氓、一氓六十、李一氓印、無是樓藏書、一氓搜藏詞書種種／一九七七年記。

笙月詞五卷花影詞一卷 （清）王詒壽撰 清同治十一年（1872）杭州刻本 一册 李0619

開本 21.7 厘米×14.7 厘米，版框 15.7 厘米×11.5 厘米；左右雙邊，單黑魚尾；半葉十行，行二十一字。牌記：同治壬申十月杭州開雕。序跋：譚獻、王詒壽序。鈐印：擊楫、一氓六十、無是樓藏書、李一氓五十後所得、一氓搜藏詞書種種／一九七七年記。

味閒堂詞鈔一卷 （清）陶然撰 民國十八年（1929）上海中華書局鉛印本 一册 李0195

開本 24.3 厘米×14.7 厘米，版框 15.4 厘米×10.7 厘米；四周單邊，單黑魚尾；半葉十三行，行二十字，小字雙行同。版心下方印：中華書局聚珍倣宋版印。序跋：陳去病、吳梅、諸宗元序，王謇、陶善鍾跋。鈐印：一氓所藏、無是樓藏書、一氓搜藏詞書種種／一九七七年記。

玉玲瓏館詞存一卷曲存一卷 （清）魏熙元撰 清光緒十六年（1890）一樹冬青書屋刻本 一册 李0609

開本 21.8 厘米×14.2 厘米，版框 15.8 厘米×11.7 厘米；左右雙邊，上下黑口，單黑魚尾；半葉九行，行十九字。牌記：光緒庚寅孟冬一樹冬青書屋開雕。序跋：鮑存曉、擔飯僧序。鈐印：擊楫、一氓所藏、無是樓藏書。

- **冷吟仙館詩餘一卷文存一卷　（清）左錫嘉撰　（清）胡延等校　清光緒十六年（1890）曾光煦刻本　一冊　李0339**

　　開本25.5厘米×15厘米，版框16.6厘米×12厘米；四周單邊，下黑口，單黑魚尾；半葉九行，行二十一字。序跋：廖平序。鈐印：無是樓、李一氓、一氓所藏、一氓搜藏詞書種種／一九七七年記。

- **越縵堂詞錄二卷　（清）李慈銘著　民國二十四年（1935）上海商務印書館鉛印本　一冊　李0704**

　　開本20厘米×13.2厘米，版框14.8厘米×10.2厘米；左右雙邊，單黑魚尾；半葉十二行，行十九字，小字雙行同。鈐印：虞伯雍、無是樓、一氓讀書、一氓搜藏詞書種種／一九七七年記。

- **瓶廬詞一卷　（清）翁同龢撰　民國十年（1921）上海聚珍倣宋印書局鉛印本　一冊　李0352**

　　開本22.7厘米×14.4厘米，版框16.3厘米×11.2厘米；左右雙邊，上下黑口，對黑魚尾；半葉十行，行二十一字，小字雙行同。鈐印：擊楫、一氓所藏、無是樓藏書、一氓搜藏詞書種種／一九七七年記。

- **蓮漪詞二卷　（清）鄭由熙著　清光緒十六年（1890）江右書局刻本　一冊　李0684**

　　開本24厘米×14.7厘米，版框16.3厘米×12.5厘米；左右雙邊，單黑魚尾，無界行；半葉十行，行二十二字，小字雙行同。內封鐫：光緒庚寅孟冬刊於江右書局。序跋：張鳴珂、譚獻、鄭由熙序，汪宗沂跋。鈐印：擊楫、李一氓、李一氓印、一氓所藏、渡江擊楫、無是樓藏書、一氓搜藏詞書種種／一九七七年記。

集部

夢溪欋謳二卷　（清）張崇蘭著　清光緒二十三年（1897）刻本　一冊　李0196

　　開本22.7厘米×14.4厘米，版框17.3厘米×12.9厘米；四周雙邊，上下黑口，對黑魚尾；半葉九行，行二十一字，小字雙行同。牌記：咸豐辛亥初刻/光緒丁酉重鐫。序跋：陳克劭跋。鈐印：曾藏袁文藪家、李（押）、擊槚、李一氓、一氓所藏、無是樓藏書、一氓搜藏詞書種種/一九七七年記。

受辛詞二卷　（清）王苬撰　清光緒刻本　一冊　李0372

　　開本24.4厘米×14厘米，版框16.9厘米×11.6厘米；左右雙邊，上下黑口；半葉九行，行二十字，小字雙行同。序跋：郭晉超叙。批校題跋：李一氓題記。鈐印：李（押）、擊楫、李一氓、一氓七十、一氓所藏、無是樓藏書、一氓搜藏詞書種種/一九七七年記。

靜鄉居詞一卷　（清）金馥撰　清宣統二年（1910）刻本　一冊　李0747

　　開本25.4厘米×14.6厘米，版框17.4厘米×12.6厘米；左右雙邊，單黑魚尾；半葉十行，行二十一字，小字雙行同。序跋：程邦達跋。鈐印：瑞生甄藏、瑞生經眼、無悶野人、弄花香滿衣、無是樓、一氓讀書、一氓所藏、李一氓信鈢、一氓搜藏詞書種種/一九七七年記。

人月圓詞一卷　題秣陵種藍客填譜　清咸豐七年（1857）刻本（鳳皇山館藏板）　一冊　李0098

　　開本19.1厘米×12.8厘米，版框13.7厘米×10厘米；左右雙邊，單黑魚尾；半葉八行，行二十字。牌記：丁巳小春鐫/人月圓詞/鳳皇山館藏板。序跋：太癡自序。批校題跋：李一氓題簽（人月圓詞/咸豐鐫本/野莾題）、李一氓跋。鈐印：仲宣、汝爲、野莾、擊楫、李一氓、擊楫詞翰、無是樓藏書、一氓搜藏詞書種種/一九七七年記。

詩契齋詞鈔六卷 （清）許玉瑑著 （清）黃楨 （清）王鏞編輯 （清）朱祖謀等校 清光緒刻本 一冊 李0275

開本23.9厘米×14.7厘米，版框17厘米×12.6厘米；左右雙邊；半葉十一行，行二十三字，小字雙行同。批校題跋：李一氓跋。鈐印：曾藏袁文藪家、擊檝、李一甿、一氓所藏、一氓五十、無是樓藏書、一氓搜藏詞書種種/一九七七年記。

郘亭詞集七種 （清）孫楫撰 清光緒刻本 二冊 李0404

子目：鶯喬集一卷‖嶺海琴言一卷‖竹西吟一卷‖雷陽集一卷‖韶石草一卷‖梧翠簃稿一卷‖邕江集一卷

開本22.7厘米×14.4厘米，版框15.8厘米×10.8厘米；四周雙邊，上黑口，單黑魚尾；半葉八行，行二十字。序跋：孫楫序。鈐印：李（押）、李一甿、無是樓藏書、一氓搜藏詞書種種/一九七七年記。

稻香館粲香詞四卷補遺一卷 （清）方受穀稿 （清）吳寶升錄 （清）金柯校梓 （清）薛錦昌鐫字 清光緒十二年（1886）禾郡稻香館刻本 二冊 李0722

開本23.5厘米×14.4厘米，版框19.1厘米×11.4厘米；四周雙邊，單黑魚尾；半葉八行，行二十字。牌記：光緒十二年歲次丙戌秋七月開雕。序跋：方受穀序。鈐印：嚴庸、嚴庸暫藏、嚴庸所有、景先、李（押）、李一甿、擊檝、一氓所藏、渡江擊檝、無是樓藏書、一氓搜藏詞書種種/一九七七年記。

粲花館詞鈔一卷 （清）樓杏春著 民國二十二年（1933）義烏黃氏鉛印本 一冊 李0089

開本25.5厘米×15厘米，版框17.2厘米×12厘米；四周雙邊，單黑魚尾；半葉十二行，行三十字。序跋：黃侗、朱鳳毛、朱懷新序。鈐印：李一甿、一氓所藏、一氓搜藏詞書種種/一九七七年記。

湘綺樓詞鈔一卷　（清）王闓運撰　王簡校刊　代輿覆校　民國六年（1917）湘綺樓刻本　一冊　李0001

開本23.2厘米×15厘米，版框19厘米×12.8厘米；四周雙邊，上下黑口，對黑魚尾；半葉十行，行二十一字，小字雙行同。牌記：丁巳秋九月湘綺樓藏版。書尾鐫：湘綺樓藏板。鈐印：一泯所藏、無是樓藏書、一泯搜藏詞書種種／一九七七年記。

枯桐閣詞稿一卷　（清）張鴻續撰　清宣統鉛印本　一冊　李0604

開本25.6厘米×16.6厘米，版框18.2厘米×12.6厘米；四周雙邊，單黑魚尾；半葉十行，行二十三字。序跋：汪香祖、謝質卿、鄧鴻荃序。鈐印：李一甿、一泯所藏、一泯搜藏詞書種種／一九七七年記。

茶山草堂詞一卷斷腸吟詞草一卷　（清）馬寶文著　稿本　一冊　李0598

開本24.4厘米×13厘米。《斷腸吟詞草》所用稿紙版心有"仁泰號製"四字。批校題跋：余一鰲、李一泯跋。鈐印：存在第一、一泯七十、李一泯五十後所得、一泯搜藏詞書種種／一九七七年記。

藤花館詩餘一卷　（清）陳克常著　清刻本　一冊　李0673

開本22.7厘米×14.4厘米，版框16.8厘米×12.6厘米；四周單邊，上下黑口，對黑魚尾；半葉九行，行二十一字。鈐印：擎槭、李一甿、一泯所藏、無是樓藏書、一泯搜藏詞書種種／一九七七年記。

雪鴻吟館詞一卷　（清）韓聞南著　清同治十三年（1874）杭州刻本　一冊　李0596

開本23.3厘米×15.2厘米，版框16.3厘米×12.5厘米；四周雙邊，單黑魚尾；半葉八行，行二十字。內封鐫：同治甲戌刊於杭州。序跋：江順詒序。鈐印：李（押）、擊楫、李一氓、一氓所藏、無是樓藏書、一氓搜藏詞書種種／一九七七年記。

昔夢詞一卷　（清）王慶昌撰　王植善刊　民國十七年（1928）上海王氏鉛印本　一冊　李1449

開本24.4厘米×14.7厘米，版框16.1厘米×12.2厘米；左右雙邊，下黑口，單黑魚尾；半葉十行，行二十一字。序跋：劉仁航、張廷華、胡韞玉、孫德謙、朱惟傑、陳洙序。鈐印：曾藏袁文藪家、一氓所藏、無是樓藏書、一氓搜藏詞書種種／一九七七年記。

勉憙集一卷　（清）周星詒撰　清宣統元年（1909）番禺沈氏鉛印晨風閣叢書本　一冊　李1462

開本21.5厘米×14厘米，版框17.1厘米×12.4厘米；四周雙邊，單黑魚尾；半葉十行，行二十二字。版心下方印：晨風閣叢書甲集／集成圖書公司印。序跋：譚儀、冒廣生跋。鈐印：一氓所藏、無是樓藏書。

艮居詞三種　（清）蔡壽臻撰　（清）王鵬運鑒定　稿本　一冊　李0995

子目：南峪詞二卷‖金縷詞一卷補遺一卷‖虛受齋詩餘一卷

開本25.6厘米×17.2厘米；半葉九行，行二十一字。批校題跋：李一氓題（艮居詞三種／清稿本／蔡壽臻撰／一氓藏詞）、李一氓跋。鈐印：篆香室、南峪老農、無是樓、一氓所藏、一氓六十、一氓搜藏詞書種種／一九七七年記。

倚月樓詞稿四卷　（清）周天麟撰　附　月樓琴語一卷　（清）蕭恒貞撰　清光緒七年（1881）并門刻本　一冊　李0984

開本23.1厘米×15.2厘米，版框17厘米×11.7厘米；左右雙邊；半葉九行，行二十五字。牌記：光緒辛巳夏五月刊於并門。鈐印：李（押）、擊楫、李一氓、一氓所藏、無是樓藏書、一氓搜藏詞書種種／一九七七年記。

雙紅豆詞二卷 （清）周天麟撰　清光緒十七年（1891）嘉平石印本　一冊
李0986

開本26.5厘米×15.5厘米，版框19.8厘米×13厘米；四周單邊，下黑口，單黑魚尾；半葉九行，行二十二字。牌記：光緒十七年嘉平石印。序跋：周天麟序。批校題跋：李一氓題簽（雙紅豆詞/集唐人句）。鈐印：無是樓、一氓所藏、一氓讀書、一氓搜藏詞書種種/一九七七年記。

水流雲在館詞鈔八卷續刊一卷　（清）周天麟撰　附　月樓琴語一卷　（清）蕭恒貞著　清光緒二十一年（1895）刻二十五年（1899）續刻本　四冊　李0985

子目：倚月樓詞二卷‖竹窗秋籟一卷‖悔餘詞二卷續刊一卷‖雙紅豆詞一卷‖水雲欸乃一卷‖泥爪詞一卷‖月樓琴語一卷

開本26.7厘米×16.8厘米，版框18厘米×14.2厘米；四周單邊，上下黑口，對黑魚尾；半葉十一行，行二十四字。內封鐫：光緒二十一年歲次乙未九月刊。《悔餘詞續刊》牌記：光緒己亥年夏四月續刊。序跋：周天麟序。批校題跋：李一氓題記。鈐印：李一氓、存在第一、濯錦江邊、一氓六十、渡江擊檝、擊檝詞人、無是樓藏書、李一氓五十後所得、一氓搜藏詞書種種/一九七七年記。

井華詞二卷　（清）沈景脩撰　清光緒二十五年（1899）刻本　一冊
李0613

開本22.9厘米×14.2厘米，版框17.5厘米×13.4厘米；左右雙邊，單黑魚尾；半葉十二行，行二十三字。牌記：光緒己亥秋七月開鋟/吳江施紹書署檢。序跋：譚獻、張鳴珂序，許增跋。鈐印：李一氓、一氓所藏、一氓搜藏詞書種種/一九七七年記。

湘絃離恨譜一卷　（清）張祖同撰　清光緒七年（1881）刻本　一冊
李0617

開本23.1厘米×12.9厘米，版框12.3厘米×9.3厘米；四周雙邊，上下黑口；半葉九行，行二十字。批校題跋：李一氓題記。鈐印：無是樓、一氓五十、一氓七十、無是樓藏書、一氓搜藏詞書種種／一九七七年記。

湘雨樓詞五卷　（清）張祖同撰　民國十一年（1922）刻本　四冊
李0616

開本21.4厘米×13.1厘米，版框12.5厘米×9.4厘米；四周單邊，上下黑口；半葉九行，行十六字。序跋：王闓運序、鄭業本跋。鈐印：擊櫼、李一甿、一氓所藏、一氓六十、無是樓藏書、一氓搜藏詞書種種／一九七七年記。

縫月軒詞錄一卷詞續一卷　（清）李恩綬著　清光緒三十年（1904）上海蜚英書館石印本　一冊　李0718

開本20厘米×13厘米，版框16.4厘米×10.7厘米；四周單邊，無界行；半葉十行，行二十四字。牌記：光緒甲辰季夏之吉／上海蜚英書館石印。批校題跋：李一氓題（縫月軒詞錄／光緒石印本）。鈐印：一氓所藏、李一氓信鈢、一氓搜藏詞書種種／一九七七年記。

悅雲山房詞存四卷附存一卷　（清）劉敦元著　民國鉛印本　一冊
李0255

開本26.6厘米×17.4厘米，版框19.2厘米×12.4厘米；四周單邊，對黑魚尾；半葉九行，行十九字。鈐印：李（押）、擊櫼、李一氓印、無是樓藏書、一氓搜藏詞書種種／一九七七年記。

集部

綠梅花龕詞二卷　（清）黃文達撰　民國八年（1919）鉛印本　一册　李0603

開本24.1厘米×14.5厘米，版框17.4厘米×12.9厘米；四周雙邊，單黑魚尾；半葉九行，行二十二字。牌記：己未孟夏初吉校印。序跋：張文虎序。鈐印：曾藏袁文藪家、擊楫、李一氓、一氓所藏、一氓六十、渡江擊楫、無是樓藏書、一氓搜藏詞書種種／一九七七年記。

可園詞存四卷　（清）陳作霖著　陳詒慶校字　清宣統二年（1910）刻本　一册　李0011

開本23.9厘米×14.6厘米，版框16.7厘米×12.2厘米；左右雙邊，單黑魚尾；半葉十二行，行二十三字。鈐印：擊楫、一氓所藏、無是樓藏書、一氓搜藏詞書種種／一九七七年記。

暗香疏影齋詞鈔（暗香疎影齋詞鈔）一卷　（清）志潤撰　清光緒三十年（1904）上海新昌書局鉛印本　一册　李0064

開本21.5厘米×14厘米，版框17厘米×12.5厘米；四周雙邊，單黑魚尾；半葉十行，行十八字。牌記：光緒三十年仲秋上海新昌書局印。批校題跋：李一氓跋。鈐印：曾藏袁文藪家、擊楫、一氓所藏、無是樓藏書、一氓搜藏詞書種種／一九七七年記。

空一切庵詞（空一切盦詞）一卷　（清）鄧嘉純著　民國九年（1920）刻本　一册　李0707

開本26.5厘米×17.4厘米，版框17.5厘米×12.8厘米；四周單邊，單黑魚尾；半葉九行，行十七字。序跋：鄧邦述跋。鈐印：擊楫、李一氓、一氓六十、渡江擊楫、無是樓藏書、一氓搜藏詞書種種／一九七七年記。

石蓮閣詞一卷　（清）吳重憙撰　民國四年（1915）刻本　一冊　李0615

開本26.7厘米×17.4厘米，版框16.6厘米×13.5厘米；四周單邊，上下黑口，順黑魚尾；半葉十行，行二十二字。牌記：乙卯新刊。書耳內鐫字數。序跋：李葆恂識、吳昌綬跋。鈐印：海豐吳重憙印、李一氓、一氓所藏、一氓七十、擊楫詞人、渡江擊楫、無是樓藏書、一氓搜藏詞書種種／一九七七年記。

亦雲詞（丙戌、丁亥、戊子、己丑稿）一卷　（清）余一鼇撰　稿本　一冊　李0061

開本25.3厘米×14.7厘米；半葉八至九行，行字不等。序跋：余一鼇識。批校題跋：李一氓題簽（亦雲詞／手稿本），余一鼇、劉繼增、孫起元題記。鈐印：一鼇、余一鼇、心禪居士、依樣、心禪、繼增之印、石香、天地吾廬、閒愛孤雲靜愛僧、達士襟懷神仙風骨英雄肝膽菩薩心腸、李一氓、一氓所藏、一氓搜藏詞書種種／一九七七年記、北京圖書館藏。

春蠶詞一卷秋夢詞一卷影桃庵詞（影桃盦詞）一卷　（清）余一鼇撰　稿本　一冊　李0093

開本27.7厘米×15.8厘米。版心下方印：無錫余氏私稾。鈐印：擊楫詞翰、李一氓信鈢、一氓搜藏詞書種種／一九七七年記。

墮蘭館詞存一卷　（清）宗德福撰　清宣統元年（1909）湖北官報局鉛印本　一冊　李0067

開本26厘米×15.1厘米，版框17.8厘米×12.3厘米；四周雙邊，對黑魚尾；半葉十行，行二十三字。版心下方鐫：湖北官報局刷印。序跋：吳唐林序。鈐印：一氓所藏、一氓搜藏詞書種種／一九七七年記。

集部

玉屑詞三卷　（清）朱寯瀛撰　清光緒二十七年（1901）刻本　與《索笑詞》《清芬館詞草》《詩餘》《廣莫軒詞》合一冊　李0071

　　開本23厘米×14.8厘米，版框16.6厘米×12.6厘米；左右雙邊，單黑魚尾；半葉九行，行二十一字。序跋：朱寯瀛序。鈐印：訒盦經眼、來燕榭藏舊本詩餘戲曲、一氓搜藏詞書種種/一九七七年記。

吳漚煙語一卷　（清）張上龢撰　民國四年（1915）刻本　一冊　李0440

　　開本23.8厘米×13.8厘米，版框11.5厘米×8.6厘米；四周單邊；半葉八行，行十六字。內封：吳漚煙語/乙卯新刊/章鈺署。序跋：吳昌綬序，張爾田跋。鈐印：擊楫、李一氓、一氓所藏、人比黃花瘦、無是樓藏書、一氓搜藏詞書種種/一九七七年記。

秋窗聽雨詞（秋窓聽雨詞）不分卷　（清）馬子良撰　稿本　一冊　李0099

　　開本20.7厘米×12.4厘米。批校題跋：齊學裘、沈福椿、張燮承跋，李一氓題記。鈐印：馬氏子良、書畫藪、齊學裘、玉谿、一氓七十、擊楫詞翰。

寄龕詞四卷　（清）孫德祖撰　清同治九年（1870）山陰許純模刻本　一冊　李1445

　　開本21.8厘米×14.8厘米，版框16.4厘米×11.1厘米；左右雙邊，上下黑口，對黑魚尾；半葉九行，行十八字。牌記：同治九年歲在庚午/山陰許氏純模刻字。序跋：孫德祖序。鈐印：擊楫、李一氓、一氓五十、無是樓藏書、一氓搜藏詞書種種/一九七七年記。

曼廬詞一卷　（清）許頌鼎撰　清光緒三十三年（1907）刻本　一冊　李1442

　　開本22.9厘米×14.2厘米，版框17.8厘米×13厘米；左右雙邊，上下黑口，對黑魚尾；半葉十一行，行二十二字。序跋：劉炳照序。鈐印：李（押）、李一氓、李一氓五十後所得、一氓搜藏詞書種種/一九七七年記。

麋楥詞一卷　（清）劉恩黻撰　清光緒三十四年(1908)雙照樓刻本　一册
李0914

　　開本22.2厘米×13.5厘米，版框12.5厘米×9.3厘米；四周單邊，上下黑口；半葉九行，行十六字。版心下方鐫：雙照樓。卷末鐫：丁未八月祖謀校讀/戊申正月昌綬再校/凡存詞七十五首。序跋：于齊慶序、朱祖謀跋。鈐印：曾藏袁文藪家、擊楫、一氓所藏、無是樓藏書、一氓搜藏詞書種種/一九七七年記。

麗矖亭詞二卷　（清）金椿倚聲　清光緒十一年(1885)刻本　二册
李0043

　　開本19.2厘米×12.8厘米，版框11.7厘米×8.2厘米；左右雙邊，單黑魚尾；半葉七行，行十六字。牌記：光緒乙酉九月會稽朱錫瑩題。序跋：廖平、易順鼎、劉思詳、何汝舟序。批校題跋：李一氓題記。鈐印：擊楫、李一氓、一氓所藏、七十又八、無是樓藏書、成都李一氓、一氓搜藏詞書種種/一九七七年記。

聽秋聲館詞一卷　（清）吴恩埰撰　清光緒三十四年(1908)鉛印本　一册　李0066

　　開本21.6厘米×14.1厘米，版框18.6厘米×12.6厘米；四周雙邊，下黑口、單黑魚尾；半葉九行，行二十四字。序跋：夏曾傳、錢睦、徐寶謙等序，吴承湜跋。批校題跋：李一氓題記。鈐印：曾藏袁文藪家、擊楫、一氓所藏、七十又八、無是樓藏書、一氓搜藏詞書種種/一九七七年記。

集部

艮廬詞一卷 （清）張茂炯撰 民國二十年（1931）石印本 一冊 李0424

開本22.7厘米×14.9厘米，版框13.7厘米×9.7厘米；四周雙邊，上下黑口，單黑魚尾；半葉九行，行十九字。序跋：張茂炯序。鈐印：李一氓印、一氓所藏、渡江擊楫、無是樓藏書、一氓搜藏詞書種種／一九七七年記。

艮廬詞續集一卷外集一卷自述詩一卷 （清）張茂炯撰 民國二十三年（1934）石印本 一冊 李0425

開本22.7厘米×14.9厘米，版框13.8厘米×9.6厘米；左右雙邊，上下黑口，單黑魚尾；半葉九行，行十九字。序跋：吳梅、張茂炯序。鈐印：擊楫、李一氓印、一氓所藏、渡江擊楫、無是樓藏書、一氓搜藏詞書種種／一九七七年記。

楚水詞一卷 （清）柯劭慧撰 民國四年（1915）雙照樓刻朱印本 一冊 李0744

開本23.5厘米×14.9厘米，版框12.8厘米×9.3厘米；四周單邊，上下紅口；半葉九行，行十六字，小字雙行同。版心下方鐫：雙照樓。序跋：柯劭忞識。批校題跋：李一氓題簽（楚水詞／紅印本）。鈐印：一氓所藏、李一氓信鈢、一氓搜藏詞書種種／一九七七年記。

鳥心花淚詞二卷附雲影詞一卷 （清）李嘉芬撰 民國鉛印本 一冊 李0258

開本21.5厘米×14.1厘米，版框13.9厘米×10.6厘米；四周單邊，上下黑口；半葉十行，行二十三字。鈐印：擊楫、一氓所藏。

冰壺詞六卷　（清）張雲驤著　清光緒十二年（1886）刻本　一冊　李0681

開本20.8厘米×14厘米，版框13.3厘米×10厘米；四周雙邊，上下黑口；半葉八行，行二十字。鈐印：張十九、擊楫、一氓所藏、無是樓藏書、一氓搜藏詞書種種／一九七七年記。

洞仙詞六卷　（清）陳星涵撰　清光緒十四年（1888）永嘉沙氏刻本　四冊　卷六殘　李0438

開本25.1厘米×15.3厘米，版框17.5厘米×12厘米；左右雙邊，單黑魚尾；半葉九行，行二十一字。卷六存前十七葉。內封鐫：光緒戊子孟春永嘉沙氏初刻。序跋：陳星涵序。批校題跋：李一氓題記。鈐印：宗廷輔印、李（押）、擊檝、李一甿、一氓所藏、七十又八、渡江擊檝、無是樓藏、成都李一氓、一氓搜藏詞書種種／一九七七年記。

雙辛夷樓詞二卷　（清）李格著　清光緒十三年（1887）建州刻本　一冊　李0678

開本27.7厘米×16.2厘米，版框18.6厘米×12.9厘米；左右雙邊，下黑口，單黑魚尾；半葉九行，行二十字。牌記：光緒丁亥刊於建州。序跋：徐學永、周長庚、林羣玉序。批校題跋：李一氓題記。鈐印：家秦、李（押）、無是樓、一氓所藏、成都李一氓、李一氓五十後所得、一氓搜藏詞書種種／一九七七年記、北京圖書館藏。

鷗影詞鈔六卷附悼亡曲一卷　（清）言家駒撰　民國二年（1913）鉛印言氏家集本　一冊　李0118

開本22.8厘米×14.2厘米，版框15.5厘米×11.3厘米；四周雙邊，上下黑口，無界行；半葉九行，行二十字。內封印：言氏家集本排印。序跋：林紓、言敦源跋。鈐印：擊楫、李一甿、一氓所藏、渡江擊檝、無是樓藏書、一氓搜藏詞書種種／一九七七年記。

集部

蕉窗詞一卷 （清）鄧瑜撰　清光緒二十二年（1896）泉唐諸氏刻本　一冊　李0743

　　開本29.1厘米×17厘米，版框16.3厘米×12.2厘米；四周單邊，上下黑口，單黑魚尾；半葉十行，行二十一字。牌記：泉唐諸氏家刻。鈐印：野莽、無是樓、一泯所藏、一泯六十、一甿七十、無是樓藏書、一泯搜藏詞書種種／一九七七年記。

弢園詞一卷　（清）史念祖撰　清光緒三十一年（1905）趙爾巽刻補厂叢書本　一冊　李0680

　　開本22.8厘米×14.4厘米，版框17.4厘米×11.6厘米；左右雙邊，對黑魚尾；半葉十行，行二十一字。牌記：江都史念祖作／漢軍趙爾巽刻／番禺梁鼎芬題／乙巳六月二十四日。鈐印：曾藏袁文藪家、擎檝、一泯所藏、無是樓藏書、一泯搜藏詞書種種／一九七七年記。

醉經齋詞鈔一卷　（清）張兆蘭著　清光緒二十一年（1895）鉛印本　一冊　李0588

　　開本23.6厘米×14.5厘米，版框16厘米×10.4厘米；四周雙邊，單黑魚尾；半葉六行，行二十字。序跋：陳瀏序。鈐印：擎檝、一泯所藏、渡江擎檝、李一泯印、無是樓藏書、一泯搜藏詞書種種／一九七七年記。

如法受持館詩餘一卷　（清）張克家著　民國八年（1919）鉛印本　一冊　李0659

　　開本24.6厘米×14.5厘米，版框16.2厘米×12.1厘米；四周雙邊，上下黑口，單黑魚尾；半葉十行，行二十一字。內封：己未五月仿聚珍版。序跋：張克家序。鈐印：如法受持館、易安詞、曾藏袁文藪家、擎檝、李一甿、一泯所藏、渡江擎檝、無是樓藏書。

灌花詞四卷　題百花村裏灌花人著　清光緒二十七年（1901）刻本（安樂延年室藏板）　二冊　李0992

　　開本23.6厘米×14.5厘米，版框16.3厘米×11.5厘米；四周雙邊，單黑魚尾；半葉九行，行二十字，小字雙行同。內封鐫：光緒辛丑年鐫/灌花詞/安樂延年室藏板。序跋：徐壽基、錢怡、張昭潛序。批校題跋：李一氓題記。鈐印：擊楫、李一甿、李一氓印、一氓所藏、一氓七十、無是樓藏書。

蘭當詞二卷　（清）陶方琦著　清光緒十六年（1890）刻本　一冊　李0685

　　開本23.9厘米×14.7厘米，版框17.2厘米×12.7厘米；左右雙邊，下黑口，對黑魚尾；半葉十一行，行二十一字。批校題跋：李一氓題記。鈐印：擊楫、李一甿、一氓所藏、七十又八、無是樓藏書、一氓搜藏詞書種種/一九七七年記。

槐廬詞學一卷　（清）龍繼棟著　民國二十三年（1934）北流陳柱十萬卷樓刻變風變雅樓叢書本（朱印）　一冊　李0594

　　開本24.4厘米×14.6厘米，版框13.8厘米×10.2厘米；四周單邊，單紅魚尾；半葉十行，行十七字。序跋：陳柱序。鈐印：一氓所藏、無是樓藏書、一氓搜藏詞書種種/一九七七年記。

懷亭詞錄三卷　（清）蔣學堅著　清光緒刻本　一冊　李0711

　　開本23厘米×15.2厘米，版框19厘米×13.3厘米；四周雙邊，下黑口，單黑魚尾；半葉十行，行二十三字。序跋：朱昌燕序。鈐印：民立中學校藏書印、民立中學校圖書館籌備處之章、李一甿、一氓所藏、李一氓五十後所得、一氓搜藏詞書種種/一九七七年記。

漱泉詞一卷　（清）成肇麐撰　清光緒刻本　一冊　李1447

開本21.8厘米×14.7厘米，版框16.4厘米×12.1厘米；左右雙邊，上下黑口，單黑魚尾；半葉十一行，行二十二字。鈐印：擊楫、一氓五十、無是樓藏書、一氓搜藏詞書種種／一九七七年記。

青溪詞鈔一卷　（清）蔣師轍著　民國十年（1921）鉛印本　一冊　李0716

開本24.4厘米×14.7厘米，版框15.8厘米×10.9厘米；四周單邊，單黑魚尾；半葉十行，行二十字。序跋：曾行淦、蔣師轍序。鈐印：無是樓藏書、一氓搜藏詞書種種／一九七七年記。

今悔庵詞（今悔盦詞）一卷　（清）張慎儀著　呂鴻文校印　民國成都昌福公司鉛印薆園叢書本　一冊　李0437

開本24.7厘米×15.9厘米，版框20厘米×13.1厘米；四周雙邊，單黑魚尾，無界行；半葉九行，行二十六字。內封印：成都昌福公司排印。版心下方印：薆園叢書。序跋：張慎儀序。批校題跋：李一氓題記。鈐印：一氓所藏、七十又八、一氓搜藏詞書種種／一九七七年記。

留雲借月庵詞（雷雲借月盦詞）八卷　（清）劉炳照著　清光緒十九年（1893）刻本　一冊　存六卷（一至六）　李0723

開本23.5厘米×15.5厘米，版框17厘米×11.9厘米；左右雙邊，單黑魚尾；半葉九行，行二十一字。牌記：光緒癸巳仲春校梓。序跋：吳唐林、俞樾、金武祥、吳翊寅、譚獻、楊峴、萬釗序，劉炳照跋。批校題跋：李一氓題記。鈐印：李（押）、擊楫、李一氓、一氓所藏、渡江擊楫、無是樓藏書、一氓搜藏詞書種種／一九七七年記。

留雲借月庵詞續（畱雲借月盦詞續）一卷　（清）劉炳照著　清光緒二十五年（1898）刻本　一冊　李0724

開本23.5厘米×15.1厘米，版框16.9厘米×12.2厘米；左右雙邊，單黑魚尾；半葉九行，行二十一字。《留雲借月盦詞斠正》末鐫：毗陵古邨文煥齋韓安甫刻書。序跋：許貞幹、金石序。鈐印：徐乃昌馬韻芬夫婦印、擊楫、李一氓、一氓所藏、無是樓藏書、一氓搜藏詞書種種／一九七七年記。

無長物齋詞存三種　（清）劉炳照著　（清）沈焜校錄　劉起甲等校字　民國四年（1915）劉承幹嘉業堂刻本　一冊　李0725

子目：夢痕詞二卷‖焦尾詞二卷‖春絲詞一卷

開本26.6厘米×17.4厘米，版框16.4厘米×12.2厘米；左右雙邊，上下黑口，單黑魚尾；半葉十行，行二十一字。序跋：繆荃孫敘，周慶雲、劉承幹跋。批校題跋：李一氓題記。鈐印：曾藏袁文藪家、李（押）、李一氓、渡江擊楫、擊楫詞人、李一氓印、一氓六十、無是樓藏書、李一氓五十後所得、一氓搜藏詞書種種／一九七七年記。

味棃集一卷　（清）王鵬運撰　清光緒二十一年（1895）刻本　一冊　李1486

開本23.8厘米×14.6厘米，版框12.8厘米×9.5厘米；四周單邊，上下黑口；半葉八行，行十六字，小字雙行同。序跋：康有爲序、王鵬運跋。批校題跋：李一氓題簽（王鵬運《味棃集》／光緒間單刻本）。鈐印：還有、一氓七十、一氓搜藏詞書種種／一九七七年記。

半塘定稿（半塘定藁）二卷　（清）王鵬運撰　清光緒三十一年（1905）刻本　一冊　李1450

開本22.1厘米×14厘米，版框13.7厘米×10.3厘米；左右雙邊，上下黑口，單黑魚尾；半葉十行，行十七字。序跋：鍾德詳序。鈐印：李（押）、擊楫、無是樓藏書。

半塘賸稿（半塘賸藳）一卷　（清）王鵬運撰　清光緒三十二年（1906）刻本　一册　李1453

開本22厘米×14厘米，版框14.2厘米×10.5厘米；左右雙邊，上下黑口，單黑魚尾；半葉十行，行十七字。序跋：朱祖謀跋。鈐印：擊楫、一泯所藏、無是樓藏書、一泯搜藏詞書種種／一九七七年記。

校夢龕集一卷　（清）王鵬運著　陳柱校栞　民國二十三年（1934）北流陳柱十萬卷樓刻變風變雅樓叢書本（朱印）　一册　李0592

開本22厘米×14厘米，版框13.9厘米×10.3厘米；四周單邊，單紅魚尾；半葉十行，行十七字。序跋：陳柱序。鈐印：擊楫、一泯所藏、無是樓藏書。

蜩知集不分卷　（清）王鵬運撰　抄本　一册　李0297

開本19厘米×14.4厘米。批校題跋：李一泯題記。鈐印：龍猷、殼蓮、天醉樓、姚、姚宣素、咫園退士、一生愛好是天然、一泯所藏、七十又八、一泯搜藏詞書種種／一九七七年記。

冰紅詞（㐲紅罍）甲稿一卷乙稿一卷丙稿（漢上題襟詞）一卷　（清）蔣玉棱著　稿本　一册　李0273

開本26.2厘米×15.7厘米；半葉九行，行二十字，小字雙行，行四十字。稿紙版心上方印：天開文運。批校題跋：李一泯題簽（冰紅詞／清稿本／一泯八十）、□□批、蔣玉棱題記。鈐印：㐲紅詞人、蔣玉棱詞翰印、小水雲、苦壺、無是樓、一泯之鈢、一泯八十、成都李一泯、一泯搜藏詞書種種／一九七七年記。按：書中附短箋。

步姜詞二卷　（清）胡元儀撰　清光緒二十年（1894）始誦經室刻本　與《南窪牧篦》合一册　李0702

開本29厘米×17.5厘米，版框21.3厘米×14.7厘米；四周雙邊，上下黑口，對黑魚尾；半葉十行，行二十字。內封鐫：始誦經室所刻。序跋：胡元儀序。鈐印：擊概、李一氓、李一氓五十後所得、一氓搜藏詞書種種／一九七七年記。

南窪牧笛（南窪牧篦）一卷　（清）胡元儀撰　清光緒二十一年（1895）刻本　與《步姜詞》合一册　李0702

開本29厘米×17.5厘米，版框21.3厘米×14.7厘米；四周雙邊，上下黑口，對黑魚尾；半葉十行，行二十字。內封鐫：光緒乙未手刻。序跋：胡元儀序。批校題跋：李一氓題簽（南窪牧笛／步姜詞／合一册）、李一氓跋、□□批。鈐印：李（押）、擊概、七十又八、存在第一、無是樓藏書、李一氓五十後所得、一氓搜藏詞書種種／一九七七年記。

左庵詩餘八卷　（清）李佳繼昌著　清光緒刻本　二册　李0688

子目：菊宧詞一卷‖燕月詞一卷‖怡水詞一卷‖秦徵詞一卷‖湘瑟詞一卷‖盼鶴詞一卷‖絢秋詞一卷‖豸繡詞一卷

開本22.5厘米×14.2厘米，版框11.3厘米×11.7厘米；左右雙邊，上下黑口；半葉十一行，行二十字。批校題跋：李一氓題（左菴詩餘／兩册／計八種）。鈐印：擊概、李一氓、一氓所藏、渡江擊概、無是樓藏書、李一氓五十後所得、一氓搜藏詞書種種／一九七七年記。

江東詞稿一卷　（清）尹恭保著　清光緒七年（1881）刻本　一册　李1457

開本22.7厘米×14.3厘米，版框16.8厘米×11.5厘米；四周雙邊，單黑魚尾，無界行；半葉十行，行二十五字。序跋：梁肇晉、尹恭保序。鈐印：曾藏袁文藪家、擊概、一氓所藏、無是樓藏書、一氓搜藏詞書種種／一九七七年記。

璃笙吟館詩餘（璃笙吟舘詩餘）二卷　（清）崔瑛著　民國七年（1918）廣西印刷所鉛印本　二册　李0712

開本22.8厘米×15.1厘米，版框16.8厘米×12.2厘米；四周雙邊，單黑魚尾；半葉十行，行二十一字。版心下方印：廣西印刷所承刊。序跋：王增祺序。鈐印：曾藏袁文藪家、擊楫、李一氓、一氓所藏、渡江擊楫、無是樓藏書、一氓搜藏詞書種種/一九七七年記。

天倪閣詞一卷　（清）胡薇元著　清光緒二十七年（1901）蜨盦舊隱刻本　與《鐵笛詞》《訪樂堂詩》合一册　李0981

開本25.8厘米×15.2厘米，版框17.4厘米×13.7厘米；四周雙邊，單黑魚尾；半葉十二行，行二十三字。牌記：蜨盦舊隱斠栞。序跋：李錫彬、胡薇元序，呂賢楫跋。批校題跋：李一氓題簽（《天倪閣詞》《銕笛詞》合一册）。鈐印：曾藏袁文藪家、擊楫、李一氓、一氓所藏、無是樓藏書、一氓搜藏詞書種種/一九七七年記。

鐵笛詞一卷　（清）胡薇元著　清光緒二十七年（1901）梟山呂氏刻本　與《天倪閣詞》《訪樂堂詩》合一册　李0981

開本25.8厘米×15.2厘米，版框17.7厘米×13.5厘米；四周雙邊，單黑魚尾；半葉十二行，行二十三字。序跋：王仁堪序。鈐印：曾藏袁文藪家、擊楫。

玉可庵詞存（玉可盦詞存）一卷詞補一卷　（清）徐琪稿　（清）張鴻辰書　清光緒十三年（1887）刻本　與《蒼蔔花館詞》合一册　李0082

開本23厘米×14.1厘米，版框12.1厘米×9.2厘米；四周單邊，單黑魚尾，無界行；半葉八行，行十七字。序跋：俞樾、李慈銘、倪茹、徐琪序，張鴻辰跋。鈐印：擊楫、一氓所藏、無是樓藏書、一氓搜藏詞書種種/一九七七年記。

疏籟詞（疎籟詞）二卷　（清）馬湛華著　稿本　一册　李0529

　　開本25.6厘米×15.7厘米；半葉十行，行二十二字。批校題跋：李一氓題簽（疎籟詞稿/自署），馬湛華、李一氓題記。鈐印：運青長壽、李（押）、七十又八、成都李一氓、一氓搜藏詞書種種/一九七七年記。

補梅花館詞稿一卷　（清）駱元邃著　民國亦壽堂木活字印本　一册　李0301

　　開本25.7厘米×14厘米，版框20厘米×12厘米；四周雙邊，單黑魚尾，無界行；半葉九行，行二十一字，小字雙行同。版心下方印：亦壽堂。序跋：陳遹聲、余重耀、陳夔序。鈐印：李（押）、李一氓、一氓所藏、一氓搜藏詞書種種/一九七七年記。

水仙亭詞集二卷　（清）項瓚撰　清光緒十二年（1886）刻瑞安項氏遺書本　一册　李0065

　　開本22.9厘米×14.8厘米，版框18厘米×11.7厘米；左右雙邊，單黑魚尾；半葉九行，行二十一字，小字雙行同。牌記：瑞安項氏遺書/族姪曾孫廷珍署。序跋：孫衣言序。鈐印：李（押）、擊楫、一氓所藏、無是樓藏書、一氓搜藏詞書種種/一九七七年記。

黍薌詞一卷　（清）周郇雨撰　清光緒二十五年（1899）刻本　一册　李1461

　　開本23.1厘米×15.1厘米，版框21厘米×13.8厘米；四周單邊，上下黑口，單黑魚尾；半葉十行，行二十四字。序跋：王詠霓序。鈐印：曾藏袁文藪家、擊楫、李一氓、一氓所藏、無是樓藏書、一氓搜藏詞書種種/一九七七年記。

雯窗瘦影詞一卷 （清）許誦珠撰 清光緒三十一年（1905）刻本 一册
李0745

開本19.3厘米×12.9厘米，版框13.5厘米×9.5厘米；四周雙邊，單黑魚尾，無界行；半葉九行，行十六字。牌記：光緒卅一年五月初吉開彫。序跋：朱鏡清、倪鍾祥序。鈐印：多揭羅齋、牡丹富貴桃花俗、擊楫、李一氓、一氓所藏、無是樓藏書、一氓搜藏詞書種種／一九七七年記。

銀礫詞一卷 （清）陳筠撰 清光緒二十九年（1903）刻本 一册
李0945

開本26.8厘米×15.6厘米，版框16.9厘米×11.8厘米；左右雙邊，上下黑口；半葉十行，行十九字。序跋：梁葰、王同德序。批校題跋：李一氓題記。鈐印：徐鍾令印、庶矦、淮陰徐氏所藏圖書記、一氓所藏、七十又八、成都李一氓、一氓搜藏詞書種種／一九七七年記。

懷青庵詞（懷青盦詞）一卷 （清）李祖廉撰 清光緒二十一年（1895）刻本 一册 李0436

開本22.6厘米×14.4厘米，版框15.9厘米×9.2厘米；四周單邊；半葉七行，行十九字。內封鐫：光緒乙未六月／懷青盦詞／汪洵書耑。序跋：羅道源序。鈐印：吳趨程銘敬藏、擊楫、一氓所藏、無是樓藏書、一氓搜藏詞書種種／一九七七年記。

醉芙詩餘一卷 （清）王汝純著 清光緒十九年（1893）京師刻本 一册
李0703

開本22.8厘米×14.3厘米，版框14.3厘米×10.7厘米；左右雙邊，上下黑口，對黑魚尾；半葉十行，行二十字。牌記：癸巳孟秋刊於京師。序跋：王汝純序。鈐印：擊楫、一氓所藏、無是樓藏書、一氓搜藏詞書種種／一九七七年記。

華鬘室詞一卷　（清）闊普通武撰　民國石印本　一冊　李0400

　　開本 23.9 厘米×13.2 厘米，版框 16.7 厘米×10.7 厘米；四周雙邊，單黑魚尾；半葉九行，行十七字。鈐印：東里宋氏藏書之印、一氓所藏、一氓搜藏詞書種種／一九七七年記。

碧蘿詩庵詞（碧蘿詩盦詞）一卷　（清）汪亮清著　清光緒十七年（1891）毗陵刻本　一冊　李0676

　　開本 24.9 厘米×15.3 厘米，版框 18.1 厘米×13.2 厘米；四周雙邊，單黑魚尾；半葉十行，行二十二字。牌記：光緒辛卯槧於毗陵。鈐印：李（押）、擊楫、李一氓、渡江擊楫、無是樓藏書、一氓搜藏詞書種種／一九七七年記。

藕絲詞四卷　（清）汪淵撰　清光緒七年（1881）新安茹古堂刻本　一冊　李0070

　　開本 24.5 厘米×15.1 厘米，版框 18.7 厘米×13.1 厘米；四周雙邊，上下黑口；半葉十二行，行二十四字。牌記：新安茹古堂槧。序跋：王詒壽序。鈐印：李一氓、一氓所藏、李一氓五十後所得、一氓搜藏詞書種種／一九七七年記。

麝塵蓮寸集四卷補遺一卷　（清）汪淵集詞　（清）程淑校注　清光緒十六年（1890）染翰齋刻本（有抄補）　一冊　李0679

　　開本 26.5 厘米×15.5 厘米，版框 18.8 厘米×12.9 厘米；四周雙邊，上下黑口，無界行；半葉十一行，行二十四字，小字雙行同。牌記：染翰盦刊。序跋：汪宗沂、程秉釗、程淑、汪淵序。鈐印：無是樓藏書、成都李一氓、一氓搜藏詞書種種／一九七七年記。

集部

瑶天笙鶴詞二卷　（清）汪淵撰　民國四年（1915）鉛印本　一册
　李0059

　　開本24.1厘米×14.5厘米，版框17.1厘米×11.6厘米；四周雙邊，單黑魚尾，無界行；半葉十二行，行二十九字。序跋：王詠霓、吳承烜序。鈐印：擊楫、李一氓、一氓所藏、渡江擊楫、無是樓藏書、一氓搜藏詞書種種/一九七七年記。

曼陀羅囈詞（曼陀羅寱詞）一卷　（清）沈曾植撰　民國十三年（1924）上海商務印書館鉛印本　一册　李0018

　　開本23.2厘米×15厘米，版框16.8厘米×10.5厘米；四周單邊，上下黑口，對黑魚尾；半葉十行，行二十二字。鈐印：曾藏袁文藪家、擊楫、一氓所藏、無是樓藏書、一氓搜藏詞書種種/一九七七年記。

小鷗波館詞鈔一卷倚笛樓賸曲一卷　（清）趙藩撰　民國三十二年（1943）陳受慈石印本　一册　李0140

　　開本25.8厘米×16.3厘米，版框15.8厘米×12.4厘米；四周單邊，上下黑口；半葉十行，行十八字。牌記：民國三十有二年秋八月/鄉後學陳受慈繕版。序跋：石禪序。鈐印：一氓所藏、一氓搜藏詞書種種/一九七七年記。

野棠軒詞集四卷　（清）奭良撰　民國十八年（1929）吉林奭氏刻野棠軒全集本　一册　李0058

　　開本23.8厘米×14.7厘米，版框16.7厘米×12.2厘米；四周雙邊，下黑口，單黑魚尾；半葉十一行，行二十五字。牌記：屠維大荒落之歲/吉林奭氏仿北宋槧本斠印。版心下方鎸：北平文模齋刊。鈐印：李一氓印、一氓所藏、渡江擊楫、無是樓藏書、一氓搜藏詞書種種/一九七七年記。

曼陀羅花室詞一卷　（清）吳翊寅著　清光緒刻本　一冊　李0717

　　開本26厘米×17厘米，版框18.2厘米×13.9厘米；左右雙邊，上下黑口，對黑魚尾；半葉十三行，行二十二字，小字雙行同。批校題跋：李一氓題（曼陀羅花室詞/陽湖吳翊寅著/擊檝藏）。鈐印：一氓所藏、無是樓藏書、一氓搜藏詞書種種/一九七七年記。

濟游詞鈔一卷　（清）徐壽茲撰　民國五年（1916）鉛印本　一冊　李0390

　　開本26.1厘米×15.1厘米，版框16.1厘米×11.2厘米；四周單邊，上下黑口，對黑魚尾；半葉十一行，行二十一字。內封印：丙辰九秋/濟游詞鈔/蔣楸熙。序跋：王以敏序、謝善詒跋。鈐印：芳嘉、還有、無是樓、一氓七十又九、一氓搜藏詞書種種/一九七七年記。按：書中附1981年6月16日購書發票一張。

半篋秋詞一卷　（清）張祥齡撰　民國石印本　二冊　李0912

　　開本19.2厘米×12.8厘米，版框13厘米×8.9厘米；四周單邊，上黑口，單黑魚尾；半葉八行，行十六字。批校題跋：李一氓題記。鈐印：擊檝、李一氓、一氓七十、無是樓藏書。

瞻園詞二卷　（清）張仲炘著　清光緒三十一年（1905）刻鶴南蜚館雜箸本　二冊　李0014

　　開本26.1厘米×15厘米，版框14.5厘米×10.6厘米；四周雙邊，下黑口，單黑魚尾；半葉十行，行二十字。牌記：鶴南蜚館雜箸之一/光緒乙巳春仲棃成。序跋：顧雲、周以存、左紹佐序。批校題跋："蒙"題記。鈐印：擊檝、李一氓、一氓所藏、無是樓藏書、成都李一氓、一氓搜藏詞書種種/一九七七年記。

瞻園詞續一卷 （清）張仲炘著　民國二十五年（1936）陳世宜刻本
　一冊　李0014

　　開本26厘米×15厘米，版框14厘米×10.5厘米；四周雙邊，下黑口，單黑魚尾；半葉十行，行二十字。序跋：夏敬觀序、陳世宜跋。鈐印：擎槭、李一氓、渡江擎槭、無是樓藏書、一氓搜藏詞書種種/一九七七年記。

浣月詞一卷　（清）曾懿撰　清光緒刻本　與《寒翠詞》《問琴閣詞》合一冊　李0389

　　開本23.6厘米×14.6厘米，版框15.2厘米×10.9厘米；四周雙邊，單黑魚尾；半葉十行，行二十一字。鈐印：擎槭、一氓所藏。

延江生詞一卷　（清）趙懿著　民國六年（1917）成都穆川堂刻本　一冊　李0686

　　開本26.6厘米×16厘米，版框17.7厘米×12.3厘米；四周雙邊，單黑魚尾；半葉十行，行二十一字，小字雙行同。內封鐫：歲丁巳八月成都槧本/從弟愷敬題。卷端題名下方鐫：穆川堂/初刻本。鈐印：一氓所藏、成都李一氓、一氓搜藏詞書種種/一九七七年記。

片玉山莊詞存一卷詞略一卷　（清）朱彥臣撰　民國二十四年（1935）刻本　一冊　李0333

　　開本27.4厘米×15.8厘米，版框17厘米×12.3厘米；左右雙邊，單黑魚尾；半葉九行，行二十一字。牌記：民國二十有四年秋九月開鋟。序跋：沈惟賢序。鈐印：無是樓、一氓所藏、一氓讀書、一氓搜藏詞書種種/一九七七年記。

蕤紅詞一卷 （清）宋伯魯撰 民國三年（1914）海棠仙館鉛印本 一冊 李0388

開本21.5厘米×14厘米，版框12.6厘米×10.3厘米；四周單邊，上下黑口，單黑魚尾；半葉九行，行十六字。內封印：甲寅春季/蕤紅詞/悔盦。版心下方印：海棠仙館。序跋：舒沅序。鈐印：一氓所藏、無是樓藏書。

檗隖詞存十二卷別集五卷 （清）王以敏撰 清刻本 四冊 李0392

開本23.6厘米×14.5厘米，版框15.8厘米×12厘米；四周雙邊，單黑魚尾；半葉十行，行二十一字，小字雙行同。序跋：殳恩煦序。鈐印：李（押）、擊檝、李一氓、一氓所藏、無是樓藏書、一氓搜藏詞書種種/一九七七年記。

緜桐館詞一卷 （清）楊調元著 民國三年（1914）楊通木活字印本 一冊 李0689

開本21.6厘米×14.2厘米，版框14.2厘米×10.9厘米；左右雙邊，單黑魚尾；半葉九行，行十五字。鈐印：擊檝、一氓所藏、一氓搜藏詞書種種/一九七七年記。

評梅閣詞一卷 （清）葛遠著 民國七年（1918）木活字印本 一冊 李0337

開本23.7厘米×14厘米，版框17.8厘米×12.5厘米；四周單邊，下黑口，單黑魚尾，無界行；半葉十行，行二十二字。序跋：葛定昇跋。鈐印：擊檝、野荞、李一氓、一氓所藏、一氓七十、無是樓藏書、一氓搜藏詞書種種/一九七七年記。

集部

牟珠詞一卷補遺一卷　（清）鄧潛撰　民國十一年（1922）刻本　一冊　李0056

　　開本24.3厘米×15.1厘米，版框14.2厘米×10.8厘米；左右雙邊，單黑魚尾；半葉九行，行十五字。序跋：鄧潛序。批校題跋：李一氓題記。鈐印：無是樓、一氓所藏、一氓搜藏詞書種種／一九七七年記。

青藐庵詞（青藐盦詞）四卷　（清）蔣兆蘭撰　彭望珝校　民國二十八年（1939）金陵刻藍印本　二冊　李0441

　　開本23.9厘米×14.6厘米，版框14.1厘米×11.1厘米；左右雙邊，上下藍口，單藍魚尾；半葉十行，行二十字。序跋：顧雲、金石、冒廣生序。批校題跋：任援道題（季莊司長惠存／任援道敬贈）、李一氓題記。鈐印：任援道、擊楫、李一氓、一氓所藏、七十又八、無是樓藏書、一氓搜藏詞書種種／一九七七年記。

雲起軒詞鈔一卷　（清）文廷式著　徐乃昌校刊　清光緒三十三年（1907）南陵徐乃昌懷豳園刻本　一冊　李0714

　　開本26.8厘米×15.2厘米，版框14.4厘米×10.6厘米；左右雙邊，上下黑口，單黑魚尾；半葉十行，行十七字。牌記：光緒三十三年春二月／南陵徐乃昌校刊。卷端題名下方鎸：懷豳園（陰刻）。卷末鎸：光緒三十三年春二月／門下士南陵徐乃昌謹校刊。序跋：文廷式序。批校題跋：李一氓題簽（雲起軒詞／光緒徐刻本并手稿影印本）。鈐印：擊楫、李一氓、一氓所藏、渡江擊楫、無是樓藏書、一氓搜藏詞書種種／一九七七年記。

雲起軒詞鈔一卷　（清）文廷式著　民國二十三年（1934）南京王氏娛生軒影印文廷式稿本　一冊　李0715

　　開本26.1厘米×15.2厘米。鈐印：擊楫、李一氓、渡江擊楫、無是樓藏書、一氓搜藏詞書種種／一九七七年記。

比竹餘音四卷　（清）鄭文焯撰　清光緒二十八年（1902）吳興沈氏刻本　一冊　李0005

開本24.4厘米×14.5厘米，版框15.7厘米×11.5厘米；四周單邊，單黑魚尾；半葉十行，行十七字。牌記：光緒橫艾之年吳興沈氏墨版。序跋：王闓運序。鈐印：李（押）、擊楳、無是樓、一氓所藏、渡江擊楳。

冷紅詞四卷　（清）鄭文焯撰　清光緒二十二年（1896）耦園刻本　一冊　李0004

開本24.5厘米×14.4厘米，版框15.7厘米×11.6厘米；四周單邊，單黑魚尾；半葉十行，行十七字。牌記：光緒涒歎之歲孟秋耦園校刊。序跋：陳鋭序。鈐印：擊楳、李一氓、無是樓、一氓所藏、渡江擊楳、無是樓藏書、一氓搜藏詞書種種/一九七七年記。

樵風樂府九卷　（清）鄭文焯撰　民國二年（1913）仁和吳氏雙照樓刻朱印本　一冊　李0006

開本30.3厘米×17.2厘米，版框14.5厘米×11厘米；左右雙邊，上下紅口，單紅魚尾；半葉十行，行十七字。牌記：歲在癸丑仁和吳氏雙照樓刊。序跋：吳昌綬跋。鈐印：古杭邵章倬盦藏書記、李一氓、無是樓、一氓七十、七十又八、鶯歌燕舞之齋、一氓搜藏詞書種種/一九七七年記。

苕雅餘集一卷　（清）鄭文焯撰　民國四年（1915）吳興朱氏無著盦刻本　一冊　李0003

開本24.5厘米×14.5厘米，版框14厘米×10.8厘米；左右雙邊，上下黑口，單黑魚尾；半葉十行，行十七字。牌記：旃蒙單閼之柔大梁月/吳興朱氏無著盦雕版。版心下方鐫：無著盦。序跋：朱孝臧叙。鈐印：擊楳、李一氓、一氓所藏、渡江擊楳、無是樓藏書。

瘦碧詞二卷 （清）鄭文焯撰　民國六年（1917）蘇州振新書社刻本　一册
李0002

　　開本24.4厘米×14.5厘米，版框18.8厘米×12.1厘米；左右雙邊，上下黑口，單黑魚尾；半葉十一行，行二十字。牌記：丁巳閏春吳中再版/蘇州振新書社經印。序跋：俞樾、劉子雄、張詳齡、易順鼎、鄭文焠、鄭文焯序，王樹榮跋。鈐印：擎楣、李一氓、一氓所藏、渡江擎楣、無是樓藏書、一氓搜藏詞書種種/一九七七年記。

疏篁待月處詞草三卷青琅玕館文賸一卷　（清）黃文琛撰　黃承慶等校印　民國十四年（1925）鉛印本　一册　李0048

　　開本24.5厘米×14.4厘米，版框17.5厘米×12.9厘米；四周雙邊，單黑魚尾；半葉九行，行二十二字，小字雙行同。序跋：左霈、曹家達、黃文琛序。鈐印：擎楣、李一氓、一氓所藏、渡江擎楣、無是樓藏書、一氓搜藏詞書種種/一九七七年記。

大愚堂詞集□□卷　（清）唐晏著　唐遞志校　稿本　一册　存一卷（一）
李0132

　　開本22.3厘米×14.1厘米；半葉九行，行十二至十四字。批校題跋：李一氓題（大愚堂詞/震鈞稿本）、李一氓跋。鈐印：孝飴、紅蘭堂、挫鋭和光、氓、李一氓、無是樓、一氓六十、一氓七十、長征戰士之一、一氓搜藏詞書種種/一九七七年記。

涉江詞二卷　（清）唐晏著　民國十三年（1924）京師唐氏刻本　一册
李0131

　　開本22.3厘米×14.1厘米，版框12.9厘米×9.5厘米；左右雙邊，上下黑口，對黑魚尾；半葉九行，行二十一字，小字雙行同。牌記：甲子孟春之月唐氏刊於京師。序跋：唐遞志序。批校題跋：李一氓題簽（《大愚堂詞》藁本/《涉江詞》/合一函/震鈞撰/一氓藏/《涉江詞》下卷爲辛亥后作/《大愚堂詞》槀本未及收/野莽識）、李一氓校。鈐印：無是樓、蠧叢魚鳧之人、一氓搜藏詞書種種/一九七七年記。

繁霜詞一卷　（清）沈宗畸撰　民國五年（1916）晚聞室鉛印本　與《雪蕉軒殘稿》合一册　李0990

開本22.4厘米×13.3厘米，版框17.2厘米×11.8厘米；四周雙邊，單黑魚尾；半葉十一行，行二十五字。版心下方印：晚聞室。批校題跋：李一氓題簽（沈宗畸《繁霜詞》/杭楚沅《雪蕉軒殘稿》/一氓）。鈐印：一氓所藏、無是樓藏書。

蹇庵詞（蹇盦詞）二卷　（清）鄧邦達著　民國二十一年（1932）刻本　一册　李0720

開本23.8厘米×14.5厘米，版框17.6厘米×12.8厘米；左右雙邊，上下黑口，單黑魚尾；半葉十行，行二十一字。序跋：譚獻、孫濬源、金嗣芬、鄧邦述序。鈐印：曾藏袁文藪家、擊檝、李一甿、一氓所藏、渡江擊檝、無是樓藏書、一氓搜藏詞書種種/一九七七年記。

問琴閣詞一卷　（清）宋育仁撰　清光緒刻本　與《寒翠詞》《浣月詞》合一册　李0389

開本23.6厘米×14.6厘米，版框16.4厘米×11.6厘米；四周雙邊，上下黑口，單黑魚尾；半葉十行，行二十一字。鈐印：飲瓊漿館、曾藏袁文藪家、擊檝、一氓所藏。

彊村詞（彊邨詞）四卷　（清）朱祖謀撰　清光緒三十一年（1905）刻本　一册　李0133

開本25.8厘米×15.1厘米，版框14.7厘米×10.6厘米；左右雙邊，上下黑口，單黑魚尾；半葉十行，行十七字，小字雙行同。牌記：光緒游蒙大荒落徐鳳銜署檢。序跋：王鵬運、朱祖謀序。批校題跋：李一氓題并批。鈐印：上元劉氏圖書之印、無是樓、一泯所藏、一泯八十、一泯搜藏詞書種種／一九七七年記。

彊村詞（彊邨詞）四卷　（清）朱祖謀撰　清光緒三十一年（1905）刻本　一冊　李0134

開本22.1厘米×14.1厘米，版框14.6厘米×10.5厘米；左右雙邊，上下黑口，單黑魚尾；半葉十行，行十七字，小字雙行同。牌記：光緒旃蒙大荒落徐鳳銜署檢。序跋：王鵬運、朱祖謀序。鈐印：擊楫、一泯所藏、無是樓藏書、一泯搜藏詞書種種／一九七七年記。

彊村詞（彊邨詞）前集一卷別集一卷　（清）朱祖謀撰　清光緒刻本　一冊　李0136

開本26厘米×15.1厘米，版框14.5厘米×10.6厘米；左右雙邊，上下黑口，單黑魚尾；半葉十行，行十七字，小字雙行同。鈐印：海盦湯氏、李一泯、無是樓、一泯八十、一泯搜藏詞書種種／一九七七年記（"七七"二字墨筆改爲"八二"）。

彊村語業（彊邨語業）二卷　（清）朱孝臧撰　民國十三年（1924）託鵑樓刻本　一冊　李0135

開本26.3厘米×14.3厘米，版框13.5厘米×10.3厘米；左右雙邊，上下黑口，單黑魚尾；半葉十行，行十七字，小字雙行同。牌記：甲子秋八月託鵑樓雕版。序跋：張爾田序。鈐印：一泯讀書、成都李一泯、無是樓藏書、一泯搜藏詞書種種／一九七七年記。

悔龕詞一卷　（清）夏孫桐撰　民國刻本　一冊　李0393

開本22.1厘米×14厘米，版框13.8厘米×10.3厘米；左右雙邊，單黑魚尾；半葉十行，行十七字，小字雙行同。序跋：夏孫桐記。鈐印：袁毓麐、擊楫、一泯所藏、無是樓藏書、一泯搜藏詞書種種／一九七七年記。

悔龕詞一卷續一卷觀所尚齋文存補遺一卷　（清）夏孫桐撰　1962年鉛印本　一冊　李0394

　　開本25.9厘米×15.1厘米，版框17.2厘米×12.6厘米；四周單邊，單黑魚尾；半葉十二行，行二十九字。序跋：夏孫桐序、顧廷龍跋。批校題跋：陳叔通題記。鈐印：無是樓、一氓所藏、一氓搜藏詞書種種／一九七七年記。

慮尊詞一卷然脂詞一卷　（清）陳夔撰　民國十一年（1922）鉛印本　一冊　李0046

　　開本23.8厘米×13.7厘米，版框14厘米×10.3厘米；左右雙邊，上下黑口，對黑魚尾；半葉九行，行十八字。序跋：陳夔序、何宗敞跋。批校題跋：袁文藪題記。鈐印：曾藏袁文藪家、擊楫、李一氓、一氓所藏、無是樓藏書、一氓搜藏詞書種種／一九七七年記。

竹簾館詞一卷　（清）王樹藩著　（清）朱孫懷選　清宣統元年（1909）刻本　一冊　李0202

　　開本23.8厘米×14.6厘米，版框16.4厘米×11.7厘米；左右雙邊，上下黑口，對黑魚尾；半葉十行，行二十二字。牌記：宣統元年三月朱氏開雕。序跋：佘念宸、張瑜、殷梯雲、朱孫懷序，潘普恩跋。鈐印：擊楫、李一氓、一氓所藏、渡江擊楫、無是樓藏書、一氓搜藏詞書種種／一九七七年記、北京圖書館藏。

候蛩詞五卷　（清）洪汝沖撰　民國十四年（1925）鉛印本　一冊　李0448

　　開本24.5厘米×14.5厘米，版框16.9厘米×11.7厘米；四周單邊，無界行；半葉十行，行二十二字。序跋：洪汝沖序。鈐印：擊楫、李一氓、一氓所藏、無是樓藏書、一氓搜藏詞書種種／一九七七年記。

楚頌亭詞一卷 （清）易順鼎撰 清光緒十年（1884）刻寶瓠齋雜俎本 一冊 李0007

開本22.3厘米×14厘米，版框13厘米×9.5厘米；左右雙邊，上下黑口，單黑魚尾；半葉九行，行二十字。卷端鐫題名：楚頌亭詞弟四集。題名下方鐫：寶瓠齋雜俎之六。鈐印：擊楖、無是樓藏書、一氓搜藏詞書種種/一九七七年記。

琴臺夢語（瑟臺夢語）一卷 （清）易順鼎撰 清光緒十三年（1887）刻本 一冊 李0008

開本22.3厘米×14厘米，版框12.8厘米×9.8厘米；左右雙邊，上下黑口，單黑魚尾；半葉九行，行二十字。批校題跋：李一氓題記。鈐印：魝山頓悟生、到處雲山是我師、李南山之壽、曾藏袁文藪家、擊楖、一氓所藏、七十又八、成都李一氓、無是樓藏書、一氓搜藏詞書種種/一九七七年記。

鼟天影事譜四卷附錄一卷 （清）易順鼎撰 清光緒二十二年（1896）長沙刻哭盦叢書本 一冊 李0009

開本22.2厘米×14厘米，版框13厘米×9.6厘米；左右雙邊，單黑魚尾；半葉九行，行二十字。牌記：光緒丙申長沙重刊。鈐印：曾藏袁文藪家、擊楖、一氓所藏、無是樓藏書、一氓搜藏詞書種種/一九七七年記。

説劍堂集四種 （清）潘飛聲撰 清光緒十七年（1891）羊城富文齋刻本 二冊 李0123

子目：花語詞一卷‖珠江低唱一卷‖長相思詞一卷‖海山詞一卷

開本23.3厘米×14.8厘米，版框18.2厘米×14.2厘米；左右雙邊，單黑魚尾；半葉十二行，行二十四字，小字雙行同。卷末鐫：光緒辛卯夏羊城富文齋刻字。序跋：黃紹昌、蕭毄常、井上哲、陶森甲序。鈐印：蜀承、擊楫、一氓所藏、無是樓藏書、成都李氏收藏故籍、一氓搜藏詞書種種／一九七七年記。

鑄鐵詞一卷 （清）董受祺撰 清光緒二十五年（1899）刻本 一册
李0057

開本23厘米×13.5厘米，版框15.2厘米×11.6厘米；四周雙邊，單黑魚尾；半葉八行，行十字。牌記：光緒己亥嘉平／鑄鐵詞／錦江署簽。序跋：張景昭、徐壽基、姚釗序，瞿世瑊跋。鈐印：李（押）、一氓所藏、一氓搜藏詞書種種／一九七七年記。

眠琴閣詞六卷外集一卷 （清）張僖著 民國四年（1915）濰局石印本 一册 李0708

開本20.8厘米×14厘米，版框17.2厘米×12.8厘米；四周雙邊，單黑魚尾，無界行；半葉九行，行二十二字。序跋：譚獻、張景祁序，張僖跋。牌記：歲在旃蒙單閼濰局石印。鈐印：曾藏袁文藪家、擊楫、一氓所藏、無是樓藏書。

欽紅廎詞一卷 （清）梁鼎芬撰 民國二十一年（1932）刻本 一册
李0017

開本22.2厘米×14厘米，版框13.4厘米×10.5厘米；左右雙邊，上下黑口，單黑魚尾；半葉十行，行十七字。序跋：葉恭綽跋。鈐印：擊楫、一氓所藏、無是樓藏書、一氓搜藏詞書種種／一九七七年記。

草間詞一卷 （清）李綺青撰 民國七年（1918）鉛印本 一册 李0398

開本19.7厘米×13.6厘米，版框15.3厘米×11.2厘米；四周雙邊，單黑魚尾；半葉十一行，行二十字。內封印：戊午十月／艸間詞／魏緘。序跋：冒廣生、李綺青序。鈐印：擊楫、一氓所藏、無是樓藏書、一氓搜藏詞書種種／一九七七年記。

集部

聽風聽水詞一卷 （清）李綺青著　民國八年（1919）鉛印本　一冊　李0399

開本21.5厘米×14.1厘米，版框15.4厘米×11.6厘米；四周雙邊，單黑魚尾，無界行；半葉十一行，行二十字。内封印：己未十月/聽風聽水詞/曾習經題。序跋：李綺青序。鈐印：曾藏袁文藪家、一氓所藏、無是樓藏書、一氓搜藏詞書種種/一九七七年記。

秀道人修梅清課一卷 （清）況周頤撰　程艷秋校字　民國九年（1920）木活字印本　一冊　李0015

開本25.5厘米×14.8厘米，版框17.1厘米×12.2厘米；四周單邊，對黑魚尾；半葉十行，行十八字。牌記：庚申仲冬仿聚珍版印。序跋：孫德謙序。

蕙風詞二卷 （清）況周頤譔　趙尊嶽校字　民國十四年（1925）刻惜陰堂叢書本　一冊　李0016

開本22.1厘米×14厘米，版框14.5厘米×11厘米；左右雙邊，上下黑口，單黑魚尾；半葉十行，行二十字。序跋：趙尊嶽跋。鈐印：成都李氏、無是樓藏書、一氓搜藏詞書種種/一九七七年記。按：此書後附況周頤《秀道人詠梅詞》五葉，鉛印本。

袌碧齋詞一卷 （清）陳鋭撰　清光緒二十一年（1895）揚州刻本　一冊　李0396

開本27.4厘米×15.7厘米，版框18.5厘米×13.3厘米；左右雙邊，上下黑口，對黑魚尾；半葉十行，行二十一字。牌記：乙未九月刊於揚州。鈐印：一氓所藏、一氓搜藏詞書種種/一九七七年記。

寄榆詞一卷　（清）魏絾撰　清抄本　一冊　李0138

開本27.5厘米×15.4厘米；半葉八行，行二十二至二十三字。版心下有"蓀喆"二字。鈐印：李（押）、一氓所藏、無是樓、成都李一氓、一氓搜藏詞書種種/一九七七年記。

寄榆詞一卷　（清）魏絾撰　民國二十六年（1937）剡溪袁氏濟美堂刻朱印本　一冊　李0139

開本29.7厘米×18.2厘米，版框20.4厘米×13.9厘米；左右雙邊，上下紅口，單紅魚尾；半葉九行，行十八字。牌記：丁丑仲冬剡溪濟美堂袁氏刻。序跋：徐沇序、袁滌庵跋。批校題跋：李一氓跋。鈐印：李（押）、李氏一氓、擊楫詞人、七十又八、成都李一氓、無是樓藏書、一氓搜藏詞書種種/一九七七年記。

惜齋詞草一卷吟草別存一卷　（清）郭傅昌著　民國十五年（1926）刻本　一冊　李1102

開本28.2厘米×17厘米，版框17.8厘米×12.3厘米；四周單邊，對黑魚尾；半葉十一行，行二十一字。序跋：曾炘跋。鈐印：李一氓、擊楫詞翰、一氓搜藏詞書種種/一九七七年記。

玉龍詞一卷　（清）楊朝慶撰　清光緒二十四年（1898）刻本　一冊　李0466

開本23.8厘米×13.6厘米，版框12.8厘米×9.6厘米；四周單邊，單黑魚尾；半葉八行，行十八字。內封鎸：戊戌仲冬之月/玉龍詞/梁世綸書耑。序跋：陳汝康序，蔣廷黻、楊朝慶跋。批校題跋：李一氓題記。鈐印：聚六鑄一盦之印、碎琴軒、菱隅舊主、張過私印、古瀛張氏、良珊子、志吾手校、曾藏袁文藪家、擊楫、李一氓、一氓所藏、七十又八、無是樓藏書、一氓搜藏詞書種種/一九七七年記。

清安室詞甲稿一卷乙稿一卷 （清）張清揚著　民國十年（1921）福州刻本　一冊　李0355

開本26.5厘米×14.8厘米，版框14.4厘米×10.1厘米；四周單邊，單黑魚尾；半葉八行，行十七字，小字雙行同。牌記：辛酉仲春刻於福州。鈐印：無是樓、一泯所藏、一泯搜藏詞書種種/一九七七年記。

稼厂詞一卷 （清）謝良佐撰　民國油印本　一冊　李0386

開本25.8厘米×15.2厘米，版框18.1厘米×11.1厘米；四周單邊，單白魚尾；半葉十行，行十八字。序跋：溥德序。批校題跋：□□題簽（稼厂詞/蕉雪堂選校本）。鈐印：一泯所藏、一泯搜藏詞書種種/一九七七年記。

眷眉詞一卷 （清）濮丹吾著　民國十七年（1928）文通印刷局鉛印本　一冊　李0237

開本26.2厘米×15.5厘米，版框17.6厘米×12.5厘米；四周雙邊，單黑魚尾，無界行；半葉十行，行二十三字，小字雙行同。版心下方印：文通印刷局代印。批校題跋：李一泯題記。鈐印：無是樓、一泯所藏、七十又八、一泯搜藏詞書種種/一九七七年記。

耕煙詞五卷 （清）張德瀛撰　民國十年（1921）刻本　一冊　李0069

開本26厘米×16厘米，版框15.7厘米×11.9厘米；左右雙邊，上下黑口；半葉十一行，行二十一字。牌記：民國十年雙十節刊。序跋：張德瀛序。批校題跋：李一泯題（張德瀛《耕煙詞》五卷/近鐫本）。鈐印：李（押）、李一甿、人比黃花瘦、李一泯五十後所得、一泯搜藏詞書種種/一九七七年記。

雨屋深鐙詞一卷　（清）汪兆鏞撰　民國元年（1912）刻本　一冊　李0391

開本24.3厘米×14.7厘米，版框16厘米×12.1厘米；左右雙邊，上下黑口；半葉十一行，行二十一字，小字雙行同。內封：壬子春刊。序跋：沈澤棠序。鈐印：曾在袁文藪家、袁毓麐、一氓所藏、無是樓藏書、一氓搜藏詞書種種／一九七七年記。

朱青長詞集二十八卷　（清）朱青長著　民國十四年（1925）東華學社石印本　八冊　李0233

子目：北來詞稿十三卷‖自北而南詞稿一卷‖南歸以後詞稿九卷‖南城詞稿一卷‖廣陵詞稿一卷‖錦江詞稿一卷‖錦官詞稿一卷‖南歸以後癸亥詞稿一卷

開本27.2厘米×15.4厘米。版心下方印：東華學社印刷廠刊。鈐印：一氓所藏、一氓搜藏詞書種種／一九七七年記。

苾芻館詞集六卷　（清）胡延著　清光緒二十九年（1903）金陵糧儲道廨刻本　四冊　李0713

子目：兜羅緜詞一卷‖寶鬘雲詞一卷‖祇洹珠詞一卷‖恒河鬢影詞一卷‖雙伽陀詞一卷‖燕子龕詞一卷

開本25.8厘米×15.2厘米，版框14.7厘米×10.9厘米；左右雙邊，上下黑口，單黑魚尾；半葉十行，行二十字。序跋：顧復初序。鈐印：擊楖、李一氓、李一甿、一氓六十、一氓所藏、濯錦江邊、無是樓藏書、一氓搜藏詞書種種／一九七七年記。

欸乃餘曲（欵乃餘曲）二卷　（清）黃家驥著　清光緒二十二年（1896）長沙刻本　一冊　李0524

開本20.7厘米×13.5厘米，版框14.9厘米×10.7厘米；四周雙邊，上下黑口，單黑魚尾；半葉九行，行二十一字。內封鐫：光緒丙申孟夏長

集部

沙開雕。鈐印：擊楫、一氓所藏、一氓七十、無是樓藏書、一氓搜藏詞書種種／一九七七年記。

花笑樓詞四種　（清）楊其光著　（清）陳步墀選　清宣統元年（1909）鉛印本（繡詩樓叢書第五至八種）　一冊　李0050

子目：花笑詞一卷‖歸夢醒餘一卷‖華月詞一卷‖錦瑟哀辭一卷
開本26.7厘米×17.4厘米，版框19.7厘米×13.1厘米；四周雙邊，對黑魚尾；半葉十行，行二十二字。牌記：繡詩樓叢書第×種。序跋：楊其光、陳步墀序。鈐印：曾藏袁文藪家、擊楫、李一氓印、一氓所藏、渡江擊楫、無是樓藏書、一氓搜藏詞書種種／一九七七年記。

鄜雲詞一卷　（清）李岳瑞撰　民國二十二年（1933）刻本　一冊　李0137

開本26.2厘米×14.3厘米，版框13.6厘米×10.3厘米；左右雙邊，上下黑口，單黑魚尾；半葉十行，行十七字，小字雙行同。序跋：李岳瑞序。鈐印：一氓八十、一氓搜藏詞書種種／一九七七年記（"七七"二字墨筆改爲"八二"）。

聞妙香室詞鈔五卷　（清）張丙廉著　民國十二年（1923）陸軍部印刷所鉛印本　一冊　李0013

開本25.7厘米×14.8厘米，版框17.7厘米×11.5厘米；四周雙邊，下黑口，單黑魚尾；半葉十一行，行三十字。版心印：陸軍部印刷所印。鈐印：李一氓五十後所得、一氓搜藏詞書種種／一九七七年記。

凌波詞一卷　（清）曹元忠著　民國刻朱印本　與《雲瓿詞》合一冊　李0397

開本26厘米×15厘米，版框13.5厘米×10.5厘米；左右雙邊，上下紅口，單紅魚尾；半葉十行，行十七字。批校題跋：李一氓題簽（凌波詞／紅印本坿鈔本／一氓）、李一氓題記、汪曾武跋。鈐印：君剛、李（押）、一氓八十、成都李一氓、北京圖書館藏、一氓搜藏詞書種種／一九七七年記。

雲瓿詞一卷 （清）曹元忠著 抄本 與《淩波詞》合一册 李0397

開本 26 厘米×15 厘米；半葉十行，行字不等。批校題跋：李一氓題記。鈐印：潘聖、古希天民、李一氓、一氓八十。

碧春詞一卷䫆鏡簃詞一卷 （清）徐鋆著 民國二十年（1931）鉛印本 一册 李0084

開本 26 厘米×15 厘米，版框 16 厘米×11.2 厘米；四周單邊，上下黑口，單黑魚尾，無界行；半葉九行，行二十一字。序跋：陳栩、潘飛聲、郭雍南序。鈐印：一氓讀書、無是樓藏書、一氓搜藏詞書種種／一九七七年記、北京圖書館藏。

十鞾詞鈔一卷 （清）程頌萬撰 清光緒十八年（1892）羊城藥洲連理榕齋刻滄浪榭詞集本 一册 李0423

開本 27.2 厘米×15.4 厘米，版框 17.4 厘米×13.5 厘米；左右雙邊，單黑魚尾；半葉十二行，行二十三字，小字雙行同。牌記：光緒辛卯北征行卷／壬辰孟冬之月刊於羊城／藥洲連理榕齋。卷端題名下方鐫：滄浪榭詞集第八。卷末鐫：仲可手訂。鈐印：靭盦編錄壬癸之歲以前行卷、徐珂手校、桃花源裏、成都李一氓、一氓七十又七、一氓搜藏詞書種種／一九七七年記。

美人長壽庵詞集（美人長壽盦詞集）六卷詞目一卷 （清）程頌萬著 程士經編校 清光緒二十六年（1900）刻十髮盦類稿本 二册 李0129

開本 24.1 厘米×15 厘米，版框 17.3 厘米×13.5 厘米；左右雙邊，單黑魚尾；半葉十二行，行二十三字。牌記：十髮盦類藁／詞學弟四／光緒二十有六年庚子清夏／刻戩於武昌廎邸。版心下方鐫：十髮盦類藁。序跋：

程頌萬序。批校題跋：李一泯跋。鈐印：瞿氏補書堂所藏、李（押）、擊檝、李一氓、一氓五十、渡江擊檝、一氓所藏、無是樓藏書、一氓搜藏詞書種種/一九七七年記。

定巢詞集十卷　（清）程頌萬著　民國十三年（1924）武昌鹿川閣刻十髮居士全集本　二冊　李0130

開本24.1厘米×15.1厘米，版框16.3厘米×11.4厘米；四周雙邊，單黑魚尾；半葉十行，行二十一字，小字雙行同。牌記：十髮居士全集弟五/甲子元春刊於武昌。版心上方鐫：十髮居士全集。版心下方鐫：鹿川閣。序跋：謝善詒序。鈐印：李（押）、擊檝、李一氓、一氓所藏、成都李一氓、無是樓藏書、一氓搜藏詞書種種/一九七七年記。

鮮隱詞鈔一卷　（清）高德馨撰　民國二十四年（1935）鉛印本　一冊　李0439

開本24.5厘米×14.5厘米，版框15.6厘米×10.9厘米；左右雙邊，上下黑口，單黑魚尾；半葉十行，行二十字，小字雙行同。內封印：乙亥季秋/鮮隱詞鈔/漚夢署耑。序跋：張茂炯序。鈐印：擊檝、李一氓、一氓所藏、渡江擊檝、無是樓藏書、一氓搜藏詞書種種/一九七七年記。

懺庵詞（懺盦詞）八卷　廖恩燾撰　民國二十年（1931）鉛印本　一冊　李0644

開本22.8厘米×15.1厘米，版框13.6厘米×11.2厘米；左右雙邊，上下黑口，單黑魚尾；半葉十行，行十七字，小字雙行同。批校題跋：李一氓題記。鈐印：擊檝、李一氓、一氓所藏、渡江擊檝、七十又八、無是樓藏書、一氓搜藏詞書種種/一九七七年記。

捫蝨談室詞一卷集外詞一卷影樹亭和詞摘存一卷　廖恩燾撰　民國三十七年（1948）蔚興印刷場鉛印半舫齋詞集本　一冊　李0418

開本25厘米×16.2厘米，版框17.8厘米×12.4厘米；四周單邊，單黑魚尾；半葉十四行，行三十五字。內封印：半舫齋詞集之三/捫蝨談室詞/戊子春暮自署檢；半舫齋詞集之四/捫蝨談室集外詞/戊子春杪重鈔。版心下方印：蔚興印刷場承印。序跋：夏敬觀、冒廣生序。批校題跋：李一氓題記。鈐印：一氓搜藏詞書種種/一九七七年記。

松泉詞鈔一卷　趙鶴清撰　民國二十一年（1932）金陵石印本　一冊　李0218

開本 21.5 厘米×13.8 厘米。鈐印：一氓所藏。

琴思樓詞一卷　（清）易順豫著　民國三年（1914）長沙石印本　一冊　李0010

開本 24 厘米×14.5 厘米，版框 16 厘米×10.5 厘米；四周單邊，單黑魚尾；半葉九行，行二十三字。牌記：甲寅六月印於長沙。鈐印：曾藏袁文藪家、李一氓、擊楫、一氓所藏、一氓搜藏詞書種種/一九七七年記。

秋雁詞一卷　鄧鴻荃撰　民國七年（1918）成都刻本　一冊　李0445

開本 22.2 厘米×14.1 厘米，版框 14.5 厘米×11.2 厘米；四周雙邊，上下黑口，單黑魚尾；半葉十行，行二十一字。內封鐫：戊午仲春刊於成都。序跋：趙熙序。批校題跋：李一氓題簽（秋雁詞/成都刊本）。鈐印：曾藏袁文藪家、擊楫、一氓所藏、無是樓藏書、一氓搜藏詞書種種/一九七七年記。

侖闇詞一卷　李孺撰　民國二十二年（1933）無冰閣鉛印本　一冊　李0141

開本 21.4 厘米×14.1 厘米，版框 14.9 厘米×11.6 厘米；四周單邊，上下黑口，單黑魚尾；半葉十四行，行二十五字，小字雙行同。版心下方印：無冰閣。鈐印：擊楫、一氓所藏、無是樓藏書、一氓搜藏詞書種種/一九七七年記。

黛韻樓詞集二卷　（清）薛紹徽著　民國刻本　二冊　李0750

開本26.3厘米×15.3厘米，版框17.5厘米×13.4厘米；四周雙邊，單黑魚尾；半葉十行，行二十二字。序跋：薛裕昆序。批校題跋：姚華題簽（黛韵樓詞集/貴筑姚華題簽）。鈐印：㦱廬珍藏、野莽、無是樓、一氓所藏、一氓五十、一甿七十、無是樓藏書、一氓搜藏詞書種種/一九七七年記。

摩西詞八卷　（清）黃人撰　民國九年（1920）鉛印本　一冊　李0442

開本23.9厘米×13.7厘米，版框17.2厘米×11.4厘米；四周雙邊，上下黑口，單黑魚尾；半葉十一行，行二十九字。序跋：張鴻叙。鈐印：擊楫、李一甿、一氓所藏、無是樓藏書、一氓搜藏詞書種種/一九七七年記。按：書中附李一氓致四川省圖書館信函一封及剪報《辛亥革命時期的進步文學家黃人》。

娛生軒詞一卷　（清）王德楷撰　民國二十二年（1933）金陵廬氏飲虹簃刻本　一冊　李0122

開本22.1厘米×14厘米，版框13.8厘米×10.3厘米；左右雙邊，上下黑口，單黑魚尾；半葉九行，行十六字。卷末鐫：金陵廬氏飲虹簃刊。序跋：王瀣、王德楷序，廬前跋。鈐印：鄺衡叔經眼記、一氓所藏、無是樓藏書、一氓搜藏詞書種種/一九七七年記。

味蒓詞二卷　汪曾武撰　稿本　一冊　李0648

開本27.6厘米×19厘米；半葉十行，行二十字。批校題跋：李一氓題簽（味蒓詞/清稿本/一氓）。鈐印：邵章、甿、無是樓、一氓所藏、成都李一氓、一氓搜藏詞書種種/一九七七年記、北京圖書館藏。

趣園詩餘六卷　汪曾武撰　民國三十年（1941）鉛印本　一冊　李0662

開本22.8厘米×15.1厘米，版框16厘米×12.4厘米；四周單邊，上下黑口，單黑魚尾；半葉十二行，行二十七字。鈐印：擊楫、李一氓、一氓所藏、渡江擊楫、無是樓藏書、一氓搜藏詞書種種/一九七七年記。

秋薑詞鈔一卷　齊廷襄著　民國二十年（1931）湘潭羣守益印刷社鉛印本　一冊　李0094

開本23.9厘米×13.8厘米，版框16厘米×12厘米；四周雙邊，上下黑口，單黑魚尾；半葉十行，行二十一字。牌記：民國二十年孟秋月/湘潭羣守益印刷社代印。序跋：齊廷襄序。鈐印：李一氓、一氓所藏、無是樓藏書、一氓搜藏詞書種種/一九七七年記。

匏笙詞二卷　（清）程霱撰　清光緒三十四年（1908）京華印書局鉛印本　一冊　李0435

開本23.9厘米×14.5厘米，版框18厘米×12.4厘米；四周雙邊，單黑魚尾；半葉十行，行二十三字，小字雙行同。內封印：歲在著雍涒灘/京華書局印行。版心印：京華印書局刷印。序跋：張鋆衡序。鈐印：李一氓印、一氓所藏、渡江擊楫、無是樓藏書、一氓搜藏詞書種種/一九七七年記。

蟄庵詞一卷　（清）曾習經撰　民國刻本　一冊　李0219

開本22.7厘米×14.4厘米，版框14.3厘米×10.4厘米；左右雙邊，上下黑口，單黑魚尾；半葉十行，行十七字。鈐印：擊楫、一氓所藏、無是樓藏書、一氓搜藏詞書種種/一九七七年記。

濯絳宦存稿（濯絳宦存稾）一卷　（清）劉毓盤撰　清宣統元年（1909）刻本　一冊　李0044

開本22.9厘米×14.8厘米，版框16.4厘米×11厘米；四周雙邊，上黑口；半葉九行，行二十一字。序跋：彭世襄序。鈐印：擊楫、一氓所藏、無是樓藏書、一氓搜藏詞書種種/一九七七年記。

香宋詞稿（香宋詞藁）不分卷　趙熙著　稿本　一冊　李0964

開本30.7厘米×18厘米；半葉十二行。批校題跋：李一氓題（香宋詞稿／趙堯笙手藁／一氓藏）。鈐印：無是樓、一氓六十、一氓七十、成都李一氓、鹽叢魚梟之人、一氓搜藏詞書種種／一九七七年記、北京圖書館藏。按：書中有浮簽。

香宋詞不分卷　趙熙撰　稿本　一冊　李1002

開本26.5厘米×16.4厘米；半葉十行，行字不等。批校題跋：李一氓題跋。鈐印：香宋、無是樓、一氓所藏、一氓六十、掣楫詞翰、鹽叢魚梟之人。

香宋詞三卷　趙熙撰　民國六年（1917）成都圖書館刻本　一冊　李0242

開本26.3厘米×16.4厘米，版框14.8厘米×11厘米；四周單邊，上下黑口，單黑魚尾；半葉十一行，行二十一字，小字雙行同。内封鐫：香宋詞／丁巳秋成都圖書館督彫／林思進集／魏石署。版心鐫：香一、香二、香三。批校題跋：李一氓題簽（香宋詞／成都鐫本／一氓）。鈐印：李一氓、一氓六十、一氓讀書、一氓搜藏詞書種種／一九七七年記。

式谿詞一卷　（清）吳士鑑撰　民國二十五年（1936）羊城鉛印本　一冊　李0086

開本26厘米×15厘米，版框16.6厘米×10.9厘米；左右雙邊，上下黑口，單黑魚尾；半葉九行，行十七字。序跋：吳式洵跋。鈐印：一氓搜藏詞書種種／一九七七年記、北京圖書館藏。

漚夢詞四卷　（清）鄧邦述著　民國二十二年（1933）刻本　一冊　李0719

開本29.8厘米×17.6厘米，版框17.3厘米×12.6厘米；左右雙邊，

上下黑口，單黑魚尾；半葉十行，行二十一字，小字雙行同。牌記：癸酉十有二月刊成。序跋：鄧邦述序。批校題跋：劉公魯跋。鈐印：芯厂藏書、一氓所藏、成都李一氓、人比黃花瘦、一氓搜藏詞書種種／一九七七年記。

樂静詞一卷　俞陛雲撰　民國刻本　一册　李0212

開本26.2厘米×15.2厘米，版框16.2厘米×12厘米；四周雙邊，單黑魚尾；半葉十行，行十八字。鈐印：擊楫藏詞、無是樓藏書、一氓搜藏詞書種種／一九七七年記。

一粟庵詞集（一粟盦詞集）二卷　蔡寶善撰　清宣統元年（1909）西安圖書館鉛印本　一册　李0119

子目：緑蕪秋雨詞一卷 ‖ 簫心劍氣詞一卷

開本23.5厘米×15.7厘米，版框16.2厘米×11.5厘米；四周雙邊，上下黑口，單黑魚尾；半葉十一行，行二十八字。牌記：宣統紀元春印於西安圖書館。序跋：劉富槐、胡薇元、蔡寶善序。鈐印：曾藏袁文藪家、擊楫、一氓所藏、無是樓藏書、一氓搜藏詞書種種／一九七七年記。

聽潮音館詞集三種　蔡寶善撰　民國十九年（1930）鉛印本　一册　李0120

子目：緑蕪秋雨詞一卷 ‖ 簫心劍氣詞一卷 ‖ 瓶笙花影詞一卷

開本23.5厘米×15.8厘米，版框14厘米×10.8厘米；左右雙邊，上下黑口，單黑魚尾；半葉十三行，行十八字。序跋：胡薇元、姚熙、劉富槐、高潛序、謝芝雁、蔡寶善跋。鈐印：擊楫、李一甿、一氓所藏、無是樓藏書、一氓搜藏詞書種種／一九七七年記。

滄浪漁笛譜一卷　蔡寶善撰　民國二十五年（1936）鉛印本　一册　李0121

開本23.5厘米×15.8厘米，版框16.7厘米×10.4厘米；四周單邊，雙黑魚尾；半葉十行，行二十二字，小字雙行同。序跋：張茂炯序、蔡寶善跋。批校題跋：退叟題簽（滄浪漁簑譜/丙子夏日退叟署）。鈐印：退叟、擊楫、一氓所藏。

抱香詞一卷　楊鐵夫撰　民國鉛印本　一册　李0216

開本23.8厘米×13.8厘米，版框14.5厘米×10.2厘米；四周雙邊，下黑口，單黑魚尾；半葉十一行，行二十四字，小字雙行同。鈐印：李一氓、一氓所藏、無是樓藏書、一氓搜藏詞書種種/一九七七年記。

蘗夢詞二卷　金兆蕃撰　民國刻本　一册　李0387

開本21.5厘米×14厘米，版框16.9厘米×11.4厘米；左右雙邊，單黑魚尾；半葉十行，行二十三字，小字雙行同。鈐印：一氓所藏、渡江擊楫、李氏一氓、擊楫詞人、無是樓藏書、一氓搜藏詞書種種/一九七七年記。

勺廬詞一卷　（清）洪汝闓撰　民國十六年（1927）刻本　一册　李0422

開本23.9厘米×13.6厘米，版框13.8厘米×10.3厘米；左右雙邊，單黑魚尾；半葉十行，行二十字，小字雙行同。批校題跋：皖峰題記。鈐印：擊楫、李一氓、一氓所藏、無是樓藏書、一氓搜藏詞書種種/一九七七年記。

退想齋詞四卷　秦望瀾撰　民國二十四年（1935）鉛印本　一册　李0330

開本24厘米×14.6厘米，版框17厘米×11.2厘米；四周雙邊，單黑魚尾；半葉十行，行二十二字。内封印：乙亥仲秋/退想齋詞/范振緒題。序跋：劉慶篤叙。鈐印：李一氓、一氓所藏、無是樓藏書、一氓搜藏詞書種種/一九七七年記。

賓香詞一卷　湯寶榮撰　民國十四年（1925）湯氏刻本　一冊　李0088

開本29.4厘米×18厘米，版框16.6厘米×11厘米；左右雙邊，上下黑口，單黑魚尾；半葉九行，行二十一字，小字雙行同。版心下方鐫：湯氏家刻。序跋：湯寶榮跋。批校題跋：李一氓題記。鈐印：七十又八、一氓搜藏詞書種種／一九七七年記。

遊絲詞一卷　郭堅忍著　民國三年（1914）揚州埂子街作新社鉛印本　一冊　李0362

開本19.9厘米×13厘米，版框16.3厘米×11厘米；四周雙邊，單黑魚尾，無界行；半葉十行，行二十二字。卷末印：揚州埂子街作新社排印。序跋：吳恩棠、郭寶珩、郭少槐、郭堅忍序。鈐印：擊楫、野莽、李一氓、一氓所藏、一氓七十、無是樓藏書、一氓搜藏詞書種種／一九七七年記。

雙溪詞三卷　（清）陳步墀撰　清宣統元年（1909）鉛印繡詩樓叢書本　一冊　李0047

開本26.7厘米×17.3厘米，版框19.6厘米×13厘米；四周雙邊，對黑魚尾；半葉十行，行二十二字。牌記：繡詩樓叢書第四種。序跋：黃映奎序。鈐印：擊楫、李一氓印、一氓所藏、渡江擊楫、無是樓藏書、一氓搜藏詞書種種／一九七七年記。

井眉軒長短句一卷外編一卷　吳曾源撰　民國二十二年（1933）刻本　一冊　李0054

開本22.1厘米×14厘米，版框13.5厘米×10.4厘米；左右雙邊，上下黑口，單黑魚尾；半葉十行，行十七字。牌記：癸酉三月漚夢署面。序跋：張茂炯、吳曾源序，吳梅跋。鈐印：九珠倚聲、擊楫、一氓所藏、無是樓藏書、一氓搜藏詞書種種／一九七七年記。

集部

瘦葉詞一卷附編二卷　潘承謀撰　民國二十三年(1934)石印本　一册　李0055

　　開本23.8厘米×13.7厘米，版框15.4厘米×10.5厘米；左右雙邊，上下黑口，單黑魚尾；半葉十行，行二十字。序跋：張茂炯序。鈐印：擊楫、李一氓、一氓所藏、無是樓藏書、一氓搜藏詞書種種／一九七七年記。

玉鶯廔詞鈔五卷　黎國廉撰　1949年蔚興印刷場鉛印本　一册　李0818

　　開本25.1厘米×16厘米，版框16.4厘米×10.6厘米；四周單邊，上黑口，單黑魚尾；半葉十二行，行二十八字。序跋：陳洵序、劉景堂跋。鈐印：一氓搜藏詞書種種／一九七七年記、北京圖書館藏。

海綃詞一卷　陳洵撰　民國十二年(1923)鉛印本　一册　李0427

　　開本22.1厘米×14厘米，版框14厘米×10.1厘米；四周單邊，上下黑口，單黑魚尾；半葉十二行，行十八字。序跋：黃節序。鈐印：曾藏袁文藪家、擊楫、一氓所藏、無是樓藏書、一氓搜藏詞書種種／一九七七年記。

南華詞存前集二卷中集二卷後集二卷　王鴻年撰　民國十七年(1928)鉛印本　二册　缺二卷(後集)　李0413

　　開本24.5厘米×14.5厘米，版框17.5厘米×12.3厘米；四周單邊，下黑口，單黑魚尾；半葉十行，行二十字。序跋：王鴻年識。鈐印：曾藏袁文藪家、李(押)、擊楫、一氓所藏、七十又八、無是樓藏書、人比黃花瘦、一氓搜藏詞書種種／一九七七年記。

餐菊詞一卷　儲蘊華著　民國三十七年(1948)宜興儲五美堂鉛印本　一册　李0211

　　開本27.7厘米×16.4厘米，版框17.3厘米×11.4厘米；四周單邊，

323

上下黑口，單黑魚尾；半葉十行，行二十六字。卷末印：民國三十七年戊子冬月宜興儲五美堂印。序跋：南強序。鈐印：一氓所藏、一氓搜藏詞書種種／一九七七年記。

八百里湖荷花漁唱二卷八百里荷花館題畫詞一卷　袁天庚撰　周寶琬校字　民國二十三年（1934）鉛印本　一冊　李0051

開本26厘米×16.9厘米，版框15.3厘米×11.9厘米；四周雙邊，單黑魚尾，無界行；半葉十行，行二十三字。內封印：民國甲戌春日編印。序跋：蔡卓勳序。鈐印：一氓所藏、一氓搜藏詞書種種／一九七七年記。

无敲詞剩一卷　（清）徐奉世著　清宣統三年（1911）義州李氏名山堂石印本　一冊　李0526

開本21.6厘米×14.1厘米，版框15.1厘米×10.1厘米；四周雙邊，單黑魚尾；半葉九行，行二十一字。序跋：夏正彝、饒智元序。鈐印：曾在袁文藪家、擊檝、一氓所藏、無是樓藏書、一氓搜藏詞書種種／一九七七年記。

鷗影詞稿（鷗影詞彙）五卷　龔元凱撰　民國十七年（1928）京師刻本　一冊　李0040

開本23.8厘米×14.6厘米，版框16厘米×12.2厘米；左右雙邊，上下黑口，單黑魚尾；半葉十行，行二十一字。牌記：箸雝執徐之歲孟夏刊於京師。序跋：龔元凱序。鈐印：擊檝、李一氓、渡江擊檝、無是樓藏書。

鷗影詞稿（鷗影詞彙）五卷　龔元凱撰　民國十七年（1928）京師刻本　一冊　李0041

開本26.1厘米×15厘米，版框16厘米×12.3厘米；左右雙邊，上下黑口，單黑魚尾；半葉十行，行二十一字。牌記：箸雝執徐之歲孟夏刊於京師。序跋：龔元凱序。批校題跋：李一氓題記。鈐印：一氓所藏、七十又八、成都李一氓、一氓搜藏詞書種種／一九七七年記。

鷗影閣詞五卷　龔元凱撰　清抄本　一冊　李0042

　　開本24.3厘米×16厘米；半葉十行，行二十一字，小字雙行同。序跋：龔元凱跋。批校題跋：朱孝臧、李一氓題記。鈐印：無是樓、一氓所藏、七十又八、濯錦江邊、成都李一氓、一氓搜藏詞書種種/一九七七年記。

半櫻詞二卷續二卷　林鵾翔撰　民國十六年（1927）鉛印本　二冊　李0126

　　開本22.7厘米×14.7厘米，版框13.2厘米×8.5厘米；四周單邊，上下黑口，單黑魚尾；半葉十行，行十七字，小字雙行同。序跋：況周頤、胡惟德、夏敬觀、夏承燾序。鈐印：曾藏袁文藪家、擊楫、李一氓印、一氓所藏、渡江擊楫、無是樓藏書、一氓搜藏詞書種種/一九七七年記。

聊園詞一卷　譚祖任撰　稿本　一冊　李0206

　　開本26.6厘米×17.6厘米；半葉九行，行二十字。版心下方印：聊園詞社稿。批校題跋：李一氓題簽（聊園詞/清稿本/一氓八十）、李一氓跋。封底有"江中徐俊代鈔"六字。鈐印：監察院秘書長、徐俊之印、李（押）、李一氓、李一甿、無是樓、一氓八十、濯錦江邊、擊楫詞翰、一甿之鉥。按：書中附沈錫麟、李一氓致四川省圖書館函。

翦紅詞草一卷　（清）惲毓巽著　清宣統二年（1910）刻本　一冊　李0320

　　開本20厘米×13.6厘米，版框14.5厘米×11.1厘米；四周單邊，上黑口；半葉十三行，行二十字，小字雙行同。內封鐫：宣統庚戌八月/翦紅詞/澄齋題。序跋：惲毓鼎序。鈐印：擊楫、一氓所藏、一氓六十、無是樓藏書、一氓搜藏詞書種種/一九七七年記。

淡月平芳館詞一卷　章華撰　民國刻本　一冊　李0045

開本23.2厘米×14.8厘米，版框16.7厘米×11.2厘米；四周單邊，上下黑口，單黑魚尾；半葉十行，行二十一字。批校題跋：袁文藪跋。鈐印：袁毓麐、擊楫、一泯所藏、無是樓藏書、一泯搜藏詞書種種/一九七七年記。

憶香詞（水南草堂詞存）一卷　（清）孫正初著　民國七年（1918）水南草堂鉛印本　一冊　李0721

開本21.6厘米×14.1厘米，版框14.8厘米×10.6厘米；四周雙邊，單黑魚尾，無界行；半葉十行，行二十五字。版心下方印：水南草堂。序跋：鄧邦達序。鈐印：擊楫、一泯所藏、一泯五十、無是樓藏書、一泯搜藏詞書種種/一九七七年記。

瀼谿漁唱一卷　林葆恒撰　民國二十七年（1938）刻本　一冊　李0655

開本23.8厘米×13.8厘米，版框13.7厘米×10.9厘米；左右雙邊，上下黑口，單黑魚尾；半葉十行，行二十字。序跋：徐沅序、林葆恒跋。鈐印：曾藏袁文藪家、擊楫、一泯所藏、李一眠、一泯所藏、無是樓藏書、一泯搜藏詞書種種/一九七七年記。

夢花館詞鈔一卷　楊俊撰　楊佩秋錄　葉福年校　民國二十六年（1937）鉛印本　一冊　李0649

開本25.2厘米×14.6厘米，版框15.3厘米×10.2厘米；四周雙邊，單黑魚尾；半葉十行，行二十六字。序跋：王懷霖序。鈐印：一泯所藏、一泯搜藏詞書種種/一九七七年記。

雲淙琴趣三卷　邵章撰　民國十九年（1930）邵章刻本　一冊　李0209

開本23.7厘米×13.7厘米，版框14.1厘米×11.1厘米；四周單邊，上下黑口，單黑魚尾；半葉十行，行十七字。牌記：歲庚午三月望倬盦邵氏刊成。序跋：邵章序。鈐印：擊楫、李一氓、一氓所藏、無是樓藏書、一氓搜藏詞書種種/一九七七年記。

清聲閣詞四種　呂鳳著　民國二十五年（1936）刻本　二册　李0359

子目：清聲閣詩餘三卷‖和小山詞一卷‖和漱玉詞一卷附補遺一卷‖和淑貞詞一卷

開本25.5厘米×15.3厘米，版框17.2厘米×12.6厘米；四周單邊，上下黑口；半葉十行，行二十二字，小字雙行同。内封鐫：清聲閣詞四種/丙子冬邵章署。序跋：董康、樊增祥、向迪琮序。鈐印：擊楫、野莽、李一氓、一氓七十、一氓所藏、無是樓藏書、人比黄花瘦、一氓搜藏詞書種種/一九七七年記。

補恨樓詞二卷　（清）徐佑成撰　清光緒二十一年（1895）刻本　一册　李0052

開本26.6厘米×13.7厘米，版框15.3厘米×10厘米；四周單邊；半葉七行，行十九字。序跋：龔樹聲序。鈐印：無是樓、一氓所藏、人比黄花瘦、一氓搜藏詞書種種/一九七七年記。

香蘭詞一卷　袁毓麐著　民國二十一年（1932）刻朱印本　一册　李0815

開本23.8厘米×13.5厘米，版框13.8厘米×10.2厘米；左右雙邊，上下紅口，單紅魚尾；半葉十行，行十七字。牌記：壬申年鋟。鈐印：擊楫、李一氓、一氓所藏、無是樓藏書、一氓搜藏詞書種種/一九七七年記。

星隱樓詞一卷　錢名山撰　清光緒二十五年（1899）刻本　一册　李0915

開本20.7厘米×13.4厘米，版框15.5厘米×9.6厘米；四周單邊，單黑魚尾；半葉七行，行十七字。内封鐫：己亥秋鐫/星隱樓詞。批校題跋：李一氓題記。鈐印：擊楫、一氓所藏、七十又八、無是樓藏書。

謫星詞一卷　錢名山撰　清光緒三十三年(1907)木活字印錢氏家集本　一冊　李0987

開本25.8厘米×15.5厘米，版框20.3厘米×14.5厘米；四周單邊，下黑口，單黑魚尾；半葉十二行，行二十五字。版心上方印：錢氏家集。批校題跋：鄧春澍、李一氓題記。鈐印：李（押）、李一氓五十後所得、一氓搜藏詞書種種／一九七七年記。

鞠譔詞二卷　仇埰撰　民國三十六年(1947)鉛印本　一冊　李0471

開本21.6厘米×13.6厘米，版框13.3厘米×8.7厘米；左右雙邊，下黑口，單黑魚尾；半葉十行，行十七字。序跋：王孝煃、夏敬觀、夏仁虎、陳世宜序，方長玉跋。鈐印：鞠譔齋、李（押）、擊楫、李一氓、一氓所藏、無是樓藏書、一氓搜藏詞書種種／一九七七年記。

小三吾亭詞二卷附一卷　冒廣生撰　清光緒二十七年(1901)刻冒氏叢書本　一冊　李0416

開本24.8厘米×15.1厘米，版框16.4厘米×11厘米；左右雙邊，上下黑口，單黑魚尾；半葉十行，行二十四字，小字雙行同。序跋：葉衍蘭序。鈐印：曾藏袁文藪家、擊楫、李一氓、一氓所藏、無是樓藏書、一氓搜藏詞書種種／一九七七年記。

和白石詞一卷　夏仁虎撰　民國二十七年(1938)鉛印本　一冊　李0768

開本23.8厘米×13.6厘米，版框18.8厘米×12.9厘米；四周雙邊，下黑口，單黑魚尾；半葉十行，行二十五字，小字雙行同。批校題跋：李一氓題簽（和姜白石自製曲）。鈐印：擊楫、李一氓、一氓所藏、無是樓藏書、一氓搜藏詞書種種／一九七七年記。

嘯庵詞（歔盦詞）四卷零夢詞一卷　夏仁虎撰　民國刻本　一册
　李0643

　　開本23.7厘米×13.6厘米，版框15.4厘米×11.5厘米；四周雙邊，單黑魚尾；半葉十行，行十七字。序跋：樊增祥、夏仁虎序，夏仁虎跋。鈐印：擘楣、李一氓、一氓所藏、無是樓藏書、一氓搜藏詞書種種／一九七七年記。

大厂詞稿（大厂詞橐）九種　易孺撰　民國二十四年（1935）商務印書館影印本　二册　李0328

　　子目：依柳詞一卷‖欹眠詞一卷‖雙清詞館詞一卷‖宜雅齋詞一卷‖湖舠詞一卷‖花鄰詞一卷‖絕影廔詞一卷‖簡宧詞一卷‖湖夢詞一卷

　　開本19.2厘米×12.8厘米，版框10.7厘米×7.6厘米；四周單邊；半葉六行，行十二字。序跋：呂傳元、易孺序。鈐印：擘楣、李一氓、一氓所藏、濯錦江邊、無是樓藏書、一氓搜藏詞書種種／一九七七年記。

徵聲集一卷　羅振常撰　民國十年（1921）上海蟫隱廬鉛印本　一册
　李0468

　　開本23.8厘米×13.5厘米，版框15.9厘米×12厘米；左右雙邊，順黑魚尾；半葉九行，行十六字。内封印：徵聲集附／初日樓橐／上虞羅氏藏板。牌記：太歲在辛酉夏／上海蟫隱廬用仿宋聚珍字鑄版印行。序跋：秦遇賡序。鈐印：擘楣、李一氓、一氓所藏、無是樓藏書、一氓搜藏詞書種種／一九七七年記。

遯庵樂府（遯盦樂府）二卷　張爾田撰　民國三十年（1941）萬載龍氏忍寒廬刻本　一册　李0470

　　開本21.5厘米×13.6厘米，版框14厘米×10.3厘米；左右雙邊，上下黑口，單黑魚尾；半葉十行，行十七字。内封鐫：萬載龍氏忍寒廬校刊／遯盦樂府二卷／辛巳三月吳庠題。序跋：夏敬觀、龍沐勛序。鈐印：擘楣、李一氓、一氓所藏、無是樓藏書、一氓搜藏詞書種種／一九七七年記。

綴芬閣詞一卷　（清）左又宜著　民國二年（1913）刻本　一冊　李0356

　　開本23.6厘米×14.9厘米，版框12.3厘米×9.4厘米；左右雙邊，上下黑口；半葉九行，行十六字，小字雙行同。內封鐫：癸丑人日／綴芬閣詞／彊邨散人。序跋：諸宗元序。鈐印：野莽、一氓所藏、一氓七十、一甿七十、一氓搜藏詞書種種／一九七七年記。

江山萬里樓詞鈔二卷　楊圻撰　稿本　一冊　李0465

　　子目：回首詞一卷 ‖ 樓下詞一卷
　　開本32.5厘米×18.7厘米；半葉九行，行二十一字。稿紙欄綫外印：江山萬里樓文字。序跋：康有爲、何震彝序。批校題跋：唐圭璋題簽（江山萬里樓詞鈔／清稿本／一氓所藏／圭璋題簽）、□□評、李一氓題記。鈐印：雲史、石華林主人、唐圭璋、李一甿、無是樓、一氓所藏、一氓讀書、一氓七十、一氓搜藏詞書種種／一九七七年記、北京圖書館藏。

蜀雅十二卷別集二卷　周岸登著　包樹棠　韓文潮校録　民國二十年（1931）上海中華書局鉛印本　四冊　李0816

　　開本23.6厘米×14.4厘米，版框13厘米×10.7厘米；四周單邊，上下黑口，單黑魚尾；半葉十行，行十七字。牌記：重光協洽之歲擇堪校印。序跋：胡先驌、王易序。批校題跋：李一氓題簽（蜀人詞四種／寒翠詞/問琴閣詞／浣月詞／蜀雅），李一氓、周岸登題記。鈐印：癸叔持贈、癸叔倚聲、北夢詞人、癸辛詞隱、擊楫、李一甿、一氓所藏、濯錦江邊、無是樓藏書、李一氓五十後所得、一氓搜藏詞書種種／一九七七年記。

呹庵詞（呹盦詞）二卷　夏敬觀撰　清光緒三十三年（1907）刻本　一冊　李0661

　　開本21.6厘米×13.6厘米，版框12.4厘米×9.5厘米；左右雙邊，上下黑口；半葉九行，行十六字。內封鐫：丁未二月／呹盦詞／梅盦。序跋：陳鋭、朱祖謀序。鈐印：曾藏袁文藪家、擊楫、李一甿、一氓所藏、無是樓藏書、一氓搜藏詞書種種／一九七七年記。

雁村詞一卷外編一卷　蔡晉鏞撰　民國二十二年（1933）吳縣徐氏卓觀齋刻本　一冊　李0329

開本26.2厘米×15.2厘米，版框13.8厘米×10.4厘米；左右雙邊，上下黑口，單黑魚尾；半葉九行，行十七字。內封鐫：吳縣徐氏卓觀齋梓。序跋：蔡晉鏞叙。批校題跋：□□題記（蔡雲笙先生贈）。鈐印：一泯所藏、一泯搜藏詞書種種／一九七七年記。

雙清詞草不分卷　廖仲愷著　民國十七年（1928）開明書店影印本　一冊　李0296

開本25.9厘米×16厘米。書前有汪兆銘《廖仲愷先生傳略》。批校題跋：李一泯題記。鈐印：七十又八、無是樓藏書、一泯搜藏詞書種種／一九七七年記。

苕華詞一卷　王國維撰　民國河北女子師範學院鉛印本　一冊　李0116

開本21.5厘米×13.7厘米，版框17厘米×11.5厘米；四周雙邊，單黑魚尾，無界行；半葉十二行，行三十四字。版心下方印：河北女子師範學院。序跋：樊志厚序。鈐印：鄭齋詞藏、曙雯樓、擊楫、李一甿、無是樓藏書、一泯搜藏詞書種種／一九七七年記。

湘瑟秋雅一卷淚影詞一卷碧雲詞一卷　成本璞撰　清光緒三十四年至宣統元年（1908—1909）刻通雅齋叢稿本　一冊　缺一葉　李0447

開本24厘米×14.7厘米，版框18厘米×12.5厘米；左右雙邊，上下黑口，單黑魚尾；半葉十行，行二十一字。《碧雲詞》缺首葉。序跋：成本璞序。批校題跋：李一泯題簽（通雅齋詞）。鈐印：擊楫、李一甿、一泯所藏、渡江擊楫、無是樓藏書、人比黃花瘦、一泯搜藏詞書種種／一九七七年記。

守白詞甲稿一卷乙稿一卷　許之衡稿　題長洲藥庵居士評點　民國十八年至十九年（1929—1930）北平石印飲流齋著叢書本　一冊　李0125

開本23.8厘米×13.5厘米，版框16.5厘米×11.8厘米；四周單邊，單黑魚尾；半葉九行，行二十字，雙行小字同。甲稿牌記：己巳六月印於北平。乙稿牌記：庚午二月印於北平。版心下方印：飲流齋著叢書。鈐印：擊楫、李一氓、一氓所藏、無是樓藏書、一氓搜藏詞書種種／一九七七年記。

擊劍詞一卷　黃榮康撰　稿本　一冊　李0205

開本26.5厘米×15.5厘米；半葉十一行，行二十四字，小字雙行同。批校題跋：李一氓題簽（擊劍詞／手稿本／一氓署簽）、李一氓題記。鈐印：凹園、無是樓、一氓六十、一氓讀書、李一氓五十後所得、一氓搜藏詞書種種／一九七七年記。

花雨樓詞草一卷　劉翰棻撰　民國刻本　一冊　李0817

開本30.5厘米×18厘米，版框15.7厘米×11.5厘米；左右雙邊，上下黑口，單黑魚尾；半葉十行，行二十一字，小字雙行同。序跋：劉翰棻序。批校題跋：李一氓題記。鈐印：公嚴、讀我書齋、無是樓、一氓所藏、一氓七十、七十又八、鶯歌燕舞之齋、一氓搜藏詞書種種／一九七七年記。按：書中附劉翰棻致汪千仞函。

居易齋詩餘一卷　靳志撰　民國二十一年（1932）陝西省印刷局鉛印本　一冊　李0221

開本21.5厘米×13.7厘米，版框15.2厘米×11.3厘米；四周單邊，單黑魚尾；半葉十三行，行二十五字。内封印：民國壬申陝西省印刷局刊行。鈐印：擊楫、李一氓、一氓所藏、無是樓藏書、一氓搜藏詞書種種／一九七七年記。

集部

矩園詞鈔（榘園詞鈔）一卷　張錫麟撰　民國十七年（1928）刻本　一冊　李0053

開本24.9厘米×15.1厘米，版框17.9厘米×12厘米；左右雙邊，上下黑口；半葉十一行，行二十五字。序跋：張錫麟序。鈐印：李一氓、一氓所藏、擊楫詞人、無是樓藏書、一氓搜藏詞書種種／一九七七年記。

舊月簃詞一卷　陳曾壽撰　民國鉛印本　一冊　李0646

開本24.5厘米×14.4厘米，版框12.4厘米×9.5厘米；四周單邊，對黑魚尾；半葉十一行，行十六字。序跋：陳曾壽序。鈐印：擊楫、李一氓、一氓所藏、渡江擊楫、無是樓藏書、一氓搜藏詞書種種／一九七七年記。

黃山樵唱一卷　朱師轍撰　民國二十一年（1932）燕京刻本　一冊　李0645

開本23.1厘米×15.2厘米，版框14厘米×11厘米；左右雙邊，下黑口，單黑魚尾；半葉十行，行十七字。牌記：太歲壬申刊於燕京。鈐印：一氓所藏、一氓搜藏詞書種種／一九七七年記。

寒翠詞二卷　李大防撰　民國十九年（1930）鉛印本　與《浣月詞》《問琴閣詞》合一冊　李0389

開本23.6厘米×14.6厘米，版框13.5厘米×10.6厘米；四周單邊，單黑魚尾；半葉十行，行十七字。序跋：李大防序。鈐印：擊楫、濯錦江邊、一氓所藏。

桃花春水詞一卷　（清）翁之潤撰　清光緒二十四年（1898）刻題襟集本　一冊　李0068

開本24.9厘米×15.1厘米，版框12.6厘米×9.7厘米；四周單邊，單黑魚尾；半葉八行，行十八字。鈐印：擊楫、一氓所藏、無是樓藏書、一氓搜藏詞種種／一九七七年記。

海棠香夢詞四卷　陳壽嵩撰　清光緒刻本　二冊　李0913

開本19.1厘米×12.8厘米，版框12.9厘米×8.6厘米；四周單邊；半葉七行，行十七字。序跋：何春旭序。鈐印：嬾蝶、擊楫、李一氓、一氓五十、無是樓藏書、一氓搜藏詞書種種／一九七七年記。

海波詞四卷　梁啓勳撰　1952年鉛印本　一冊　李0334

開本26.3厘米×14.9厘米，版框14.9厘米×10.7厘米；四周單邊，單黑魚尾；半葉十二行，行三十三字。序跋：梁啓勳序。鈐印：一氓所藏。

鞮芬室詞甲稿一卷　（清）何震彝撰　清光緒二十九年（1903）鉛印本　與《八十一寒詞》合一冊　李0444

開本23.8厘米×14.4厘米，版框17.9厘米×12.5厘米；四周單邊，上黑口，單黑魚尾；半葉十二行，行二十三字。序跋：張均、周士鴻、陳翔澍、何震彝序。鈐印：李一氓、一氓所藏、無是樓藏書、一氓搜藏詞書種種／一九七七年記。

八十一寒詞一卷　（清）何震彝撰　清宣統元年（1909）鉛印本　與《鞮芬室詞甲稿》合一冊　李0444

開本23.8厘米×14.4厘米，版框17.7厘米×12.3厘米；四周單邊，單黑魚尾；半葉十二行，行二十四字。內封印：己酉正月聚珍版印。序跋：何震彝序。鈐印：曾藏袁文藪家。

寄庵詩餘（寄盦詩餘）一卷　熊昭漢撰　清光緒三十三年（1907）鉛印江陰何氏鞮芬室同人詞集本　一冊　李0412

開本21.6厘米×14.1厘米，版框15.6厘米×11.6厘米；四周雙邊，下黑口，單黑魚尾；半葉九行，行二十字。內封印：江陰何氏鞮芬室／同人詞集第十五；寄庵詩餘／丁未九月／孝胥。鈐印：曾藏袁文藪家、擊楫、一氓所藏、無是樓藏書、一氓搜藏詞書種種／一九七七年記。

集部

碧夢龕詞一卷　徐樹錚撰　徐審義等校　民國二十年（1931）刻視昔軒遺槀本（朱印）　一冊　李0657

開本31.5厘米×20.2厘米，版框17.6厘米×12.4厘米；四周單邊，單紅魚尾；半葉十一行，行二十一字。鈐印：李（押）、無是樓、一泯所藏、一泯搜藏詞書種種／一九七七年記。

滄浪詞一卷　崔麟臺著　柯鳳蓀圈選　民國二十二年（1933）鉛印本　一冊　李0207

開本19.3厘米×12.8厘米，版框10.1厘米×7.1厘米；四周單邊，下黑口，單黑魚尾；半葉八行，行二十字，小字雙行同。卷末印：民國二十二年十月付印。鈐印：擊楫、一泯所藏、無是樓藏書、一泯搜藏詞書種種／一九七七年記。

小薛荔園詞鈔二卷　徐沅撰　民國十四年（1925）鉛印本　一冊　李0083

開本21.5厘米×14厘米，版框16.4厘米×12.5厘米；四周雙邊，下黑口，單黑魚尾；半葉九行，行二十一字。序跋：左運奎、徐沅序。鈐印：擊楫、一泯所藏、無是樓藏書、一泯搜藏詞書種種／一九七七年記。

迦厂詞四卷　左運奎撰　清宣統二年（1910）鉛印本　一冊　李0469

開本24厘米×14.4厘米，版框16.2厘米×12厘米；四周雙邊，下黑口，單黑魚尾；半葉九行，行二十一字，小字雙行同。序跋：徐士佳、左運奎序，陳崇牧跋。鈐印：李一眠、一泯所藏、渡江擊楫、無是樓藏書、一泯搜藏詞書種種／一九七七年記。

渌水餘音一卷　徐禮輔著　徐烈斠字　民國十八年（1929）香山徐氏刻小紅雨樓叢刊本　一冊　李0214

開本23.8厘米×13.8厘米，版框14.1厘米×10.7厘米；左右雙邊，

單黑魚尾；半葉十行，行十九字，小字雙行同。牌記：己巳歲莫香山徐氏。卷端題名下方鐫：小紅雨樓叢刊。版心下方鐫：香山徐氏。序跋：朱孝臧、李盛鐸、葉恭綽、邵章、許之衡、邵瑞彭序。批校題跋：小魯、依松題記。鈐印：擊楫、李一氓、一氓所藏、無是樓藏書、一氓搜藏詞書種種／一九七七年記。

花周集一卷　王渭撰　民國十三年（1924）鉛印本　一册　李0410

開本25.9厘米×14.8厘米，版框19.2厘米×11.3厘米；左右雙邊，上下黑口，單黑魚尾；半葉十行，行二十五字，小字雙行同。序跋：朱家駒、賴豐熙、王渭序。鈐印：無是樓、一氓讀書、一氓搜藏詞書種種／一九七七年記（"七七"二字墨筆改爲"八二"）。

櫻海詞一卷桃渡詞一卷　葉玉森稿　清宣統元年（1909）鉛印本　一册　李0117

開本23.7厘米×14.4厘米，版框13厘米×10厘米；四周單邊，無界行；半葉十一行，行二十六字，小字雙行同。序跋：丁傳靖、吳清庠序，訒盦老人跋。鈐印：擊楫、一氓所藏、無是樓藏書、一氓搜藏詞書種種／一九七七年記、北京圖書館藏。

靈鵲蒲桃鏡館詞一卷　（清）譚恩闓撰　民國十九年（1930）鉛印本　一册　李0944

開本25.7厘米×15.4厘米，版框16.1厘米×11.3厘米；左右雙邊，上下黑口，單黑魚尾；半葉十行，行二十一字。序跋：汪詒、黎承禮、徐崇立、夏敬觀、譚光敬序，譚延闓跋。鈐印：一氓所藏、一氓搜藏詞書種種／一九七七年記。

集部

遐庵詞甲稿（遐菴詞甲稿）一卷　葉恭綽撰　民國鉛印本　一冊　李0332

開本22.5厘米×14.3厘米，版框13厘米×9.2厘米；四周單邊，單黑魚尾；半葉十一行，行二十二字。序跋：夏敬觀序。鈐印：擊楫、一氓所藏、無是樓藏書、一氓搜藏詞書種種／一九七七年記。

長沙章先生桂游詞鈔一卷　章士釗著　朱蔭龍校錄　民國三十年（1941）鉛印本　一冊　李0651

開本24.5厘米×14.5厘米，版框15.1厘米×11厘米；四周單邊，單黑魚尾，無界行；半葉十二行，行三十字。序跋：章士釗序、朱蔭龍跋。鈐印：一氓搜藏詞書種種／一九七七年記。

山陽笛語詞一卷江山帆影詞一卷塵痕煙水詞一卷　劉冰研撰　民國二十一年（1932）鉛印寒杉館叢書本　一冊　李0641

開本25.7厘米×15.2厘米，版框17.2厘米×13厘米；四周單邊，單黑魚尾，無界行；半葉十二行，行二十九字，小字雙行同。版心下方印：寒杉館叢書。批校題跋：李一氓題簽（冰研詞三種）。鈐印：李（押）、擊楫、李一氓、一氓所藏、無是樓藏書、一氓搜藏詞書種種／一九七七年記。

朱絲玉壺齋詞稿一卷　李文楷撰　稿本　一冊　李0989

開本18.7厘米×11.7厘米；半葉九行，行字不等。鈐印：成都李一氓、一氓搜藏詞書種種／一九七七年記。按：書中附□□致李文楷函。

龍顧山房詩餘三卷　郭則澐撰　民國刻本　一冊　李0215

開本29.8厘米×18.2厘米，版框17.7厘米×15厘米；左右雙邊，單黑魚尾；半葉十一行，行二十一字，小字雙行同。序跋：徐沅序。鈐印：

337

李（押）、李一氓、擊楫詞人、無是樓藏書、成都李一氓、一氓搜藏詞書種種/一九七七年記。

紅樹白雲山館詞草一卷　張默君著　民國二十三年（1934）刻南江邵氏叢刊本　一册　李0365

開本 23.5 厘米×14.8 厘米，版框 13 厘米×10.5 厘米；四周單邊，上下黑口，單黑魚尾；半葉十行，行十七字。序跋：邵瑞彭序。鈐印：一氓所藏、一氓搜藏詞書種種/一九七七年記。

炊沙小令一卷　李放撰　金綬熙評　金綬熙墨幢精舍抄本　一册　李0467

開本 24.5 厘米×14.5 厘米。稿紙欄綫外印：墨幢精舍鈔本。批校題跋：金綬熙評點。鈐印：李（押）。

霜厓詞録一卷　吴梅著　盧前校　民國三十一年（1942）貴陽文通書局鉛印吴梅先生全集本　一册　李0124

開本 25.1 厘米×15.2 厘米，版框 15 厘米×11.1 厘米；左右雙邊，下黑口，單黑魚尾；半葉十行，行二十五字。序跋：夏敬觀、吴梅序。鈐印：一氓所藏、一氓搜藏詞書種種/一九七七年記。

倦鶴近體樂府五卷　陳世宜著　民國三十七年（1948）油印本　一册　李0230

開本 27 厘米×18.2 厘米。序跋：李敦勤序、陳世宜跋。鈐印：一氓所藏、成都李一氓、一氓搜藏詞書種種/一九七七年記。

裕庵樂府一卷　巴魯特崇彝撰　民國鉛印本　一册　李0331

開本 26.1 厘米×15 厘米，版框 14.7 厘米×8.2 厘米；左右雙邊；半

集部

葉十行，行二十二字。序跋：崇彝序。鈐印：容園、一氓所藏、一氓搜藏詞書種種/一九七七年記。

枯桐怨語一卷消息詞一卷柳邊詞一卷　壽璽撰　民國刻本　一冊　李0210

開本23.9厘米×13.7厘米，版框14.5厘米×11.1厘米；四周單邊，上黑口；半葉十三行，行二十字。序跋：邵瑞彭、楊濟、李澄宇、陳世宜序。批校題跋："湄"題簽（玨弇詞/湄爲氓兄題）、壽璽題記。鈐印：玨厂辭、擊楫、李一氓、一氓所藏、無是樓藏書、一氓搜藏詞書種種/一九七七年記。

繡華詞一卷　黃侃撰　民國元年（1912）鉛印本　一冊　李0472

開本20厘米×13.4厘米；半葉十三行，行三十二字。序跋：王邕、汪東序。批校題跋：李一氓題記。鈐印：七十又八、一氓搜藏詞書種種/一九七七年記。

量守廬詞鈔四種　黃侃撰　民國三十四年（1945）鉛印本　一冊　李0473

子目：繡華詞一卷‖擊蕙詞二卷‖繡秋華室詞一卷‖楚秀庵詞（楚秀盦詞）一卷

開本23.2厘米×13.5厘米，版框19.1厘米×11.2厘米；四周雙邊，單黑魚尾，無界行；半葉十五行，行三十八字。序跋：王邕、汪東序。批校題跋：李一氓題記。鈐印：一氓所藏、七十又八、一氓搜藏詞書種種/一九七七年記。

揚荷集四卷　邵瑞彭撰　民國十九年（1930）雙玉蟬館刻本　一冊　李0127

開本23.8厘米×13.5厘米，版框14厘米×10.6厘米；四周單邊，上下黑口，單黑魚尾；半葉十行，行十七字，小字雙行同。牌記：歲庚午二月上旬雙玉蟬館刊。鈐印：李（押）、擊楫、李一氓、無是樓藏書、成都李一氓、一氓搜藏詞書種種／一九七七年記。

山禽餘響一卷　邵瑞彭撰　民國二十五年（1936）壯學堂刻朱印本　一册
李0128

開本23.7厘米×13.5厘米，版框13.8厘米×10.6厘米；四周單邊，上下紅口，單紅魚尾；半葉十行，行十七字，小字雙行同。牌記：丙子聚月壯學堂梓。鈐印：南通馮氏景岫樓藏書、擊楫、李一氓、一氓所藏、無是樓藏書、一氓搜藏詞書種種／一九七七年記。

心影詞不分卷　劉伯端撰　民國九年（1920）石印繡詩樓叢書本　一册
李0654

開本26.6厘米×17.5厘米；半葉八行，行十六字。鈐印：擊楫、李一氓印、一氓所藏、渡江擊楫、無是樓藏書、一氓搜藏詞書種種／一九七七年記。

柳谿長短句一卷　向迪琮撰　民國十八年（1929）雙流向氏刻本　一册
李0819

開本27.4厘米×18.5厘米，版框14厘米×11.2厘米；四周單邊，上黑口；半葉十三行，行二十字。牌記：己巳冬雙流向氏鋟版。序跋：朱孝臧、邵瑞彭、喬曾劬、王履康序，壽鉨跋。

柳谿長短句一卷二集一卷　向迪琮撰　民國十八年至二十八年（1929—1939）雙流向氏刻朱印本　一册　李0660

開本27.8厘米×17.2厘米，版框14.2厘米×11.2厘米；四周單邊，上紅口；半葉十三行，行二十字。牌記：己巳冬雙流向氏鋟版。序跋：朱孝臧、邵瑞彭、喬曾劬、王履康序，壽鉨跋。鈐印：李一氓、無是樓、一甿所藏、濯錦江邊、一甿搜藏詞書種種／一九七七年記。按：《柳谿長短句》刻於民國十八年，《二集》刻於民國二十八年。

駐夢詞一卷　嚴既澄撰　民國二十一年（1932）北平人文書店鉛印本　一册　李0653

開本24.6厘米×14.5厘米，版框14厘米×10.2厘米；左右雙邊，單黑魚尾；半葉十二行，行二十七字，小字雙行同。版心下方印：人文書店。序跋：顧頡剛、俞平伯、嚴既澄跋。鈐印：擊楫、李一甿、一甿所藏、渡江擊檝、無是樓藏書、一甿搜藏詞書種種／一九七七年記。

幽貞詞一卷　梁鉅文著　民國二十四年（1935）鉛印本　一册　李0234

開本26厘米×15.5厘米，版框15.8厘米×10.7厘米；四周單邊，單黑魚尾；半葉九行，行二十六字，小字雙行同。序跋：梁鉅文序。鈐印：李一甿、無是樓、一甿所藏、濯錦江邊、一甿搜藏詞書種種／一九七七年記、北京圖書館藏。

青萍詞一卷　任援道撰　彭望珝校　民國二十九年（1940）金陵刻本　一册　李0217

開本28.1厘米×16.3厘米，版框14厘米×11厘米；左右雙邊，上下黑口，單黑魚尾；半葉十行，行二十字。牌記：中華民國廿九年夏刻於金陵。序跋：趙尊嶽、任援道序。鈐印：一甿搜藏詞書種種／一九七七年記。

屧提閨語不分卷　（□）菂圃撰　稿本　一册　李0085

開本24厘米×13.2厘米；半葉八行，行字不等。批校題跋：□□封面題（菂圃詞稿）、莊小愚題詞、李一甿題記。鈐印：菂圃、莊印、小愚、横秋閣、年華草長心事花飛、詩卷長留天地間、黃絹幼婦外孫齏臼、貴陽

341

趙氏壽華軒藏、擊楒、一氓讀書、擊楒詞翰、無是樓藏書、一氓搜藏詞書種種/一九七七年記。

惜餘春館詞鈔一卷藕園課存一卷　張榮培著　彭慰曾　姚永澧校字
民國十六年（1927）蘇州觀西利蘇印書社鉛印本　一冊　李0231

開本26.6厘米×15.5厘米，版框19.2厘米×12.1厘米；四周雙邊，下黑口，單黑魚尾；半葉十二行，行三十三字，小字雙行同。牌記：丁卯長夏鑄版。版心下方印：蘇州觀西利蘇印書社承印。鈐印：一氓所藏、一氓搜藏詞書種種/一九七七年記。

荊南蓺蓺客詩餘一卷　題子齡松鶴初稿　清末鉛印本　一冊　李0994

開本21.7厘米×13.7厘米，版框15厘米×9.1厘米；四周雙邊，上下黑口，單黑魚尾；半葉八行，行十九字。鈐印：小吟儂館、七十又八、一氓所藏、一氓搜藏詞書種種/一九七七年記。

恬庵詞鈔（恬盦詞鈔）不分卷　（□）□□撰　清末民國間抄本　二冊　李0238

開本26.3厘米×15.3厘米；半葉八行，行字不等。抄紙印：清秘閣造箋。批校題跋：李一氓題（恬盦詞鈔/書名應依第一葉第一行）。鈐印：七十又八、一氓搜藏詞書種種/一九七七年記。

銷魂詞一卷　畢振達鈔　民國三年（1914）天睨樓鉛印本　一冊　李0488

開本23.8厘米×13.9厘米，版框16.2厘米×10.4厘米；四周單邊，上下黑口；半葉十行，行二十七字。版心下方印：天睨樓。序跋：胡韞玉、畢振達序。鈐印：曾藏袁文藪家、擊楒、李一氓、一氓所藏、無是樓藏書、成都李一氓、一氓搜藏詞書種種/一九七七年記。

波外樂章四卷　喬曾劬著　民國二十九年（1940）成都茹古書局刻朱印本　一冊　李0814

開本21.5厘米×13.5厘米，版框13.8厘米×10.3厘米；左右雙邊，上下紅口，單紅魚尾；半葉十行，行十七字。序跋：喬曾劬跋。鈐印：成都茹古書局黃氏致祥精刻圖書記、李（押）、李一氓、一氓所藏、濯錦江邊、一氓搜藏詞書種種／一九七七年記。按：書中附剪報（黃裳《喬大壯》）。

春燈詞一卷　劉麟生撰　民國二十八年（1939）鉛印本　一冊　李0652

開本26.2厘米×15.1厘米，版框17.3厘米×9.8厘米；四周單邊，單黑魚尾；半葉九行，行三十字。批校題跋：劉麟生題記。鈐印：麟生敬贈、無是樓、一氓所藏、一氓八十、一氓搜藏詞書種種／一九七七年記。

盟鷗詞一卷看鏡詞一卷　蔣廷黻著　清末刻本　一冊　李0395

開本22.7厘米×14.4厘米，版框18.8厘米×12.4厘米；左右雙邊，上下黑口，單黑魚尾；半葉九行，行二十二字，小字雙行同。鈐印：擊轊、一氓所藏、無是樓藏書、一氓搜藏詞書種種／一九七七年記。

凝碧餘音一卷　溥儒著　稿本　一冊　李0642

開本25.3厘米×15.8厘米；半葉八行，行字不等。稿紙印：西山別墅製箋。鈐印：溥儒、心畬詩稿、二樂軒、石蘿煙月之廬、萃錦園、擊楫、李一氓、一氓所藏。

顧隨詞九種　顧隨著　民國十六年（1927）鉛印本　一冊　存五種　李0656

子目：無病詞三卷‖味辛詞二卷‖荒原詞一卷‖濡露詞一卷‖倦駝庵詞稿一卷

開本21.5厘米×13.8厘米，版框13厘米×8.3厘米；四周單邊；半葉九行，行二十一字。鈐印：擊楫、李一氓、一氓所藏、無是樓藏書、一氓搜藏詞書種種／一九七七年記。

叢碧詞二卷　張伯駒撰　民國二十七年（1938）刻藍印本　一冊　李0327

開本29.8厘米×18.3厘米，版框18.9厘米×13厘米；左右雙邊，上下藍口，對藍魚尾；半葉十行，行十八字，小字雙行同。序跋：郭則澐、夏仁虎序。鈐印：李（押）、李氏一氓、擊楫詞人、成都李一氓、無是樓藏書、一氓搜藏詞書種種／一九七七年記。

叢碧詞一卷　張伯駒撰　1951年鉛印本　一冊　李0647

開本24.5厘米×14.5厘米，版框15.7厘米×10.2厘米；四周單邊；半葉十行，行三十一字。序跋：夏仁虎、郭則澐、黃君坦序，周汝昌跋。批校題跋：李一氓題記。鈐印：一氓所藏、七十又八、無是樓藏書、一氓搜藏詞書種種／一九七七年記。

和小山詞一卷　趙尊嶽撰　民國十二年（1923）刻珍重閣詞集本　一冊　李0235

開本23.9厘米×14.7厘米，版框13.9厘米×10.8厘米；左右雙邊，上下黑口，單黑魚尾；半葉十行，行二十字。卷端題名下方鐫：珍重閣詞弟一。序跋：況周頤序。鈐印：李一氓、李一氓印、一氓所藏、渡江擊楫、無是樓藏書、一氓搜藏詞書種種／一九七七年記。

匑厂詞乙稿一卷　黃孝紓著　民國鉛印衼海樓叢刻本　一冊　李0208

開本24.5厘米×14.5厘米，版框14.4厘米×9.8厘米；四周單邊，上下黑口，單黑魚尾；半葉九行，行十八字。版心下方印：衼海樓叢刻。鈐印：擊楫、李一氓、一氓所藏、渡江擊楫、無是樓藏書、一氓搜藏詞書種種／一九七七年記。

瞿髯詞稿二卷　夏承燾著　吳無聞注釋　1977年油印本　一冊　李0415

開本23.1厘米×14.6厘米。批校題跋：夏承燾題（一氓同志正/承燾奉）。鈐印：無是樓、一氓七十、一氓搜藏詞書種種/一九七七年記。

古槐書屋詞不分卷　俞平伯著　民國二十五年（1936）德清俞氏刻本　一冊　李0236

開本25.8厘米×15.2厘米，版框16.1厘米×11.9厘米；四周雙邊，單黑魚尾，無界行；半葉十行，行十五至十七字。批校題跋：俞平伯題記。鈐印：德清俞氏、平伯所作、許壽裳遺書、魯迅博物館藏、一氓所藏、一氓搜藏詞書種種/一九七七年記。

虛碧詞一卷　陶隆僎撰　民國鉛印松風閣叢書本　一冊　李0947

開本23厘米×13.8厘米，版框14.8厘米×11.2厘米；四周雙邊，單黑魚尾；半葉九行，行二十五字。卷末印：松風閣叢書第十四種。鈐印：無悶野人、一氓所藏、一氓搜藏詞書種種/一九七七年記。

霜紅詞一卷　胡士瑩撰　民國二十年（1931）揚州刻本　一冊　李0228

開本23.8厘米×13.7厘米，版框14.4厘米×9.7厘米；四周單邊；半葉十行，行十七字。牌記：二十年春刊於揚州。序跋：王煥鑣序。鈐印：擊楫、李一氓、一氓所藏、無是樓藏書、一氓搜藏詞書種種/一九七七年記。

幻不分卷　曾覺之著　民國鉛印本　一冊　李0232

開本26.7厘米×15.4厘米，版框17.2厘米×10.7厘米；半葉十行，行二十三字。批校題跋：李一氓題記。鈐印：一氓所藏、七十又八、一氓搜藏詞書種種/一九七七年記。

九秋詞(落葉集)一卷　抗白撰　民國鉛印本　一冊　李0411

開本23.2厘米×14.7厘米，版框16.3厘米×11.6厘米；四周單邊，上下黑口，單黑魚尾；半葉十一行，行二十一字。鈐印：擊楫、一氓所藏、無是樓藏書、一氓搜藏詞書種種／一九七七年記。

中興鼓吹二卷　盧前撰　民國成都黃氏茹古堂刻本　一冊　李0226

開本22.2厘米×14.2厘米，版框17.6厘米×12.5厘米；左右雙邊，上下黑口，單黑魚尾；半葉九行，行二十字。牌記：成都黃氏茹古堂刊。序跋：潘式、龍沐勛、任訥等跋。鈐印：一氓所藏、一氓搜藏詞書種種／一九七七年記。

永陰集一卷存稿一卷　鄭騫撰　民國鉛印本　一冊　李0658

開本23.3厘米×13.8厘米，版框11.6厘米×7.6厘米；四周雙邊；半葉八行，行十七字。鈐印：一氓所藏、一氓搜藏詞書種種／一九七七年記。

涉江詞五卷　沈祖棻著　油印本　一冊　缺一卷（戊稿）　李0363

開本25.3厘米×18.4厘米；半葉十三至十六行，行二十三至二十五字。批校題跋：娛堪病叟題記。鈐印：李（押）、野莽、無是樓、一甿七十、一氓搜藏詞書種種／一九七七年記。

涉江詞五卷　沈祖棻著　附　題詠彙錄一卷　章士釗等著　油印本　一冊　李0364

開本25.5厘米×14.8厘米；半葉十行，行二十字。序跋：汪東序。鈐印：一甿七十、一氓所藏、一氓搜藏詞書種種／一九七七年記。

夜珠詞一卷　茅於美撰　民國三十三年(1944)石印本　一冊　李0650

開本15厘米×10.3厘米。序跋：繆鉞、茅以昇、茅於美序。批校題跋：茅於美題（毅成先生惠存／茅於美謹贈）。鈐印：一氓所藏、一氓七十、無是樓藏書、一氓搜藏詞書種種／一九七七年記。

念春詞一卷　史樹青撰　民國三十二年（1943）鉛印本　一冊　李0220

開本21.5厘米×13.5厘米，版框11.8厘米×8厘米；四周雙邊；半葉八行，行十七字。序跋：史樹青跋。批校題跋：史樹青題記。鈐印：樹青、擎楫、李一氓、一氓所藏、無是樓藏書、一氓搜藏詞書種種／一九七七年記。

● 總集之屬（歷代、郡邑、氏族）

花間集十卷　（五代）趙崇祚集　明正德十六年（1521）吳郡陸元大仿宋刻本　二冊　李1220

開本24.8厘米×15.7厘米，版框21厘米×14.2厘米；左右雙邊，單黑魚尾；半葉十行，行十八字。刊語：正德辛巳吳郡陸元大宋本重刻（書尾原無，手書補錄）。序跋：歐陽炯序。批校題跋：袁克文題簽（花間集十卷／乙卯九月／寒雲）、羅振玉、張爾田、葉恭綽、沈曾植、李一氓跋。鈐印：武功伯印、沈顥朗倩、太史公牛馬走、侍值清暇、天籟閣、張爾田印、羅振玉印、唐風樓、遐盦審定、恭綽、葉恭綽印、李書勳印、壹氓、擎機、李一氓、無是樓、一氓所藏、一氓五十、無是樓藏書、成都李氏收藏故籍、一氓搜藏詞書種種／一九七七年記。

唐衛尉少卿趙崇祚選花間集二卷　（五代）趙崇祚集　明末翁孺安雪艷亭活字印本（李一氓抄補）　二冊　李1231

開本28.1厘米×17.6厘米，版框22.2厘米×15厘米；四周單邊；半葉九行，行十九字。版心下方印：雪艷亭。序跋：歐陽炯序。批校題跋：陸維釗題簽（雪艷亭《花間集》／一氓善本／維釗題耑）、李一氓跋。鈐印：玉牒靈桂、蒓生、字仲陶號劍庵、仲陶詩字畫印、景和、翠嵓賈七、翠嵓酒徒、擊楫、壹甿、無是樓、一氓讀書、無是樓藏書、成都李一氓、成都李氏收藏故籍、一氓蒐藏詞書種種／一九七七年記。

花間集十卷 （五代）趙崇祚集 明末毛氏汲古閣刻本 二冊 李1223

開本26.4厘米×17.2厘米，版框17.5厘米×12.2厘米；左右雙邊，對黑魚尾；半葉九行，行二十字。版心鐫：汲古閣。各卷首、末鐫：琴川毛晉足本。序跋：歐陽炯、陸游、毛晉序。批校題跋：李一氓題簽（汲古閣《花間集》／擊楫珍藏）。鈐印：蘊溪、呆然、伯饒、劉玉璠、北平劉氏珍藏、小歸硯草堂、倪玉珍印、小字個儂、成都李氏收藏故籍。

花間集十卷 （五代）趙崇祚集 清刻本 一冊 李1237

開本25.5厘米×15.6厘米，版框17.4厘米×12.4厘米；四周雙邊，上下黑口；半葉十行，行二十字。序跋：歐陽炯、陸游、毛晉序。批校題跋：李瑞熙題簽（花間集／一九四九年冬日／芮希於北京）、李一氓題記（精刻本《花間集》／《花間集》第拾肆種／翻汲古閣本）。鈐印：芮希、李芮熙、李瑞熙藏、瑞熙所好、芮希心賞、無是樓、一氓讀書、成都李一氓、無是樓藏書、一氓蒐藏詞書種種／一九七七年記。

花間集十卷 （五代）趙崇祚編 清乾隆五十四年（1789）寫四庫全書本 一冊 存七卷（一至七） 李1234

開本27.6厘米×17.2厘米；半葉八行，行二十一字。護葉有黃紙粘簽，上題：詳校官翰林院編修臣錢樾。版心上方有"欽定四庫全書"六字，中部有"花間集"三字。《提要》後題：總纂官臣紀昀／臣陸錫熊／臣孫士毅／總校官臣陸費墀。卷七末題：總校官檢討臣彭元珫／檢討臣徐鑑／校對生員臣席世臣。序跋：歐陽炯序。鈐印：古稀天子之寶、乾隆御覽之寶、仁剡秘笈、一氓所藏、一甿七十、一氓蒐藏詞書種種／一九七七年記、北京市文物管理處藏書。

花間集十卷 （五代）趙崇祚集　清光緒十四年（1888）邵武徐氏刻本
一冊　李1235

　　開本24厘米×15厘米，版框16.6厘米×11.8厘米；左右雙邊，單黑魚尾；半葉九行，行二十二字。內封鐫：據宋濟陽晁氏刊本重雕。目錄末鐫：光緒十四年邵武徐幹字小勿據宋濟陽晁氏刊本重雕。版心下方鐫：邵武徐氏刊。序跋：歐陽炯、蔣清翊序，徐幹跋。批校題跋：陸維釗題簽（花間集/邵武徐幹刊本/陸維釗書耑）。鈐印：陸維釗、微昭、莊徽、李一氓、一氓所藏、一氓六十、蠹叢魚凫之人、一氓搜藏詞書種種/一九七七年記、北京圖書館藏。

花間集十卷 （五代）趙崇祚集　民國三年（1914）吳昌綬影刻明正德十六年（1521）吳郡陸元大仿宋刻本（朱印）　二冊　李1217

　　開本33厘米×22.3厘米，版框21厘米×14.2厘米；左右雙邊，單紅魚尾；半葉十行，行十八字。內封鐫：四當齋。卷十末鐫：正德辛巳吳郡陸元大宋本重刻。序跋：歐陽炯序、吳昌綬跋。李一氓題簽：雙照樓景正德本《花間集》/初印紅字本/別藏初印白麻𢇁蝴蝶裝本/一氓記。鈐印：駒賢、鹽山劉千里藏書、晝泥琴聲夜泥書、一氓讀書、李一氓印、無是樓藏書、一氓搜藏詞書種種/一九七七年記。

花間集十卷 （五代）趙崇祚集　民國三年（1914）吳昌綬影刻明正德十六年（1521）吳郡陸元大仿宋刻本　二冊　李1218

　　開本26.5厘米×18.3厘米，版框21厘米×14.2厘米；左右雙邊，單黑魚尾；半葉十行，行十八字。內封鐫：四當齋。卷十末鐫：正德辛巳吳郡陸元大宋本重刻。序跋：歐陽炯序、吳昌綬跋。批校題跋：李一氓題簽（雙照樓覆正德本《花間集》/蝴蝶裝本；花間集/雙照樓覆正德本/極初印蝴蝶裝/一氓藏《花間集》之一）。鈐印：雙劍誃、壹氓、李一氓、無是樓、一氓所藏、一氓五十、一氓讀書、無是樓藏書、一氓搜藏詞書種種/一九七七年記。

花間集十卷 （五代）趙崇祚集　民國四年（1915）上海碧梧山房石印本 一冊　李1233

開本19.8厘米×13厘米，版框16.5厘米×10.7厘米；四周雙邊，單黑魚尾；半葉十一行，行二十三字。牌記：中華民國四年孟冬上海碧梧山房影印。序跋：歐陽炯序。批校題跋：李一氓題記。鈐印：叔尼、一氓七十、李一氓五十後所得、一氓搜藏詞書種種/一九七七年記、北京圖書館藏。

花間集十卷 （五代）趙崇祚集　民國十年（1921）掃葉山房石印本　一冊　李1228

開本19.7厘米×13.1厘米，版框16.7厘米×11.7厘米；四周雙邊，單黑魚尾；半葉十二行，行二十八字。牌記：掃葉山房/民國十年石印/總發行所/上海北市棋盤街掃葉山房。序跋：歐陽炯序、王鵬運跋。批校題跋：李一氓題（掃葉山房用四印齋本石印/一氓記）。鈐印：一氓所藏、一氓搜藏詞書種種/一九七七年記。

花間集十卷 （五代）趙崇祚集　1955年文學古籍刊行社影印宋紹興十八年（1148）刻本　一冊　李1227

開本20.2厘米×14厘米，版框15.6厘米×10.4厘米；左右雙邊；半葉八行，行十七字。序跋：歐陽炯序、晁謙之跋。批校題跋：李一氓題記。鈐印：兔（肖形印）、一氓、一氓搜藏詞書種種/一九七七年記。按：書中附剪報（黃清士《花間集詞人張泌》）。

花間集二卷 （五代）趙崇祚集 （明）楊慎品定 （明）鍾人傑箋校　明天啓四年（1624）刻花間草堂合集本　二冊　李1221

開本26.9厘米×18厘米，版框20.8厘米×14.9厘米；四周單邊，單白魚尾；半葉九行，行十九字。序跋：張師繹、鍾人傑序。批校題跋：尊樂堂識、李一氓跋。鈐印：養雲山館、從吾好齋、甄夏長壽、甄夏翰墨、游公壽印、靜庵、渥倩、李一甿、無是樓、一氓五十、長征戰士、擊楫詞翰、一氓讀書、無是樓藏書、成都李一氓、李一氓五十後所得、成都李氏收藏故籍、一氓搜藏詞書種種/一九七七年記。

花間集四卷 （五代）趙崇祚集 （明）湯顯祖評 明萬曆刻朱墨套印本 四冊 李1473

開本30厘米×19.2厘米，版框20厘米×14.6厘米；四周單邊，無界行；半葉八行，行十八字。各卷卷末附《音釋》。序跋：歐陽炯、湯顯祖序，無瑕道人跋。批校題跋：吳玉如題簽（明刻湯評《花間集》/家珙）。鈐印：渠、啓鋭、退思齋藏、映雪山房、紅櫚書屋、希齋藏書、希齋所得善本、書能下酒雲可贈人、越國王孫汪彥瑛珍襲、李一氓、一氓所藏、擊檝詞人、無是樓藏書、成都李氏收藏故籍、李一氓五十後所得。

花間集四卷 （五代）趙崇祚集 （明）湯顯祖評 明萬曆刻本 四冊 李1224

開本26.2厘米×17厘米，版框19.9厘米×14厘米；四周單邊，無界行；半葉八行，行十八字。各卷卷末附《音釋》。序跋：歐陽炯序、無瑕道人跋。批校題跋：李一氓題簽（閔刻《花間集》/後印本/紅櫚書屋原藏）、荃溪詞客題記。鈐印：紅櫚書屋、素王孫鐸字振路號牖民之印、散懷一丘、擊檝、李一氓、李一氓印、一氓五十、無是樓藏書、李一氓五十後所得、成都李氏收藏故籍。按：此版本同李1473明萬曆刻朱墨套印本，但未套印評語。

花間集十卷補二卷 （五代）趙崇祚集 明萬曆八年（1580）歸安茅氏凌霞山房刻本 四冊 李1226

開本26.5厘米×17.5厘米，版框17.5厘米×12厘米；左右雙邊，單黑魚尾；半葉九行，行十八字。牌記：萬曆商橫執徐之歲朱夏日/歸安茅氏雕於凌霞山房。序跋：歐陽炯序。批校題跋：李一氓題簽（凌霞山房《花間集》/擊檝珍藏）、李一氓題記。鈐印：王氏珍藏、王氏審定、大興王氏藏書畫之章、鑒衡、壹眠、一氓、無是樓、一氓讀書、一氓六十、擊楫詞翰、成都李一氓、無是樓藏書、長征戰士之一、成都李氏收藏故籍、一氓搜藏詞書種種／一九七七年記。

花間集十卷　（五代）趙崇祚集　（明）吳勉學校　花間集補二卷　（明）溫博編次　（明）吳勉學校正　明萬曆徽州吳勉學師古齋刻本　二冊　李1219

開本27.6厘米×17.3厘米，版框20.1厘米×14.5厘米；四周單邊，單白魚尾；半葉九行，行十八字。序跋：歐陽炯序。批校題跋：李一氓、王立中跋。鈐印：硯田富翁、城南草堂藏書、李（押）、擊楫、野荇、無是樓、李氏一氓、擊楫詞翰、一氓讀畫、一氓五十、擊楫詞人、無是樓藏書、長征戰士之一、成都李氏收藏故籍、李一氓五十後所得、一氓搜藏詞書種種／一九七七年記。

花間集十二卷　（五代）趙崇祚集　補二卷　（明）溫博編次　民國上海涵芬樓影印明萬曆三十年(1602)玄覽齋刻巾箱本　三冊　李1230

開本20厘米×13.3厘米，版框10.5厘米×7.6厘米；四周單邊；半葉六行，行十五字。內封印：上海涵芬樓借杭州葉氏藏／明萬曆壬寅玄覽齋刊巾箱本／依照原書尺寸景印。歐陽炯序末印：萬曆壬寅孟夏玄覽齋重梓。序跋：歐陽炯序。批校題跋：李一氓題記。鈐印：無是樓、李一氓、一氓所藏、一氓搜藏詞書種種／一九七七年記。

花間集校初稿十卷　（五代）趙崇祚集　李一氓校　李一氓稿本　二冊　李1232

開本23.8厘米×12.2厘米。稿紙印：榮寶齋造牋。批校題跋：李一氓題簽（花間集校／初葉／一氓）、李一氓跋。鈐印：李（押）、壹眠、一氓五十、擊楫詞翰、一氓搜藏詞書種種／一九七七年記、北京圖書館藏。

花間集校稿十卷 （五代）趙崇祚集　李一氓校　李一氓稿本　四册　李1222

開本25.8厘米×18厘米。批校題跋：李一氓題簽（花間集校稿/一氓自存）、李一氓題記。鈐印：一氓七十、擊楫詞翰、成都李一氓、一氓搜藏詞書種種/一九七七年記。

花間集校十卷　（五代）趙崇祚集　李一氓校　1958年人民文學出版社鉛印本　一册　李1229

開本18.4厘米×13厘米。序跋：歐陽炯、溫博、湯顯祖、徐幹、吳昌綬序，晁謙之、陸游、毛晉、無瑕道人、王鵬運跋，王國維、鄭文焯、羅振玉題記。鈐印：一氓所藏、一氓搜藏詞書種種/一九七七年記。

花間集校十卷　（五代）趙崇祚輯　李一氓校　1973年商務印書館香港分館鉛印本　一册　李1236

開本18.4厘米×13.1厘米。序跋：歐陽炯、湯顯祖、徐幹、吳昌綬序，晁謙之、陸游、無瑕道人、毛晉、王鵬運跋，鄭文焯、王國維、羅振玉題記，李一氓校後記。批校題跋：李一氓題記。鈐印：野莽、李一氓、擊楫詞翰、一氓所藏、一氓八十、一氓搜藏詞書種種/一九七七年記。按：書中附剪報（李一氓《跋〈花間集〉明萬曆來行學寫刻袖珍本》）。

續草堂詩餘（花間集）二卷　題秣陵一真子輯　題姑蘇張仲子校　明萬曆刻本　一册　李1077

開本23.2厘米×13.3厘米，版框17.4厘米×11.8厘米；左右雙邊，單黑魚尾；半葉十行，行二十二字。批校題跋：李一氓題簽（萬曆本/草堂詩餘/坿兩續集/擊楫藏《草堂》之一；題《續草堂詩餘》/實爲《花間集》之易名/特誌卷首/一氓）、李一氓跋。鈐印：廿年典屬三部藏、大謝、看到雲仍、擊檝、李一氓、無是樓、一氓五十、一氓所藏、無是樓藏書、一氓搜藏詞書種種/一九七七年記。

附李一氓跋：

明人好刻書，而又好濫改書名。此《花間集》也，乃易名作《續草堂詩餘》，且抹去輯者趙崇祚之名，另署"秣稜一真子"，尤覺惡劣。比較之下，本卷較《花間集》少韋莊、和凝、顧敻、鹿虔扆計七闋，亦可怪異。特誌諸編首，俾知所謂《續草堂詩餘》者之真面目。一九四九，初冬，一氓。

花間類編不分卷　（清）錢覲輯　錢覲稿本（李一氓抄補）　二冊　李1225

開本27.7厘米×15.2厘米；半葉八行，行二十四字。卷端題：花間類編／無著落神仙波齋龍游錢目天定本。版心下方有"波齋八行書"五字。序跋：歐陽炯、溫博序。批校題跋：李一氓題簽（花間集／據茅本依調類編之藁本／五七年夏／都門）、李一氓跋。鈐印：莜雲、臣周鏐、周寶發印、綠雨樓珍賞印、阮眸蘇腹董項陶腰、燕思、默齋、詡揚、擊楖、李一氓、無是樓、一氓讀書、李一氓五十後所得、一氓搜藏詞書種種／一九七七年記。

唐五代二十家詞不分卷　王國維輯　清光緒三十四年（1908）王國維稿本　二冊　李1388

開本25.2厘米×15.1厘米。批校題跋：李一氓題簽（唐五代二十家詞／王靜安手稿／一氓署檢；唐五代二十家詞／王靜安輯手稿本／一九五五年廑維也納時校過／一氓記）、聿豐題簽（王靜安未鐫之稿本／聿豐爲一氓題），李一氓批（應是二十一家詞），王國維、李一氓跋。鈐印：吳昌綬讀、李（押）、壹氓、擊楖、李一氓、無是樓、一氓讀書、一氓五十、無是樓藏書、一氓搜藏詞書種種／一九七七年記。

附李一氓跋：

此《唐五代二十家詞》，王靜安輯手藁本。實爲二十一家，《南唐二主詞》已佚，現存溫庭筠以下十九家，除韓偓外，《花間集》十八家皆在其內……

唐五代詞選三卷　（清）成肇麐輯　清光緒十三年（1887）旌德湯明林刻本　一册　李0820

開本19.3厘米×13厘米，版框12.9厘米×9.5厘米；左右雙邊，上下黑口，單黑魚尾；半葉九行，行二十一字。牌記：光緒十三年秋九月刊成。批校題跋：李一氓題簽（唐五代詞選/成輯本/光緒刊）。鈐印：無是樓、一氓所藏、一氓六十、成都李一氓、一氓搜藏詞書種種/一九七七年記。

唐五代詞選三卷　（清）成肇麐輯　清光緒湖南刻本　一册　李0884

開本25.7厘米×16.5厘米，版框15.4厘米×11.9厘米；左右雙邊，上下黑口；半葉十一行，行二十字。序跋：馮煦、成肇麐序。批校題跋：李一氓題簽（詞選/續詞選/唐五代詞選/宋四家詞選/詞源/合一函/光緒湖南刊）。鈐印：擊楫、李一氓、無是樓、一氓所藏、一氓五十、一氓七十、無是樓藏書、一氓搜藏詞書種種/一九七七年記。

唐五代詞不分卷校記一卷　林大椿選輯　民國二十四年（1935）上海商務印書館鉛印本　四册　李0736

開本19.9厘米×13.1厘米，版框14.8厘米×9.8厘米；左右雙邊，下黑口，單黑魚尾；半葉十二行，行十九字。鈐印：李一氓、一氓所藏、無是樓藏書、一氓搜藏詞書種種/一九七七年記。

誦帚堪詞選四卷附元人散曲選序論　劉永濟錄　民國二十五年（1936）國立武漢大學鉛印本　一册　李0837

開本26.3厘米×17.2厘米，版框19.2厘米×13.5厘米；四周雙邊，無界行；半葉十三行，行三十八字。版心下方印：國立武漢大學印。鈐印：李一氓、無是樓、一氓所藏、一氓六十、一氓搜藏詞書種種/一九七七年記。

敦煌曲子詞集三卷附錄二卷　王重民輯　1956年上海商務印書館鉛印本　一冊　李0735

　　開本18.5厘米×12.9厘米。序跋：陰法魯序。鈐印：一氓搜藏詞書種種／一九七七年記。

尊前集二卷　（宋）□□輯　（明）顧梧芳編次　明末虞山毛氏汲古閣刻本　二冊　李0951

　　開本25.4厘米×16.3厘米，版框17.9厘米×12.1厘米；左右雙邊，對黑魚尾；半葉九行，行二十字，小字雙行同。版心鐫"汲古閣"三大字及"毛氏正本"四小字。書尾鐫：琴川毛晉足本。批校題跋：程十發題簽（尊前集／汲古閣本／程十發題耑）、李一氓跋。鈐印：十發、宋延春章字引恬號小墅行三、雲裳書畫、風飄飄而歛衣、南昌劉耀如氏印、青宮少保、別號心圃、愛日堂、觀古閣印、戴均元印、婺源董畊石藏書、同胞三鼎甲、無是樓、一氓所藏、李一氓印、一氓五十、擘楮詞翰、無是樓藏書、成都李氏收藏故籍、一氓搜藏詞書種種／一九七七年記。

花庵絕妙詞選（花菴絕妙詞選）二十卷　（宋）黃昇輯　明末虞山毛氏汲古閣刻詞苑英華本　六冊　存十卷（中興以來絕妙詞選）　李1210

　　開本25.4厘米×17.1厘米，版框17.7厘米×12.1厘米；左右雙邊，對黑魚尾；半葉九行，行二十字，小字雙行同。版心鐫：汲古閣／毛氏正本。各卷首末皆鐫：琴川毛晉足本。批校題跋：李一氓題簽（中興以來絕妙詞選十卷／汲古閣本／缺唐宋諸賢選／一氓記）。鈐印：韓氏藏書、擘槐、無是樓、一氓所藏、一氓七十、李氏一氓、桃花源裏、鹽叢魚鳧之人、李一氓五十後所得、一氓搜藏詞書種種／一九七七年記。

唐宋諸賢絕妙詞選十卷綱目一卷中興以來絕妙詞選十卷綱目一卷　（宋）黃昇輯　明萬曆刻本　十冊　李1084

　　開本26.7厘米×15.8厘米，版框19.3厘米×14厘米；左右雙邊，單黑魚尾；半葉十行，行二十字，小字雙行同。牌記鎸：李德／東塘胡氏／藉溪後學。序跋：胡德方序。批校題跋：李一氓題簽（明鎸花庵詞選／一氓藏詞善本）。鈐印：檠櫎、李一甿、無是樓、李一氓印、桃花源裏、無是樓藏書、成都李一氓、成都李氏收藏故籍、一氓搜藏詞書種種／一九七七年記。

新刊古今名賢草堂詩餘六卷 （明）李謹纂輯 （明）曾丙校次 （明）劉時濟梓行 明嘉靖十六年（1537）劉時濟刻本 四册 李1472

開本27.5厘米×16.6厘米，版框18.5厘米×13.9厘米；四周單邊，單白魚尾；半葉十行，行二十字，小字雙行同。序跋：李謹序。鈐印：檇李士家、思泉山人、李一氓、李一甿、無是樓、一氓所藏、桃花源裏、一氓搜藏詞書種種／一九七七年記。

精選名賢詞話草堂詩餘二卷 （宋）何士信輯 清影抄明陳鍾秀刻本 二册 李1085

開本28.2厘米×17.1厘米。序跋：陳宗譓序。批校題跋：陸維釗題簽（艸堂詩餘／影寫陳鐘秀本／維釗爲一氓題）、李一氓跋。鈐印：半塘、半唐老人手校、檠櫎、無是樓、一氓讀書、一氓精鑑、李一氓印、李一氓五十後所得、一氓搜藏詞書種種／一九七七年記、北京圖書館藏。

新刊增修箋註妙選群英草堂詩餘二卷 （宋）□□輯 明書林劉氏本誠堂刻本（李一氓抄補） 二册 李1155

開本23.8厘米×15.5厘米，版框20.2厘米×12.6厘米；四周雙邊，順黑魚尾；半葉十三行，行二十六字。批校題跋：李一氓題記。鈐印：無是樓、一氓讀書、成都李一氓、李一氓五十後所得、一氓搜藏詞書種種／一九七七年記。

草堂詩餘二卷 （宋）何士信輯 明嘉靖三十三年（1554）楊金刻本 四册 李1086

開本25.6厘米×17.9厘米，版框19厘米×14.1厘米；左右雙邊；半葉十行，行十八字，小字雙行同。各卷分前集、後集。序跋：楊金序。批校題跋：李一氓題簽（艸堂詩餘/明嘉靖本/一氓藏善本詞）。鈐印：陸氏珍藏、錢祖翼印、無是樓、一氓讀書、成都李一氓、成都李氏收藏故籍、李一氓五十以後得、一氓搜藏詞書種種/一九七七年記。

草堂詩餘二卷　（宋）何士信輯　明刻本（李一氓抄補）　四册　李1087

　　開本 26.5 厘米×17.9 厘米，版框 18.4 厘米×14.2 厘米；左右雙邊；半葉十行，行十八字，小字雙行同。批校題跋：李一氓題記。鈐印：凌嘉藻印、壹甿、野莽、無是樓、一氓所藏、一氓七十、桃花源裏、成都李氏收藏故籍、一氓搜藏詞書種種/一九七七年記。

類編草堂詩餘四卷　（明）顧從敬編次　（明）韓俞臣校正　明刻本　四册　李1459

　　開本 26.7 厘米×15.9 厘米，版框 17.4 厘米×12 厘米；左右雙邊，單黑魚尾；半葉十一行，行十九字，小字雙行同。序跋：何良俊序。批校題跋：李一氓題記。鈐印：逃禪、曾藏袁文藪家、李一甿、無是樓、一氓所藏、桃花源裏、蠹叢魚鼃之人、成都李氏收藏故籍、一氓搜藏詞書種種/一九七七年記。按：書中附李一氓所抄董含《三岡識略》及李一氓致四川省圖書館函。

類編草堂詩餘四卷　（明）顧從敬編次　題開雲山農校正　明刻本　四册　李1475

　　開本 24.8 厘米×16.7 厘米，版框 17.4 厘米×12.2 厘米；左右雙邊，順黑魚尾；半葉十一行，行十九字，小字雙行同。序跋：何良俊序。批校題跋：陸維釗題簽（艸堂詩餘/一氓藏詞善本/陸維釗題簽）。鈐印：荃孫、雲輪閣、鹽城孫氏、孫人龢藏書記、李一甿、無是樓、一氓所藏、一氓讀書、桃花源裏、蠹叢魚鼃之人、一氓搜藏詞書種種/一九七七年記。

草堂詩餘四卷 （明）顧從敬編次　明萬曆刻本（李一泯抄補）　四冊　李1474

開本29.7厘米×18.5厘米，版框20.7厘米×15厘米；左右雙邊，單黑魚尾；半葉九行，行十八字，小字雙行同。版心下方鐫刻工：姜奉、熊亮、熊彥、晏詩、熊昇刊、郭思隆刊、鄒邦達刻、鄒傑刻、郭榜刻、姜倬刻等。批校題跋：李一泯題簽（草堂詩餘/無是樓藏/嘉靖本）。鈐印：無是樓、李一泯、李氏一泯、擊槐詞人、渡江擊槐、無是樓藏書、成都李一泯、成都李氏收藏故籍、一泯搜藏詞書種種/一九七七年記、北京圖書館藏。

類編草堂詩餘四卷 （明）顧從敬編　題開雲山農校正　（明）唐龍泉梓　明萬曆金陵唐龍泉刻本　四冊　李1078

開本27.2厘米×15.9厘米，版框18.3厘米×13.4厘米；四周雙邊，單黑魚尾；半葉十二行，行二十一字。序跋：心宇道人序。鈐印：苾厂、苾厂藏書、樂是簃、無是樓、一泯七十、一泯搜藏詞書各種/一九七七年記。

類編草堂詩餘四卷 （明）顧從敬編　題崑石山人校　明萬曆刻本　四冊　李1075

開本27.6厘米×15.4厘米，版框17.8厘米×13厘米；四周單邊，單黑魚尾；半葉八行，行十六字，小字雙行同。卷一首葉版心魚尾下方鐫特殊花紋，卷一至三各卷首葉版心下方鐫刻工"黃六"。序跋：何良俊序。批校題跋：李一泯跋。鈐印：無是樓、一泯讀書、無是樓藏書、成都李一泯、李一泯五十後所藏、成都李氏收藏故籍。按：此爲康生贈李一泯之書。

類編草堂詩餘四卷 （明）顧從敬編次　題清河仲子重校　明萬曆刻本　二冊　李1133

開本24.3厘米×14.7厘米，版框17.5厘米×11.4厘米；四周單邊，單黑魚尾；半葉十行，行二十三字。序跋：何良俊序。批校題跋：李一泯題簽（草堂詩餘/萬曆小字本）。鈐印：虛靜齋、擊槐、李一泯、無是樓、擊楫詞翰、成都李一氓、無是樓藏書、蠹叢魚魁之人、成都李氏收藏故籍、一氓搜藏詞書種種/一九七七年記。

類編草堂詩餘四卷　（明）顧從敬編次　（明）韓俞臣校正　明博雅堂刻本　李1497

按：此書見於《四川省圖書館館藏珍品集》，但本次編目未見此書，暫錄書名以存目。

類編草堂詩餘四卷　（明）顧從敬編　（清）陸秉笏等校　明嘉靖刻清乾隆三十年（1765）上海陸氏補刻本　二冊　李1074

開本25厘米×16厘米，版框17.7厘米×12.2厘米；左右雙邊，順黑魚尾；半葉十一行，行十九字，小字雙行同。序跋：何良俊、陸秉笏、陸秉業序。批校題跋：李一氓題簽（艸堂詩餘/乾隆上海陸氏重鑴/一氓署）。鈐印：鄒大鎔印、李一氓、無是樓、一氓所藏、一氓讀書、一氓七十、一氓搜藏詞書種種/一九七七年記。

草堂詩餘五卷目錄三卷　（明）楊慎評點　（明）閔暎璧校定　明吳興閔氏刻朱墨套印本　五冊　李1134

開本25.8厘米×16.7厘米，版框20.3厘米×14.6厘米；四周單邊，無界行；半葉八行，行十八字。序跋：楊慎序。鈐印：玉函山房藏書、無是樓、一氓所藏、李氏一氓、一氓七十、擊楫詞人、無是樓藏書、李一氓五十後所得、一氓搜藏詞書種種/一九七七年記。

新刻李于麟先生批評註釋草堂詩餘雋四卷　（明）吳從先彙編　（明）袁宏道增訂　（明）何偉然參校　明萬曆四十七年（1619）師儉堂刻本　四冊　李1135

開本25.2厘米×15.8厘米，版框21.3厘米×12.7厘米；四周單邊；半葉九行，行二十字。內封鑴：師□堂謹依京板重□。卷四末鑴：師儉堂蕭少衢依京板刻。批校題跋：李一氓題簽（草堂詩餘雋/一氓珍藏；草堂詩餘/一氓自署)、李一氓跋。鈐印：一氓讀書、一氓五十、一氓六十、成都李一氓、無是樓藏書、成都李氏收藏故籍、李一氓五十後所得、一氓搜藏詞書種種/一九七七年記。

新刻分類評釋續草堂詩餘（新刻分類評釋續艸堂詩餘）二卷　（明）陳仁錫箋釋　（明）錢允治類訂　（明）李良臣梓行　明金陵李良臣刻本（李一氓抄補目錄）　二冊　李1157

開本25厘米×15.5厘米，版框21.1厘米×14.1厘米；四周單邊；半葉九行，行十八字，小字雙行同。版心上方鐫：續艸堂詩餘。批校題跋：李一氓題記。鈐印：俞吾生、掔檝、無是樓、一氓讀書、一氓七十、成都李一氓、無是樓藏書、成都李氏收藏故籍、一氓搜藏詞種種/一九七七年記。

新刻硃批註釋草堂詩餘評林四卷　（明）李廷機評註　（明）周文耀督刊　明天啓五年（1625）金陵周文耀刻朱墨套印本　四冊　李1121

開本29.9厘米×18.8厘米，版框22.5厘米×14.3厘米；四周單邊，單黑魚尾；半葉九行，行二十字。牌記：天啓乙丑菊月之吉/金陵周如泉氏繡鋟。序跋：葉向高序。批校題跋：李一氓題簽（硃批草堂詩餘/天啓鐫/五七年夏於北京）。鈐印：無是樓、一氓七十、一氓讀書、成都李一氓、李一氓五十後所得、一氓搜藏詞書種種/一九七七年記、北京圖書館藏。

草堂詩餘選四卷　（明）王谷鑒訂　（明）胡日新評選　明天啓金陵文樞堂刻本　四冊　李1156

開本24.5厘米×15.6厘米，版框21.3厘米×14.4厘米；四周單邊，無界行；半葉九行，行二十字。内封鐫：李于鱗先生選/草堂詩餘/金陵文樞堂鐫。王谷序首葉版心下方鐫：業自盛梓。序跋：王谷、胡日新序。批校題跋：李一氓題記。鈐印：文樞堂、家在江南杏邨、花落家僮未埽鶯啼山客猶眠、李一氓、蠶叢魚鳧之人、無是樓、一氓所藏、一氓搜藏詞書種種/一九七七年記。

草堂詩餘十六卷 （明）陳繼儒評選 （明）卓人月彙選 （明）徐士俊參評 明崇禎刻清印本 四冊 存八卷（一至八） 李1160

開本24.7厘米×16.7厘米，版框20.1厘米×13.9厘米；四周單邊，單白魚尾；半葉九行，行二十字。批校題跋：李一氓題簽（詩餘廣選/存一至八卷）、李一氓跋。鈐印：宋孝模印、樂天讀過、野莽、無是樓、李一氓、一氓七十、一氓七十、人比黃花瘦、蠹叢魚鼠之人、李一氓五十後所得、一氓搜藏詞書種種/一九七七年記。

類編草堂詩餘四卷 （明）顧從敬編 題清河仲子校 續草堂詩餘二卷 （明）徐長吉編次 題清河仲子校 明萬曆刻本 三冊 李1076

開本23.2厘米×13.3厘米。《類編草堂詩餘》版框17.4厘米×11.7厘米；四周單邊，單黑魚尾；半葉十行，行二十三字。《續草堂詩餘》版框17.3厘米×11.4厘米；左右雙邊，單黑魚尾；半葉九行，行十八字。序跋：何良俊、黃河清序。批校題跋：李一氓題簽（萬曆本草堂詩餘/坿兩續集/擊梧藏《草堂》之一）。鈐印：蒙古三多、廿年典屬三部藏、國楨私印、傭書堂、六橋、螭蟠布衣、騎鹿聽簫人、擊梧、李一氓、無是樓、一氓所藏、無是樓藏書、蠹叢魚鼠之人、一氓搜藏詞書種種/一九七七年記。

類選箋釋草堂詩餘六卷 （明）顧從敬類選 （明）陳繼儒重校 （明）陳仁錫參訂 類編箋釋續選草堂詩餘二卷 （明）錢允治箋釋 （明）陳仁錫校閱 類編箋釋國朝詩餘五卷 （明）錢允治編 （明）陳仁錫釋 明萬曆四十二年（1614）刻本 十二冊 李1158

開本29.9厘米×18.7厘米，版框22.9厘米×14.1厘米；左右雙邊，單黑魚尾；半葉九行，行二十字，小字雙行同。版心下方鐫字數。序跋：陳仁錫、錢允治、何良俊序。批校題跋：李一氓題簽（類編箋釋草堂詩餘/續選草堂詩餘/國朝詩餘/萬曆鐫/一氓藏）。鈐印：無是樓、一氓所藏、一氓讀書、桃花源裏、成都李一氓、蠹叢魚鼠之人、李一氓五十後所得、一氓搜藏詞書種種/一九七七年記、北京圖書館藏。

草堂詩餘四集　（明）沈際飛輯　明刻本　八冊　存正集（卷一至四、六）、續集（上、下）、新集（卷五）　李1209

子目：草堂詩餘正集六卷　（明）顧從敬類選　（明）沈際飛評正‖草堂詩餘續集二卷　（明）徐常吉類輯　（明）沈際飛評箋‖國朝詩餘新集五卷　（明）沈際飛選評　（明）蘇夢祥訂定

開本26.8厘米×17.2厘米，版框23.2厘米×13.5厘米；四周單邊，單白魚尾，無界行；半葉九行，行十九字，小字雙行同。序跋：陳仁錫、秦士奇、沈際飛序。批校題跋：李一氓跋。鈐印：李一氓、無是樓、一氓讀書、一氓五十、一氓七十、一氓所藏、擊楫詞人、李氏一氓、無是樓藏書、蠹叢魚㚇之人、一氓搜藏詞書種種／一九七七年記、北京市文物管理處藏書。

續草堂詩餘（花間集）二卷　題秣陵一真子輯　題姑蘇張仲子校　明萬曆刻本　一冊　李1077

按：該書實際内容與《花間集》相同，版式、批校題跋及鈐印等詳見353頁李1077條。因書名爲《續草堂詩餘》，此處再錄書名等基本信息以便讀者理解其中關係。

梅苑十卷　（宋）黃大輿輯　清刻本　四冊　李1083

開本25.6厘米×15.5厘米，版框17.1厘米×12.4厘米；四周雙邊，上下黑口；半葉十行，行二十字。序跋：黃大輿序。批校題跋：李一氓、啓功題簽。鈐印：擊楫、野荸、李一氓、一氓五十、濯錦江邊、無所住齋、無是樓藏書、一氓搜藏詞書種種／一九七七年記。

宮詞三卷　（明）毛晉輯　明天啓五年（1625）虞山毛氏綠君亭刻本　三冊　李1305

開本30.7厘米×17.6厘米，版框20厘米×14.3厘米；四周單邊，無界行；半葉八行，行十八字。版心下方鐫：綠君亭。序跋：毛晉序。批校題跋：李一氓題簽（三家宮詞／綠君亭精印本／無是樓藏）。鈐印：胡天獵隱藏書、無是樓、一氓讀書、成都李一氓、無是樓藏書、李一氓五十後所得、成都李氏收藏故籍。

宮詞三卷 （明）毛晉輯 明天啓五年（1625）虞山毛氏綠君亭刻本 與《花蕊夫人詩集》合一册 存一卷（花蕊夫人宮詞） 李1335

開本 26.4 厘米×16.4 厘米，版框 20.4 厘米×14.4 厘米；四周單邊，無界行；半葉八行，行十八字。版心下方鐫：綠君亭。鈐印：成都李一氓、李一氓五十後所得。按：書中附剪報《花蕊夫人宮詞考證》。

記紅集四卷 （清）吳綺 （清）程洪選 （清）茅麐較 清康熙刻本 六册 李1131

開本 26.4 厘米×17 厘米，版框 20.4 厘米×14.1 厘米；四周雙邊，單黑魚尾；半葉九行，行二十字。序跋：程洪序。批校題跋：李一氓題簽（記紅集/無是樓藏）。鈐印：真州吳氏有福讀書堂藏書、毗陵董康審定、董康暨侍姬玉奴珎藏書籍記、瑩如、妾池玉、擊楖、李一氓、無是樓、一氓讀書、一氓五十、桃花源裏、無是樓藏書、蠹叢魚鼠之人、成都李氏收藏故籍、一氓搜藏詞書種種/一九七七年記。

蓼園詞選一卷 （清）黃蘇輯 民國九年（1920）上海聚珍仿宋印書局鉛印本 一册 李0840

開本 26 厘米×14.9 厘米，版框 16.2 厘米×11.2 厘米；四周雙邊，上下黑口，單黑魚尾；半葉十行，行二十一字，小字雙行同。書尾印：上海聚珍倣宋印書局印。序跋：況周頤序。鈐印：一氓讀書、無是樓藏書、人比黃花瘦、一氓搜藏詞書種種/一九七七年記。

詞選二卷 （清）張惠言錄 續詞選二卷附錄一卷 （清）董毅錄 清光緒湖南刻本 一册 李0885

開本 25.8 厘米×16.5 厘米，版框 15.2 厘米×12 厘米；左右雙邊，上下黑口；半葉十一行，行二十字。序跋：張琦、張百祐、張惠言序。鈐印：李一氓、無是樓藏書、一氓搜藏詞書種種／一九七七年記。

詞辨二卷介存齋論詞雜著一卷　（清）周濟編　清道光二十七年（1847）潘曾瑋刻本　一冊　李0668

開本26.9厘米×16.8厘米，版框17.5厘米×12厘米；左右雙邊，對黑魚尾；半葉九行，行二十字。序跋：潘曾瑋、周濟序。批校題跋：李一氓題簽（詞辨／道光潘鐫本／邵章過錄譚復堂評語／一氓），邵章題記（原本周氏《詞辨》／乙丑得於京師說古齋／伯褧記），夏孫桐、奭良跋。鈐印：杭邵章伯褧收藏書籍記、邵章私印、心通館、奭良、秦十二字瓦硯齋、無是樓、李一氓、一氓六十、成都李一氓、鹽叢魚梟之人、一氓搜藏詞書種種／一九七七年記。

詞辨二卷介存齋論詞雜著一卷　（清）周濟撰　清光緒四年（1878）刻本　一冊　李0670

開本27.5厘米×17.1厘米，版框18.2厘米×14厘米。左右雙邊，單黑魚尾；半葉十一行，行二十三字。牌記：光緒戊寅刊版。序跋：潘曾瑋、周濟序。批校題跋：李一氓題簽（詞辨／光緒重刊本）。鈐印：李一氓、無是樓、一氓所藏、一氓搜藏詞書種種／一九七七年記。

周氏止庵詞辨二卷周氏止庵介存齋論詞雜著（周氏止葊介存齋論詞雜著）一卷　（清）周濟撰　（清）譚獻評　（清）徐珂等校刊　清光緒刻本　一冊　李0669

開本24.4厘米×14.9厘米，版框16厘米×11.2厘米；四周雙邊，上下黑口，對黑魚尾；半葉十行，行二十四字。序跋：潘曾瑋、周濟序，譚獻跋。批校題跋：李一氓題簽（詞辨／光緒鐫／譚復堂評本）。鈐印：擊楫、李一氓、李一氓、一氓六十、無是樓藏書、一氓搜藏詞書種種／一九七七年記。

紅蟬香館詞雋一卷　（清）許光治選　清末抄本　一册　李0671

開本26.8厘米×16.5厘米；半葉十行，行二十三字。版心下有"宗魯居校本"五字。批校題跋：李一氓題簽（紅蟬香館詞雋/鈔本/一氓所藏）。鈐印：李一氓、桃花源裏、無是樓、一氓所藏、一氓六十、一氓搜藏詞書種種/一九七七年記。

三李詞三卷遺事九則一卷　（清）楊文斌輯錄　（清）馬懋勳校勘　（清）周桂年參訂　清光緒十六年（1890）香海閣刻本　一册　李0824

開本22厘米×13.6厘米，版框12.2厘米×9.6厘米；左右雙邊；半葉七行，行十四字，小字雙行同。牌記：光緒庚寅夏香海閣刊本。卷末鐫：東甌郭博古齋刻字。序跋：張文田序。鈐印：擊檝、李一氓、一氓所藏、一氓七十、渡江擊檝、無是樓藏書、一氓搜藏詞書種種/一九七七年記、北京圖書館藏。

樂府雅音四卷　（□）□□輯　抄本　一册　李0500

開本24.9厘米×13.4厘米；半葉九行，行二十五字。批校題跋：蔡銑題簽（樂府雅韻/辛未夏日重裝）、李一氓題記。鈐印：無是樓、濯錦江邊、一氓七十又七、一氓搜藏詞書種種/一九七七年記。

詞綜三十卷　（清）朱彝尊抄撮　（清）汪森增定　（清）柯崇樸編次　（清）周篔辨訛　清康熙十七年（1678）汪森裘杼樓刻本　四册　李0283

開本26.9厘米×17.8厘米，版框19.1厘米×14.3厘米；左右雙邊，上下黑口，單黑魚尾；半葉十行，行二十一字，小字雙行同。序跋：汪森、柯崇樸、朱彝尊序。批校題跋：王鳴盛評、李一氓題記、陳祖昭跋。鈐印：萬竹山房、沁香館、吳門陳氏、香齋、陳祖昭、子宣、李一氓、無是樓、一氓讀書、一氓所藏、擊檝詞人、成都李一氓、李一氓五十後所得、一氓搜藏詞書種種/一九七七年記。

晴雪雅詞四卷 （清）許昂霄選閱 （清）張宗櫺校錄 清乾隆四十六年（1781）刻本 四冊 李1205

開本24.7厘米×16.2厘米，版框19厘米×14.2厘米；左右雙邊，上下黑口，單黑魚尾；半葉十一行，行二十一字。序跋：張柯序。批校題跋：李一氓題簽（晴雪雅詞/乾隆本）。鈐印：三水唅榭、海鹽黃振堃字厚齋印、曾在黃厚齋處、魏塘金氏偶園珎藏、李一氓、無是樓、一氓五十、桃花源裏、一氓搜藏詞書種種/一九七七年記。

詞鵠初編十五卷 （清）孫致彌輯 （清）樓儼補訂 樂府指迷一卷 （宋）張炎著 清康熙刻本 八冊 缺五卷（詞鵠初編卷十一至十五） 李1123

開本25厘米×16.5厘米，版框17.5厘米×12.8厘米；四周單邊，目錄有界行，正文無界行；半葉九行，行二十字，小字雙行同。批校題跋：李一氓題簽（詞鵠/一九五零年得於北京/一氓記）、李一氓題記。鈐印：擘楖、無是樓、李一氓印、一氓所藏、一氓五十、一氓七十、桃花源裏、無是樓藏書、一氓搜藏詞書種種/一九七七年記、北京市文物管理處藏書。

心日齋十六家詞錄二卷 （清）周之琦輯 清道光二十四年（1844）刻本 二冊 李0495

開本25.8厘米×16.9厘米，版框17.5厘米×13.1厘米；四周雙邊；半葉十行，行二十一字。序跋：張祥河、周之琦序。鈐印：擘楖、李一氓、一氓五十、無是樓藏書、一氓搜藏詞書種種/一九七七年記。

詞錄六卷 （清）崔曾震輯 稿本 二冊 李0841

開本25厘米×15.9厘米。批校題跋：李一氓題簽（唐五代宋元詞錄/未鐫藁本/一氓自署），內封題（詞錄/凡一冊/永濟崔曾震輯以備刊之）。鈐印：志不在溫飽、博陵、博陵望族、一片父心、百二十盤山人、壹氓、擊楫、李一氓、無是樓、渡江擊楫、無是樓藏書、成都李氏收藏故籍、一氓搜藏詞書種種/一九七七年記。按：書中有浮籤，鈐"博陵"印。

寒松閣詞選一卷　（清）張鳴珂輯　清光緒二十七年（1901）張鳴珂稿本　一冊　李0494

開本25.6厘米×18.6厘米。序跋：張鳴珂序。批校題跋：李一氓題簽（寒松閣詞選/張鳴珂手藁本/氓）。鈐印：張公束、公束審定、盰、無是樓、一氓所藏、一氓六十、成都李一氓、一氓搜藏詞書種種/一九七七年記、北京圖書館藏。

微雲榭詞選五卷　（清）樊增祥輯　清光緒三十四年（1908）望江誦清閣鉛印本　二冊　李0499

開本24.4厘米×15厘米，版框17.1厘米×10.5厘米；四周單邊；半葉九行，行二十二字，小字雙行同。內封印：光緒戊申望江誦清閣聚珍本。序跋：余誠格序。鈐印：擊楫、李一氓、一氓六十、一氓讀書、一氓讀畫、無是樓藏書、一氓搜藏詞書種種/一九七七年記。

十二樓艷體詞選一卷　題紫儜女士編　題衲蘭詞人刊　民國九年（1920）鉛印苔岑叢書本　一冊　李0839

開本24.4厘米×15厘米，版框20.7厘米×12.9厘米；四周雙邊，上下黑口，單黑魚尾，無界行；半葉十三行，行三十五字。版心下方印：苔岑叢書。序跋：余端、顧福棠序。鈐印：李一盰、一氓五十、無是樓藏書、一氓搜藏詞書種種/一九七七年記。

唐宋金元詞鈎沈不分卷　周泳先校編　民國二十六年（1937）上海商務印書館鉛印本　二冊　李0753

開本20厘米×13.1厘米，版框15.5厘米×11.5厘米；四周雙邊，單黑魚尾；半葉十二行，行三十一字。序跋：龍沐勛序。鈐印：一氓所藏、七十又八、一氓搜藏詞書種種/一九七七年記。

集部

詞選一卷　（□）□□輯　故宮遺錄一卷　（明）蕭洵撰　清抄本　一册　李0501

開本26.2厘米×16.7厘米；半葉九行，行二十一字。序跋：吳節序。鈐印：無是樓、一氓讀書、一氓搜藏詞書種種／一九七七年記。

詞林萬選四卷　（明）楊慎輯　明末虞山毛氏汲古閣刻詞苑英華本　二册　李1159

開本25.4厘米×17.1厘米，版框17.7厘米×12厘米；左右雙邊，對黑魚尾；半葉九行，行二十字。各卷卷端、卷末題名下鐫：琴川毛晉足本。各卷首葉、末葉版心鐫"汲古閣"三字及"毛氏正本"四小字。序跋：任良幹序、毛晉跋。批校題跋：王遐舉題簽（詞林萬選／汲古閣本／遐舉爲一氓題）。鈐印：韓氏藏書、毗陵董康審定、董康暨侍姬玉奴珎藏書籍記、侍兒池玉、擊楫、無是樓、一氓所藏、一氓讀書、無是樓藏書、蠹叢魚鼃之人、成都李氏收藏故籍、一氓搜藏詞書種種／一九七七年記。

唐宋元明酒詞二卷　（明）周履靖輯　（明）陳繼儒校　（明）金陵荆山書堂梓行　明金陵荆山書堂刻本（李一氓抄補）　一册　李1088

開本29.3厘米×18.3厘米，版框19.9厘米×14厘米；四周單邊，單黑魚尾；半葉九行，行十八字。批校題跋：李一氓題簽（唐宋元明酒詞／明周履靖輯鐫／擊楫珍藏）、李一氓跋。鈐印：賀黃公藏書印、壹盦、李一氓印、李氏一氓、擊楫詞人、擊楫詞翰、無是樓藏書、成都李一氓、成都李氏收藏故籍、一氓搜藏詞書種種／一九七七年記。

花草萃編（花草粹編）十二卷　（明）陳耀文纂　樂府指迷一卷　（宋）沈義父撰　明萬曆刻本　十二册　李0572

開本28.1厘米×16.6厘米，版框18.5厘米×13.5厘米；左右雙邊，單黑魚尾；半葉十行，行二十字。批校題跋：李一氓題簽（花草粹編／萬

369

曆本/一氓珍藏）。鈐印：一氓、擊檝、李一甿、李一氓印、桃花源裏、成都李一氓、無是樓藏書、蠹叢魚鬼之人、成都李氏收藏故籍、李一氓五十後所得、一氓搜藏詞書種種/一九七七年記。

花草萃編（花草稡編）十二卷　（明）陳耀文纂　況周頤弟一生脩楳華館抄本　十二冊　李1089

開本 27.7 厘米×17.6 厘米；半葉十行，行二十字。抄紙欄綫外有"弟一生脩楳華館鈔校"九字。批校題跋：李一氓跋。鈐印：山陰孫世偉藏、半塘、佑遐、四印齋中長物、王鵬運訪碑讀畫藏書印、李（押）、野莽、李一甿、李一氓、無是樓、一氓所藏、一氓讀書、一氓六十、一甿七十、擊楫詞翰、擊檝詞人、桃花源裏、無所著齋、蠹叢魚鬼之人、長征戰士之一、李一氓五十後所得、一氓搜藏詞書種種/一九七七年記。

詞的四卷　（明）茅暎評選　明吳興閔氏刻本　四冊　李1124

開本 26 厘米×16.4 厘米，版框 20.2 厘米×14.6 厘米；四周單邊，單黑魚尾間單白魚尾，無界行；半葉九行，行十八字。序跋：茅暎序。批校題跋：李一氓跋。鈐印：擊檝、無是樓、一氓所藏、一氓讀書、桃花源裏、一氓七十、無是樓藏書、成都李氏收藏故籍、一氓搜藏詞書種種/一九七七年記。

古今詞統十六卷序一卷雜說一卷氏籍一卷目次一卷　（明）卓人月彙選　（明）徐士俊參評　徐卓晤歌一卷　（明）徐士俊　（明）卓人月填詞　明崇禎刻本　十六冊　李0309

開本 26 厘米×16.6 厘米，版框 20.2 厘米×13.8 厘米；四周單邊，單白魚尾；半葉九行，行二十字，小字雙行同。序跋：孟稱舜、徐士俊、何良俊、黃河清、陳仁錫等序。批校題跋：黃文寬題簽（古今詞統/一氓善本）、李一氓跋。鈐印：尚書宅相太史家兒、賜錦堂收藏圖書、毗陵董氏

集部

誦芬室圖書、毗陵董氏誦芬室收藏舊槧精鈔書籍之印、吳贊思印、贊思私印、校書池玉之章、黃文寬印、襄哉、由里山樵、贊父、擎楫、野莽、李一氓、一氓所藏、一氓七十、渡江擎楫、桃花源裏、無是樓藏書、李一氓五十後所得、一氓搜藏詞書種種/一九七七年記。

詩餘廣選十六卷　（明）卓人月彙選　（清）徐士俊參評　徐卓晤歌一卷（明）徐士俊　（明）卓人月填詞　明崇禎刻清康熙印本　六冊　存十一卷（四至十三、十六）　李0311

開本26.9厘米×16.8厘米，版框20.5厘米×13.9厘米；四周單邊，單白魚尾；半葉九行，行二十字。批校題跋：李一氓跋。鈐印：還有、擎楫、無是樓、一氓六十、一氓七十又七、成都李氏收藏故籍、李一氓五十後所得、一氓搜藏詞書種種/一九七七年記。

精選古今詩餘醉十五卷　（明）潘游龍選　（明）陳玨訂　（明）范文光參　（明）胡正言較　明崇禎十竹齋刻本（卷七補抄七葉）　六冊　李0564

開本25.2厘米×16厘米，版框20.9厘米×14.1厘米；四周單邊，單白魚尾；半葉八行，行十八字。版心下方鐫：十竹齋。序跋：陳廷玉、潘游龍序。批校題跋：王貴忱題記。鈐印：本衙藏版、龍鳳（肖形印）、王貴忱印、鋦嶺王貴忱章、野莽、李一氓、無是樓、鄉格里拉、一氓七十又七、存在是第一性、成都李氏收藏故籍、一氓搜藏詞書種種/一九七七年記。按：此係王貴忱贈送李一氓之書。

精選古今詩餘醉十五卷首一卷　（明）潘游龍選　（明）陳玨訂　（明）范文光參　（明）胡正言較　精選國朝詩餘一卷　（清）陳淏選　明崇禎十竹齋刻清乾隆二十七年（1762）玉田齋印本　十六冊　李0565

開本25.8厘米×16.4厘米，版框20.3厘米×14.2厘米；四周單邊，單白魚尾；半葉八行，行十八字。內封鐫：乾隆壬午秋鐫/荊南潘游龍先生輯/詞醉/玉田齋梓。版心下方鐫：十竹齋。序跋：陳廷玉、潘游龍序。

371

批校題跋：李一氓題簽（古今詩餘醉/一氓所藏）、李一氓跋。鈐印：李一氓、李一氓印、一氓所藏、一氓七十、擊楫詞人、桃花源裏、無是樓藏書、李一氓五十後所得、一氓搜藏詞書種種/一九七七年記。

御選歷代詩餘一百二十卷　（清）王奕清校刊　清康熙四十六年（1707）刻本　二十四冊　李1477

開本23.3厘米×14.3厘米，版框17厘米×11.6厘米；左右雙邊，對黑魚尾；半葉十一行，行二十一字。鈐印：也吉祥室、長州章氏所藏、無是樓、李一氓、一氓七十、蠹叢魚鼠之人、成都李氏收藏故籍。

名媛詞選一卷　（清）蔣景祁論定　清抄本　一冊　李0566

開本31厘米×19.2厘米；半葉九行，行二十字，小字雙行同。鈐印：酒邊人倚紅樓珍藏古今詞集、擊楫、李一氓、擊楫詞人、李一氓印、無是樓藏書、李一氓五十後所得、成都李氏收藏故籍。

詞腋二卷　（清）黃承勳輯　（清）李棣衡校　清道光十四年（1834）求心館刻本　一冊　李0496

開本21.9厘米×13.8厘米，版框16.2厘米×11.2厘米；四周雙邊，單黑魚尾，無界行；半葉九行，行十八字。版心下方鐫：求心館。書尾鐫：維揚磚街青蓮巷柏華陞董刊。鈐印：雲樵、際雲郭氏仲子、趙行玉、布衣也、擊楫、李一氓、李一氓、一氓五十、無是樓藏書、一氓搜藏詞書種種/一九七七年記。

選聲集三卷目錄一卷詞韻簡一卷　（清）吳綺定　（清）宗觀　（清）羅坤參訂　詞韻略一卷　（清）沈謙著　清康熙刻本　六冊　李1132

開本27.4厘米×15.5厘米，版框17.2厘米×12.3厘米；四周單邊；半葉八行，行十八字。序跋：吳綺序（李一氓抄補）。鈐印：擊楫、李一氓、無是樓、一氓所藏、一氓讀書、一氓五十、桃花源裏、無是樓藏書、成都李氏收藏故籍、李一氓五十後所得、一氓搜藏詞書種種／一九七七年記。

古今詞選十二卷 （清）沈時棟輯 清康熙五十五年（1716）瘦吟樓刻本（至山堂藏板） 四冊 李0567

開本24.8厘米×16厘米，版框16.7厘米×12.2厘米；左右雙邊，單黑魚尾；半葉九行，行二十字。内封鎸：康熙丙申新鎸／長洲尤悔菴／秀水朱竹垞／古今詞選／至山堂藏板。版心下方鎸：瘦吟樓。序跋：顧貞觀、尤侗、沈時棟序。批校題跋：李一氓題簽（古今詞選／康熙鎸本／野莽署）。鈐印：曾藏丁福保家、丁福保字仲祜、郁文之印、野莽、擊楫、擊楫、無是樓、李一氓印、一氓五十、無是樓藏書、一氓搜藏詞書種種／一九七七年記。

古今詞匯初編（古今詞滙初編）十二卷二編四卷三編八卷序一卷緣起一卷詞論一卷詞韻一卷 （清）卓回輯 清康熙十八年（1679）刻本 十六冊 李0292

開本23厘米×15.3厘米，版框18.7厘米×13厘米；四周單邊，單黑魚尾；半葉九行，行二十字。序跋：陸垹、何良俊、嚴沆、金鎮、卓回序。批校題跋：李一氓題記。鈐印：吳子琴藏閱書、范音、野莽、李一氓、無是樓、一氓所藏、一氓讀書、桃花源裏、一氓七十、鹽叢魚㐌之人、李一氓五十後所得、一氓搜藏詞書種種／一九七七年記。

寒松閣詞選一卷 （清）張鳴珂輯 國朝七家詞選一卷 （清）孫麟趾輯 清張鳴珂抄本 一冊 李0672

開本27.1厘米×18.2厘米。鈐印：張氏收藏、鳴珂印信、公束、潘聖、李（押）、一氓七十、七十又八、李一氓信鈢、成都李一氓、一氓搜藏詞書種種／一九七七年記。

清綺軒詞選十三卷　（清）夏秉衡選　清光緒二十一年（1895）刻本　四冊　李0498

開本24.4厘米×15.2厘米，版框16.7厘米×12.9厘米；四周雙邊，單黑魚尾；半葉九行，行二十字。序跋：赫舍里嵩麟、夏秉衡序。鈐印：李一氓、無是樓、一氓讀書、濯錦江邊、一氓搜藏詞書種種／一九七七年記。

銷魂詞選一卷　范煙橋編　民國二十三年（1934）上海中央書店鉛印本　一冊　李0833

開本18.4厘米×12.9厘米。鈐印：無是樓。

嘯齋詞選一卷　嘯齋輯　稿本　二冊　李0502

開本25.8厘米×13.6厘米。批校題跋：李一氓題籤（嘯齋詞選／藁本／一九五七年得於京門）。鈐印：苾厂藏書、名山招隱石壁留題、樂是簃、耕雲釣月、觀印、秋槎、無是樓、一氓讀書、桃花源裏、李一氓五十後所得、一氓搜藏詞書種種／一九七七年記。

全芳備祖詞鈔前集一卷後集一卷　（□）□□輯　弟一生脩楳華館抄本　一冊　李0952

開本25.4厘米×17.5厘米；半葉十行，行十八字。卷端題名下方題：弟一生脩楳華館鈔校本。批校題跋：李一氓題籤（全芳備祖／王半塘藏鈔本），李一氓、□□跋。鈐印：玉梅詞人、詞癖、新鶯、李一町、無是樓、一氓讀書、一氓六十、一氓七十、蠹叢魚鳧之人、一氓搜藏詞書種種／一九七七年記。

陽春白雪八卷外集一卷姓氏爵里一卷考異（攷異）一卷　（宋）趙聞禮選（清）瞿世瑛校勘　清道光十年（1830）錢唐瞿氏清吟閣刻本　五冊　李1122

開本25厘米×16.5厘米，版框16.2厘米×12.7厘米；四周單邊，上下黑口，對黑魚尾；半葉十行，行二十一字。牌記：道光十年冬錢唐瞿氏清吟閣校繕刊。版心下方鎸：清吟閣正本。序跋：徐楙序、瞿世瑛序（李一氓抄補）。批校題跋：夏承燾題簽（陽春白雪/清吟閣刊本/承燾爲一氓同志題）。鈐印：竹素園丁、樂亭史氏藏書印、擊楫、李一氓、渡江擊楫、一氓五十、桃花源裏、無是樓藏書、蠹叢魚鼃之人、成都李氏收藏故籍、李一氓五十後所得、一氓搜藏詞書種種/一九七七年記。

絕妙好詞七卷　（宋）周密輯　（清）柯用楫等校　清康熙三十七年（1698）高士奇清吟堂刻本　二冊　李0953

開本26.9厘米×17.1厘米，版框18.2厘米×12.4厘米；左右雙邊，上下黑口，對花魚尾；半葉九行，行二十字。內封鎸：宋本重刊/絕妙好詞/小瓶廬藏板。各卷卷端題名下方鎸：清吟堂重訂。序跋：柯昱、高士奇序。批校題跋：啓功題簽（絕妙好詞/康熙清吟堂本；絕妙好詞箋坿續鈔/道光重刊本/莫友芝舊藏/一氓藏善本/啓功題記）、□□批、李一氓跋。鈐印：擊楫、李一氓、李一氓、一氓五十、桃花源裏、無是樓藏書、李一氓五十後所得、成都李氏收藏故籍、一氓搜藏詞書種種/一九七七年記。

絕妙好詞箋七卷　（宋）周密輯　（清）查爲仁　（清）厲鶚箋　抄本　四冊　李0956

開本26.7厘米×18.9厘米；半葉九行，行二十一字。序跋：厲鶚序。批校題跋：陸維釗題簽（絕妙好詞箋/近鈔本/維釗題簽）。鈐印：李一氓、李一氓、無是樓、一氓所藏、桃花源裏、蠹叢魚鼃之人、鶯歌燕舞之齋、一氓搜藏詞書種種/一九七七年記。

絕妙好詞箋七卷　（宋）周密輯　（清）查爲仁　（清）厲鶚箋　（清）汪沆等校勘　清乾隆十五年（1750）宛平櫨氏澹宜書屋刻本　二冊　李0955

開本27.7厘米×16.4厘米，版框17.9厘米×12.7厘米；四周單邊，單黑魚尾；半葉九行，行二十一字，小字雙行同。牌記：宛平櫨氏澹宜書屋藏版。序跋：厲鶚序，查善長、查善和跋。批校題跋：李一氓題（絕妙好詞箋/查氏澹宜書屋原鐫/一氓）、許乃濟錄《欽定四庫全書提要》。鈐印：青士、仲甫氏、曾藏許氏、錢塘許迺普季厔書畫、夢花僊子、寄盦、橫渠苗裔忠靖雲仍、張仲、仲子、應昌、鳳皇池上客、張宗延印、張中卿、李一氓、無是樓、一氓所藏、一氓讀書、一氓六十、桃花源裏、成都李一氓、蠹叢魚鬼之人、一氓搜藏詞書種種/一九七七年記。

絕妙好詞箋七卷 （宋）周密輯 （清）查爲仁 （清）厲鶚箋 **絕妙好詞續鈔二卷** （宋）周密原本 （清）余集鈔撮 清道光八年（1828）杭州愛日軒刻本 二冊 李0954

開本26.8厘米×17.2厘米，版框16.9厘米×12.7厘米；四周單邊，單黑魚尾；半葉九行，行二十一字，小字雙行同。內封鐫：道光戊子夏開雕。《目錄》末鐫：道光八年夏/錢唐徐楙問蘧鳩工重鋟/章純齋陸貞一書；杭州愛日軒刻。序跋：高士奇、厲鶚序，徐楙跋。批校題跋：莫友芝題記（絕妙好詞箋/杭州重刊本/附入《續鈔》二卷/丁卯秋丁松生持贈邵亭）。鈐印：莫友芝圖書印、莫繩孫印、無竟先生獨志堂物、擊楫、李一氓、李一氓、無是樓、李一氓印、一氓五十、桃花源裏、無是樓藏書、蠹叢魚鬼之人、一氓搜藏詞書種種/一九七七年記。

絕妙好詞箋七卷 （宋）周密輯 （清）查爲仁 （清）厲鶚箋 **絕妙好詞續鈔一卷** （宋）周密原本 （清）余集鈔撮 **絕妙好詞又續鈔一卷** （宋）周密原本 （清）徐楙補錄 1956年文學古籍刊行社鉛印本 二冊 李0959

開本20.3厘米×13.3厘米；半葉十一行，行三十一字。序跋：高士奇序、徐楙跋。鈐印：李一氓、無是樓、一氓五十、一氓搜藏詞書種種/一九七七年記。

集部

絕妙好詞本編一卷前編一卷續編一卷 （清）王闓運撰　許銘彝校　民國元年（1912）零陵刻本　一冊　李0961

開本24.5厘米×15厘米，版框18.5厘米×12.5厘米；左右雙邊，對黑魚尾；半葉十行，行二十一字。牌記：壬子孟夏刊於零陵。版心下方鐫：絕妙好詞（首葉版心下方鐫"絕妙妙詞"）。序跋：王闓運序。鈐印：擊楫、李一氓、一氓所藏、無是樓藏書、一氓搜藏詞書種種/一九七七年記。

宋四家詞選一卷　（清）周濟編　清道光十二年（1832）湖南思賢書局刻本　一冊　李0938

開本23.3厘米×13.9厘米，版框15.2厘米×11.9厘米；左右雙邊，上下黑口；半葉十一行，行二十字，小字雙行同。序跋：周濟序。批校題跋：王鵬運批并跋。鈐印：鷲翁、無是樓、一氓所藏、桃花源裏、一氓搜藏詞書種種/一九七七年記。

宋四家詞選一卷　（清）周濟編　清道光十二年（1832）湖南思賢書局刻本　一冊　李0939

開本24.4厘米×15厘米，版框15.2厘米×11.9厘米；左右雙邊，上下黑口；半葉十一行，行二十字，小字雙行同。批校題跋：李一氓題記。鈐印：擊楫、李一氓、一氓六十、成都李氏、無是樓藏書、一氓搜藏詞書種種/一九七七年記。

宋四家詞選一卷　（清）周濟編　清道光十七年（1837）揚州符保森抄本　一冊　李0963

開本27.5厘米×16.5厘米。序跋：周濟序。批校題跋：符保森題記（宋四家詞選/春水園課本/南樵重錄；揚州符燦南樵重錄於淮安府學署/時道光丁酉二月寒食前一日記），王鵬運題簽（符南樵先生手錄《四家詞選》/宋周辛王吴四家/滂喜齋叢刻祖本/同叔持贈/四印齋藏），符保森、

377

王孝飴跋。鈐印：符葆森印、臣燦、南樵、紅蕉閣填詞、王孝飴印、孝飴、疊采山民、在家頭陀、李一氓、無是樓、一氓精鑑、蠹叢魚鼋之人。

宋四家詞選一卷 （清）周濟輯 清道光刻本 一册 李0962

開本26.3厘米×16.4厘米，版框17.3厘米×13.3厘米；左右雙邊，單黑魚尾；半葉十四行，行二十八字。序跋：周濟序。批校題跋：吳昌綬批，顧蔗園、李一氓題記。鈐印：顧、蔗園、顧蔗園拾于焦土之後、無是樓、一氓讀書、一氓六十、成都李一氓、蠹叢魚鼋之人、一氓搜藏詞書種種/一九七七年記、北京圖書館藏。

宋四家詞選一卷 （清）周濟輯 清光緒湖南刻本 一册 李0886

開本25.7厘米×16.5厘米，版框15厘米×11.9厘米；左右雙邊，上下黑口；半葉十一行，行二十字。序跋：周濟序。鈐印：擊枻、李一氓、一氓五十、無是樓藏書、一氓搜藏詞書種種/一九七七年記。

宋十四家詞鈔一卷 （□）□□輯 清抄本 二册 李0940

開本25.2厘米×15.4厘米。批校題跋：封面題（宋十四家詞鈔/子野/東坡/淮海/方回/清真/稼軒/白石/梅溪/竹屋/夢窗/西麓/草窗/碧山/玉田）。鈐印：野莽、李一氓、無是樓、一氓讀書、一氓搜藏詞書種種/一九七七年記。

宋六十家詞選不分卷 （□）□□輯 清抄本 一册 存三十一家 李0942

開本24.7厘米×12.9厘米；半葉十行，行字不等。批校題跋：吳昌綬題（宋六十家詞選/存三十一家/鈔本）、李一氓題記。鈐印：仲懌、李一氓、無是樓、一氓所藏、一氓六十、蠹叢魚鼋之人、一氓搜藏詞書種種/一九七七年記。

集部

宋詞賞心錄一卷　（清）端木埰輯　民國二十二年（1933）上海開明書店影印端木埰稿本　一冊　李0755

　　開本19.3厘米×12.9厘米；半葉八行，行字不等。內封題：四印齋舊藏/端木子疇先生選/宋詞十九首/癸酉重九日/胡光煒題。牌記：金陵盧氏飲虹簃藏/上海開明書店印行。鈐印：作詩填詞、李一氓印、一氓所藏、無是樓藏書、一氓搜藏詞書種種/一九七七年記。

宋六十一家詞選十二卷　（清）馮煦選　（清）湯明林刻　清光緒十三年（1887）冶城山館刻本　十二冊　李0941

　　開本25厘米×15.2厘米，版框13厘米×9.4厘米；左右雙邊，上下黑口；半葉九行，行二十一字。牌記：光緒丁亥刊於冶城山館。序跋：馮煦序。批校題跋：李一氓題簽（汲古閣宋六十一家詞選/鄭大鶴校批/一氓藏）、鄭文焯批校并題記。鈐印：大鶴尊者、大鶴山房、老芝、石芝西堪校秘書記、石芝寁音、石芝崦夢游客、西崦人家、樵風、樵風客、樵風逸民、茂詔、吳嘉賓藏書、吳興劉氏嘉業堂藏、壹甿、李一甿、李一氓印、擊楫詞翰、無是樓藏書、成都李一氓、李一氓五十後所得、一氓搜藏詞書種種/一九七七年記。

宋詞鈔十二卷附錄一卷　王官壽輯　民國十一年（1922）鉛印本　七冊　李0943

　　開本25.5厘米×14.1厘米，版框15.7厘米×11.1厘米；四周雙邊，單黑魚尾；半葉九行，行二十七字。牌記：壬戌仲秋初印。序跋：王官壽序。鈐印：李濟春印、度過大革命蘇維埃抗日戰爭整整約二十年、擊楫、李一甿、一氓所藏、擊楫詞人、無是樓藏書。

宋詞三百首不分卷　（清）朱祖謀編　民國十三年（1924）刻本　一冊　李0756

　　開本24.5厘米×15.1厘米，版框17厘米×11.9厘米；左右雙邊，上

下黑口，單黑魚尾；半葉十二行，行二十二字。序跋：況周頤序。鈐印：擊楫、李一氓、李一甿、一氓六十、擊檝詞翰、無是樓藏書、一氓搜藏詞書種種/一九七七年記。

全宋詞　唐圭璋編　1980年北京中華書局鉛印本　五冊　李0757

開本20.9厘米×14.5厘米。批校題跋：李一氓題記。鈐印：中華書局成立七十周年、野莽、無是樓、桃花源裏、一氓所藏、一氓搜藏詞書種種/一九七七年記。

校輯宋金元人詞七十三卷　趙萬里校輯　民國二十年（1931）國立中央研究院歷史語言研究所鉛印本　五冊　李0509

開本26.3厘米×15.3厘米，版框17.3厘米×11.5厘米；四周單邊，上下黑口，單黑魚尾；半葉十一行，行三十字，小字雙行同。序跋：胡適、趙萬里序。批校題跋：李一氓題簽（宋金元人詞/近刊/一氓題）。鈐印：壹甿、擊檝、李一甿、無是樓、一氓讀書、無是樓藏書、蠹叢魚鳧之人、一氓搜藏詞書種種/一九七七年記。

歷代閨秀詩餘（歷代閨秀詩餘）不分卷　（□）□□輯　清初抄本　二冊　李0310

開本27.5厘米×15.5厘米。批校題跋：黃裳跋。鈐印：木雁齋、黃裳藏本、草草亭藏、來燕榭珍藏記、無是樓、一氓六十、成都李一氓、蠹叢魚鳧之人。

韋齋活葉詞選不分卷　易孺輯　民國鉛印本　一冊　李0838

開本26厘米×16.8厘米。鈐印：一氓所藏、一氓搜藏詞書種種/一九七七年記。

集部

林下詞選十四卷 （清）周銘編集 （清）金成棟挍 清康熙十年（1671）刻本 六冊 李0568

開本25.6厘米×17厘米，版框17.7厘米×12.2厘米；左右雙邊，單黑魚尾；半葉九行，行二十字。序跋：尤侗、吳之紀、趙澐序。鈐印：蛾術齋藏、籍圃主人、麥谿張氏、潤州唐氏珍藏、酒邊人倚紅樓珍藏古今詞集、擁書萬卷亦足以豪、李（押）、兔（肖形印）、擊槐、無是樓、一氓六十、一氓七十、一氓所藏、一氓讀書、無是樓藏書、李一氓五十後所得、一氓搜藏詞書種種／一九七七年記。

全金元詞不分卷 唐圭璋編 1979年中華書局鉛印本 二冊 李0738

開本20.9厘米×14.5厘米。鈐印：李一氓、無是樓、存在第一、一氓讀書、一氓搜藏詞書種種／一九七七年記。

明詞綜十二卷 （清）王昶纂 清嘉慶七年（1802）青浦王昶三泖漁莊刻本 二冊 李0726

開本24厘米×15.6厘米，版框18.4厘米×13.7厘米；左右雙邊，上下黑口，單黑魚尾；半葉十行，行二十一字。內封鐫：□□□少司寇續選／明詞綜／三泖漁莊藏板。序跋：王昶序。批校題跋：李一氓題簽、李一氓題記、茅盾題耑。鈐印：無是樓、一氓所藏、一氓六十、一氓七十、一氓七十、鹽叢魚鳧之人、一氓搜藏詞書種種／一九七七年記。

蘭皋明詞彙選（蘭皐明詞彙選）八卷 （清）李葵生等選 （清）顧琦坊等參閱 （清）顧瑋高校 清康熙刻本 四冊 李0300

開本24.6厘米×16.4厘米，版框18.8厘米×13.5厘米；左右雙邊，單黑魚尾，無界行；半葉九行，行二十字，小字雙行同。序跋：顧璟芳、胡胤瑗、李葵生序。批校題跋：李一氓題簽（蘭皋明詞彙選／康熙鐫／野荞）、李一氓批。鈐印：國楨之鈢、野荞、無是樓、一氓所藏、一氓讀書、一氓六十、一氓搜藏詞書種種／一九七七年記。

381

松陵絶妙詞選四卷華胥語業一卷 （清）周銘編集 民國十五年（1926）薛氏邃漢齋鉛印本 一冊 李0795

開本25.5厘米×15.1厘米，版框15.5厘米×12.4厘米；四周單邊，下黑口，單黑魚尾；半葉十二行，行二十六字。牌記：丙寅秋薛氏邃漢齋印行。版心下印：薛氏邃漢齋印行。序跋：許虬、顧有孝、周銘等序，薛鳳昌跋。鈐印：擊楫、李一氓、一氓所藏、無是樓藏書、一氓搜藏詞書種種／一九七七年記。

倚聲初集二十卷 （清）鄒祇謨 （清）王士禛選 （清）畢忠吉參定 清順治刻本 五冊 缺四卷（一至四） 李0570

開本24.7厘米×15厘米，版框18.9厘米×13.6厘米；四周單邊；半葉十行，行二十四字。序跋：鄒祇謨、王士禛序。批校題跋：李一氓題簽（倚聲初集／順治鐫）、李一氓題記。鈐印：錢塘小戴、芝堂氏、玉壺買春、無是樓、李一氓、無是樓藏書、成都李氏收藏故籍、一氓搜藏詞書種種／一九七七年記。

瑶華集二十二卷附二卷詞人姓氏爵里表一卷 （清）蔣景祁輯 清康熙二十六年（1687）天藜閣刻本 十二冊 李0727

開本29厘米×17.9厘米，版框19.2厘米×14.4厘米；左右雙邊，上下黑口，單黑魚尾；半葉十行，行二十一字，小字雙行同。牌記：名家詞品／宜興蔣景祁京少一字荊少譔次／瑶華集／天藜閣藏板。序跋：宋犖序、顧景星跋。批校題跋：李一氓題記、龐□跋。鈐印：龐、日裹堂、無是樓、清餘堂印、西眉父、魯晉之印、野荇、李一氓、渡江擊楫、擊楫詞人、擊楫詞翰、李氏一氓、一氓六十、一氓讀書、一氓所藏、桃花源裏、無是樓藏書、成都李一氓、一氓七十又七、蠹叢魚臮之人、李一氓五十後所得、成都李氏收藏故籍、一氓搜藏詞書種種／一九七七年記。

東白堂詞選初集十五卷　（清）佟世南輯　（清）陸進　（清）張星耀定　（清）曹溶閱　詞論十三則一卷　（清）張星耀撰　清康熙汪氏飛鴻堂刻本　六冊　存十二卷（一至十二）　李0892

開本25.7厘米×16.5厘米，版框18.7厘米×13.4厘米；左右雙邊，單黑魚尾；半葉九行，行二十字。序跋：張悤、陸進序。鈐印：約齋珍藏、琪園李鐸收藏圖書記、蘭蓀披閱、李（押）、還有、無是樓、一氓讀書、成都李一氓、無是樓藏書、李一氓五十後所得、成都李氏收藏故籍、一氓搜藏詞書種種/一九七七年記。

十五家詞三十七卷　（清）孫默編　民國上海中華書局鉛印本　一冊　李1125

開本25.9厘米×18.7厘米。序跋：鄧漢儀、孫金礪序。批校題跋：李一氓題記。鈐印：還有、存在第一、無是樓藏書、一氓搜藏詞書種種/一九七七年記。

草堂嗣響四卷　（清）顧彩編輯　（清）孔傳鐸　（清）孔傳鋕定　清康熙四十八年（1709）辟疆園刻本　四冊　李0812

開本25.8厘米×17.9厘米，版框17.4厘米×13.9厘米；左右雙邊，單黑魚尾；半葉十行，行二十一字。版心下方鐫：辟疆園。鈐印：西峯艸堂、無是樓、一氓讀書、桃花源裏、成都李一氓、無是樓藏書、鹽叢魚鳧之人、李一氓五十後所得、成都李氏收藏故籍、一氓搜藏詞書種種/一九七七年記。

今詞初集二卷　（清）顧貞觀　（清）納蘭成德選　（清）萬釗　（清）李東沅校　（清）張鋆刊　清光緒二十三年（1897）無錫張鋆雪浪山房刻本　二冊　李0810

開本24厘米×15厘米，版框17.8厘米×12.6厘米；左右雙邊，下黑口，單黑魚尾；半葉十行，行二十一字。序跋：毛際可、張鋆跋。批校題跋：李一氓題簽（今詞初集／光緒重刊本）。鈐印：國楨之鈢、剛生祕賑、擊楫、李一甿、一氓所藏、一氓五十、無是樓藏書、一氓搜藏詞書種種／一九七七年記。

詞覯三編十六卷 （清）傅燮詷輯 稿本 八冊 李0811

開本23.7厘米×14.4厘米。批校題跋：聿豐題簽（詞覯三編／原稿未刊本／一九四九年得於北平／聿豐爲一氓題）、李一氓題記。鈐印：聿豐、擊楫、一氓讀書、一氓七十、無是樓藏書、成都李氏收藏故籍、一氓搜藏詞書種種／一九七七年記。

昭代詞選三十八卷 （清）蔣重光輯 （清）蔣曾瑩校字 （清）穆大展刻字 清乾隆三十二年（1767）經鉏堂刻本 十二冊 李0893

開本25厘米×16厘米，版框16.9厘米×13.4厘米；左右雙邊，上下黑口，單黑魚尾；半葉十行，行二十字，小字雙行同。內封鐫：乾隆丁亥年新鐫／昭代詞選／經鉏堂藏板。批校題跋：張伯駒題簽（昭代詞選／一氓藏／張伯駒署簽）。鈐印：擊楫、李一甿、無是樓、一氓讀書、一氓所藏、無是樓藏書、蠹叢魚鳧之人、李一氓五十後所得、一氓搜藏詞書種種／一九七七年記。

白山詞介五卷 楊鍾羲錄 清宣統二年（1910）刻朱印本 二冊 李0485

開本28.7厘米×17.2厘米，版框18.1厘米×13.2厘米；左右雙邊，上下紅口，單紅魚尾；半葉十一行，行二十三字，小字雙行同。內封鐫：宣統庚戌春槧本／長洲朱孔彰署檢。批校題跋：啓功題簽（白山詞介／長白啓功題耑）。鈐印：啓功、元白、擊楫、一氓所藏、李一氓印、無是樓藏書、一氓搜藏詞書種種／一九七七年記。

國朝詞雅二十四卷 （清）姚階編次 清嘉慶三年（1798）刻本 十二册
李0733

開本24.8厘米×15.8厘米，版框19.1厘米×14厘米；左右雙邊，上下黑口，對黑魚尾；半葉十行，行二十一字。序跋：王昶序、汪啓淑跋。批校題跋：李一氓題簽（國朝詞雅/七七年冬日）。鈐印：盱眙王錫元蘭生收藏經籍金石文字印、擊楫、李一氓、濯錦江邊、無是樓藏書、一氓搜藏詞書種種/一九七七年記。

新聲譜一卷 （清）朱和羲輯 清宣統元年（1909）南陵徐乃昌刻本 一册
李0483

開本23.6厘米×15.5厘米，版框14.3厘米×10.6厘米；左右雙邊，上下黑口，單黑魚尾；半葉十行，行二十字。卷端題名下方鎸：懷豳園。内封、卷末鎸：宣統元年南陵徐乃昌據朱紫鶴先生原稿校刻。批校題跋：李一氓題簽（新聲譜/宣統刊）。鈐印：李一氓、一氓所藏、無是樓藏書、李一氓五十後所得、一氓搜藏詞書種種/一九七七年記。

國朝詞綜續編二十四卷 （清）黄燮清編纂 （清）宗景藩校梓 清同治十二年（1873）鄂垣旅次刻本 八册 李0734

開本26.6厘米×15.1厘米，版框16.6厘米×12.9厘米；左右雙邊，單黑魚尾；半葉十一行，行二十一字，小字雙行同。牌記：同治癸酉夏月刊於鄂垣旅次。序跋：潘曾瑩、王昶、張炳堃、胡鳳丹、諸可寶序，宗景藩跋。批校題跋：李一氓題簽（國朝詞綜續編/同治鎸本/一氓自署）。鈐印：擊楫、李一氓、無是樓、一氓所藏、桃花源裏、李一氓印、一氓五十、渡江擊楫、無是樓藏書、蠹叢魚鳧之人、一氓搜藏詞書種種/一九七七年記。

國朝詞綜補五十八卷 （清）丁紹儀輯 清光緒刻本 十六册 李0908

開本25.3厘米×15.9厘米，版框18.2厘米×13.4厘米；四周雙邊，上下黑口，單黑魚尾；半葉十行，行二十一字。序跋：丁紹儀序、胡鑑跋。批校题跋：李一氓题签（国朝词综补/光绪镌本）。钤印：擎楫、李一氓、李一甿、无是楼、一氓五十、无是楼藏书、存在是第一性、李一氓五十后所得、一氓搜藏词书种种/一九七七年记。

廣篋中詞四卷　葉恭綽纂錄　民國二十四年（1935）番禺葉氏鉛印遐庵叢書本　四冊　李0486

开本26厘米×14.6厘米，版框16.5厘米×11.5厘米；四周双边，上下黑口；半叶十行，行二十四字。版心下方印：番禺葉氏遐庵叢書。序跋：夏孙桐、夏敬观序。钤印：风雨龙吟室、无是楼、一氓五十、一氓七十、一氓搜藏词书种种/一九七七年记。

清詞鈔一卷　（□）□□輯　清末抄本　一冊　李0484

开本25厘米×15.4厘米。批校题跋：李一氓题签（清词钞/白纸抄本）。钤印：还有、野莽、李一甿、无是楼、一氓搜藏词书种种/一九七七年记。

閨秀詞鈔十六卷姓氏韻編一卷補遺一卷補遺姓氏韻編一卷　徐乃昌譔錄　清宣統元年（1909）小檀欒室刻本　八冊　李0835

开本27.9厘米×17.5厘米，版框16.3厘米×12.4厘米；左右双边，上下黑口，对黑鱼尾；半叶十一行，行二十一字。牌记：宣统元年己酉花朝日/小檀欒室开雕。版心下方镌：小檀欒室。批校题跋：李一氓题记。钤印：无是楼、一氓所藏、一氓六十、一甿七十、桃花源里、一氓搜藏词书种种/一九七七年记。

國朝七家詞選一卷　（清）孫麟趾輯　國朝詞續選一卷　（清）張鳴珂輯　清光緒二十四年（1898）豫章刻本　一冊　李0482

开本26厘米×15厘米，版框17.2厘米×12.1厘米；四周双边，上下黑口，单黑鱼尾；半叶十行，行二十字。内封镌：国朝七家词选一卷/续

集部

選一卷/光緒戊戌四月山陰陳治署。牌記：寒松閣手校本栞於豫章。序跋：張鳴珂跋。鈐印：崑山王德森藏、李一氓、無是樓、一氓讀書、一氓搜藏詞書種種/一九七七年記。

海濱酬唱詞一卷　（清）楊稚虹輯　清光緒二十四年（1898）香海閣刻本　一冊　李1046

開本20.5厘米×13厘米，版框12.3厘米×9.3厘米；左右雙邊；半葉七行，行十四字。牌記：光緒戊戌春香海閣刊本。序跋：楊稚虹序、黃天河跋。鈐印：無是樓、一氓所藏、一氓六十、成都李一氓、一氓搜藏詞書種種/一九七七年記。

樽酒銷寒詞一卷附錄一卷續錄一卷　（清）方履籛等撰　（清）方楷輯　清光緒十一年（1885）粵東刻本　一冊　李1043

開本24厘米×14.7厘米，版框17.3厘米×11.9厘米；四周雙邊，單黑魚尾；半葉九行，行二十二字。牌記：光緒乙酉刊於粵東/方楷署。鈐印：擊楫、李一氓、一氓所藏、無是樓藏書、李一氓五十後所得、一氓搜藏詞書種種/一九七七年記。

蓉影詞一卷　（清）張琦等撰　清嘉慶二十二年（1817）刻本　一冊　李1041

開本23.6厘米×15.5厘米，版框16.7厘米×13厘米；四周雙邊，單黑魚尾；半葉九行，行二十字。序跋：董基誠序。批校題跋：李一氓題簽（蓉影詞/嘉慶鐫/一氓所藏）、李一氓跋。鈐印：夢花軒、擊楫、李（押）、李一氓、擊楫詞翰、無是樓藏書、一氓搜藏詞書種種/一九七七年記。

蓉影詞一卷　（清）張琦等撰　趙尊嶽斠覯　民國十一年（1922）惜陰堂鉛印本　一冊　李1042

開本22.6厘米×14.2厘米，版框16.3厘米×11.3厘米；左右雙邊，

上下黑口，單黑魚尾；半葉十行，行二十一字。序跋：董基誠序、趙尊嶽跋。批校題跋：李一氓題簽（蓉影詞/重編本）。鈐印：曾藏袁文藪家、李（押）、擊楫、李一氓、一氓所藏、無是樓藏書、一氓搜藏詞書種種/一九七七年記。

燕筑雙聲一卷　（清）金泰　（清）邵建時　（清）邊浴禮撰　清道光空青詞館刻本　一冊　李0377

開本24厘米×14.7厘米，版框16.1厘米×12.5厘米；左右雙邊；半葉十行，行二十字，小字雙行同。版心下方鐫：空青詞館。序跋：沈濤序。鈐印：李一氓、一氓六十、無是樓藏書、一氓搜藏詞書種種/一九七七年記。

淮海秋笳集一卷　（清）李肇增編　清咸豐十年（1860）遲雲山館刻本　一冊　李1064

開本24.2厘米×15厘米，版框16.1厘米×12.5厘米；左右雙邊；半葉十行，行二十一字。牌記：咸豐庚申冬遲雲山館鐫。序跋：李肇增序。鈐印：欠甌館印、擊楫、李一氓、李一氓印、一氓六十、無是樓藏書、李一氓五十後所得、成都李氏收藏故籍、一氓搜藏詞書種種/一九七七年記。

六影詞六卷　（清）鄧祥麟編　清道光刻本　一冊　存三卷　李0266

子目：叢翠軒笠影詞（蔎翠軒笠影詞）一卷　題大翮山人倚聲　題木末居士評點‖十丈塵駒影詞一卷　題樵香倚聲　題秀亭評點‖第二槎波影詞一卷　題槎客填詞　題夢鶴評點

開本21厘米×13.5厘米，版框13.9厘米×11厘米；四周雙邊，單黑魚尾，無界行；半葉七行，行十六字。序跋：鄧詳麟序、余應松跋。批校題跋：李一氓題記。鈐印：廣州關氏藏古今圖書之章、李一氓、一氓所藏、一氓七十、一氓搜藏詞書種種/一九七七年記。

和珠玉詞一卷　（清）張祥齡等撰　民國十一年（1922）刻惜陰堂叢書本　一冊　李1047

開本22.5厘米×14.2厘米，版框14.8厘米×11.1厘米；左右雙邊，上下黑口，單黑魚尾；半葉十行，行二十字。卷端題名下方鐫：惜陰堂叢書。序跋：馮煦、王鵬運序。鈐印：李（押）、擊楫、李一氓、一氓所藏、無是樓藏書、一氓搜藏詞書種種／一九七七年記。

清詞雜鈔不分卷　李一氓抄本　一冊　李0895

開本23.9厘米×12.4厘米。批校題跋：李一氓題簽（清詞雜鈔／一氓鈔本）、李一氓題記。鈐印：壹氓、桃花源裏、一氓七十又七。按：書中附剪報（張珍懷《漫話東瀛倚聲學》）。

眾香詞六卷　（清）徐樹敏　（清）錢岳選　（清）王士禎等閱　清康熙二十九年（1690）錦樹堂刻本（李一氓抄補）　十冊　李0813

開本22.6厘米×14.4厘米，版框15.8厘米×11.4厘米；四周雙邊；半葉九行，行十八字，小字雙行同。版心下方鐫：錦樹堂。序跋：吳綺、岳端序。批校題跋：李一氓題簽（眾香詞／康熙原鐫本／擊楫珍藏）、李一氓批。鈐印：兔（肖形印）、李（押）、無是樓、一氓所藏、一氓六十、一氓讀書、成都李一氓、無是樓藏書、成都李氏收藏故籍、李一氓五十後所得、一氓搜藏詞書種種／一九七七年記。

眾香詞六卷　（清）徐樹敏　（清）錢岳選　（清）王士禎等閱　民國二十二年（1933）上海大東書局石印本　六冊　李0891

開本20厘米×13.4厘米，版框14.3厘米×11.4厘米；左右雙邊，上下黑口，單黑魚尾；半葉十三行，行二十四字，小字雙行同。牌記：癸酉仲秋毗陵董氏誦芬室重校／上海大東書局景印。鈐印：李（押）、一氓所藏、一氓七十、一氓搜藏詞書種種／一九七七年記。

清名家詞　陳乃乾編　民國二十六年（1937）上海開明書店鉛印本　十冊　李1003

　　開本 16.8 厘米×11 厘米。批校題跋：李一氓題記。鈐印：一氓所藏、一氓八十、一氓搜藏詞書種種／一九七七年記。

全清詞鈔四十卷　葉恭綽編　1975年中華書局香港分局鉛印本　二冊　李0737

　　開本 21 厘米×14.5 厘米。序跋：葉恭綽序、葉恭綽後記。鈐印：野莽、李一氓、無是樓、一氓七十、濯錦江邊、一氓搜藏詞書種種／一九七七年記。

近人詞錄二卷　雷瑨輯　民國十五年（1926）上海掃葉山房石印本　一冊　李0490

　　開本 19.3 厘米×12.9 厘米，版框 16.3 厘米×11.8 厘米；左右雙邊，單黑魚尾；半葉十四行，行二十八字。內封印：民國十五年發行／掃葉山房／掃葉山房商標。版心下方印：掃葉山房。鈐印：一氓五十、無是樓藏書、一氓搜藏詞書種種／一九七七年記。

清真詞朱方和韻合刊十二卷　（宋）周邦彥撰　朱師轍　方千里和　1953年杭州油印本　一冊　李1018

　　開本 21.4 厘米×15.7 厘米。序跋：朱師轍序。鈐印：一氓所藏、成都李一氓、一氓搜藏詞書種種／一九七七年記。

國朝金陵詞鈔八卷附一卷　（清）陳作霖輯　（清）黃宗澤等校字　清光緒二十八年（1902）刻本　八冊　李1036

　　開本 29.5 厘米×17.3 厘米，版框 16.5 厘米×12.1 厘米；左右雙邊，單黑魚尾；半葉十二行，行二十三字，小字雙行同。內封鐫：光緒二十八年三月刊。序跋：秦際唐序。鈐印：謝剛國印、華陽謝氏家藏、霽園圖、芙蓉城裏人家、紅柏山莊。

國朝金陵詞鈔八卷附一卷　（清）陳作霖輯　（清）黃宗澤等校字　清光緒二十八年（1902）刻本　四冊　李0491

開本26.3厘米×15.5厘米，版框16.3厘米×12厘米；左右雙邊，單黑魚尾；半葉十二行，行二十三字，小字雙行同。內封鐫：光緒二十八年三月刊。序跋：秦際唐序。批校題跋：尹瘦石題簽。鈐印：瘦石之鈢、擊楫、李一氓、一氓所藏、無是樓藏書、一氓搜藏詞書種種／一九七七年記。

國朝常州詞錄三十一卷　（清）繆荃孫校輯　清光緒二十二年（1896）江陰繆氏雲自在龕刻本　十二冊　缺一卷（三十一）　李0950

開本29.2厘米×17.2厘米，版框19.1厘米×13.3厘米；左右雙邊，上下黑口，單黑魚尾；半葉十一行，行二十三字。內封鐫：光緒丙申雲自在龕刊行。批校題跋：尹瘦石題簽。鈐印：退耕堂藏書記、擊楫、李一氓、李一氓、無是樓藏書、李一氓五十後所得、一氓搜藏詞書種種／一九七七年記。

曲阿詞綜四卷　（清）劉會恩輯　清道光五年（1825）劉九思堂刻本　四冊　李0793

開本24.1厘米×15.6厘米，版框18.7厘米×13.2厘米；左右雙邊，下黑口，單黑魚尾；半葉十二行，行二十四字。序跋：劉會恩序。鈐印：一氓所藏、一氓五十、成都李一氓、無是樓藏書、李一氓五十後所得、一氓搜藏詞書種種／一九七七年記。

西陵詞選八卷首一卷　（清）陸進　（清）俞士彪輯　（清）曹爾堪等閱定　清末天尺樓抄本　四册　李0493

開本27.5厘米×17.4厘米；半葉十行，行十八字，小字雙行同。抄紙欄綫外有"天尺樓鈔"四字。序跋：梁允植、丁澎、陸進、俞士彪序。批校題跋：歸曾祁題記（宣統三年春暮常熟歸曾祁校讀）。鈐印：常熟歸曾祁校讀、積學齋徐乃昌藏書、訒盦經眼、擊檝、無是樓、李一氓印、一氓讀書、李一氓五十後所得、一氓搜藏詞書種種／一九七七年記。

四明近體樂府十四卷附一卷　（清）袁鈞譔集　清嘉慶二十三年（1818）慈水藏蜜廬刻本　二册　李0907

開本25.7厘米×15.9厘米，版框17.4厘米×13.2厘米；左右雙邊，上下黑口，單黑魚尾；半葉十行，行二十字，小字雙行同。序跋：鄭喬遷、袁鈞序。鈐印：李一氓、一氓所藏、擊檝詞人、無是樓藏書、李一氓五十後所得、一氓搜藏詞書種種／一九七七年記。

湖州詞徵二十四卷國朝湖州詞人姓字略一卷　（清）朱祖謀輯校　清宣統三年（1911）刻本　四册　李0948

開本27.3厘米×15.5厘米，版框17厘米×12厘米；左右雙邊，上下黑口，單黑魚尾；半葉十二行，行二十二字。序跋：章震福跋。批校題跋：方巖題簽（湖州詞徵／二十四卷本／永嘉方介堪書耑）、徐伯清題簽（湖州詞徵／二十四卷本／雁蕩徐伯清書耑）。鈐印：擊檝、李一氓、一氓所藏、無是樓藏書、一氓搜藏詞書種種／一九七七年記。

湖州詞徵三十卷　（清）朱祖謀輯　民國九年（1920）吳興劉氏嘉業堂刻吳興叢書本　四册　李0949

開本27.2厘米×16.9厘米，版框18.5厘米×13.5厘米；左右雙邊，上下黑口，單黑魚尾；半葉十一行，行二十一字。牌記：吳興劉氏嘉業堂刊。卷端題名下方鐫：吳興叢書。版心下方鐫：嘉業堂校刊。序跋：章震福、劉承幹跋。批校題跋：李一氓題簽（湖州詞徵/朱祖謀輯/吳興叢書本）。鈐印：擊檝、李一氓、一氓所藏、渡江擊檝、無是樓藏書、一氓搜藏詞書種種/一九七七年記。

長興詞存六卷　溫匋輯　王俟校　民國十五年（1926）鉛印本　一册　李0796

開本25.1厘米×12.3厘米，版框14.8厘米×8.1厘米；四周雙邊，下黑口，單黑魚尾；半葉六行，行二十字。序跋：黃賓虹序。鈐印：李一氓、無是樓、一氓所藏、一氓搜藏詞書種種/一九七七年記、北京圖書館藏。

海寧三家詞三卷　陳乃乾校輯　民國二十五年（1936）共讀樓鉛印本　一册　李1080

開本20厘米×13.2厘米，版框12.5厘米×9.7厘米；四周單邊，單黑魚尾，下黑口；半葉十行，行二十五字。牌記：共讀樓校刻/陳運彰署。版心下方印：共讀樓校印。序跋：陳乃乾序。鈐印：一氓所藏、一氓搜藏詞書種種/一九七七年記。

潯溪詞徵二卷　周慶雲輯　民國六年（1917）夢坡室刻本　一册　李0794

開本24.1厘米×14.5厘米，版框17.5厘米×11.8厘米；四周雙邊，單黑魚尾；半葉十行，行二十一字。牌記：夢坡室鋟板。序跋：周慶雲序。鈐印：李一氓、無是樓、一氓八十、一氓所藏、一氓搜藏詞書種種/一九七七年記。

皖詞紀勝一卷　徐乃昌簒集　清光緒三十年（1904）南陵徐氏小檀欒室刻本　一册　李0299

開本27.9厘米×17.4厘米，版框16.5厘米×12.1厘米；左右雙邊，

上下黑口，對黑魚尾；半葉十一行，行二十一字，小字雙行同。内封、卷末鐫：南陵徐氏小檀欒室開雕。序跋：繆荃孫序。批校題跋：李一氓題記。鈐印：無是樓、李一氓、一氓所藏、一氓六十、一氓搜藏詞書種種/一九七七年記。

合肥詞鈔四卷　李國模選輯　民國十九年（1930）安慶大同印刷局鉛印本　四册　李0797

開本19.2厘米×12.5厘米，版框12.5厘米×10.5厘米；四周雙邊，單黑魚尾；半葉十行，行二十一字。牌記：庚午十月印於宜城。版心下方印：慎餘堂。卷末刊語：安慶大同印刷局聚珍鉛板排印。序跋：李德星序。鈐印：擊楫、李一氓、一氓所藏、無是樓藏書、一氓搜藏詞書種種/一九七七年記。

閩詞徵六卷　林葆恒輯　林志轍等校刊　民國二十年（1931）刡盦刻朱印本　六册　李0791

開本28.3厘米×17.4厘米，版框13.9厘米×10.7厘米；左右雙邊，上下紅口，單紅魚尾；半葉十一行，行二十一字。牌記：重光協洽刊於刡盦。序跋：陳衍、楊壽枏、林葆恒序。鈐印：擊楫、一氓所藏、李氏一氓、無是樓藏書、一氓搜藏詞書種種/一九七七年記。

粤西詞見二卷　（清）況周儀撰　卜娛較字　清光緒二十二年（1896）金陵刻光緒二十三年（1897）揚州聚文齋印本　一册　李0790

開本23.6厘米×15.2厘米，版框17.8厘米×12.9厘米；四周雙邊，上下黑口，對黑魚尾；半葉十行，行二十一字，小字雙行同。内封牌記：光緒丙申栞於金陵。卷末牌記：光緒丁酉正月/揚州蘇唱街聚文齋李姓刻字店印行。序跋：況周儀跋。批校題跋：李一氓題簽（粤西詞見/蕙風簃所纂書第六）。鈐印：壹氓、擊楫、李一氓、無是樓藏書、一氓搜藏詞書種種/一九七七年記。

粵東詞鈔不分卷 （清）許玉彬　（清）沈世良輯　清道光二十九年（1849）藝芳齋刻本　十二冊　李0798

開本26.6厘米×16.4厘米，版框16.7厘米×12.3厘米；左右雙邊，上下黑口，對黑魚尾；半葉十行，行二十一字。牌記：道光廿九年春三月刊成。目錄末鐫：羊城學院前藝芳齋承刊。序跋：張維屏序、許玉彬跋。批校題跋：黃苗子題簽（粵東詞鈔/中山黃苗子書耑）。鈐印：黃苗子、李一氓、李一氓印、無是樓藏書、李一氓五十後所得、一氓搜藏詞書種種/一九七七年記。

滇詞叢錄三卷 （清）趙藩輯　民國三年（1914）雲南圖書館刻本　一冊　李0792

開本23厘米×13.8厘米，版框18.1厘米×12.9厘米；左右雙邊，下黑口，單黑魚尾；半葉十行，行二十一字。內封鐫：雲南叢書集部之九十/滇詞叢錄/共□卷。牌記：雲南圖書館藏板/甲寅年刊。卷端題名下方鐫：雲南叢書集部之九十。序跋：趙藩序。批校題跋：李一氓題簽（滇詞叢錄/雲南叢書本）。鈐印：擊楫、李一氓、一氓所藏、無是樓藏書、一氓搜藏詞書種種/一九七七年記。

三程詞鈔八卷 （清）程霖壽　程頌芬　程頌萬著　民國十八年（1929）上海大中印社鉛印本　一冊　李0855

開本27.1厘米×15.4厘米，版框17厘米×11.6厘米。牌記：屠維大荒落日長至刊於海上。版心上方印：十髮居士全集。版心下方印：鹿川閣。序跋：歐陽中鵠序。鈐印：李一氓、一氓七十又九、一氓搜藏詞書種種/一九七七年記。

遯渚唱和集一卷拾遺一卷 （清）萬壽祺等撰　（清）孫運錦輯　民國八年（1919）上海羅氏蟬隱廬鉛印本　一冊　李0537

開本26.5厘米×14.6厘米，版框16厘米×11.8厘米；左右雙邊，上

下黑口，順黑魚尾；半葉九行，行十六字。內封印：仿元本書封面式/上虞羅氏藏板。牌記：歲己未臘月上海蟬隱廬鑄版印行；上海聚珍倣宋印書局監製；秦燔詩書/百家屏斥/閱三千祀/復丁其厄/詆諆聖賢/鄙夷簡冊/守闕抱殘/儒者之責/祕籍刊布/鴻篇抉擇/至論名言/校讎必覈/梨棗之壽/願比金石/讀此編者/念之毋釋。鈐印：擊楫、一氓所藏、李一氓印、渡江擊楫、無是樓藏書、一氓搜藏詞書種種/一九七七年記。按：書中附孫運錦《明孝廉萬先生傳》。

消寒詞一卷 （清）吳震等撰 清嘉慶二十四年（1819）刻本 一冊 李1171

開本24厘米×14.7厘米，版框19.3厘米×13.9厘米；左右雙邊，單黑魚尾；半葉十行，行二十一字。序跋：孫原湘序、許誥跋。批校題跋：李一氓題記。鈐印：李（押）、擊楫、李一氓、一氓所藏、一氓六十、無是樓藏書、一氓搜藏詞書種種/一九七七年記。

聚紅榭雅集詞六卷 （清）謝章鋌等撰 清咸豐六年（1856）福州刻本 三冊 李0497

開本25.5厘米×16.5厘米，版框18.4厘米×12.1厘米；左右雙邊，下黑口，單黑魚尾；半葉九行，行二十一字。內封鐫：丙辰九月刊於福州。序跋：黃宗彝、魏秀仁、謝章鋌序。鈐印：縵雲吟館、澹如也、采珊倚聲、擊楫、李一氓、李一氓印、渡江擊楫、無是樓藏書、李一氓五十後所得、一氓搜藏詞書種種/一九七七年記、北京圖書館藏。

庚子秋詞二卷 （清）王鵬運等撰 民國十二年（1923）上海有正書局石印本 二冊 李1045

開本19.7厘米×12.9厘米，版框16.9厘米×11.9厘米；四周單邊，上下黑口；半葉十行，行二十一字。鈐印：瑯琊太守章、擊楫、李一氓、一氓所藏、無是樓藏書、一氓搜藏詞書種種/一九七七年記。

集部

■ 春蟄吟一卷　（清）王鵬運輯　清光緒二十七年（1901）刻本　一册
　　李1460

　　開本19.7厘米×12.9厘米，版框14.3厘米×10.8厘米；左右雙邊，上下黑口，單黑魚尾；半葉十行，行二十字。鈐印：擊楫、李一氓、一氓所藏、一氓搜藏詞書種種／一九七七年記。

■ 城東唱和詞一卷　（清）吳昌綬　（清）張祖廉撰　民國十四年（1925）刻朱印本　一册　李1048

　　開本22.5厘米×14.2厘米，版框12.4厘米×9.3厘米；四周單邊，上下紅口；半葉九行，行十六字。序跋：曹秉章、閔爾昌序。鈐印：李（押）、擊楫、李一氓、一氓所藏、無是樓藏書、一氓搜藏詞書種種／一九七七年記。

■ 戊午春詞一卷　葉玉森等撰　民國七年（1918）安徽安慶石印本　一册
　　李1169

　　開本27厘米×16.9厘米；半葉九行，行十七字。牌記：民國七年印於安徽安慶。鈐印：李一氓、一氓七十、一氓搜藏詞書種種／一九七七年記。

■ 春禪詞社詞一卷　趙熙等撰　民國六年（1917）成都刻本　一册
　　李1161

　　開本19.6厘米×12.9厘米，版框14.6厘米×9.8厘米；左右雙邊，單黑魚尾；半葉十行，行二十三字。序跋：趙熙序。批校題跋：李一氓題記。鈐印：曾藏袁文藪家、擊楫、李一氓、一氓所藏、一氓六十、無是樓藏書、一氓搜藏詞書種種／一九七七年記。

397

六一消夏詞一卷附錄和作一卷　鄧邦述編　民國十八年（1929）石印本　一册　李1050

開本22.6厘米×14.2厘米，版框15.4厘米×10.8厘米；左右雙邊，上下黑口，單黑魚尾；半葉十行，行二十字。序跋：鄧邦述序。鈐印：李（押）、擊楫、李一氓、一氓七十、無是樓藏書、一氓搜藏詞書種種／一九七七年記。

蓼辛詞一卷外集一卷　石淩漢　仇埰　孫濬源　王孝煃著　民國二十年（1931）刻本　一册　李0834

開本22.6厘米×14.3厘米，版框13.9厘米×10.5厘米；左右雙邊，單黑魚尾；半葉十行，行十七字。牌記：辛未嘉平鐫成。序跋：仇埰序。鈐印：李（押）、擊楫、李一氓、無是樓藏書、一氓搜藏詞書種種／一九七七年記。

倉庚詞一卷　仇埰輯　民國十九年（1930）鉛印本　一册　李1049

開本22.6厘米×14.2厘米，版框14.8厘米×10.2厘米；四周雙邊，上下黑口，單黑魚尾；半葉十行，行二十字。序跋：仇埰序。鈐印：曾藏袁文藪家、李（押）、擊楫、李一氓、一氓七十、無是樓藏書、一氓搜藏詞書種種／一九七七年記。

煙沽漁唱七卷　（清）朱祖謀選　民國二十二年（1933）天津須社鉛印本　四册　李0298

開本26.5厘米×14.9厘米，版框17.2厘米×12.4厘米；四周單邊，下黑口，單黑魚尾；半葉十二行，行二十九字，小字雙行同。牌記：癸酉長夏須社印行。序跋：袁思亮、楊壽枬、徐沅、許鍾璐、郭則澐序。鈐印：擊檝、李一氓、渡江擊檝、無是樓藏書。

集部

花行小集一卷　趙熙等撰　鄧鴻荃輯　民國八年（1919）刻本　一冊　李1166

　　開本23.5厘米×14.3厘米，版框14.9厘米×10.9厘米；左右雙邊，上下黑口，單黑魚尾；半葉十一行，行二十一字。序跋：趙熙序。鈐印：李（押）、李一氓、一氓所藏、一氓搜藏詞書種種/一九七七年記。

樂府補題後集甲編一卷　（清）徐致章等撰　民國十一年（1922）白雲詞社刻本　一冊　李0489

　　開本19.3厘米×12.9厘米，版框16.3厘米×11.8厘米；左右雙邊，單黑魚尾；半葉十行，行二十一字，小字雙行同。內封鐫：樂府補題後集/壬戌五月/白雪詞社刊本。版心下方鐫：白雪詞社。序跋：拙盧主人、程適序。鈐印：李一氓、李一氓五十後所得、一氓搜藏詞書種種/一九七七年記。

甌社詞鈔不分卷　林鵾翔審定　陳閎慧編　民國十年（1921）溫州同文印書館鉛印本　一冊　李1165

　　開本22.6厘米×14.2厘米，版框16.3厘米×11.1厘米；四周雙邊，單黑魚尾；半葉十一行，行二十一字。版心下方印：溫州同文印書館代印。序跋：林鵾翔序。鈐印：李（押）、擊楫、李一氓、無是樓藏書、一氓搜藏詞書種種/一九七七年記。

漚社詞鈔二十集附錄和作一卷　（清）朱孝臧等撰　民國二十二年（1933）鉛印本　一冊　李1163

　　開本22.6厘米×14.3厘米，版框15.4厘米×11.4厘米；四周單邊，單黑魚尾；半葉十一行，行二十字。鈐印：李（押）、擊楫、李一氓、無是樓藏書、一氓搜藏詞書種種/一九七七年記。

夷門樂府一卷　邵瑞彭輯　民國二十二年(1933)河南大學刻朱印本　一册　李1167

　　開本25.6厘米×15厘米，版框13.1厘米×10.5厘米；左右雙邊，上紅口；半葉十行，行十七字。牌記：河南大學。版心下方鐫：河南大學。目録末鐫：卞城馬集文齋刊。序跋：邵瑞彭序、汪志中跋。鈐印：擊楫、李一氓、無是樓藏書、一氓搜藏詞書種種／一九七七年記。

如社詞鈔十二集　如社編　民國二十五年(1936)鉛印本　一册　李1168

　　開本22.5厘米×14.2厘米，版框13.1厘米×10.5厘米；四周單邊，上下黑口，單黑魚尾；半葉十行，行二十二字。鈐印：李（押）、擊楫、李一氓、一氓所藏、無是樓藏書、一氓搜藏詞書種種／一九七七年記。

午社詞一卷　午社編　民國二十九年(1940)鉛印本　一册　李1164

　　開本25.2厘米×14.7厘米，版框16厘米×9.8厘米；左右雙邊，上下黑口，單黑魚尾；半葉十行，行二十一字。批校題跋：鄭午昌題記。鈐印：午昌、無是樓、一氓所藏、一氓八十、一氓搜藏詞書種種／一九七七年記。

潛社詞刊四集曲刊六集　吴梅輯　民國美吉印刷社鉛印本　一册　李1162

　　開本22.6厘米×14.3厘米，版框10.3厘米×9.6厘米；四周雙邊，單黑魚尾；半葉十行，行二十字。版心下印：潛社詞刊／美吉印刷社印。序跋：吴梅序。鈐印：李（押）、擊楫、李一氓、無是樓藏書、一氓搜藏詞書種種／一九七七年記。

咫社詞鈔二卷　廖恩燾等著　民國油印本　一册　李1170

　　開本24.6厘米×17厘米，版框19.8厘米×14.8厘米；四周雙邊，單黑魚尾；半葉十五行，行二十二字。鈐印：一氓所藏、濯錦江邊、一氓搜藏詞書種種／一九七七年記。

歷代名詞選　（日本）中田勇次郎著　日本昭和五十二年（1977）株式會社集英社鉛印本　一冊　李0832

開本21.5厘米×15.1厘米。鈐印：野莽、一甿七十。

● 詞話之屬

詞話叢編六十種　唐圭璋編　民國二十三年（1934）鉛印本　二十四冊　李0569

子目：碧雞漫志五卷　（宋）王灼撰‖能改齋漫錄二卷　（宋）吳曾撰‖苕溪漁隱叢話前集一卷後集一卷　（宋）胡仔撰‖詩人玉屑一卷　（宋）魏慶之撰‖浩然齋雅談一卷　（宋）周密撰‖詞源二卷　（宋）張炎撰‖樂府指迷一卷　（宋）沈義父撰‖吳禮部詞話一卷　（元）吳師道撰‖詞旨二卷　（元）陸輔之撰　（清）胡元儀釋‖渚山堂詞話三卷　（明）陳霆撰‖弇州山人詞評一卷　（明）王世貞撰‖爰園詞話一卷　（明）俞彥撰‖詞品六卷拾遺一卷補一卷　（明）楊慎撰‖窺詞管見一卷　（清）李漁撰‖西河詞話二卷　（清）毛奇齡撰‖古今詞論一卷　（清）王又華撰‖七頌堂詞繹一卷　（清）劉體仁撰‖填詞雜說一卷　（清）沈謙撰‖遠志齋詞衷一卷　（清）鄒祇謨撰‖花草蒙拾一卷　（清）王士禛撰‖皺水軒詞筌一卷　（清）賀裳撰‖金粟詞話一卷　（清）彭孫遹撰‖古今詞話八卷　（清）沈雄撰‖御選歷代詩餘十卷　（清）王奕清等撰‖雨村詞話四卷　（清）李調元撰‖西圃詞說一卷　（清）田同之撰‖銅鼓書堂詞話一卷　（清）查禮撰‖雕菰樓詞話一卷　（清）焦循撰‖靈芬館詞話二卷　（清）郭麐撰‖詞綜偶評一卷　（清）許昂霄撰‖介存齋論詞雜著一卷附宋四家詞選目錄序論一卷　（清）周濟撰‖詞苑萃編二十四卷　（清）馮金伯輯‖本事詞二卷　（清）葉申薌撰‖蓮子居詞話四卷　（清）吳衡照撰‖樂府餘論一卷　（清）宋翔鳳撰‖填詞淺說一卷　（清）謝元淮撰‖雙硯齋詞話一卷　（清）鄧廷楨撰‖問花樓詞話一卷　（清）陸鎣撰‖詞逕一卷　（清）孫麟趾撰‖聽秋聲館詞話二十卷　（清）丁紹儀撰‖憩園詞話六卷　（清）杜文瀾撰‖詞學集成八卷　（清）江順詒撰‖賭棋山莊集詞話十二卷續編五卷　（清）謝章鋌撰‖

蒿庵論詞一卷　（清）馮煦撰‖菌閣瑣談一卷　（清）沈曾植撰‖芬陀利室詞話三卷　（清）蔣敦復撰‖詞概一卷　（清）劉熙載撰‖白雨齋詞話八卷（清）陳廷焯撰‖譚仲修先生復堂詞話一卷　（清）譚獻撰　徐珂輯‖歲寒居詞話一卷　（清）胡薇元撰‖論詞隨筆一卷　（清）沈祥龍撰‖詞徵六卷（清）張德瀛撰‖裛碧齋詞話一卷　（清）陳銳撰‖詞論一卷　（清）張祥齡撰‖近詞叢話一卷　徐珂撰‖人間詞話二卷　王國維撰‖詞説一卷　蔣兆蘭撰‖小三吾亭詞話五卷　冒廣生撰‖海綃翁説詞稿一卷　陳洵撰‖粵詞雅一卷　潘飛聲撰

開本24.8厘米×15.2厘米，版框15.2厘米×11.5厘米；四周雙邊，上下黑口，單黑魚尾；半葉十二行，行三十字。序跋：吳梅、王易、覃思齋等序。批校題跋：頓群題簽、李一氓題記。鈐印：雷鈞衡印、雷階平、階平、雷氏珍藏、清芬室、擎櫼、李一氓、無是樓、一氓所藏、無是樓藏書、李一氓五十後所得、一氓搜藏詞書種種／一九七七年記。

碧雞漫志五卷　（宋）王灼撰　清乾隆至道光間長塘鮑氏刻知不足齋叢書本　一冊　李0636

開本19.2厘米×12.9厘米，版框13厘米×9.8厘米；左右雙邊；半葉九行，行二十一字。版心下方鐫：知不足齋叢書。序跋：覃思齋序。鈐印：壹氓、擎櫼、李一氓、擎櫼詞人、無是樓藏書、一氓搜藏詞書種種／一九七七年記。

詞源二卷　（宋）張炎編　清光緒刻本　一冊　李0887

開本25.7厘米×16.5厘米，版框14.8厘米×12厘米；左右雙邊，上下黑口；半葉十一行，行二十字。鈐印：擎櫼、李一氓、一氓五十、無是樓藏書、一氓搜藏詞書種種／一九七七年記。

詞林紀事二十二卷　（清）張宗橚緝　樂府指迷一卷　（宋）張炎撰　詞旨一卷　（元）陸輔撰　詞韻考略一卷　（清）許昂霄輯　清乾隆四十四年(1779)樂是盧刻嘉慶三年(1798)陳敬銘印本　六冊　李0545

開本26.1厘米×17厘米，版框18.9厘米×14.2厘米；左右雙邊，上下黑口，單黑魚尾；半葉十一行，行二十一字。內封殘，見"樂是廬藏板"五字。書尾鐫：嘉慶三年戊午仲秋/武林陳敬銘重校。序跋：陸以謙序。鈐印：擊橪、一氓所藏、一氓讀書、無是樓藏書、一氓搜藏詞書種種/一九七七年記。

渚山堂詞話三卷 （明）陳霆著　**詞品六卷拾遺一卷補一卷**　（明）楊慎著　1960年北京人民文學出版社鉛印本　一册　李0635

開本20.1厘米×13.7厘米。鈐印：一氓所藏、一氓搜藏詞書種種/一九七七年記。

辭品六卷　（明）楊慎著　（明）珥江書屋校刻　明嘉靖三十三年（1554）珥江書屋刻本（李一氓抄補）　六册　李0638

開本26.6厘米×18厘米，版框23厘米×14.7厘米；四周雙邊；半葉九行，行十六字。版心上方鐫：詞品卷×。序跋：周遜、劉大昌、楊慎序。批校題跋：林散之題簽（升菴詞品/嘉靖珥江書屋本/林散之爲一氓題）、李一氓題記。鈐印：擊橪、李一甿、一氓五十、一氓六十、一氓讀書、桃花源裏、無是樓藏書、成都李氏收藏故籍、一氓收藏詞書種種/一九七七年記。

楊升庵辭品（楊升菴辭品）四卷　（明）楊慎著　（明）周懋宗校　明萬曆四十六年（1618）周懋宗刻本（李一氓抄補）　四册　李0639

開本26.7厘米×17厘米，版框21厘米×14.9厘米；四周單邊，單白魚尾；半葉九行，行二十字。序跋：周懋宗序。批校題跋：容庚題簽（升庵詞品/一氓先生屬題/容庚/一九七八年九月於廣州）、李一氓題簽（萬曆本辭品/無是樓藏）、李一氓批。鈐印：山水癖、林散之印、無是樓、一氓所藏、一氓讀書、無是樓藏書、成都李氏收藏故籍、李一氓五十後所得、一氓搜藏詞書種種/一九七七年記。

楊升庵詞品(楊升菴詞品)四卷　(明)楊慎輯　(明)陳繼儒訂　詞評一卷曲藻一卷　(明)王世貞編　(明)陳繼儒訂　明刻本　四册　李0640

　　開本27厘米×17.2厘米，版框19.5厘米×13.1厘米；左右雙邊；半葉九行，行二十字。序跋：楊慎、王世貞序。批校題跋：陳大羽題簽(升庵詞話/積學齋藏明刊本/大羽爲一氓同志題)、李一氓題記。鈐印：積學齋徐乃昌藏書、南陵徐乃昌校勘經籍記、擊檝、李一氓、一氓所藏、一氓七十、無是樓藏書、鹽叢魚鳧之人、成都李氏收藏故籍、一氓搜藏詞書種種/一九七七年記。

古今詞話八卷　(清)沈雄編纂　(清)江尚質增輯　清康熙二十八年(1689)澄暉堂刻本　八册　李0543

　　開本25.7厘米×17.2厘米，版框18厘米×14.1厘米；四周單邊，單黑魚尾；半葉九行，行二十字。版心下方鐫：澄暉堂。序跋：曹溶序。批校題跋：李一氓題簽(古今詞話/一氓藏詞)、李一氓跋。鈐印：樂泉、觀瀾、沈存誠印、無是樓、一氓讀書、一氓所藏、一氓五十、成都李一氓、無是樓藏書、成都李氏收藏故籍、李一氓五十後所得、一氓搜藏詞書種種/一九七七年記。

詞學全書五種　(清)查繼超輯　清康熙十八年(1679)鴻寶堂刻本　十六册　李0204

　　子目：填詞名解四卷　(清)毛先舒著并注 ‖ 古今詞論一卷　(清)王又華輯 ‖ 填詞圖譜六卷續集一卷　(清)賴以邠撰 ‖ 詞韻二卷附古韻通略一卷　(清)仲恒編

　　開本23.7厘米×14.8厘米，版框18厘米×12.6厘米；四周單邊，單黑魚尾；半葉九行，行二十字，小字雙行同。牌記：東海查王望先生鑒定/詞學全書/一刻圖譜/一刻名解/古今詞論/一刻詞韻/鴻寶堂梓行。序跋：查培繼、賴以邠序。鈐印：本衙藏板翻印必究、問水亭長、孫華卿章、吳壽照印、南煇、蓮松、鶴巖、擊檝、李一氓、李一氓印、一氓所藏、無是樓藏書、李一氓五十後所得、一氓搜藏詞書種種／一九七七年記。

詞苑叢談十二卷　（清）徐釚編輯　（清）梁綸等校勘　清康熙二十七年（1688）刻本　六冊　李0544

開本27.2厘米×17厘米，版框17.2厘米×12.3厘米；左右雙邊，單黑魚尾；半葉九行，行二十字，小字雙行同。序跋：丁煒、徐釚序。批校題跋：桑愉題簽（詞苑叢談／一氓藏康熙刊本／桑愉題簽）。鈐印：曹聲濤印、曹家駿印、江都曹氏家駿祕笈、博古齋收藏善本書籍、柳蓉春經眼印、桑愉、無是樓、一氓讀書、無是樓藏書、李一氓五十後所得、成都李氏收藏故籍、一氓搜藏詞書種種／一九七七年記。

詞潔六卷前集一卷　（清）先著　（清）程洪輯　清康熙刻本　八冊　李0571

開本25.4厘米×17.1厘米，版框19.4厘米×14.5厘米；四周雙邊；半葉九行，行二十字。序跋：先著序。批校題跋：李一氓題簽（詞潔／涉園原藏）、李一氓題記。鈐印：酒邊人倚紅樓珍藏古今詞集、陽湖陶氏涉園所有書籍之記、靜齋道人、還有、擊楫、無是樓、李一氓印、一氓所藏、一氓五十、桃花源裏、成都李一氓、無是樓藏書、蠹叢魚鳧之人、一氓搜藏詞書種種／一九七七年記、北京市文物管理處藏書。

詞名集解六卷續編二卷　（清）汪汲撰　清乾隆嘉慶間古愚山房刻古愚老人消夏錄本　三冊　李1062

開本24.1厘米×14.9厘米，版框14.4厘米×10厘米；四周單邊，單黑魚尾，無界行；半葉九行，行二十四字。各卷卷端題名下方鐫：海陽竹林人汪汲葵田氏消夏錄。鈐印：擊楫、李一氓、一氓所藏、一氓七十、無是樓藏書、一氓搜藏詞書種種／一九七七年記。

詞塵五卷 （清）方成培述 （清）汪懷略原訂 （清）程芝華較 清道光九年（1829）休陽程氏斜月杏花屋刻本 四冊 李0293

開本26.4厘米×17厘米，版框18.2厘米×14.1厘米；左右雙邊，單黑魚尾；半葉九行，行二十一字，小字雙行同。內封鐫：道光九年春／休陽程氏斜月杏花屋藏板。序跋：程瑤田序。批校題跋：李一氓題簽（無是樓藏詞）、卷端題名下方題"伴雲軒藏書之一"。鈐印：伴雲、古閩謝氏伴雲軒藏、閩南謝琦之印、無是樓、一氓五十、一氓讀書、一氓所藏、無是樓藏書、李一氓五十後所得、一氓搜藏詞書種種／一九七七年記。

雨村詞話四卷 （清）李調元撰 清乾隆嘉慶間刻本 一冊 李1181

開本25厘米×17厘米，版框19.1厘米×14.4厘米；四周雙邊，單黑魚尾；半葉十行，行二十字。各卷卷端、卷末題名皆缺"雨村"二字。序跋：李調元序。批校題跋：李一氓批并題記。鈐印：擊檝、無是樓、李一氓印、擊檝詞人、無是樓藏書、一氓搜藏詞書種種／一九七七年記。

詞苑萃編二十四卷 （清）馮金伯輯錄 （清）裴暢參訂 清嘉慶刻本 八冊 李1178

開本25.2厘米×16厘米，版框16.9厘米×13.5厘米；左右雙邊，單黑魚尾；半葉九行，行二十字。序跋：馮金伯序。鈐印：張桂之印、秋雯、萬卷清河書屋、無是樓、李一氓、一氓所藏、一氓七十、一氓搜藏詞書種種／一九七七年記。

蓮子居詞話四卷 （清）吳衡照輯 清嘉慶刻本 一冊 李1180

開本27.1厘米×17.3厘米，版框17厘米×13.5厘米；左右雙邊，上下黑口，單黑魚尾；半葉十行，行二十字。序跋：許宗彥、屠倬序。批校題跋：李一氓題記。鈐印：無是樓、一氓所藏、一氓讀書、一氓六十、成都李一氓、一氓搜藏詞書種種／一九七七年記。

蓮子居詞話四卷　（清）吳衡照輯　清同治六年（1867）刻本　二冊
　　李1182

　　　開本28.4厘米×16.9厘米，版框17厘米×13.5厘米；左右雙邊，上下黑口，單黑魚尾；半葉十行，行二十字。牌記：道光壬辰秋/錢唐汪氏振綺堂開雕。卷二第四葉版心下方鐫：丁卯重刊。序跋：許宗彥、屠倬序。鈐印：擊楫、李一氓、一氓所藏、無是樓藏書、一氓搜藏詞書種種/一九七七年記。

芬陀利室詞話三卷　（清）蔣敦復著　（清）王韜栞　清光緒十一年（1885）長洲弢園王氏刻本　一冊　李1183

　　　開本24.4厘米×14.8厘米，版框17.5厘米×12.8厘米；左右雙邊，上下黑口，對黑魚尾；半葉十二行，行二十三字。版心下方鐫：弢園王氏刊/邐叟手校本。序跋：王韜序。鈐印：尺五樓呂氏聚書印、擊楫、李一氓、一氓所藏、無是樓藏書、一氓搜藏詞書種種/一九七七年記。

聽秋聲館詞話二十卷　（清）丁紹儀撰　（清）吳玉田雕　（清）胡鑑等校字　清同治八年（1869）三山吳玉田刻本　四冊　李1179

　　　開本25.7厘米×15.1厘米，版框18厘米×13.6厘米；四周雙邊，上下黑口，單黑魚尾；半葉十行，行二十一字。序跋：胡鑑跋。鈐印：李（押）、擊楫、李一氓、李一氓、無是樓藏書、一氓搜藏詞書種種/一九七七年記。

賭棋山莊集詞話十二卷續編五卷　（清）謝章鋌撰　（清）李師竹等校　清光緒十年（1884）陳寶琛南昌使廨刻本　六冊　李1177

　　　開本26.2厘米×15.4厘米，版框16.9厘米×13厘米；左右雙邊，下黑口，對黑魚尾；半葉十一行，行二十二字。牌記：光緒甲申弢盦陳氏刊於南昌使廨。序跋：謝章鋌序。鈐印：一氓六十、無是樓藏書、李一氓五十後所得、一氓搜藏詞書種種/一九七七年記。

詞學集成八卷　（清）江順詒纂輯　（清）宗山參訂　清光緒七年（1881）刻本　四册　李1184

開本28.7厘米×16.8厘米，版框19厘米×13.7厘米；四周雙邊，上下黑口，單黑魚尾；半葉十行，行二十二字。鈐印：李一氓、李一甿、一氓所藏、擊楫詞人、無是樓藏書、一氓搜藏詞書種種／一九七七年記。

歲寒居詞話一卷　（清）胡薇元撰　民國九年（1920）刻玉津閣叢書本　一册　李1175

開本24.8厘米×16.3厘米，版框17.5厘米×13.6厘米；四周雙邊，單黑魚尾；半葉十二行，行二十三字。牌記：玉津閣甲集。序跋：胡薇元序。鈐印：無是樓、一氓所藏、一氓搜藏詞書種種／一九七七年記。

白雨齋詞話八卷詩鈔一卷詞存一卷　（清）陳廷焯箸　清光緒二十年（1894）刻本　四册　李0972　李1174

開本24.3厘米×14.7厘米，版框15.8厘米×11.7厘米；四周雙邊，單黑魚尾；半葉十行，行十九字。內封鐫：光緒甲午年鐫。序跋：汪懋琨、王耕心、陳廷焯序。鈐印：擊楫、李一甿、無是樓藏書。

詞說一卷　蔣兆蘭撰　民國十五年（1926）鉛印本　一册　李0799

開本19.2厘米×11.6厘米，版框12.5厘米×8.6厘米；左右雙邊，上下黑口，單黑魚尾；半葉十行，行十六字。牌記：柔兆攝提格孟冬印行。序跋：蔣兆蘭序。鈐印：心梅、一氓搜藏詞書種種／一九七七年記。

詞源斠律二卷　（清）鄭文焯撰　清光緒刻書帶草堂叢書本　一册　李0563

開本24.3厘米×14.5厘米，版框19.4厘米×12.6厘米；左右雙邊，單黑魚尾；半葉十一行，行十八字。內封鐫：書帶草堂叢書之五。版心下方鐫：書帶草堂。鈐印：擊楫、李一氓、一氓所藏、渡江擊楫、無是樓藏書、一氓搜藏詞書種種/一九七七年記。

絕妙好詞校錄一卷 （清）鄭文焯著 民國九年（1920）蘇州交通圖書館彙印清光緒至民國刻大鶴山房全書本 一冊 李0960

開本24.1厘米×14.4厘米，版框15.7厘米×11.6厘米。批校題跋：李一氓題籤（絕妙好詞校錄/一氓所藏）。鈐印：擊楫、李一氓、無是樓、一氓所藏、無是樓藏書、一氓搜藏詞書種種/一九七七年記。

蕙風詞話五卷詞二卷 （清）況周頤撰 趙尊嶽校字 民國十三年（1924）惜陰堂刻本 二冊 存五卷（詞話） 李1176

開本25.5厘米×14.9厘米，版框14.5厘米×11.1厘米；左右雙邊，上下黑口，單黑魚尾；半葉十行，行二十字。序跋：趙尊嶽跋。鈐印：采秀堂、擊楫、李一氓、成都李氏、無是樓藏書。

織餘瑣述二卷 況卜娛撰 況維琚等斠字 民國八年（1919）木活字印本 一冊 李1260

開本29.5厘米×17.3厘米，版框17.1厘米×12.1厘米；四周單邊，對黑魚尾；半葉十行，行十八字。卷末鐫：歲在己未十月之望/仿聚珍版排印竟卷/是夕五星連珠/子初刻見於西北方/卜娛自記。序跋：況周頤序。鈐印：擊楫、一氓所藏、無是樓藏書、一氓搜藏詞書種種/一九七七年記、北京圖書館藏。

詞史不分卷 （清）劉毓盤述 民國鉛印本 一冊 李1153

開本22.5厘米×13.9厘米。序跋：劉毓盤序。鈐印：擊楫、無是樓藏書。

詞學二卷　梁啓勳著　民國二十一年（1932）曼殊室鉛印本　二册
李0800

　　開本24.4厘米×14.8厘米，版框14.8厘米×10.5厘米；四周單邊，下黑口，單黑魚尾；半葉十行，行二十五字。版心下方印：曼殊室。鈐印：擊楫、李一氓、一氓所藏、無是樓藏書、一氓搜藏詞書種種／一九七七年記。

清詞玉屑十二卷　郭則澐纂　民國二十五年（1936）蟄園刻本　六册
李1173

　　開本25.6厘米×15.2厘米，版框15.1厘米×11.9厘米；左右雙邊，單黑魚尾；半葉十行，行二十一字。牌記：丙子冬日蟄園校刊。序跋：汪曾武、郭則澐序。批校題跋：李一氓題記。鈐印：擊楫、李一氓、李一氓印、一氓五十、無是樓藏書、蠹叢魚覓之人、一氓搜藏詞書種種／一九七七年記。

詞學通論不分卷　吳梅述　民國油印本　一册　李0802

　　開本28.2厘米×18.6厘米。批校題跋：李一氓題（詞學通論／講義本／長洲吳梅述）。鈐印：李（押）、李一氓、一氓所藏、一氓搜藏詞書種種／一九七七年記。

詞學講義一卷　壽璽撰　民國國立北平大學藝術學院鉛印本　一册
李0801

　　開本25.7厘米×15.2厘米，版框17.6厘米×12.1厘米；四周雙邊，下黑口，單黑魚尾；半葉十三行，行三十五字。版心下方印：國立北平大學藝術學院。批校題跋：壽璽題記、李一氓題并批。鈐印：擊楫、擊楫詞翰、無是樓藏書、一氓搜藏詞書種種／一九七七年記。

集部

詞源疏證二卷　蔡楨纂　民國二十一年（1932）金陵大學中國文化研究所鉛印本　一册　李0637

開本 25.5 厘米×15 厘米，版框 16.1 厘米×11.5 厘米；四周單邊，上黑口，單黑魚尾，無界行；半葉十二行，行三十二字。版心下方印：金陵大學中國文化研究所叢刊。序跋：吴梅、吕澂序。鈐印：擊楖、李一氓、一氓所藏、無是樓藏書、一氓搜藏詞書種種／一九七七年記。

唐宋詞論叢　夏承燾著　1956年上海古典文學出版社鉛印本　一册　李0831

開本 18.6 厘米×13.1 厘米。鈐印：一氓所藏、無是樓藏書、一氓搜藏詞書種種／一九七七年記。

唐宋詞論叢　夏承燾著　1957年上海古典文學出版社鉛印本　一册　李1115

開本 20.3 厘米×13.9 厘米。鈐印：一氓所藏、一氓搜藏詞書種種／一九七七年記。

讀詞常識　夏承燾　吴熊和著　知識叢書編輯委員會編　1962年北京中華書局鉛印本　一册　李1116

開本 18.3 厘米×11.4 厘米。鈐印：一氓搜藏詞書種種／一九七七年記。

月輪山詞論集　夏承燾著　1979年北京中華書局鉛印本　一册　李1118

開本 20.3 厘米×14 厘米。鈐印：一氓讀書、一氓搜藏詞書種種／一九七七年記。按：書中附夏承燾《唐代詩人長安事蹟圖》（初稿）。

瞿髯論詞絕句　夏承燾著　吳无聞注　1979年北京中華書局鉛印本　一册　李1117

開本20.4厘米×13.9厘米。批校題跋：夏承燾題記。鈐印：一氓所藏、一氓搜藏詞書種種/一九七七年記。按：此爲夏承燾贈李一氓之書。

讀詞偶得　俞平伯著　民國三十六年（1947）上海開明書店鉛印本　一册　李0830

開本17.2厘米×12.5厘米。鈐印：無是樓藏書、一氓搜藏詞書種種/一九七七年記。

花間夢詞記（花間㝱詞記）一卷　謝重開著　洪敬丞等校對　民國二十三年（1934）上海喜怒用功社鉛印本　一册　李0150

開本19.8厘米×13.2厘米，版框12.8厘米×9.7厘米；四周單邊，單黑魚尾；半葉十行，行二十五字。序跋：徐一誠、謝重開序。鈐印：素民、李（押）。

無師自通填詞百法二卷　顧憲融編纂　民國上海崇新書局鉛印本　一册　李1154

開本19.7厘米×13.2厘米，版框15.6厘米×11.2厘米；四周雙邊，單黑魚尾，無界行；半葉十二行，行三十一字。鈐印：擊楫、李一甿、一氓所藏、無是樓藏書、一氓搜藏詞書種種/一九七七年記。

宋詞四考　唐圭璋著　1959年江蘇文藝出版社鉛印本　一册　李1119

開本18.7厘米×13.2厘米。鈐印：一氓所藏、一氓搜藏詞書種種/一九七七年記。

詞學季刊三卷　龍沐勛編輯　民國二十二年至二十五年（1933—1936）上海民智書局鉛印本　九冊　存九期（創刊號,第一卷三、四號,第二卷一至三號,第三卷一至三號）　李1264

開本 24.7 厘米×17.3 厘米。批校題跋：李一氓題記。鈐印：野莽、一氓六十、七十又八、成都李一氓、無是樓藏書、一氓搜藏詞書種種/一九七七年記。

溫飛卿及其詞不分卷　盧前述　民國十九年（1930）上海會文堂書局鉛印本　一冊　李1151

開本 20 厘米×13.3 厘米，版框 15 厘米×11.2 厘米；四周雙邊，單黑魚尾；半葉十二行，行三十字。牌記：會文堂新記書局印行。版心下方印：會文堂書局印行。鈐印：無是樓、一氓所藏、一氓搜藏詞書種種/一九七七年記。

李煜詞討論集　文學遺產編輯部編　1957年北京作家出版社鉛印本　一冊　李1120

開本 20.4 厘米×13.9 厘米。批校題跋：李一氓題記。鈐印：一氓七十、無是樓藏書、一氓搜藏詞書種種/一九七七年記。

● 詞譜之屬

增正詩餘圖譜三卷　（明）張綖撰　（明）游元涇校梓　明萬曆二十九年（1601）游元涇刻本　一冊　李1128

開本 26.5 厘米×16.8 厘米，版框 21.4 厘米×13.6 厘米；四周單邊；半葉十行，行二十字。序跋：游元涇序。批校題跋：李一氓題（張綖《詩餘圖譜》/萬曆游元涇重刊/擊楫藏詞善本）、李一氓跋。鈐印：無是樓、一氓讀書、擊楫詞翰、一氓五十、一氓精鑑、李一氓五十後所得、一氓搜藏詞書種種/一九七七年記。

詩餘圖譜三卷　（明）張綖編輯　（明）王象乾發刊　（明）王象晉重梓（明）毛晉訂正　明崇禎八年（1635）王象晉刻本　二册　李1129

　　開本25.7厘米×16.3厘米，版框18.7厘米×14.2厘米；左右雙邊；半葉九行，行十九字，小字雙行同。序跋：王象晉序。批校題跋：李一氓跋。鈐印：擊楫、李一氓、一氓所藏、李氏一氓、一氓五十、一氓六十、擊楫詞人、無是樓藏書、一氓搜藏詞書種種／一九七七年記。

填詞圖譜續集三卷　（清）查培繼鑒定　（清）賴以邠等增輯　（清）毛先舒等參訂　（清）王又華校閱　清康熙刻本　二册　李0560

　　開本26.5厘米×16.3厘米，版框18.3厘米×12.5厘米；四周單邊，單黑魚尾；半葉九行，行二十字，小字雙行同。鈐印：李（押）、一氓讀書、無是樓藏書、成都李氏收藏故籍、李一氓五十後所得、一氓搜藏詞書種種／一九七七年記。

三百詞譜六卷　（清）鄭元慶選　（清）潘鼎等訂　清康熙二十八年（1869）歸安鄭氏刻本（石經樓藏板）　四册　李0559

　　開本27.5厘米×16.9厘米，版框18.6厘米×13厘米；四周單邊，無界行；半葉九行，行二十字。內封鐫：歸安鄭芷畦選／草堂詩餘／石經樓藏板。序跋：鄭元慶序。鈐印：姑蘇閶門大越城內石經樓龔氏書林堂兌不悞、擊楫、李一氓、無是樓、一氓所藏、無是樓藏書、成都李一氓、鹽叢魚凫之人、一氓搜藏詞書種種／一九七七年記。

詞學辨體一卷　（清）陳枚訂　（清）陳德裕增輯　（清）吳綺選　（清）朱從儀叅閱　清康熙刻憑山閣增輯留青新集本　一册　李1130

　　開本24.9厘米×15.8厘米，版框18.7厘米×14.6厘米；四周單邊，單黑魚尾；半葉十一行，行二十字。批校題跋：李一氓題簽（詞學辨體／留青新集卷之六／列入詞譜目／李一氓記）。鈐印：擊楫、一氓所藏、一氓七十、無是樓藏書、一氓搜藏詞書種種／一九七七年記。

集部

詞鏡平仄圖譜二卷　（清）賴以邠著　（清）查繼超輯　（清）林栖梧繡梓
清乾隆四十八年（1783）刻朱墨套印本　二冊　李0561

開本20.6厘米×12.5厘米，版框12.7厘米×9.1厘米；四周雙邊，單黑魚尾；半葉八行，行十八字，小字雙行同。內封鐫：乾隆癸卯年秋鐫/枝亭官太史鑒定/詞鏡/平仄圖譜/賦梅堂發兌。批校題跋：李一氓題簽（詞鏡/乾隆鐫本/一氓自署）、李一氓題記。鈐印：擊檝、一氓所藏、一氓五十、一氓六十、成都李一氓、無是樓藏書、一氓搜藏詞書種種/一九七七年記。

詞律二十卷目錄一卷　（清）萬樹論次　（清）吳興祚鑒定　清康熙二十六年（1687）萬氏堆絮園刻本（保滋堂藏板）　二十二冊　李1093

開本23.8厘米×15.5厘米，版框18.1厘米×14.3厘米；左右雙邊，單黑魚尾；半葉七行，行二十一字，小字雙行同。內封鐫：保滋堂藏板。版心下方鐫：堆絮園。序跋：吳興祚、嚴繩孫、萬樹序。鈐印：一氓讀書、一氓五十、無是樓藏書、成都李一氓、成都李氏收藏故籍、一氓搜藏詞書種種/一九七七年記。

詞律二十卷　（清）萬樹論次　（清）恩錫　（清）杜文瀾校刊　清光緒二年（1876）刻本　十二冊　李1186

開本29厘米×17厘米，版框18.9厘米×14.2厘米；左右雙邊，單黑魚尾；半葉七行，行二十一字，小字雙行同。序跋：俞樾、萬樹序。批校題跋：李一氓題簽（詞律/杜文瀾校刊本/坿拾遺補遺）。鈐印：擊檝、一氓五十、李氏一氓、無是樓藏書、一氓搜藏詞書種種/一九七七年記。

詞譜四十卷　（清）王奕清等輯　清康熙五十四年（1715）內府刻朱墨套印本　四十冊　李0851

開本28厘米×16.8厘米，版框19.2厘米×12.4厘米；四周雙邊，對黑魚尾，無界行；半葉八行，行二十一字，小字雙行同。序跋：陳邦彥序。批校题跋：李一氓题记。钤印：香梦馆琯甥手藏、擊楫、野莽、李一氓、李一氓印、一氓所藏、擊楫詞人、鹽叢魚鳧之人、李一氓五十後所得、成都李氏收藏故籍、一氓搜藏詞書種種／一九七七年記。

詩餘協律二卷　（清）李文林選輯　清乾隆刻本（碧香齋藏板）　二冊 李0557

開本24厘米×15.2厘米，版框18厘米×12厘米；四周單邊，單黑魚尾；半葉八行，行二十字。序跋：秘象賢序。鈐印：擊楫、李一氓、一氓五十、一氓六十、無是樓藏書、一氓搜藏詞書種種／一九七七年記。

自怡軒詞譜六卷　（清）許寶善輯　清同治三年（1864）抄本（李一氓抄補）　二冊　李0562

開本22.3厘米×14厘米。内封題：同治三年／自怡軒詞譜／安昌署内抄錄。序跋：吳省蘭序（李一氓補錄）、許寶善序。鈐印：黃節、蕉室、牧皋、擊楫、李一氓、一氓六十、一氓所藏、無是樓藏書、一氓搜藏詞書種種／一九七七年記。

詞律校勘記（罟律校勘記）二卷　（清）杜文瀾撰　清咸豐十一年（1861）曼陀羅華閣刻本　二冊　李0142

開本26.5厘米×15.5厘米，版框16.2厘米×11.8厘米；左右雙邊，單黑魚尾；半葉九行，行二十一字，小字雙行同。牌記：咸豐辛酉仲夏開雕。版心下方鐫：曼陀羅華閣。序跋：杜文瀾序。鈐印：擊楫、李一氓、一氓六十、渡江擊楫、一氓所藏、無是樓藏書、一氓搜藏詞書種種／一九七七年記。

詞律拾遺八卷　（清）徐本立纂　詞律補遺一卷　（清）杜文瀾編　清同治十二年（1873）吳下刻本　四冊　李1187

開本29厘米×17厘米，版框18.2厘米×14.3厘米；左右雙邊，單黑魚尾；半葉七行，行二十一字，小字雙行同。牌記：同治癸酉仲春吳下開雕。序跋：俞樾序。鈐印：擊櫼、李一氓、無是樓藏書、鹽叢魚鳧之人、一氓搜藏詞書種種/一九七七年記。

填詞圖譜二卷 （日本）田能村孝憲編 （日本）龜陰老父參 日本文化三年（1806）宛委堂刻本 一册 李0556

開本18.7厘米×12.7厘米，版框12.8厘米×9.7厘米；半葉八行，行十八字。版心下方鐫：宛委堂。卷末刊語：文化三年歲次丙寅春正月穀旦平安/堺屋伊兵衛河野信成新刊/剞劂氏荻田桂藏。序跋：丘思純、田能村孝憲序。批校題跋：李一氓題簽（填詞圖譜/日本鐫/一氓藏）。鈐印：無是樓、一氓讀書、一氓所藏、李一氓五十後所得、一氓搜藏詞書種種/一九七七年記。

● 詞韻之屬

詞林韻釋一卷 （宋）□□撰 清刻本 二册 李1189

開本29.3厘米×15.1厘米，版框19.5厘米×11.7厘米；四周單邊；半葉八行，行字不等。版心上方鐫：箂斐軒。批校題跋：高礪金題記、李一氓題簽（箂斐軒詞韻/有福讀書堂原藏）。鈐印：玉堂清要、華亭朱氏、漁暘子、東壁圖書、象谷愚公、小瑯嬛福地張氏藏、曾藏張蓉鏡家、真州吳氏有福讀書堂藏書、礪印、濂卿、擊櫼、李一氓印、一氓五十、無是樓藏書、成都李氏收藏故籍、一氓搜藏詞書種種/一九七七年記。

箂斐軒詞韻一卷 題宋紹興二年內府審定 清光緒二十六年（1900）盛山官舍刻本 一册 李1188

開本29.5厘米×17.6厘米，版框17.8厘米×13.6厘米；左右雙邊，單黑魚尾；半葉十二行，行七字。牌記：光緒庚子冬盛山官舍開鋟。序跋：胡薇元序。鈐印：一氓所藏、成都李一氓、長征戰士之一、一氓搜藏詞書種種/一九七七年記。

詞韻二卷　（清）王又華補切　（清）王嗣瑠訂註　清刻本　一冊
　　李1196

　　開本26.2厘米×13.7厘米，版框18厘米×11.9厘米；四周單邊，單黑魚尾；半葉九行，行字不等。鈐印：李一氓、擊楫詞人、無是樓藏書、一氓搜藏詞書種種／一九七七年記。

學宋齋詞韻一卷　（清）吴烺等輯　清乾隆刻本　一冊　李1185

　　開本19.2厘米×12.8厘米，版框12.1厘米×8.6厘米；左右雙邊，單黑魚尾；半葉七行，行十六字。鈐印：吳越王孫、擊楫、李一氓、一氓所藏、無是樓藏書、一氓搜藏詞書種種／一九七七年記。按：此書襯紙爲印譜書葉。

榕園詞韻不分卷發凡一卷　（清）吴寧編　清乾隆四十九年（1784）冬青
　　山館刻本　二冊　李1172

　　開本21厘米×15厘米，版框15.3厘米×12厘米；左右雙邊，上下黑口，單黑魚尾；半葉八行，行十八字。鈐印：擊楫、李一氓印、一氓所藏、無是樓藏書、一氓搜藏詞書種種／一九七七年記。

詞韻中聲二卷　（清）洪汝沖輯　民國十四年（1925）侯菴館石印本
　　一冊　李0295

　　開本26.2厘米×13.8厘米，版框18厘米×11.1厘米。牌記：旃蒙赤奮若律中應鍾之月侯菴館編印。序跋：王永江、洪汝沖序。鈐印：李一氓、一氓五十、擊楫詞人、李氏一氓、無是樓藏書、一氓搜藏詞書種種／一九七七年記。

集部

詞韻諧聲表四卷　陳任中編訂　民國二十三年（1934）雲在山房刻藍印本　二冊　李1063

開本28.2厘米×17.5厘米，版框18厘米×13.6厘米；左右雙邊，單藍魚尾；半葉十行，行字不等。版心下方鐫：雲在山房刊。序跋：楊壽枏、陳任中序。鈐印：李一氓、一氓五十、擊楫詞人、無是樓藏書、一氓搜藏詞書種種／一九七七年記。

曲　類

● 散曲之屬

鶴月瑶笙四卷　（明）周履靖著　（明）姚弘誼校　明刻本　一冊　李0302

開本25.7厘米×16.5厘米，版框19.7厘米×13.8厘米；四周單邊，單黑魚尾；半葉九行，行十八字。批校題跋：李一氓跋。鈐印：介山、謚敬六十四世孫金之瀚字介山、無是樓、一氓六十、一氓七十、一氓讀書、成都李一氓、蠹叢魚鼠之人、北京圖書館藏。

● 曲選之屬

新鐫古今大雅北宮詞紀六卷　（明）陳所聞粹選　（明）陳邦泰輯次　明萬曆刻本（有抄補）　六冊　李0480

開本25.5厘米×16.6厘米，版框18.7厘米×14厘米；四周單邊；半葉十行，行二十字。序跋：朱之蕃序。批校題跋：李一氓跋。鈐印：李一氓、無是樓、李一氓印、一氓所藏、一氓五十、一氓讀書、擊楫詞翰、成都李一氓、蠹叢魚鼠之人、成都李氏收藏故籍、李一氓五十後所得。

彩筆情辭十二卷　（明）張栩選次　（明）張玄參閱　明天啓四年（1624）刻本（有圖）　二冊　存二卷（一、二）　李0481

　　開本25.9厘米×16.5厘米，版框20.5厘米×13.6厘米；四周單邊，單黑魚尾；半葉九行，行二十字。批校題跋：李一氓題記。鈐印：無是樓、一氓讀書、李一氓五十後所得。

新鎸樂府遴奇三卷　（明）汪公亮校梓　新鎸增補樂府遴奇一卷　（明）新都崇文堂校梓　明新都汪公亮刻本　四冊　李0479

　　開本26.4厘米×16厘米，版框20.8厘米×12.4厘米；四周單邊；半葉十行，行二十四字。批校題跋：李一氓跋。鈐印：氓、李一氓、無是樓、一氓六十、一氓讀書。

● 曲韻曲譜曲律之屬

中原音韻一卷　（元）周德清輯　清宣統三年（1911）王國維影抄元刻本　一册　李0695

　　開本26.7厘米×16.5厘米；半葉十二行。序跋：虞集、歐陽玄、羅宗信、瑣非、周德清序。批校題跋：王國維題記、李一氓題簽（中原音韵/王静安影寫元本）。鈐印：大雲精舍、李一氓、李一氓、李一氓印、一氓所藏、無所住齋、無是樓藏書、成都李一氓收藏故籍、一氓搜藏詞書種種/一九七七年記。

曲律四卷　（明）王驥德撰　（明）孫如法訂　（明）呂天成校　明天啓方諸館刻本（李一氓抄補）　二冊　李0303

　　開本28.3厘米×17.2厘米，版框20.5厘米×14.2厘米；四周單邊，單黑魚尾；半葉十行，行二十字。版心下方鐫：方諸館。序跋：馮夢龍序、王驥德序（李一氓抄補），毛以燧跋。批校題跋：振寧題簽（王伯良

420

曲録/振宁爲一氓題)、李一氓題記。鈐印：新安黄氏梘園藏書印、李一氓、無是樓、一氓六十、一氓所藏、成都李氏收藏故籍。

● 曲評曲話曲目之屬

雨村曲話二卷　（清）李調元撰　抄本　一册　李0663

　　開本28.4厘米×18.1厘米；半葉十行，行二十字。序跋：李調元序。鈐印：雲輪閣、荃孫、古書流通處印、無是樓藏書、李一氓五十後所得、成都李氏收藏故籍。

詞餘叢話三卷　（清）楊恩壽撰　清光緒長沙楊氏刻坦園叢稿本　一册　李0664

　　開本24.5厘米×14.8厘米，版框16.3厘米×12.2厘米；四周雙邊，單黑魚尾；半葉九行，行二十一字。版心下方鐫：坦園叢稿。序跋：裴文襘序。鈐印：曾藏袁文藪家、擊楫、李一氓、一氓所藏、無是樓藏書。

戲劇類

● 雜劇之屬

四聲猿四卷　（明）徐渭撰　題澂道人評　明刻本（有圖，有抄補）　二册　李0307

　　開本27.6厘米×17.6厘米，版框20.7厘米×14.5厘米；四周單邊；半葉九行，行二十字。序跋：澂道人引、天放道人序（抄補）。另附袁宏道傳（抄補）。批校題跋：李一氓題簽（四聲猿/澂道人評本）、吳梅跋（李一氓録）。鈐印：無是樓、李一氓、李一氓印、一氓所藏、一氓讀書、成都李氏收藏故籍、李一氓五十後所得。

徐文長四聲猿一卷　（明）徐渭撰　（明）袁宏道評點　明萬曆刻本（有圖）　一册　李0306

開本29.6厘米×18.5厘米，版框21.5厘米×15厘米；四周單邊，單白魚尾；半葉九行，行二十字。序跋：鍾人傑序。批校題跋：王遐舉題簽（四聲猿/一氓藏曲/王遐舉署簽）。鈐印：無是樓、李一氓、一氓所藏、一氓讀書、一氓六十、無所著齋、蠹叢魚鼠之人、成都李氏收藏故籍。

祭皋陶一卷四齣　（清）宋琬編　題海上隨緣居士評　清康熙刻本　一册　李0308

開本25.1厘米×15.9厘米，版框18.9厘米×13.1厘米；四周單邊；半葉九行，行二十字。内封鐫：二鄉亭新編/祭皋陶/本衙藏板。序跋：隨緣居士序。批校題跋：李一氓題簽（祭皋陶/康熙刊本）、李一氓題記。鈐印：心作良田、墨顛、入掌詞垣出司民社、聽香齋藏書印、清河、震山、將勤補拙、李一氓、無是樓、李一氓印、一氓五十、一氓所藏、一氓讀書、蠹叢魚鼠之人、李一氓五十後所得。

● 傳奇之屬

繪風亭評第七才子書琵琶記六卷四十二齣釋義一卷　（元）高明撰　清康熙五年(1666)刻本　六册　李0632

開本23.2厘米×15.4厘米，版框19.5厘米×13.4厘米；左右雙邊，單黑魚尾；半葉八行，行十九字。卷一末鐫：康熙丙午秋日。序跋：浮雲客子、吳儂序。批校題跋：王遐舉題簽、柳愚題記。鈐印：言言齋善本圖書、此中有真意、吳興周越然藏書之印、李一氓印、無是樓、無是樓藏書、李一氓五十後所得、成都李氏收藏故籍。

集部

性天風月通玄記不分卷二十齣　（明）蘭茂撰　清乾隆五十七年（1792）抄本　一册　李0806

開本25.8厘米×18厘米。批校題跋：李一氓題簽（性天風月通玄記/乾隆鈔本/一氓）。鈐印：李一氓、無是樓、一氓六十、一氓所藏、成都李氏收藏故籍。

新刻重會女貞觀玉簪記大全二卷　（明）高濂撰　明刻清印本（有圖，李一氓抄補）　二册　李0900

開本26.8厘米×15.7厘米，版框20.4厘米×12.3厘米。卷端鐫題名：鐫魏仲雪先生批評玉簪記。版心鐫題名：玉簪記大全。書尾鐫題名：新刻重會女貞觀玉簪記大全。圖十四幅。批校題跋：正宇題簽（玉簪記/正宇爲一氓題）、李一氓跋。鈐印：壹氓、無是樓、一氓五十、一氓所藏、擊楫詞翰、一氓讀畫、無是樓藏書、李一氓五十後所得、成都李氏收藏故籍。

東郭記二卷四十四齣　（明）孫仁孺撰　明萬曆逵羽亭刻本（李一氓抄補）　二册　李0807

開本28厘米×17厘米，版框20厘米×12.9厘米；四周單邊，單黑魚尾；半葉十行，行二十一字。版心下方鐫：逵羽亭。序跋：孫仁孺序。批校題跋：正宇題簽（東郭記/七五年冬/正宇）、李一氓題簽（東郭記/逵羽亭刊本/一氓署）、□□題記、李一氓跋。鈐印：強恕堂記、壹氓、李一氓、無是樓、一氓所藏、李氏一氓、一氓五十、一氓讀書、擊楫詞翰、鹽叢魚凫之人、李一氓五十後所得。

詠懷堂新編燕子箋記二卷三十二齣　（明）阮大鋮撰　（明）毛恒所刻明崇禎毛恒所刻本　二册　李0809

開本27.7厘米×17.2厘米，版框20厘米×14.2厘米；四周單邊，單白魚尾；半葉九行，行二十字。內封鐫：百子山樵撰/燕子箋記/東吳毛恒所梓。序跋：韋佩居士序。批校題跋：溥佺題簽（燕子箋/一氓藏曲/松窗

423

署簽)、李一氓跋。鈐印：馬氏大雅堂藏、鄞馬彥祥所藏善本戲曲之印、松窓、李一甿、無是樓、一氓讀書、一氓所藏、一氓精鑑、成都李一氓、蠹叢魚髡之人。

墨憨齋重定西樓楚江情傳奇二卷三十六折　(明)袁白賓剏稿　(明)馮夢龍重定　明刻本　二冊　李0634

　　開本25.6厘米×16.6厘米，版框20厘米×14.1厘米；四周單邊，無界行；半葉八行，行十八字，小字雙行，行二十一字。版心上方鐫：墨憨齋定本。批校題跋：正宇題簽(楚江情/乙卯冬/正宇)。鈐印：張蕃佰印、一氓所藏、一氓六十、一氓讀畫、無是樓藏書、成都李氏收藏故籍。

夢花酣二卷　(明)范文若填詞　明崇禎刻博山堂三種曲本(李一氓抄補)　二冊　李0808

　　開本28.8厘米×17.3厘米，版框20.1厘米×14.2厘米；四周單邊，單白魚尾；半葉九行，行二十字。版心下方鐫：博山堂。批校題跋：李一氓題簽(夢花酣/一氓藏曲)、李一氓題記。鈐印：徐傳錦堂文房、來鶴樓、無是樓、一氓讀書、一氓五十、無是樓藏書、成都李一氓、蠹叢魚髡之人、成都李氏收藏故籍、李一氓五十後所得。

擬進呈楊忠愍蚺蛇膽表忠記二卷三十六齣　(清)丁耀亢編　(清)楊遠條校　清順治刻本(李一氓抄補)　四冊　李0805

　　開本28.3厘米×17.8厘米，版框20厘米×13.6厘米；四周單邊；半葉九行，行二十字。序跋：郭棻序。批校題跋：張貞題記、李一氓題簽(表忠記/順治鐫)、李一氓批并跋、李一氓過錄評語。鈐印：閒云埜崔、野莽、擊楫、無是樓、一氓所藏、擊楫詞翰、李氏一氓、一氓五十、李一氓五十後所得。

集部

一笠庵新編一捧雪傳奇（一笠菴新編一捧雪傳奇）二卷　（清）李玉筆　明末刻本（有圖，李一氓抄補）　二冊　李0804

開本26.6厘米×17厘米，版框20厘米×14厘米；左右雙邊；半葉九行，行二十字。批校題跋：李一氓題簽（一捧雪／一氓藏曲）。鈐印：李一氓、無是樓、無是樓藏書、成都李氏收藏故籍、李一氓五十後所得。按：書中附剪報（辛旭《關於李玉生平及其它材料的几點認識》）。

偷甲記（雁翎甲）二卷　（清）范希哲著　清初棒龕刻本（李一氓抄補）　四冊　李1431

開本28.4厘米×17.5厘米，版框19.4厘米×12.2厘米；四周單邊，單黑魚尾；半葉八行，行二十字。首卷卷端題名下方鐫：一名雁翎甲。序跋：秋田和尚序。批校題跋：李一氓題簽（偷甲記／一氓藏曲）、李一氓題記。鈐印：擊檝、李一氓、無是樓、一氓所藏、成都李氏收藏故籍、李一氓五十後所得。

曲波園傳奇二種　（清）徐士俊填詞　（清）李漁鑒定　題鹿谿居士評閱　清康熙徐氏曲波園刻本（有圖）　四冊　李0803

子目：香草吟傳奇二卷‖載花舲傳奇二卷

開本25.1厘米×16厘米，版框19.2厘米×13.6厘米；四周單邊；半葉九行，行二十字。版心下方鐫：曲波園。序跋：李漁序。批校題跋：正宇題簽、李一氓題記。鈐印：休寧商山汪羊一萍藏、李一氓、無是樓、一氓所藏、一氓五十、成都李一氓、李一氓五十後所得、成都李氏收藏故籍。

小説類

● 短篇之屬

虬髯客傳一卷　（唐）張説撰　（明）湯顯祖評　明末淩氏刻朱墨套印本（有圖）　一册　李0633

開本29.7厘米×19.3厘米，版框21.1厘米×14.8厘米；四周單邊，無界行；半葉八行，行十八字。批校題跋：李一氓題記。鈐印：一氓六十、成都李一氓、無所住齋鑒藏。

醉醒石不分卷十五回　（明）東魯古狂生編輯　明末刻本　一册　存插圖　李1328

開本27.9厘米×17.4厘米，版框20.3厘米×13.4厘米；四周單邊。僅存一册，均爲插圖，計十五幅。批校題跋：藍玉崧題簽（醉醒石插圖／玉崧爲一氓題）、李一氓跋。鈐印：無是樓、一氓所藏、無所著齋、一氓六十、一氓讀畫、鶯歌燕舞之齋。

● 長篇之屬

乾隆甲戌脂硯齋重評石頭記二十八卷二十八回　中華書局上海編輯所編輯　1962年中華書局影印本　二册　李0478

開本27.6厘米×18厘米。序跋：胡適序并跋。鈐印：一氓所藏。按：此書影印底本爲胡適藏書。

類叢部

類書類

● 專類之屬

應酬詞一卷 （清）陳枚輯　清刻憑山閣增輯留青新集本　一冊　李0304

開本24.5厘米×15.7厘米，版框18.4厘米×14.7厘米；四周單邊，單黑魚尾；半葉十一行，行二十字。批校題跋：李一氓題記。鈐印：還有、一氓六十、無是樓藏書、一氓搜藏詞書種種/一九七七年記。按：此書爲《憑山閣增輯留青新集》卷之七。

叢書類

● 彙編之屬

嘯餘譜十二種　（明）程明善輯　明萬曆刻本　二十冊　李0312

子目：玉川子嘯旨一卷　（宋）□□撰‖聲音數一卷　（宋）祝泌撰‖律呂一卷　（□）□□輯‖樂府原題一卷　（宋）鄭樵撰‖詩餘譜二十四卷目錄一卷　（明）程明善纂‖致語一卷　（□）□□輯‖北曲譜十二卷　（明）朱權撰‖周德清中原音韻一卷　（元）周德清撰‖周德清中原音韻務頭正語作詞起例一卷　（元）周德清撰‖南曲譜二十二卷目錄一卷　（明）沈璟撰‖中州音韻一卷　（元）卓從之撰‖司馬溫公切韻一卷　（宋）司馬光撰

開本27厘米×16.8厘米，版框21厘米×14.8厘米；四周單邊，單黑魚尾；半葉九行，行二十字。序跋：馬鳴霆、程明善序。鈐印：三山陳氏居敬堂圖書、擊楑、李一氓印、李氏一氓、一氓所藏、擊楑詞人、無是樓藏書、李一氓五十後所得、一氓搜藏詞書種種/一九七七年記。

又滿樓叢書十六種　趙詒琛輯　民國十二年（1923）崑山趙氏又滿樓刻本　一册　存四種　李0666

子目：殢花詞一卷　（清）唐祖命撰‖鶯邊詞一卷　（清）張思孝撰‖留漚吟館詞存（留漚唅館詞存）一卷　（清）沈鎣撰‖紅蕉詞一卷　（清）江標撰

開本25.2厘米×16.8厘米，版框17.6厘米×12.7厘米；左右雙邊，上下黑口，單黑魚尾；半葉十行，行二十一字。牌記：趙氏又滿廎栞本。《殢花詞》刊語：癸亥中秋崑山趙詒琛重校刻。《鶯邊詞》刊語：癸亥夏五崑山趙詒琛重校刻。批校題跋：李一氓題簽（又滿樓鐫詞四種/計唐祖命、張思孝、沈鎣、江標）。鈐印：擊楫、李一甿、李一氓印、一氓所藏、無是樓藏書、一氓搜藏詞書種種/一九七七年記。

● 自著之屬

費氏遺書三種　（清）費密撰　民國九年（1920）大關唐氏怡蘭堂刻民國十六年（1927）渭南嚴氏補刻本　三册　李1456

子目：弘道書三卷　（清）費密撰‖荒書一卷書札一卷　（清）費密編次‖燕峰詩鈔（燕峯詩鈔）一卷　（清）費密著

開本29.3厘米×21.6厘米，版框20.9厘米×15.2厘米；左右雙邊，上下黑口，對黑魚尾；半葉十一行，行二十五字。牌記：大關唐氏鋟於成都、大關唐氏怡蘭堂校栞於成都、大關唐氏怡蘭堂用舊鈔本珊。版心下方鐫：怡蘭堂校刊/渭南嚴氏校補。序跋：趙熙序、嚴式誨跋。鈐印：一氓所藏、無是樓藏書、蠹叢魚鬼之人。

蕙風叢書七種附一種　（清）況周儀撰　清光緒刻本　十二册　李0631

子目：

阮庵筆記（阮盦筆記）五種（選巷叢談二卷‖西底叢談一卷‖蘭雲菱夢樓筆記一卷‖蕙風簃隨筆二卷‖蕙風簃二筆二卷）‖香東漫筆二卷‖萬縣

西南山石刻記二卷‖香海棠館詞話一卷‖弟一生修梅花館詞九卷(新鶯詞一卷‖玉梅詞一卷‖錦錢詞一卷‖蕙風詞一卷‖菱景詞一卷‖二雲詞一卷‖餐櫻詞一卷‖菊夢詞一卷‖存悔詞一卷)‖澹如軒詩一卷(以上爲況周儀所著者)

薇省詞鈔十卷‖粤西詞見二卷(以上爲況周儀所輯者)

開本28厘米×17.5厘米，各書版框尺寸不等；四周單邊，上下黑口，對黑魚尾；半葉十一行，行二十二字，小字雙行同。內封鐫：上海中國書店藏版。批校題跋：□□題記。鈐印：鄧、圻同、海綃門人、無是樓、一氓讀書、成都李一氓、無是樓藏書。

書名索引

（以漢語拼音爲序）

A

欸紅廎詞一卷 / 308
欸乃餘曲（欸乃餘曲）二卷 / 312
艾廬遺稿六卷 / 94
安徽清代名家詞十一種 / 150
安陸集詩一卷詞一卷補遺一卷附錄一卷 / 62
安陸集一卷［清光緒八年（1882）淮南書局刻本］/ 103
安陸集一卷［清乾隆刻本］/ 62
安素軒詞草□□卷 / 213
暗香疏影齋詞鈔一卷 / 281

B

八百里湖荷花漁唱二卷八百里荷花館題畫詞一卷 / 324
八十一寒詞一卷 / 334
白鶴山房詞鈔二卷 / 210
白蕉詞四卷續集四卷 / 192
白山詞介五卷 / 384
白石詞集一卷詩集一卷 / 66
白雨齋詞話八卷詩鈔一卷詞存一卷 / 408

百尺樓叢書□□種［民國十年（1921）鉛印本］/ 128
百尺樓叢書□□種［清光緒三十四年（1908）鉛印本］/ 128
百萼紅詞二卷 / 205
百花詞一卷 / 193
百花詩箋譜不分卷 / 52
百家詞八十七種附詞人小傳一卷 / 120
百名家詞鈔一百種 / 133
百末詞五卷詞餘一卷 / 173
拜石山房詞鈔四卷 / 223
拜玉詞一卷鳳簫詞一卷 / 232
拜雲閣樂府二卷 / 209
板橋集六卷 / 78
半篋秋詞一卷 / 298
半塘定稿二卷 / 290
半塘賸稿一卷 / 291
半櫻詞二卷續二卷 / 325
包世臣手書詞八闋不分卷 / 215
寶晉甎室詞集三種 / 228
抱山樓詞錄四卷 / 256
抱香詞一卷 / 321
褱碧齋詞一卷 / 309
北湖三家詞鈔九種附一種 / 148

北湖小志六卷首一卷 / 29
北宋三家詞三種 / 122
貫園書庫目錄輯略一卷 / 35
比竹餘音四卷 / 302
筆法全書三卷 / 48
苾芻館詞集六卷 / 312
碧春詞一卷皕鏡簃詞一卷 / 314
碧雞漫志五卷 / 402
碧蘿詩庵詞一卷 / 296
碧夢盦詞一卷 / 335
碧棲詩一卷補遺一卷詞一卷 / 95
碧桃館詞一卷 / 270
碧桃仙館詞錄一卷 / 140
碧梧山館詞二卷 / 206
碧雲秋露詞二卷 / 239
賓香詞一卷 / 322
冰紅詞甲稿一卷乙稿一卷丙稿（漢上題襟詞）一卷 / 291
冰壺詞六卷 / 286
冰甌館詞鈔一卷 / 266
波外樂章四卷 / 343
玻璃聲三卷 / 100
檗隝詞存十二卷別集五卷 / 300
補恨樓詞二卷 / 327
補梅花館詞稿一卷 / 294
步姜詞二卷 / 292

C

裁花吟館集詞詩鈔二卷懺春詞一卷 / 85
裁雲閣詞鈔四卷 / 251
采香詞四卷 / 254

彩筆情辭十二卷 / 420
彩虹山房詩餘二卷 / 211
餐花吟館詞鈔六卷附題辭一卷 / 216
餐菊詞一卷 / 323
餐青閣詞稿□□卷 / 246
粲花館詞鈔一卷 / 276
倉庚詞一卷 / 398
蒼梧詞十二卷 / 185
蒼梧山館集八卷 / 258
滄江虹月詞不分卷 / 217
滄江虹月詞三卷 / 218
滄江樂府七種 / 147
滄浪詞一卷 / 335
滄浪漁笛譜一卷 / 320
草窗詞二卷補二卷［抄本］ / 166
草窗詞二卷補二卷［清光緒二十六年（1900）無著盦刻本］ / 166
草窗詞二卷補二卷［清咸豐十一年（1861）曼陀羅華閣刻本］ / 166
草窗梅花集句五卷 / 68
草間詞一卷 / 308
草堂詩餘二卷［明嘉靖三十三年（1554）楊金刻本］ / 357
草堂詩餘二卷［明刻本（李一氓抄補）］ / 358
草堂詩餘十六卷 / 362
草堂詩餘四集［明刻本］ / 363
草堂詩餘四卷［明萬曆刻本（李一氓抄補）］ / 359
草堂詩餘五卷目錄三卷 / 360
草堂詩餘選四卷 / 361
草堂嗣響四卷 / 383

草賢堂詞箋十卷 / 171
茶夢庵爐餘詞一卷茶夢庵劫後稿一卷
　　　　　　　　　　　　　　/ 143
茶山草堂詞一卷斷腸吟詞草一卷 / 277
懺庵詞八卷 / 315
羼提閫語不分卷 / 341
長沙章先生桂游詞鈔一卷 / 337
長谿草堂詞鈔一卷 / 201
長興詞存六卷 / 393
常熟縣破山興福寺志四卷 / 19
常熟縣破山興福志四卷 / 19
晁氏琴趣外篇六卷補遺一卷柯山詞
　　一卷參考資料輯一卷 / 123
掣鯨堂詩選九卷 / 77
陳伯玉集二卷 / 60
陳伯玉文集十卷 / 60
陳檢討詞鈔十二卷 / 176
陳眉公先生訂正丹淵集四十卷目錄
　　一卷拾遺二卷石室先生年譜一卷
　　諸公書翰詩文一卷 / 63
陳眉公先生手評書法離鉤十卷 / 48
陳書三十六卷 / 9
陳思王集四卷 / 59
陳章侯畫水滸葉子圖不分卷 / 49
陳子昂集二卷 / 59
城北草堂詩餘二卷詞餘一卷 / 229
城東唱和詞一卷 / 397
赤牘清裁二十八卷 / 110
赤牘清裁十卷 / 111
重刊校正笠澤叢書四卷補遺一卷 / 61
崇睦山房詞一卷 / 222
崇禎陸年四川鄉試錄一卷 / 14

初日樓稿一卷 / 99
初日樓續稿一卷 / 99
楚辭集註八卷辯證二卷後語六卷 / 58
楚辭七卷 / 57
楚辭十卷 / 57
楚辭十七卷[明萬曆刻本] / 58
楚辭十七卷[明正德十三年(1518)
　　刻本] / 57
楚辭五卷 / 58
楚生詩餘一卷 / 138
楚水詞一卷 / 285
楚四家詞四種 / 151
楚頌亭詞一卷 / 307
炊沙小令一卷 / 338
春蠶詞一卷秋夢詞一卷影桃庵詞一卷
　　　　　　　　　　　　/ 282
春草堂詞集二卷 / 224
春禪詞社詞一卷 / 397
春巢詩鈔七卷附同人題贈錄四卷 / 81
春巢詩餘四卷樂府一卷 / 200
春燈詞一卷 / 343
春華小草一卷靚粧詞鈔一卷 / 79
春鸎詞二卷 / 259
春水詞一卷 / 250
春溪詩鈔二卷詞鈔一卷 / 86
春雨樓稿四種 / 81
春在堂詞錄三卷 / 263
春蟄吟一卷 / 397
椿蔭廬詞存一卷詩存一卷 / 96
詞辨二卷介存齋論詞雜著一卷[清道光
　　二十七年(1847)潘曾瑋刻本] / 365

詞辨二卷介存齋論詞雜著一卷[清光緒四年(1878)刻本] / 365
詞的四卷 / 370
詞覯三編十六卷 / 384
詞鵠初編十五卷 / 367
詞話叢編六十種 / 401
詞家專集三種 / 117
詞家專集十種 / 116
詞箋四種 / 130
詞潔六卷前集一卷 / 405
詞鏡平仄圖譜二卷 / 415
詞林紀事二十二卷 / 402
詞林萬選四卷 / 369
詞林韻釋一卷 / 417
詞錄六卷 / 367
詞律補遺一卷 / 416
詞律二十卷 / 415
詞律二十卷目錄一卷 / 415
詞律拾遺八卷 / 416
詞律校勘記二卷 / 416
詞名集解六卷續編二卷 / 405
詞名索引不分卷 / 37
詞品六卷拾遺一卷補一卷 / 403
詞譜四十卷 / 415
詞人姓氏不分卷 / 12
詞史不分卷 / 409
詞說一卷 / 408
詞畹總目不分卷 / 36
詞選二卷續詞選二卷附錄一卷 / 364
詞選一卷 / 369
詞學辨體一卷 / 414
詞學二卷 / 410

詞學集成八卷 / 408
詞學季刊三卷 / 413
詞學講義一卷 / 410
詞學全書五種 / 404
詞學通論不分卷 / 410
詞腴二卷 / 372
詞餘叢話三卷 / 421
詞源二卷 / 402
詞源斠律二卷 / 408
詞源抉髓錄二卷 / 130
詞源疏證二卷 / 411
詞苑叢談十二卷 / 405
詞苑萃編二十四卷 / 406
詞苑珠塵一卷 / 96
詞韻二卷 / 418
詞韻考略一卷 / 402
詞韻略一卷 / 372
詞韻諧聲表四卷 / 419
詞韻中聲二卷 / 418
詞旨一卷 / 402
詞麈五卷 / 406
詞綜三十卷 / 366
辭品六卷 / 403
賜書堂訂正射譜不分卷 / 42
叢碧詞二卷 / 344
叢碧詞一卷 / 344
萃堂詞錄一卷 / 272
翠樓集一卷二集一卷新集一卷 / 107
翠螺閣詩稿四卷詞稿一卷 / 90
翠薇花館詞三十卷 / 227
存審軒詞二卷[民國十三年(1924)杭州邵銳抄本] / 220

存審軒詞二卷[清抄本] / 220

D

大厂詞稿九種 / 329
大明一統文武諸司衙門官制五卷 / 16
大小雅堂詩餘一卷 / 253
大愚堂詞集□□卷 / 303
黛韻樓詞集二卷 / 317
丹鉛餘錄十三卷 / 44
丹鉛總錄二十七卷 / 43
啖蔗詞四卷 / 200
淡月平芳館詞一卷 / 326
憺園全集三十六卷 / 74
澹仙詞鈔四卷 / 203
道援堂詩餘二卷 / 178
道園學古錄不分卷 / 68
稻香館粲香詞四卷補遺一卷 / 276
燈昏鏡曉詞四卷附聚紅榭雅集詞一卷 / 269
鞮芬室詞甲稿一卷 / 334
笛椽詞二卷琴隱詞一卷湖中明月詞一卷 / 229
笛家詞四卷 / 224
杕左堂集四卷 / 187
帝京景物略八卷 / 20
棣華樂府三種 / 153
滇詞叢錄三卷 / 395
滇雲集詞二卷 / 261
定庵詞定本一卷 / 231
定庵詩集定本二卷詞定本一卷集外未刻詩一卷 / 85
定巢詞集十卷 / 315

定山堂詩餘四卷 / 172
冬巢詞集四卷 / 217
東白堂詞選初集十五卷詞論十三則一卷 / 383
東川劉文簡公集二十四卷目錄一卷 / 68
東郭記二卷四十四齣 / 423
東海漁歌四卷 / 236
東江別集五卷集外詩一卷 / 174
東鷗草堂詞二卷 / 268
東坡樂府二卷[1957年] / 156
東坡樂府二卷[1959年] / 156
東坡樂府箋三卷 / 156
東坡先生年譜一卷 / 14
東坡先生全集七十五卷 / 63
東山寓聲樂府二卷 / 158
東谿畫譜二卷附錄一卷 / 51
東齋詞略四卷 / 179
洞仙詞六卷 / 286
洞簫詞一卷 / 216
讀詞常識不分卷 / 411
讀詞偶得 / 412
賭棋山莊集詞話十二卷續編五卷 / 407
敦煌曲子詞集三卷附錄二卷 / 356
遯庵樂府二卷 / 329
遯渚唱和集一卷拾遺一卷 / 395
墮蘭館詞存一卷 / 282

E

峨山圖説二卷 / 27
二波軒詞選三卷 / 233
二家詞鈔五卷 / 105

二家試帖一卷 / 105
二家詠古詩一卷 / 105
二如詞稿不分卷 / 206
二如居贈答詩二卷贈答詞一卷 / 86
二十四橋吹簫譜二卷外卷一卷 / 237

F

蕃錦集二卷 / 178
樊山續集□□卷 / 92
繁霜詞一卷 / 304
泛槎圖一卷續泛槎圖一卷續泛槎圖三集一卷䑳槎圖四集一卷 / 51
方氏墨譜六卷 / 53
芳茹園樂府一卷 / 171
訪樂堂詩一卷 / 93
放翁律詩鈔四卷 / 66
飛鴻閣琴意二卷 / 219
飛龍草法二卷 / 48
費氏遺書三種 / 430
芬陀利室詞話三卷 / 407
芬陀利室詞集五卷 / 247
楓香詞一卷漫堂説詩一卷 / 181
縫月軒詞錄一卷詞續一卷 / 280
鳳孫樓詞二卷 / 224
鳳孫樓填詞二卷 / 223
芙蓉山館詞鈔二卷抅蓮詞一卷移箏詞一卷 / 204
浮玉詞不分卷 / 217
鰐隱詞鈔一卷 / 315
榑洲詞二卷 / 255
婦人集一卷補一卷續婦人集二卷 / 13
復古編二卷 / 103

復古編校正一卷附錄一卷 / 103

G

陔蘭書屋詞集六種 / 249
改正夢窗詞選箋釋二卷附事蹟考略一卷 / 165
艮居詞三種 / 278
艮廬詞續集一卷外集一卷自述詩一卷 / 285
艮廬詞一卷 / 285
更生齋詩餘二卷 / 202
庚子秋詞二卷 / 396
耕煙詞五卷 / 311
公約詩餘一卷 / 138
宮詞三卷[明天啓五年(1625)虞山毛氏綠君亭刻本,李1305] / 363
宮詞三卷[明天啓五年(1625)虞山毛氏綠君亭刻本,李1335] / 364
銅厂詞乙稿一卷 / 344
古槐書屋詞不分卷 / 345
古今詞話八卷 / 404
古今詞匯初編十二卷二編四卷三編八卷序一卷緣起一卷詞論一卷詞韻一卷 / 373
古今詞統十六卷序一卷雜説一卷氏籍一卷目次一卷徐卓晤歌一卷 / 370
古今詞選十二卷 / 373
古今游名山記十七卷總錄三卷 / 32
古梅閣仿完白山人印賸一卷續編一卷 / 52
古香凹詩餘二卷 / 254

古香齋鑒賞袖珍施注蘇詩四十二卷續
　　補遺二卷王注正譌一卷宋史本傳
　　一卷東坡先生墓志銘一卷年譜一卷
　　總目二卷續補遺總目一卷 / 65
古音叢目五卷古音餘四卷古音獵要五
　　卷古音略例一卷古音附錄一卷奇字
　　韻四卷 / 4
皷枻初集一卷二集一卷［清抄本］
　　 / 173
皷枻初集一卷二集一卷［清同治四
　　年(1865)湘鄉曾氏金陵節署刻本］
　　　　 / 173
故宫遺錄一卷 / 369
顧雙溪集九卷 / 80
顧隨詞九種 / 343
瓜廬詞一卷 / 186
盥廬詞一卷看鏡詞一卷 / 343
灌花詞四卷 / 288
廣川詞錄十種 / 154
廣陵名勝圖説不分卷 / 18
廣莫軒詞□□卷 / 213
廣篋中詞四卷 / 386
廣西紀行詩詞二十六首 / 98
閨秀詞鈔十六卷姓氏韻編一卷補遺
　　一卷補遺姓氏韻編一卷 / 386
閨怨詩詞題詠集一卷 / 109
歸愚詩餘一卷 / 191
桂留山房詞集一卷 / 227
國朝常州詞錄三十一卷 / 391
國朝詞雅二十四卷 / 385
國朝詞綜補五十八卷 / 385

國朝詞綜續編二十四卷 / 385
國朝金陵詞鈔八卷附一卷［清光緒二十
　　八年(1902)刻本,李0491］ / 391
國朝金陵詞鈔八卷附一卷［清光緒二十
　　八年(1902)刻本,李1036］ / 390
國朝七家詞選一卷 / 373
國朝七家詞選一卷國朝詞續選一卷
　　　　 / 386
過雲精舍詞二卷 / 221

H

海濱酬唱詞一卷 / 387
海波詞四卷 / 334
海風簫詞一卷 / 252
海門二十景詩册一卷 / 89
海南歸櫂詞二卷 / 224
海寧三家詞三卷 / 393
海漚漁唱一卷 / 136
海棠巢詞稿一卷 / 205
海棠香夢詞四卷 / 334
海天琴趣詞一卷詞餘一卷 / 235
海外遺稿二卷 / 96
海綃詞一卷 / 323
邗江三百吟十卷 / 82
函雅堂集四十卷［清光緒二十二年(1896)
　　刻本,李0705］ / 91
函雅堂集四十卷［清光緒二十二年(1896)
　　刻本,李0706］ / 91
寒翠詞二卷 / 333
寒松閣詞三卷 / 271
寒松閣詞選一卷［清光緒二十七年(1901)
　　張鳴珂稿本］ / 368

寒松閣詞選一卷[清張鳴珂抄本] / 373
寒松閣駢體文一卷 / 89
漢南春柳詞鈔一卷 / 140
杭州西溪奉祀歷代兩浙詞人姓氏錄 / 12
合肥詞鈔四卷 / 394
何紹基正書祝藹平年伯暨德配六旬雙
　　壽序 / 48
和白石詞一卷 / 328
和石湖詞一卷 / 161
和漱玉詞一卷澗南詞一卷[清抄本]
　　　　　　　　　　　　/ 241
和漱玉詞一卷澗南詞一卷[清同治三
　　年(1864)滬上刻本] / 241
和小山詞一卷 / 344
和珠玉詞一卷 / 389
喝月詞六卷 / 190
鶴舫詩詞二卷 / 86
鶴緣詞一卷 / 271
鶴月瑤笙四卷 / 419
恒山志五卷圖一卷 / 22
紅豆簃琴意一卷 / 272
紅豆樹館詞八卷 / 213
紅豆樹館詞三卷 / 213
紅豆新詞一卷記事譜一卷 / 272
紅萼詞二卷 / 190
紅萼軒詞牌二卷 / 191
紅柳詞一卷 / 212
紅樓夢百詠辭一卷附錄一卷 / 110
紅樓夢偶得一卷 / 113
紅樓夢圖詠不分卷 / 52
紅藕莊詞三卷 / 189
紅樹白雲山館詞草一卷 / 338

紅蕪詞鈔二卷 / 272
紅杏詞二卷天台紀游一卷 / 209
紅雪詞鈔四卷附錄二卷 / 206
紅雪詞甲集二卷乙集二卷詞餘一卷
　　　　　　　　　　　　/ 209
紅雪軒稿六卷 / 78
紅蟬香館詞雋一卷 / 366
紅雨樓詩鈔一卷詞鈔一卷附錄一卷
　　　　　　　　　　　　/ 90
鴻雪詞二卷 / 222
鴻雪詞二卷退庵詞一卷 / 222
侯鯖詞五種 / 142
候蜑詞五卷 / 306
壺隱詩鈔二卷詞鈔一卷 / 95
湖海樓詞集二十卷 / 176
湖山類稿五卷湖山外稿一卷 / 67
湖天曉角詞二卷 / 268
湖州詞徵二十四卷國朝湖州詞人姓字
　　略一卷 / 392
湖州詞徵三十卷 / 392
虎阜志十卷首一卷 / 23
虎丘山志五卷圖志一卷 / 23
花庵絕妙詞選二十卷 / 356
花草萃編十二卷[況周頤弟一生脩楳華
　　館抄本] / 370
花草萃編十二卷[明萬曆刻本] / 369
花間集二卷 / 350
花間集十二卷補二卷 / 352
花間集十卷補二卷 / 351
花間集十卷花間集補二卷 / 352
花間集十卷[1955年文學古籍刊行社
　　影印宋紹興十八年(1148)刻本]
　　　　　　　　　　　　/ 350

花間集十卷[民國三年(1914)吳昌綬影刻明正德十六年(1521)吳郡陸元大仿宋刻本] / 349

花間集十卷[民國三年(1914)吳昌綬影刻明正德十六年(1521)吳郡陸元大仿宋刻本(朱印)] / 349

花間集十卷[民國十年(1921)掃葉山房石印本] / 350

花間集十卷[民國四年(1915)上海碧梧山房石印本] / 350

花間集十卷[明末毛氏汲古閣刻本] / 348

花間集十卷[明正德十六年(1521)吳郡陸元大仿宋刻本] / 347

花間集十卷[清光緒十四年(1888)邵武徐氏刻本] / 349

花間集十卷[清刻本] / 348

花間集十卷[清乾隆五十四年(1789)寫四庫全書本] / 348

花間集四卷[明萬曆刻本] / 351

花間集四卷[明萬曆刻朱墨套印本] / 351

花間集校初稿十卷 / 352

花間集校稿十卷 / 353

花間集校十卷[1958年人民文學出版社鉛印本] / 353

花間集校十卷[1973年商務印書館香港分館鉛印本] / 353

花間類編不分卷 / 354

花間夢詞記一卷 / 412

花簾詞一卷 / 236

花蕊夫人詩集一卷 / 62

花笑樓詞四種 / 313

花行小集一卷 / 399

花影吹笙詞鈔二卷 / 139

花雨樓詞草一卷 / 332

花嶼詞一卷 / 195

花韻庵詩餘一卷微波詞一卷 / 205

花韻館詞七卷 / 195

花周集一卷 / 336

華鬘室詞一卷 / 296

華陽國志十二卷補三州郡縣目錄一卷 / 17

畫眉詞一卷 / 146

畫譜不分卷 / 50

畫延年室詩餘三卷 / 205

淮海詞箋注六卷 / 158

淮海集四十卷后集六卷長短句三卷 / 66

淮海居士長短句三卷[1957年上海中華書局鉛印蘇門四學士詞本] / 158

淮海居士長短句三卷[民國十九年(1930)北平故宮博物院圖書館影印宋刻本] / 157

淮海扁舟集二卷 / 227

淮海秋笳集一卷 / 388

淮海先生詩詞叢話一卷補遺一卷 / 66

槐廬詞學一卷 / 288

懷白軒詞鈔二卷南北曲一卷 / 271

懷青庵詞一卷 / 295

懷亭詞錄三卷 / 288

懷湘閣詩鈔一卷詞鈔一卷 / 90

還初堂詞鈔一卷 / 237

幻不分卷 / 345

441

浣花詞一卷 / 183
浣花閣詞鈔二卷 / 249
浣青吟稿一卷 / 87
浣雪詞鈔二卷 / 180
浣月詞一卷 / 299
黃海紀遊一卷 / 30
黃花翠竹池館詞一卷 / 140
黃山草一卷[程楷撰] / 75
黃山草一卷[黃元治著] / 75
黃山紀勝四卷 / 31
黃山紀游草不分卷 / 31
黃山紀游詞一卷 / 75
黃山紀游詩一卷 / 75
黃山紀游一卷 / 30
黃山記遊一卷 / 31
黃山樵唱一卷 / 333
黃山圖經不分卷 / 24
黃山遊記彙鈔四種 / 31
黃山志定本七卷首一卷 / 25
黃山志二卷 / 25
黃山志略十卷 / 26
黃山志十卷 / 24
黃山志續集十二卷圖一卷 / 25
黃氏畫譜八種 / 49
悔存詞鈔二卷 / 203
悔龕詞一卷 / 305
悔龕詞一卷續一卷觀所尚齋文存補遺一卷 / 306
悔翁詩餘五卷 / 242
晦珠館詩詞稿一卷 / 97
蕙如長短句一卷 / 147
蕙風詞二卷 / 309

蕙風詞話五卷詞二卷 / 409
蕙風叢書七種附一種 / 430
蕙襟集十二卷 / 90
蕙雪詞四卷 / 142
繪風亭評第七才子書琵琶記六卷四十二齣釋義一卷 / 422

J

唧唧吟不分卷 / 229
擊檝藏詞目錄不分卷 / 37
擊劍詞一卷 / 332
吉雨詞稿二卷 / 211
記紅集四卷 / 364
祭皋陶一卷四齣 / 422
寄庵詩餘一卷 / 334
寄春吟一卷 / 81
寄龕詞四卷 / 283
寄漚詞稿一卷 / 146
寄青齋詞稿一卷 / 239
寄我山房詩詞草五卷 / 85
寄影軒詞稿六卷 / 251
寄榆詞一卷[民國二十六年(1937)剡溪袁氏濟美堂刻朱印本] / 310
寄榆詞一卷[清抄本] / 310
濟游詞鈔一卷 / 298
迦厂詞四卷 / 335
迦陵詞全集三十卷 / 176
迦陵先生填詞圖題詞不分卷 / 109
稼厂詞一卷 / 311
稼軒長短句十二卷[1957年古典文學出版社影印元大德三年(1299)刻本] / 162

稼軒長短句十二卷［1959 年中華書局影印元大德三年（1299）刻本］／ 163

稼軒長短句十二卷［明嘉靖十五年（1536）王詔刻本］／ 162

稼軒詞編年箋注七卷附錄一卷／ 164

稼軒詞六卷／ 163

稼軒詞十卷附集外詞一卷／ 163

稼軒詞四卷附校勘記一卷／ 163

蒨紅詞草一卷／ 325

寒庵詞二卷／ 304

䇹齋詩餘一卷／ 211

劍光樓詞一卷／ 234

劍潭詞稿一卷／ 202

薦香遺稿三卷／ 92

鑑古齋墨藪不分卷／ 54

江辰六文集十六卷／ 74

江東詞稿一卷／ 292

江南春詞集一卷附錄一卷附考一卷／ 170

江南名勝圖不分卷／ 18

江山萬里樓詞鈔二卷／ 330

江山萬里樓詞鈔四卷／ 144

絳跗山館詞錄三卷／ 245

絳河笙詞稿一卷／ 252

蕉窗詞一卷／ 287

蕉林近稿不分卷／ 72

蕉心閣詞一卷／ 268

校輯宋金元人詞七十三卷／ 380

校夢龕集一卷／ 291

戒庵詩草六卷／ 74

芥子園畫傳初集五卷／ 50

芥子園畫傳二集八卷首一卷／ 51

借山詩鈔一卷／ 76

借閒生詞一卷／ 232

今詞初集二卷／ 383

今悔庵詞一卷／ 289

今樵詞四卷／ 237

金梁夢月詞二卷懷夢詞一卷／ 221

金縷曲廿四疊韻一卷／ 263

金石品二卷何學士題跋一卷／ 34

錦瑟詞三卷詞話一卷錦瑟酬贈詞一卷／ 186

近人詞錄二卷／ 390

縉雲山志不分卷／ 27

荊南蕺蕺客詩餘一卷／ 342

精刻古今女史十二卷詩集八卷姓氏字里詳節一卷／ 107

精選古今詩餘醉十五卷／ 371

精選古今詩餘醉十五卷首一卷／ 371

精選國朝詩餘一卷／ 371

精選名賢詞話草堂詩餘二卷／ 357

井華詞二卷／ 279

井眉軒長短句一卷外編一卷／ 322

靜鄉居詞一卷／ 275

鏡虹吟室詞集二卷／ 214

鏡心齋詞鈔一卷／ 241

九華日錄不分卷／ 32

九秋詞（落葉集）一卷／ 346

九疑山志八卷圖一卷／ 27

九疑仙館詞鈔一卷附諸圖題詞一卷／ 230

酒邊詞八卷／ 260

酒邊集一卷／ 160

酒癡吟草一卷／ 143

舊月簃詞一卷 / 333

居易齋詩餘一卷 / 332

鞠譡詞二卷 / 328

菊籬詞一卷 / 135

菊壽庵詞稿四卷 / 257

菊莊詞甲集一卷菊莊詞話一卷 / 183

矩園詞鈔一卷 / 333

聚紅榭雅集詞六卷 / 396

瞿髯詞稿二卷 / 345

瞿髯論詞絕句 / 412

倦鶴近體樂府五卷 / 338

眷眉詞一卷 / 311

絕妙好詞本編一卷前編一卷續編一卷
       / 377

絕妙好詞箋七卷［抄本］/ 375

絕妙好詞箋七卷［清乾隆十五年（1750）
 宛平樁氏澹宜書屋刻本］/ 375

絕妙好詞箋七卷絕妙好詞續鈔二卷
       / 376

絕妙好詞箋七卷絕妙好詞續鈔一卷絕
 妙好詞又續鈔一卷 / 376

絕妙好詞七卷 / 375

絕妙好詞校錄一卷 / 409

K

考功詞一卷 / 265

珂雪詞二卷 / 180

珂雪詞二卷補遺一卷 / 181

柯家山館詞三卷 / 214

可園詞存四卷 / 281

課鵡詞一卷 / 135

空青館詞稿三卷 / 236

空一切庵詞一卷 / 281

枯桐閣詞稿一卷 / 277

枯桐怨語一卷消息詞一卷柳邊詞一卷
       / 339

快晴小築詞二卷 / 197

葵窗詞稿一卷 / 165

L

賴古堂別集印人傳三卷 / 12

賴古堂詩集四卷 / 72

蘭當詞二卷 / 288

蘭皋明詞彙選八卷 / 381

蘭素詞一卷 / 148

蘭雪集二卷補遺一卷 / 67

懶翁詩詞二卷 / 93

浪餘詞一卷 / 270

老子道德經二卷 / 41

類編草堂詩餘四卷［明博雅堂刻本］
       / 360

類編草堂詩餘四卷［明嘉靖刻清乾隆三
 十年（1765）上海陸氏補刻本］/ 360

類編草堂詩餘四卷［明刻本，李1459］
       / 358

類編草堂詩餘四卷［明刻本，李1475］
       / 358

類編草堂詩餘四卷［明萬曆金陵唐龍泉
 刻本］/ 359

類編草堂詩餘四卷［明萬曆刻本，
 李1075］/ 359

類編草堂詩餘四卷［明萬曆刻本，
 李1133］/ 359

類編草堂詩餘四卷續草堂詩餘二卷
       / 362

類箋唐王右丞詩集十卷文集四卷年譜一卷外編一卷唐諸家同詠集一卷贈題集一卷歷朝諸家評王右丞詩畫鈔一卷 / 60
類選箋釋草堂詩餘六卷類編箋釋續選草堂詩餘二卷類編箋釋國朝詩餘五卷 / 362
楞華室詞鈔二卷 / 264
冷紅詞四卷 / 302
冷紅詞一卷冷紅館詩補鈔二卷修修利齋偶存一卷 / 87
冷吟仙館詩餘一卷文存一卷 / 274
黎氏三家詩詞二十五卷 / 153
李長吉昌谷集句解定本四卷 / 61
李煜詞討論集 / 413
李卓吾先生讀升庵集二十卷 / 112
荔墻詞一卷 / 252
荔園詞二卷 / 263
歷朝名媛詩詞十二卷 / 106
歷代閨秀詩餘不分卷 / 380
歷代兩浙詞人小傳十六卷 / 12
歷代名詞選 / 401
麗崎軒詩四卷詩餘一卷 / 71
麗矚亭詞二卷 / 284
蓮漪詞二卷 / 274
蓮因室詞集一卷 / 258
蓮子居詞話四卷[清嘉慶刻本] / 406
蓮子居詞話四卷[清同治六年(1867)刻本] / 407
量守廬詞鈔四種 / 339
聊園詞一卷 / 325
聊齋詞一卷[民國刻本] / 185

聊齋詞一卷[清光緒鉛印本] / 185
聊齋詞一卷[清宣統三年(1911)海豐吳重熹抄本] / 185
蓼辛詞一卷外集一卷 / 398
蓼園詞選一卷 / 364
列仙酒牌不分卷 / 52
林下詞選十四卷 / 381
臨川湯若士先生玉茗堂尺牘六卷 / 111
蓼楥詞一卷 / 284
玲瓏簾詞一卷 / 191
菱江詞一卷 / 196
淩波詞一卷 / 313
零錦集詞稿二卷 / 244
靈鵲蒲桃鏡館詞一卷 / 336
留村詞一卷 / 180
留我相庵集三種 / 94
留香小閣詞鈔一卷 / 247
留研詞一卷 / 195
留雲借月庵詞八卷 / 289
留雲借月庵詞續一卷 / 290
劉向古列女傳七卷續列女傳一卷 / 13
柳谿長短句一卷 / 340
柳谿長短句一卷二集一卷 / 340
柳烟詞四卷詞評一卷 / 187
六書索隱五卷 / 3
六一消夏詞一卷附錄和作一卷 / 398
六影詞六卷 / 388
龍顧山房詩餘三卷 / 337
龍井記略五卷 / 21
龍井見聞錄十卷附宋僧元净外傳二卷 / 21
龍洲詞一卷 / 164

龍洲詞一卷舊本龍洲詞提要一卷 / 164
鏤塵詞一卷 / 147
廬山志十五卷序一卷引用書目一卷圖一卷姓氏考一卷目錄一卷 / 24
菉斐軒詞韻一卷 / 417
淥水餘音一卷 / 335
錄異記八卷 / 46
濾月軒詩餘一卷 / 227
露蟬吟詞鈔一卷 / 204
露花詞二卷 / 225
露華榭詞一卷 / 215
呂半隱詩集三卷 / 73
律十二卷音義一卷 / 15
綠草集一卷 / 146
綠梅花龕詞二卷 / 281
綠梅影樓詩存一卷詞存一卷 / 84
綠雪館詞三卷 / 243
綠陰山館詞二卷 / 193
綠月樓詞一卷 / 249
綠雲館吟草一卷賦鈔一卷 / 86
廬尊詞一卷然脂詞一卷 / 306
欒城集五十卷後集二十四卷三集十卷應詔集十二卷 / 65
羅音室詩詞存稿三卷 / 101
羅月詞二卷 / 269

M

馬政志四卷 / 15
鬘天影事譜四卷附錄一卷 / 307
鬘雲軒詞二卷 / 234
滿庭芳印拓一卷 / 53
曼廬詞一卷 / 283

曼陀羅花室詞一卷 / 298
曼陀羅龕詞一卷 / 297
毛主席詩詞二十一首 / 98
毛主席詩詞刻石不分卷 / 98
毛主席詩詞三十七首 / 98
毛主席詩詞十九首 / 98
茂邊紀事一卷 / 9
茂陵秋雨詞四卷 / 254
眉庵詞一卷 / 169
眉綠樓詞八種 / 250
梅邊吹笛譜二卷補錄一卷 / 206
梅笛庵詞賸稿一卷 / 266
梅景書屋詞集二種 / 146
梅麓詞存一卷 / 214
梅笙詞不分卷 / 243
梅影庵詞集三種 / 253
梅苑十卷 / 363
美人長壽庵詞集六卷詞目一卷 / 314
捫蝨談室詞一卷集外詞一卷影樹亭和詞摘存一卷 / 315
夢窗詞四卷附補遺一卷續補遺一卷 / 165
夢窗詞四卷附補遺一卷札記一卷 / 165
夢春廬詞一卷 / 149
夢花館詞鈔一卷 / 326
夢花酣二卷 / 424
夢龕詞一卷 / 142
夢綠山莊集八卷 / 82
夢田詞一卷 / 198
夢溪欋謳二卷 / 275
夢影詞六卷 / 265
夢影樓稿一卷 / 266

夢玉詞一卷 / 232
夢月巖詩餘一卷 / 187
夢珠集不分卷夢珠二集不分卷 / 180
孟浩然集三卷 / 60
孟浩然詩集三卷 / 60
眠琴閣詞六卷外集一卷 / 308
緜桐館詞一卷 / 300
勉憙集一卷 / 278
岷江紀程一卷楹貼偶存一卷 / 33
閩詞徵六卷 / 394
名家詞集十種 / 118
名家詞十七種 / 138
名山勝概記四十八卷圖一卷目錄一卷 / 32
名山諸勝記不分卷 / 33
名媛詞選一卷 / 372
明初四家詩四種 / 104
明詞綜十二卷 / 381
明湖四客詞鈔四種 / 137
明詩十二家十二卷 / 104
茗柯詞一卷[民國十三年(1924)邵銳抄本] / 208
茗柯詞一卷[清刻本] / 208
茗齋詩餘不分卷 / 172
摩西詞八卷 / 317
墨巢叢刻□□種 / 145
墨池璡錄四卷 / 47
墨法集要一卷 / 53
墨憨齋重定西樓楚江情傳奇二卷三十六折 / 424
墨君論古不分卷 / 112
墨壽閣詞鈔一卷續鈔一卷 / 269

牟珠詞一卷補遺一卷 / 301
牧鷗亦舫詩餘一卷 / 253
牧齋初學集一百十卷目錄二卷 / 71

N

納蘭詞五卷補遺一卷[1954年文學古籍刊行社鉛印本] / 189
納蘭詞五卷補遺一卷[清道光十二年(1832)結鐵網齋刻本] / 189
耐歌詞四卷首一卷 / 172
耐軒詞不分卷 / 169
南谷樵唱三卷 / 235
南華詞存前集二卷中集二卷後集二卷 / 323
南唐二主詞箋一卷補遺一卷 / 155
南唐二主詞一卷 / 155
南窗牧笛一卷 / 292
鬧紅一舸詞選一卷 / 229
內閣秘傳字府四卷首一卷 / 47
擬進呈楊忠愍蚺蛇膽表忠記二卷三十六齣 / 424
廿四花風館詩鈔一卷詞鈔一卷 / 95
念春詞一卷 / 347
念宛齋詞鈔一卷[清宣統元年(1909)南陵徐乃昌刻本] / 136
念宛齋詞鈔一卷[清嘉慶二十五年(1820)刻本(裕德堂藏板)] / 204
念宛齋詞曲一卷 / 204
鳥心花淚詞二卷附雲影詞一卷 / 285
爾雲仙館詩詞集二卷 / 91
凝碧餘音一卷 / 343
凝香集四卷 / 187

佞宋詞痕五卷外篇和小山詞一卷 / 146

耨雲軒詞二卷 / 210

O

甌社詞鈔不分卷 / 399

甌香詞一卷 / 239

鷗影詞鈔六卷附悼亡曲一卷 / 286

鷗影詞稿五卷[民國十七年(1928)京師刻本,李0040] / 324

鷗影詞稿五卷[民國十七年(1928)京師刻本,李0041] / 324

鷗影閣詞五卷 / 325

藕村詞存一卷 / 194

藕湖詞一卷 / 219

藕絲詞四卷 / 296

漚夢詞四卷 / 319

漚社詞鈔二十集附錄和作一卷 / 399

P

盤珠詞一卷 / 214

龐檗子遺集二種 / 97

匏笙詞二卷 / 318

佩蘅詞一卷補遺一卷 / 261

佩秋閣詞稿一卷 / 267

彭城偶錄二卷 / 108

捧月樓綺語八卷 / 218

片玉山莊詞存一卷詞略一卷 / 299

蘋華屋蛻稿三卷 / 230

平山堂圖志十卷附宸翰一卷名勝全圖一卷 / 18

瓶盧詞一卷 / 274

瓶隱山房詞八卷 / 242

評梅閣詞一卷 / 300

潑墨軒詞一卷 / 234

璞玉館詞鈔一卷 / 144

普陀山志六卷 / 23

曝書亭詞拾遺三卷志異一卷 / 177

曝書亭集詞註七卷 / 177

曝書亭集外詞一卷 / 177

曝書亭刪餘詞一卷曝書亭詞手稿原目一卷校勘記一卷 / 178

Q

七家詞鈔七種 / 137

栖香閣詞二卷[清道光四年(1824)山陽李氏聞妙香室刻本] / 175

栖香閣詞二卷[清宣統二年(1910)木活字印本] / 175

棲雲山館詞存一卷 / 260

齊山巖洞志二十六卷首一卷 / 26

啟秀軒詩鈔二卷詞一卷題詞補一卷 / 87

綺霞詞三卷 / 186

洽園詩餘三卷補遺一卷 / 199

千里樓詩草一卷詩餘一卷 / 92

擷雲閣詞一卷 / 249

前後蜀雜事詩二卷 / 11

乾隆甲戌脂硯齋重評石頭記二十八卷二十八回 / 426

黔南叢書第四集十六種 / 152

潛社詞刊四集曲刊六集 / 400

倩影樓遺稿一卷 / 259

彊村詞前集一卷別集一卷 / 305

彊村詞四卷[清光緒三十一年(1905)刻本,李0133] / 304

書名索引

彊村詞四卷［清光緒三十一年（1905）刻本,李0134］／ 305
彊村叢書一百八十種 ／ 114
彊村語業二卷 ／ 305
樵風樂府九卷 ／ 302
樵歌三卷 ／ 159
樵歌三卷補遺一卷 ／ 159
樵歌三卷目錄一卷補遺一卷 ／ 159
秦淮八艷圖詠一卷 ／ 110
秦張兩先生詩餘合璧（詩餘合璧）兩種 ／ 128
琴畫樓詞鈔二十五卷 ／ 136
琴思樓詞一卷 ／ 316
琴臺夢語一卷 ／ 307
琴隱園詞集四卷 ／ 218
青芙館詞鈔一卷二韭室詩餘別集一卷纂喜堂詩稿一卷 ／ 89
青櫹館詞稿初鈔一卷詩稿附鈔一卷 ／ 196
青萍詞一卷 ／ 341
青邱高季迪先生扣舷集一卷 ／ 169
青蕤庵詞四卷 ／ 301
青溪詞鈔一卷 ／ 289
青溪遺稿二十八卷 ／ 72
青玉閣詞一卷 ／ 198
清安室詞甲稿一卷乙稿一卷 ／ 311
清詞鈔索引不分卷 ／ 37
清詞鈔一卷 ／ 386
清詞玉屑十二卷 ／ 410
清詞雜鈔不分卷 ／ 389
清芬館詞草一卷 ／ 259
清淮詞二卷 ／ 245

清季四家詞四種 ／ 144
清涼山新志十卷附御製碑文一卷 ／ 22
清夢庵二白詞五卷附刻一卷 ／ 231
清夢軒詩餘二卷 ／ 238
清名家詞 ／ 390
清綺軒詞選十三卷 ／ 374
清綺軒詩餘一卷 ／ 198
清聲閣詞四種 ／ 327
清十一家詞鈔十一種 ／ 135
清濤詞二卷［清康熙刻本,李0875］／ 192
清濤詞二卷［清康熙刻本,李0876］／ 192
清真詞校後錄要一卷 ／ 158
清真詞朱方和韻合刊十二卷 ／ 390
清真集二卷附補遺一卷 ／ 158
情田詞三卷 ／ 188
晴雪雅詞四卷 ／ 367
璃笙吟館詩餘二卷 ／ 293
瓊琯詞一卷 ／ 164
瓊華館詞不分卷 ／ 267
秋庵詞草不分卷 ／ 201
秋窗聽雨詞不分卷 ／ 283
秋鐙瑣憶一卷 ／ 87
秋閒詞一卷 ／ 171
秋薑詞鈔一卷 ／ 318
秋蓼亭詞一卷 ／ 248
秋林琴雅四卷 ／ 193
秋綠詞一卷 ／ 148
秋夢庵詞鈔二卷續一卷秋夢龕詞再續一卷 ／ 264
秋水庵花影集五卷目錄一卷 ／ 71

449

秋水詞二卷 / 175

秋雁詞一卷 / 316

求是堂詩餘一卷 / 216

虬髯客傳一卷 / 426

曲阿詞綜四卷 / 391

曲波園傳奇二種 / 425

曲律四卷 / 420

蘧盧詞三卷 / 175

趣園詩餘六卷 / 317

全芳備祖詞鈔前集一卷後集一卷 / 374

全金元詞不分卷 / 381

全清詞鈔四十卷 / 390

全宋詞 / 380

鵲泉山館詞一卷 / 267

群芳外譜二卷 / 13

R

瀼谿漁唱一卷 / 326

人月圓詞一卷 / 275

日本名山圖會不分卷 / 34

蓉渡詞三卷 / 176

蓉影詞一卷[民國十一年(1922)惜陰堂鉛印本] / 387

蓉影詞一卷[清嘉慶二十二年(1817)刻本] / 387

榕園詞韻不分卷發凡一卷 / 418

榮寶詞續集三卷 / 197

如法受持館詩餘一卷 / 287

如社詞鈔十二集 / 400

蕤紅詞一卷 / 300

蕊珠詞一卷 / 189

瑞雲詞一卷 / 241

S

三百詞譜六卷 / 414

三程詞鈔八卷 / 395

三家詞錄三種 / 150

三家詞選三種 / 137

三李詞三卷遺事九則一卷 / 366

三台日記不分卷 / 14

三影閣箏語四卷[清嘉慶刻本,李1057] / 203

三影閣箏語四卷[清嘉慶刻本,李1058] / 203

騷屑一卷 / 178

山海經十八卷 / 46

山禽餘響一卷 / 340

山曉閣詞草一卷 / 183

山陽笛語詞一卷江山帆影詞一卷塵痕煙水詞一卷 / 337

山中白雲八卷[清康熙錢塘龔翔麟刻本] / 167

山中白雲八卷[清康熙錢塘龔翔麟刻乾隆寶書堂印本] / 167

山中白雲詞八卷附錄一卷玉田先生樂府指迷一卷 / 167

商子五卷 / 42

尚絅堂詞集二卷 / 208

勺廬詞一卷 / 321

射雕詞兩卷附續鈔一卷 / 262

涉江詞二卷 / 303

涉江詞五卷[油印本,李0363] / 346

涉江詞五卷[油印本,李0364] / 346

攝閩詞一卷 / 135

書名索引

攝山志八卷首一卷 / 23
麝塵蓮寸集四卷補遺一卷 / 296
沈歸愚詩文全集十五種 / 77
升庵長短句三卷 / 170
升庵詩話十四卷 / 111
升庵詩話四卷 / 111
升庵外集一百卷 / 69
升庵先生文集八十一卷目錄四卷 / 69
笙月詞五卷花影詞一卷 / 273
聲越詩錄一卷詞錄一卷 / 100
剩紅詞一卷易簡書屋詩存一卷 / 83
聖蹟圖不分卷 / 13
郟亭詞集七種 / 276
詩詞散論不分卷 / 112
詩詞雜俎十二種 / 104
詩經集傳八卷 / 3
詩契齋詞鈔六卷 / 276
詩餘附錄一卷 / 217
詩餘廣選十六卷徐卓晤歌一卷 / 371
詩餘偶鈔六種 / 151
詩餘圖譜三卷 / 414
詩餘協律二卷 / 416
詩餘一卷 / 268
詩餘總目提要初稿十二卷 / 35
十二家唐詩二十四卷 / 101
十二樓艷體詞選一卷 / 368
十二銅鼓軒詞稿一卷 / 240
十家詞彙十種 / 139
十鞭詞鈔一卷 / 314
十六家詞十七種 / 133
十五家詞三十七卷 / 383
石工寫詞四種 / 145

石湖詞一卷補遺一卷 / 161
石蓮闇詞一卷 / 282
石林詞一卷補遺一卷 / 159
時晴齋詞鈔一卷 / 241
式谿詞一卷 / 319
守白詞甲稿一卷乙稿一卷 / 332
受辛詞二卷 / 275
壽香社詞鈔八種 / 151
瘦碧詞二卷 / 303
瘦春詞鈔一卷 / 140
瘦鶴軒詞一卷續一卷 / 244
瘦葉詞一卷附編二卷 / 323
綏藤吟舫詞一卷 / 226
書法鉤玄四卷 / 47
書史會要十卷補遺一卷續編一卷 / 11
疏篁待月處詞草三卷青琅玕館文賸一卷 / 303
疏籟詞二卷 / 294
蔬香詞一卷竹窗詞一卷獨旦詞一卷 / 188
黍薌詞一卷 / 294
蜀故二十七卷 / 18
蜀龜鑑七卷首一卷 / 10
蜀十五家詞十五種 / 116
蜀事紀略一卷 / 9
蜀獒述略六卷 / 10
蜀雅十二卷別集二卷 / 330
蜀遊草三卷 / 80
蜀遊詩鈔六卷續鈔六卷 / 108
蜀中廣記一百八卷 / 21
漱泉詞一卷 / 289
漱玉詞一卷 / 160

451

漱玉集五卷目錄一卷年譜一卷 / 160
霜紅詞一卷 / 345
霜厓詞錄一卷 / 338
雙柏詞一卷 / 240
雙紅豆詞二卷 / 279
雙紅豆館詞鈔四卷 / 269
雙花閣詞鈔二卷 / 219
雙橋小築詞存四卷集餘一卷 / 264
雙橋小築詞存五卷集餘二卷 / 265
雙清詞草不分卷 / 331
雙梧桐館集二十六卷 / 81
雙溪詞三卷 / 322
雙辛夷樓詞二卷 / 286
雙硯齋詞鈔二卷 / 216
水經注刪八卷 / 28
水流雲在館詞鈔八卷續刊一卷 / 279
水仙亭詞集二卷 / 294
水雲樓詞二卷 / 256
水雲樓詞續一卷 / 256
說劍堂集四種 / 307
司空平蠻餘錄二卷 / 9
司寇公親筆詞稿一卷 / 190
四川名勝志三十五卷 / 19
四川史地材料三種 / 10
四川史地鈔三種 / 10
四婦人集四種 / 103
四明近體樂府十四卷附一卷 / 392
四明延慶天臺講寺志八卷 / 20
四聲猿四卷 / 421
四印齋藏詞六種 / 126
四印齋彙刻宋元三十一家詞三十一種 / 125

四印齋所刻詞二十四種 / 122
四種詞四卷 / 126
松陵絕妙詞選四卷華胥語業一卷 / 382
松泉詞鈔一卷 / 316
宋詞鈔十二卷附錄一卷 / 379
宋詞三百首不分卷 / 379
宋詞賞心錄一卷 / 379
宋詞四考 / 412
宋詞五家雜鈔五種 / 124
宋金元詞集見存卷目不分卷 / 37
宋六十家詞選不分卷 / 378
宋六十一家詞選十二卷 / 379
宋名家詞六十一種 / 123
宋十四家詞鈔一卷 / 378
宋史蜀人列傳目錄一卷四川通志宋代人物題名一卷 / 36
宋四家詞選一卷[清道光刻本] / 378
宋四家詞選一卷[清道光十二年(1832)湖南思賢書局刻本,李0938] / 377
宋四家詞選一卷[清道光十二年(1832)湖南思賢書局刻本,李0939] / 377
宋四家詞選一卷[清道光十七年(1837)揚州符保森抄本] / 377
宋四家詞選一卷[清光緒湖南刻本] / 378
誦帚堪詞選四卷附元人散曲選序論 / 355
蘇庵詩餘五卷 / 238
蘇長公密語十六卷 / 64
蘇長公小品二卷 / 64
蘇鄰遺詩二卷 / 89
蘇文忠公明道詩箋註不分卷 / 65

素心閣遺稿三卷 / 101

歲朝賞菊詩一卷 / 83

歲寒居詞話一卷 / 408

歲華紀勝二卷 / 108

索笑詞二卷 / 248

T

苔亭畫記不分卷 / 49

太素齋詞鈔二卷[清光緒十年(1884)刻本,李0188] / 255

太素齋詞鈔二卷[清光緒十年(1884)刻本,李0190] / 255

泰山蒐玉集二卷 / 108

泰雲堂詞集三卷墓志銘一卷 / 211

潭影軒詞稿二卷 / 235

彈指詞二卷[清海甯陳氏木活字印本] / 184

彈指詞二卷[清乾隆十八年(1753)顧氏刻本] / 184

彈指詞三卷補遺一卷 / 184

曇雲閣詞鈔一卷外集一卷詩附錄一卷 / 237

坦庵詩餘甕吟四卷 / 171

唐詩百名家全集三百二十六卷 / 102

唐詩四種 / 102

唐詩選六卷 / 106

唐宋詞論叢[1956年上海古典文學出版社鉛印本] / 411

唐宋詞論叢[1957年上海古典文學出版社鉛印本] / 411

唐宋詞人年譜不分卷 / 14

唐宋金元詞鉤沈不分卷 / 368

唐宋元明酒詞二卷 / 369

唐宋諸賢絕妙詞選十卷綱目一卷中興以來絕妙詞選十卷綱目一卷 / 356

唐衛尉少卿趙崇祚選花間集二卷 / 347

唐五代詞不分卷校記一卷 / 355

唐五代詞選三卷[清光緒湖南刻本] / 355

唐五代詞選三卷[清光緒十三年(1887)旌德湯明林刻本] / 355

唐五代二十家詞不分卷 / 354

棠村詞二卷 / 174

弢園詞一卷 / 287

洮瓊館詞一卷 / 207

桃花春水詞一卷 / 333

陶園詩餘二卷 / 196

討春合唱一卷 / 137

藤花館詩餘一卷 / 277

藤香館詞刪存二卷 / 257

藤香館詞一卷 / 257

題鳳館詞稿一卷 / 260

題鳳館稿八卷詞稿一卷文稿二卷 / 87

題襟集八種 / 145

題詠彙錄一卷 / 346

天籟軒五種 / 117

天樂圖一卷快樂原一卷 / 45

天倪閣詞一卷 / 293

恬庵詞鈔不分卷 / 342

填詞圖譜二卷 / 417

填詞圖譜續集三卷 / 414

苕父詞鈔一卷 / 197

苕華詞一卷 / 331

苕雅餘集一卷 / 302

蜩知集不分卷 / 291
鐵庵詞甲稿一卷 / 247
鐵笛詞一卷 / 293
聽潮音館詞集三種 / 320
聽風聽水詞一卷 / 309
聽秋聲館詞話二十卷 / 407
聽秋聲館詞一卷 / 284
聽雨小樓詞稿二卷 / 210
同人詞選九種[清咸豐三年(1853)刻本,李1066、李1071] / 141
同人詞選九種[清咸豐三年(1853)刻本,李1067] / 141
同聲集六種[清道光二十四年(1844)刻本,李0282] / 149
同聲集六種[清道光二十四年(1844)刻本,李0287] / 148
同聲集六種[清道光二十四年(1844)刻本,李0289] / 149
桐花閣詞鈔一卷[清刻本] / 140
桐花閣詞鈔一卷[清光緒刻學海堂叢書本] / 225
桐花閣詞一卷補遺一卷 / 225
桐引樓詩三十卷 / 73
桐月修簫譜一卷 / 234
銅梁山人詞四卷 / 200
偷甲記(雁翎甲)二卷 / 425
圖繪宗彝八卷 / 50
退想齋詞四卷 / 321
退一步草堂詞鈔一卷小唱一卷 / 270
蛻岩詞二卷 / 168
蛻巖詞二卷樂府補題一卷 / 168
籜仙詞稿五卷 / 207

W

莞爾詞四卷 / 193
晚香詞三卷附西圃詞説一卷 / 192
晚香居詞二卷 / 200
皖詞紀勝一卷 / 393
萬松居士詞一卷 / 194
王靜安手錄詞曲書目不分卷 / 36
王寬甫全集九種 / 83
王氏漁洋詩鈔十二卷目錄一卷 / 74
微雲山館倚聲三卷 / 208
微雲榭詞選五卷 / 368
薇省同聲集四種 / 142
韋齋活葉詞選不分卷 / 380
韋莊詞注一卷 / 155
韋莊集三種 / 62
偉堂詞鈔四卷 / 197
味菇詞二卷 / 317
味儁齋詞一卷 / 220
味梨集一卷 / 290
味閒堂詞鈔一卷 / 273
溫飛卿及其詞不分卷 / 413
文木山房集四卷附錄一卷 / 79
文體明辯目錄二卷附錄九卷 / 113
文與可古樂府七卷詩集二卷 / 63
文竹閣詞集二卷 / 259
雯窗瘦影詞一卷 / 295
聞妙香室詞鈔五卷 / 313
問紅軒詞三種 / 240
問琴閣詞一卷 / 304
問秋館菊錄一卷霜圃識餘二卷 / 43
无斁詞剩一卷 / 324

吾意庵長短句乙稿一卷 / 251

吳儲合稿二卷 / 138

吳梅村詞一卷 / 172

吳漚煙語一卷 / 283

吳氏石蓮庵刻山左人詞十九種 / 129

無長物齋詞存三種 / 290

無腔村笛二卷［民國十三年（1924）邵銳抄本］/ 232

無腔村笛二卷［清同治四年（1865）刻本］/ 231

無師自通填詞百法二卷 / 412

無恙初稿一卷 / 99

無恙後集（三稿）一卷便埋庵集一卷虛霩詞一卷 / 100

無恙後集（續稿）一卷 / 99

午社詞一卷 / 400

武林靈隱寺誌八卷 / 20

武夷山志十八卷目錄一卷 / 26

武夷志略四卷 / 26

舞鏡集一卷 / 90

戊午春詞一卷 / 397

鶩音集二卷 / 143

X

西湖遊覽志二十四卷志餘二十六卷 / 29

西湖志類鈔三卷首一卷 / 28

西湖志四十八卷 / 29

西湖志纂十五卷 / 28

［康熙］西江志二百六卷圖一卷 / 17

西泠詞萃六種 / 126

西陵詞選八卷首一卷 / 392

西儒耳目資三卷 / 5

西垣集二十卷 / 79

西岳華山志一卷 / 28

昔夢詞一卷 / 278

惜春詞一卷 / 141

惜餘春館詞鈔一卷藕園課存一卷 / 342

惜齋詞草一卷吟草別存一卷 / 310

峽流詞三卷 / 184

遐庵詞甲稿一卷 / 337

咸豐官票寶鈔二十張 / 35

絃秋詞二卷 / 204

閒雲潭影詞二卷 / 240

相山居士詞一卷 / 160

香草詞五卷補遺一卷附錄一卷鴻爪詞一卷哀絲豪竹詞一卷菊花詞一卷集牡丹亭詞一卷 / 246

香禪精舍集四卷 / 88

香谷詩餘一卷江城好一卷 / 196

香蘭詞一卷 / 327

香南雪北詞一卷 / 236

香珊瑚館詩一卷詞一卷 / 100

香宋詞不分卷 / 319

香宋詞稿不分卷 / 319

香宋詞三卷 / 319

香銷酒醒詞一卷附曲一卷 / 231

香隱庵詞二卷 / 267

香隱庵詞一卷 / 139

湘痕閣詩稿二卷詞稿一卷 / 85

湘繭合稿五卷 / 153

湘綺樓詞鈔一卷 / 277

湘瑟詞四卷［清康熙刻本（初印本）］/ 181

湘瑟詞四卷［清康熙刻本（後印本）］
　　／ 181
湘瑟秋雅一卷淚影詞一卷碧雲詞一卷
　　／ 331
湘弦別譜一卷 / 148
湘絃離恨譜一卷 / 280
湘煙録十六卷 / 45
湘雨樓詞鈔一卷 / 140
湘雨樓詞五卷 / 280
湘雨齋詞草一卷 / 228
享帚詞四卷［抄本］／ 207
享帚詞四卷［清道光二十五年（1845）
　　秦氏家塾刻本］／ 207
享帚齋詞鈔二卷 / 239
響山詞四卷 / 210
消愁集二卷 / 92
消寒詞一卷 / 396
銷魂詞選一卷 / 374
銷魂詞一卷 / 342
蕭臺公餘詞一卷 / 140
蕭閑老人明秀集注六卷 / 67
小薜荔園詞鈔二卷 / 335
小倉山房詩集三十四卷補遺二卷 / 80
小丹丘詩稿一卷 / 77
小琅環園詩録七卷小琅環園詞録一卷
　　／ 88
小娜嬛室詩餘殘稿一卷 / 229
小緑天庵詩草四卷詞草一卷 / 93
小梅花館詞集三卷 / 243
小眠齋詞四卷 / 194
小謨觴館集十八卷 / 82
小鷗波館詞鈔二卷 / 247
小鷗波館詞鈔一卷倚笛樓賸曲一卷
　　／ 297
小三吾亭詞二卷附一卷 / 328
小山詞鈔一卷補鈔一卷 / 157
小書舟樂府三卷 / 212
小蘇潭詞六卷 / 226
小檀欒室彙刻閨秀詞十集一百二種
　　／ 130
小休集二卷 / 97
小隱園詞鈔一卷 / 265
小遊仙詞一卷 / 139
小雲詞賸一卷 / 219
曉夢春紅詞一卷 / 271
曉珠詞四卷 / 147
嘯庵詞四卷零夢詞一卷 / 329
嘯餘譜十二種 / 429
嘯齋詞選一卷 / 374
寫麋樓遺詞一卷 / 143
心安隱室詞集四卷 / 212
心庵詞存四卷 / 248
心日齋詞集六種 / 221
心日齋十六家詞録二卷 / 367
心影詞不分卷 / 340
新編方輿勝覽七十卷 / 16
新蘅詞六卷外集一卷 / 270
新鐫古今大雅北宮詞紀六卷 / 419
新鐫海内奇觀十卷 / 22
新鐫樂府遴奇三卷 / 420
新鐫勸世醒心諺二卷 / 45
新鐫增補樂府遴奇一卷 / 420
新刊古今名賢草堂詩餘六卷 / 357

新刊增修箋註妙選群英草堂詩餘二卷 / 357
新刻分類評釋續草堂詩餘二卷 / 361
新刻李于麟先生批評註釋草堂詩餘雋四卷 / 360
新刻四民通用活套雕龍新裁三卷 / 44
新刻重會女貞觀玉簪記大全二卷 / 423
新刻硃批註釋草堂詩餘評林四卷 / 361
新鍥京傳詞林金鏡便錄四卷 / 15
新聲譜一卷 / 385
星隱樓詞一卷 / 327
形神俱妙篇二卷 / 42
性天風月通玄記不分卷二十齣 / 423
雄雉齋選集六卷 / 76
羞園詩草一卷詩餘一卷 / 95
秀道人修梅清課一卷 / 309
繡蝶庵詞鈔五卷附錄一卷 / 251
繡墨軒詩稿一卷詞稿一卷 / 94
繡像今古奇觀四十卷 / 46
虛碧詞一卷 / 345
徐氏一家詞四種 / 154
徐文長四聲猿一卷 / 422
徐霞客遊記十卷遊記補編一卷 / 33
栩園詞弃稿四卷 / 191
絮香閣詞鈔一卷 / 253
續草堂詩餘(花間集)二卷 / 353
續草堂詩餘(花間集)二卷(輔助條目) / 363
續玉臺新詠五卷 / 106
璇璣碎錦不分卷抄句不分卷 / 73
選聲集三卷目錄一卷詞韻簡一卷 / 372
學宋齋詞韻一卷 / 418

學文堂詩餘(耕煙詞)三卷 / 183
雪波詞鈔一卷 / 140
雪鴻吟館詞一卷 / 277
雪蕉軒殘稿一卷 / 246
雪樓樂府不分卷 / 168
雪坡詞一卷 / 166
雪山始音二卷 / 69
雪壓軒集不分卷 / 194
暎庵詞二卷 / 330
潯溪詞徵二卷 / 393

Y

雅倫二十四卷 / 112
煙沽漁唱七卷 / 398
延江生詞一卷 / 299
延露詞三卷[清光緒盛昱抄本] / 179
延露詞三卷[清乾隆八年(1743)彭景曾刻本] / 179
岩泉山人詞稿一卷補遺一卷 / 233
研華館詞三卷 / 244
衍波詞一卷 / 223
演山先生詞二卷 / 157
雁村詞一卷外編一卷 / 331
雁山遊覽記一卷 / 30
燕晉遊草一卷 / 75
燕筑雙聲一卷 / 388
陽春白雪八卷外集一卷姓氏爵里一卷考異一卷 / 374
陽春集一卷 / 155
揚荷集四卷 / 339
揚州東園題詠四卷圖一卷 / 109
[康熙]揚州府志四十卷 / 17

457

楊升庵詞品四卷詞評一卷曲藻一卷 / 404
楊升庵辭品四卷 / 403
楊升庵先生長短句四卷 / 170
楊子法言一卷 / 41
養性軒詩鈔一卷詞鈔一卷 / 97
養一齋詞三卷 / 226
姚茫父題陳師曾畫北京風俗圖不分卷 / 110
瑤碧詞一卷 / 148
瑤華閣詞一卷補遺一卷 / 262
瑤華集二十二卷附二卷詞人姓氏爵里表一卷 / 382
瑤瑟餘音一卷 / 146
瑤天笙鶴詞二卷 / 297
藥夢詞二卷 / 321
耶溪漁隱詞二卷 / 220
野獲園集二卷 / 70
野棠軒詞集四卷 / 297
夜珠詞一卷 / 346
葉忠節公遺稿十二卷 / 75
一窗秋影庵詞一卷 / 232
一笠庵新編一捧雪傳奇二卷 / 425
一氓藏詞目錄不分卷 / 36
一粟庵詞集二卷 / 320
伊蒿室詩餘一卷 / 233
挹竹詞館詞草一卷 / 143
夷門樂府一卷 / 400
怡雲草堂詞鈔一卷詩存一卷附遞督查院呈稿 / 88
宜秋小院詩鈔二卷附詩餘一卷 / 82
詒安堂詩餘三種 / 235
遺山先生新樂府五卷 / 168

彝壽軒詩鈔十二卷附錄三卷 / 84
倚梅閣詩四卷詞鈔一卷 / 93
倚晴樓詩餘四卷 / 245
倚聲初集二十卷 / 382
倚月樓詞稿四卷 / 278
倚柱詞一卷 / 147
蟻術詞選四卷 / 169
亦有秋齋詞鈔二卷 / 242
亦有生齋集詞五卷 / 202
亦雲詞（丙戌、丁亥、戊子、己丑稿）一卷 / 282
亦雲詞（甲午稿）一卷 / 141
抑齋雜著五卷 / 84
秋林伐山二十卷 / 44
意香閣詞二卷 / 202
憶香詞一卷 / 326
藝香詞鈔四卷目錄一卷 / 174
藝香詞三卷 / 174
吟碧山館詞一卷 / 139
銀礫詞一卷 / 295
銀藤花館詞四卷 / 212
飲露詞一卷 / 144
飲食須知一卷 / 43
飲水詞鈔二卷 / 188
飲水詞一卷 / 188
飲水詩集一卷詞集一卷 / 76
櫻海詞一卷桃渡詞一卷 / 336
郢雲詞一卷 / 313
景汲古閣鈔宋金詞七種 / 124
景刊宋金元明本詞四十種 / 119
景石齋詞略一卷 / 261
影鈔宋元明清人詞二十六種 / 127
應酬詞一卷 / 429

雍園詞鈔不分卷 / 147
永陰集一卷存稿一卷 / 346
詠花詞一卷 / 258
詠懷堂新編燕子箋記二卷三十二齣
　　　　　　　　　　　　　 / 423
幽貞詞一卷 / 341
游廬山記不分卷廬遊詠不分卷 / 30
游絲詞一卷 / 322
有真意齋詞譜三卷詞韻一卷詞集四卷
　　詩集一卷 / 243
有正味齋詞集八卷續集二卷外集二卷
　　　　　　　　　　　　　 / 202
又滿樓叢書十六種 / 430
又玄集三卷 / 106
右之詩草一卷附詩餘一卷 / 85
于湖居士文集四卷［民國四年（1915）
　　劉梅真影抄宋嘉泰刻本］/ 161
于湖居士文集四卷［民國吳昌綬影刻
　　劉梅真影抄宋嘉泰刻本，李 0476］
　　　　　　　　　　　　　 / 161
于湖居士文集四卷［民國吳昌綬影刻
　　劉梅真影抄宋嘉泰刻本，李 0919］
　　　　　　　　　　　　　 / 162
娛生軒詞一卷 / 317
榆園叢刻二十八種 / 129
虞苑東齋詞鈔一卷 / 238
愚亭詞三卷 / 199
餘園詞稿四卷 / 260
雨村詞話四卷 / 406
雨村曲話二卷 / 421
雨屋深鐙詞一卷 / 312
庾開府集十二卷 / 59
玉鳧詞稿一卷 / 179

玉壺山房詞選二卷 / 215
玉湖遊錄一卷 / 70
玉井山館詞一卷 / 250
玉井山館詩餘一卷 / 250
玉可庵詞存一卷詞補一卷 / 293
玉玲瓏館詞存一卷曲存一卷 / 273
玉龍詞一卷 / 310
玉茗堂集選十五卷 / 70
玉琴齋詞不分卷 / 173
玉泩詞一卷 / 257
玉縈廔詞鈔五卷 / 323
玉山詞三卷［清康熙刻本，李 0520］
　　　　　　　　　　　　　 / 182
玉山詞三卷［清康熙刻本，李 0521］
　　　　　　　　　　　　　 / 182
玉山堂詞一卷 / 217
玉笙樓詩錄十二卷 / 88
玉臺新詠十卷 / 105
玉簫詞鈔一卷 / 262
玉屑詞三卷 / 283
玉雨詞二卷 / 201
郁達夫詩詞抄一卷［周艾文、于听編］
　　　　　　　　　　　　　 / 100
郁達夫詩詞鈔一卷［陸丹林編］/ 100
御選歷代詩餘一百二十卷 / 372
寓惠錄四卷 / 63
裕庵樂府一卷 / 338
豫章黃先生詞一卷 / 157
鬱華閣遺集四卷 / 93
鴛鴦宜福館吹月詞二卷 / 254
鴛鴦宜福館遺詞一卷 / 255
袁中郎全集四十卷 / 70
緣秋草堂詞一卷 / 261

遠春詞二卷 / 209

愿爲明鏡室詞稿九卷 / 263

約園詞稿十卷 / 233

約園詞四卷 / 262

月湖秋瑟二卷種芸仙館詞二卷釣船笛譜一卷 / 223

月樓琴語一卷［清光緒二十一年（1895）刻二十五年（1899）續刻本，李0985］ / 279

月樓琴語一卷［清光緒七年（1881）并門刻本，李0984］ / 278

月輪山詞論集 / 411

月簫樓詞草三卷 / 264

悦雲山房詞存四卷附存一卷 / 280

越縵堂詞録二卷 / 274

粤東詞鈔不分卷 / 395

粤東三家詞鈔三種 / 152

粤西詞見二卷 / 394

閲紅樓夢隨筆一卷 / 113

龠閤詞一卷 / 316

樂府補題後集甲編一卷 / 399

樂府雅音四卷 / 366

樂府指迷一卷［清康熙刻本］ / 367

樂府指迷一卷［明萬曆刻本］ / 369

樂府指迷一卷［清乾隆四十四年（1779）樂是廬刻嘉慶三年（1798）陳敬銘印本］ / 402

樂静詞一卷 / 320

樂章集三卷 / 156

雲甀詞一卷 / 314

雲淙琴趣三卷 / 326

雲谷詩餘二卷 / 198

雲麓草堂近詩一卷歸舟吟一卷 / 79

雲起樓詞三卷 / 244

雲起軒詞鈔一卷［民國二十三年（1934）南京王氏娛生軒影印文廷式稿本］ / 301

雲起軒詞鈔一卷［清光緒三十三年（1907）南陵徐乃昌懷豳園刻本］ / 301

筠緑山房詩草四卷詞草一卷 / 84

藴蘭吟館詩餘一卷 / 256

Z

早花集一卷 / 149

曾樂軒稿一卷 / 103

增刊校正王狀元集註分類東坡先生詩二十五卷 / 64

增正詩餘圖譜三卷 / 413

詹詹詞不分卷 / 170

蒼葡花館詞一卷 / 252

瞻園詞二卷 / 298

瞻園詞續一卷 / 299

張愈光詩文選六卷目録一卷附録一卷 / 69

昭代詞選三十八卷 / 384

蟄庵詞一卷 / 318

謫星詞一卷 / 328

柘潤山房詩草二卷詞稿一卷 / 78

浙西六家詞六種 / 150

珍硯齋詞鈔四卷 / 144

真松閣詞六卷 / 221

偵探記二卷 / 33

箏船詞一卷 / 209

徵聲集一卷 / 329

之溪老生集八卷 / 76

芝潤山房詞稿一卷 / 225

芝山雲薖集選一卷 / 72

枝巢四述四種 / 113

知聖道齋燼餘詞三十一種 / 118

知止堂詞錄三卷［清道光二十一年(1841)刻本］/ 228

知止堂詞錄三卷［清光緒二十年(1894)湖南思賢書局刻本］/ 228

織餘瑣述二卷 / 409

執虛詞鈔一卷 / 201

止厂詞鈔一卷 / 146

止園吟稿一卷柯亭殘笛譜一卷 / 96

咫社詞鈔二卷 / 400

志壑堂詞一卷 / 135

中白詞二卷補一卷續補一卷 / 273

中興鼓吹二卷 / 346

中原音韻一卷 / 420

中州集十卷首一卷樂府一卷 / 107

忠雅堂詞集二卷詩集二卷 / 80

眾香庵詞一卷 / 218

眾香詞六卷［民國二十二年(1933)上海大東書局石印本］/ 389

眾香詞六卷［清康熙二十九年(1690)錦樹堂刻本（李一氓抄補）］/ 389

種玉詞一卷 / 230

周氏止庵詞辨二卷周氏止庵介存齋論詞雜著一卷 / 365

朱青長詞集二十八卷 / 312

朱絲玉壺齋詞稿一卷 / 337

竹簾館詞一卷 / 306

竹鄰遺稿一卷 / 215

竹石居詞草一卷川雲集一卷 / 258

竹隝詞續稿一卷 / 266

竹西詞一卷 / 135

竹韻樓琴趣一卷 / 242

竹洲詞一卷附錄一卷 / 161

渚陸鴻飛集一卷 / 77

渚山堂詞話三卷 / 403

貯素樓詞一卷 / 230

貯雲詞三卷續刻一卷 / 226

駐夢詞一卷 / 341

鑄鐵詞一卷 / 308

篆林肆考十五卷 / 4

篆書正四卷 / 4

轉蕙軒詞一卷 / 248

莊子南華真經四卷 / 41

綴芬閣詞一卷 / 330

拙宜園集二卷 / 245

斲冰詞三卷 / 199

斲冰詞五卷 / 199

濯絳宧存稿一卷 / 318

紫荃山館詩餘偶存一卷 / 246

紫雲詞一卷 / 182

自怡集一卷 / 79

自怡軒詞譜六卷 / 416

字學新書摘抄一卷 / 47

棕亭詞鈔七卷 / 195

繡華詞一卷 / 339

醉芙詩餘一卷 / 295

醉經齋詞鈔一卷 / 287

醉醒石十五回 / 426

尊前集二卷 / 356

樽酒銷寒詞一卷附錄一卷續錄一卷 / 387

左庵詩餘八卷 / 292

坐花閣詩餘一卷 / 190